中国社会科学院　学者文选

张海鹏集

中国社会科学院科研局组织编选

中国社会科学出版社

图书在版编目（CIP）数据

张海鹏集／中国社会科学院科研局组织编选．—北京：中国社会
科学出版社，2008.10（2018.8 重印）
（中国社会科学院学者文选）
ISBN 978－7－5004－7165－3

Ⅰ．①张…　Ⅱ．①中…　Ⅲ．①张海鹏－文集②中国－近代史－文集
Ⅳ．①K250.7－53

中国版本图书馆 CIP 数据核字（2008）第 129199 号

出 版 人	赵剑英
责任编辑	丁玉灵
责任校对	周　昊
责任印制	郝美娜

出　　版	中国社会科学出版社
社　　址	北京鼓楼西大街甲 158 号
邮　　编	100720
网　　址	http：// www.csspw.cn
发 行 部	010－84083685
门 市 部	010－84029450
经　　销	新华书店及其他书店

印刷装订	北京市十月印刷有限公司
版　　次	2008 年 10 月第 1 版
印　　次	2018 年 8 月第 2 次印刷

开　　本	880×1230　1/32
印　　张	17
字　　数	408 千字
定　　价	99.00 元

凡购买中国社会科学出版社图书，如有质量问题请与本社营销中心联系调换
电话：010－84083683

出 版 说 明

一、《中国社会科学院学者文选》是根据李铁映院长的倡议和院务会议的决定，由科研局组织编选的大型学术性丛书。它的出版，旨在积累本院学者的重要学术成果，展示他们具有代表性的学术成就。

二、《文选》的作者都是中国社会科学院具有正高级专业技术职称的资深专家、学者。他们在长期的学术生涯中，对于人文社会科学的发展作出了贡献。

三、《文选》中所收学术论文，以作者在社科院工作期间的作品为主，同时也兼顾了作者在院外工作期间的代表作；对少数在建国前成名的学者，文章选收的时间范围更宽。

中国社会科学院

科研局

1999 年 11 月 14 日

谨以此书献给

中国社会科学院近代史研究所

目　　录

三 中国近代史研究：前驱先路

四 中国近代史：中日关系

五 中国近代史：方法论思考

前　言

　　这本文选，与此前作者的两本文选（《追求集》、《东厂论史录》）不同，它只突出一个主题：关于中国近代历史的宏观思考。编者从所发表的百多篇文章中选取了 29 篇，集中反映作者对有关中国近代史的基本线索、中国近代史的学科体系及其所涉及的种种见解，以及与此相应的若干评论与讨论。其中，有 6 篇是在那两本选集出版以后撰写、发表的，有一篇是那两个集子未选的。作者所撰写的一些专题研究论文，不在选取之列。

　　这一束文章，是作者探索近代中国历史进程的一点心得。20多年来，我对中国近代史学科体系问题一直在进行思考，也一直在进行探索，有所得便写成文章公诸于众，向学术界请教。我的研究心得往往与学术界的学术争鸣相关。作者正是在学术争鸣的环境中，读书、消化、思考、比较，才产生学术思想的火花，才形之于文字。作者体认到，学术在批评中求得进步，求得创新。最近一个世纪来，中国近代史作为一个新兴的学科，许多重要的学术进步，许多重要的学术概念与观点，都是在百家争鸣的过程中取得的。最近 50 年来，在中国近代史研究领域，产生过一波又一波的探讨与争鸣。作者也注意到，最近十几年，学者们忙于各种营生，对学术争鸣，特别是对中国近代史基本线索、中国近代史学科体系等宏观领域的争鸣，没有以往那么热心了。学术刊物也没有像以往那样去组织、推动这方面的讨论。我以为，这是可惜的。当然，我也注意到，对于我的有关中国近代史学科体系的见解，有些学者发表了评论，有肯定，有商榷，有批评。我在经过适当的消化以后，还是会给予回应的。我希望，通过这种批评和回应，促进思考，促进认识的深化，促进学术的进步。我以为，这种深化与进步，既包括了对传统学术见解的坚持，也包括了对相关学术见解的创新。此次将这束文字集中汇编起来，希望借此机会，抛砖引玉，也希望能引起注意，引起争鸣，引起批评。

29 篇文章，大体上依照其内容，分成 5 组。每组文章，按发表先后为序。每篇文章题目下都作了题解，说明该文产生的经过。

收入本文选的文章，都保留了发表当时的原貌，除了明显的错误，原则上未加改动，以存历史真迹。

按照中国社会科学院学者文选的编辑规格，书末附录了作者著述要目，自订了作者生平简表，意在给读者提供更多的信息。

作者不才，已进入古稀之年。人生漫长，前路可期。来日苦少，转瞬即逝。子在川上曰：逝者如斯夫！谨以粗茶淡饭分飨各位，其能宥我乎！

张海鹏

2008 年 5 月 8 日

于北京东厂胡同一号

一

中国近代史:学科体系

中国近代史的"两个过程"及有关问题[*]

中国近代史基本线索问题，是最近几年近代史研究领域讨论得最为热烈的问题之一。本文谨就中国近代史的"两个过程"及有关问题，提出一点刍荛之见，参加争鸣。

关于"两个过程"问题

所谓"两个过程"，指的是毛泽东在他的《中国革命和中国共产党》这篇著名论文中的一个论断。毛泽东指出："帝国主义和中国封建主义相结合，把中国变为半殖民地和殖民地的过程，也就是中国人民反抗帝国主义及其走狗的过程。从鸦片战争、太平天国运动、中法战争、中日战争、戊戌政变、义和团运动、辛亥革命、五四运动、五卅运动、北

---

    * 本文原载《历史研究》1984 年第 4 期。人大报刊复印资料《中国近代史》转载，1984 年第 11 期。收入张海鹏《追求集——近代中国历史进程的探索》，社会科学文献出版社 1998 年版；《历史研究》编辑部《〈历史研究〉五十年论文集》上册，社会科学文献出版社 2005 年版；冷溶主编《中国社会科学院马克思主义研究论丛》（史学编），社会科学文献出版社 2007 年版。

伐战争、土地革命战争，直至现在的抗日战争，都表现了中国人民不甘屈服于帝国主义及其走狗的顽强的反抗精神。"毛泽东在这里实际上勾画出了近代中国历史过程的客观内容。新中国建立以来，中国近代史的研究者把上述引文中的头一句话当作毛泽东对中国近代史基本过程的原则论述，或者把它看作中国近代史的基本线索，以此为指导，编写出版了几种主要的中国近代史论著。人们把毛泽东的这个论断概括为"两个过程"论。

在中国近代史基本线索问题的讨论中，有的同志认为"两个过程"论没有概述中国近代史的"全部内容"，是对毛泽东本人原意的"误解"，要求"摆脱""两个过程"论的"束缚"，重新学习马克思主义的理论，"悟出一些新的道理，把我们的研究建立在科学理论的基础上"①。

毛泽东关于中国近代史基本线索的概括有好几处。上面那一大段引文是最重要的一处，也是最完整的一处。它是对中国近代社会历史过程的基本概括，也是完整的概括。既然是概括，就只能指出近代中国社会那些基本的、主要的、本质的特点和过程，不可能对中国近代史的"全部内容"巨细靡遗、兼收并蓄。那样的任务，应由一部长篇巨制的中国近代通史来完成，不是理论概括所能承担的。

另一方面，为了更好地总结中国革命经验和历史经验，毛泽东有时候从某一个侧面来概述中国近代史，以便加深对中国近代历史特点和革命特点的认识。为了说明帝国主义不容许中国建立资本主义社会的论点，毛泽东在《新民主主义论》一文

---

① 胡滨：《打破框框，开阔视野》，见《文史哲》1983 年第 3 期《关于中国近代史基本线索问题（笔谈）》专栏。

中指出："帝国主义侵略中国，反对中国独立，反对中国发展资本主义的历史，就是中国的近代史。"根据这里对中国近代史的概括，我们不能以为中国近代史只有帝国主义反对中国独立，反对中国发展资本主义的历史这一方面，而应当把它包括在前述"两个过程"的第一个过程中，是对第一个过程进一步的阐述和补充，而不是相反或者矛盾。从这里可以看出，毛泽东把发展资本主义，看作是中国近代史的基本内容之一。这一点，在毛泽东的其他著作中，也经常谈到。这是当然的。可见，发展资本主义，是中国近代史"两个过程"的题中应有之义，没有，也不应该被忽略。有时候，毛泽东又从另一个侧面来概括中国近代史。为了驳斥美帝国主义关于中国发生革命的反革命理论，毛泽东在《唯心历史观的破产》一文中又说："反对英国鸦片侵略的战争，反对英法联军侵略的战争，反对帝国主义走狗清朝的太平天国战争，反对法国侵略的战争，反对日本侵略的战争，反对八国联军侵略的战争，都失败了，于是再有反对帝国主义走狗清朝的辛亥革命，这就是到辛亥为止的近代中国史。"这又是一个概括。我们当然不能以为只有这些才是中国近代史的内容，而应当把它理解为对前述"两个过程"中第二个过程的补充和说明。

　　"两个过程"论只是概括了中国近代史的主要线索。我们在论述整个中国近代史的时候，只能以它为指导，不能用它来代替或者包括中国近代史丰富多彩的内容。这是显而易见的。中国近代史上还有"新学与旧学之争"、"西学与中学之争"，甚至还有统治阶级内部的矛盾和斗争，等等，都是近代史的重要内容，都是近代史研究的对象，都是撰述近代历史时应着重说明的问题。但是应当承认，它们在历史发展过程中都包括在"两个过程"的范围之内，都是可以用"两个过程"论的思想来加以解释的，因此用它们来冲淡或者代替"两个过程"论是不妥当的。

由此可见，"两个过程"论是对中国近代史基本线索的正确概括，它正是毛泽东本人的原意，而不是对毛泽东本人原意的"误解"。

既然"两个过程"论是一个科学概括，既然引导中国人民取得民主革命胜利的新民主主义革命理论，就是以这一科学概括作为依据的，那么用这个理论来指导近代史研究，当然正是把我们的工作建立在科学理论的基础上。很显然，如果"摆脱"中国近代史上的"两个过程"，按另外的意见来撰写近代历史，就会脱离历史的主要内容，不能说明历史的基本的、本质的特点，就会与近代历史的客观进程大相径庭。

关于农民阶级的历史地位和作用问题

农民问题是中国近代史上最重要的问题之一。毛泽东在创立新民主主义革命理论的过程中，给了农民问题以极大的注意。在《新民主主义论》一文中，毛泽东指出："中国的革命实质上是农民革命。……因此农民问题，就成了中国革命的基本问题，农民的力量，是中国革命的主要力量。"在《论联合政府》一文中，毛泽东还指出："除了无产阶级是最彻底的革命民主派之外，农民是最大的革命民主派。"因为中国是一个大国，农民占人口的绝大部分，推翻封建地主阶级，使农民从封建的土地关系中获得解放，从而造成将农业国转变为工业国的可能条件，这是民主革命的基本任务。

实事求是地研究近代中国的历史，就要高度重视并充分评价农民在民主革命中的历史作用。遵循"两个过程"这一基本线索，农民是中国革命的主力军的作用就能得到合理的说明。按照一些同志关于中国近代史基本线索的新见解，提出以洋务运动—戊戌变法—辛亥革命为主线，虽然重视了资产阶级在近代史上的作用，但是第一，它没有正确指出洋务运动的性质；第二，它轻视、贬低了农民的作用。关于洋务运动，以下还要提到，这里先谈农民的作用问题。以往的研究工作中，存在"拔高"农民的作用、贬低资产阶级的倾向，是不妥的。根据历史唯物主义的原理纠正这种倾向，是理所应当的。但在重视资产阶级的作用的同时，又有"拔高"资产阶级（如说"公车上书"与五四运动类似）[①]，而贬低农民（如以"时代中心"为由，从中国近代史前80年中把农民的地位几乎排挤掉了）[②] 的倾向，也是值得认真研究的。

从戊戌维新运动开始，特别是从 20 世纪初以后，中国成长中的资产阶级的确代表了中国社会新的生产力，代表了时代前进的方向，取得了领导反帝反封建的民主革命的资格，但是他们并没有把这个革命领导到胜利。为什么？这与资产阶级不重视去领导或者发动农民的革命力量是有关的。维新运动的发动者仇恨或者说恐惧农民革命的力量，辛亥革命的领导者虽然注重从下层群众中去寻找支持力量，但未能把农民的力量发动起来。他们领导的改良的和革命的运动虽然起到了推动历史前进的作用，却始终未能完成应当由他们承担的民主革命的任务。这从反面证明了农民的革命主力军的作用是不容忽视的。从正面来说，太平天国和义和团是中国近代史上单纯由农民发动的

---

① 参见李时岳《从洋务、维新到资产阶级革命》，《历史研究》1980 年第 1 期。

② 参见杨立强、沈渭滨《"近代中国资产阶级研究"讨论会综述》，《历史研究》1983 年第 6 期。

运动。在太平天国时期，洪秀全等人发动了数以千万计的农民群众在全国范围内同封建地主阶级进行了长达十余年的如火如荼的斗争，在《北京条约》签订、第二次鸦片战争结束、外国侵略者积极谋求支持清政府镇压农民革命的时候，太平天国又勇敢地走上了反抗资本主义列强侵略的战场。戊戌维新运动失败之后，又是农民以义和团的形式沉重打击了帝国主义瓜分中国的迷梦，阻止了帝国主义迅速使中国殖民地化的企图。是的，农民不是新生产力的代表，他们提不出在中国发展资本主义的明确主张，这是他们的阶级局限所在。但是他们打击帝国主义及其走狗封建统治势力，正是资产阶级民主革命的要求。这本来是要由资产阶级做的，它没有做，农民替它做了。总之，从太平天国到义和团所表现出来的农民的革命主力军作用，是历史的客观存在，轻视或贬低都是没有理由的。因此，应当切实估价旧民主主义革命时期农民阶级和资产阶级推动历史前进的作用，不能把它们对立起来。农民始终是近代史上革命的主力军，但是只有在先进阶级领导下，才能充分发挥革命主力军的作用，资产阶级民主革命中的领导权问题，基本上是领导农民的问题。资产阶级放弃了对于农民的领导，辛亥革命没有给农村带来一个大的变动，这个革命要失败是必然的。

　　不能因为农民不是新生产力的代表，就轻视或无视农民特别是近代中国农民的历史作用。近代无产阶级只占人口中的少数，资产阶级的数量相对来说更少一些。在无产阶级登上近代政治舞台以前，在反对封建统治的战斗行列中，首先是农民，接着是农民和资产阶级。在太平军中浴血奋战的自然主要是农民。就是在辛亥革命过程中，同盟会等革命党人在新军中做了有成效的工作，那些参加革命党的新军士兵主要还是农民。会党曾经是孙中山为首的革命党人一个时期里依靠的反清力量，那也主要是由农民或从农民中游离出来的分子组成的。在无产阶级登上政治舞台以后，中国共产党依据马列主义的指导，分析了中国的国情，认清了中国革命的对象和革命的动力：无产阶级是革命的领导力量，农民是革命的主力军，民族资产阶级是革命的动力之一。可以说，农民的鲜血一直洒在近代反封建斗争的战场上。

拿反对帝国主义来说。近代中国人民的反帝斗争经历了感性认识和理性认识两个发展阶段，走过曲折的道路。太平天国、戊戌维新、义和团、辛亥革命和五四运动，是这两个发展阶段中的主要标志。太平天国时期的农民和义和团时期的农民对资本—帝国主义的认识虽然是很初步的，但面对外国侵略者，他们都敢于以血肉之躯去同洋枪洋炮拼搏，以保卫国家的独立和主权，这是令一切侵略者瞠目的。义和团失败后，资产阶级批判了义和团的"野蛮排外"，主张"文明排外"。提出"文明排外"，带有对义和团排外活动中野蛮落后一面的否定，是有积极意义的，反映了中国人民的反帝斗争觉悟水平的某种提高。但在资产阶级的宣传和实际活动中，他们往往把义和团的反帝斗争精神也给否定了。因此，所谓"文明排外"，实际上是不"排外"。虽然，资产阶级的宣传家们对推翻封建王朝与反对帝国主义的关系并不是没有认识。他们认为推翻"洋人的朝廷"就可以避免瓜分、挽救危亡，这是看出了反清革命和反帝斗争的一致性。但在资产阶级革命政党的纲领上，却看不到明确的反帝意识，没有正面提出反对帝国主义的口号。相反，同盟会提出的基本对外政策却承认清政府与帝国主义订立的一切不平等条约，承认外国侵略者在中国享有的特权。资产阶级革命派企图通过不同帝国主义发生正面冲突来实现民族独立，完成反清革命。这在一定的意义上可以说是资产阶级震慑于八国联军侵略、义和团失败的教训而表现出来的反帝幼稚病。从这里表现出来的资产阶级的反帝积极性，较之太平天国和义和团来是后退了。五四运动特别是中国共产党成立以后，在马克思列宁主义的指导下，中国人民认识到了帝国主义的本质，认识到了帝国主义之间以及帝国主义与中国封建统治者之间的关系，认识到了帝国主义不仅是中国人民的敌人而且也是帝国主义国家的人民的敌人，因而响亮地喊出了打倒帝国主义的口号，完成了对帝国主义认识上从感性阶段到理性阶段的飞跃。农民只有"灭洋"一类的笼统说法，没有阶级内容，"打倒帝国主义"则明确了它的阶级性，两者不同。但提出打倒帝国主义的口号，无疑是太平天国、义和团农民群众的反帝精神和斗争传统的继承，是前者事业的继续。周恩来指出义和团的英勇斗争是50年后中国人民伟大胜利的奠基石之一，当是指此而言。农民是被压迫者，处在社会的底层，文化低下，不免背有不少愚昧落后的历史包袱。维新运动和辛亥革命时期的资产阶级知识分子，都具有较高的文化素养，比较了解国内外大势，又从西方学到了进化论、天赋人权论等资产阶级的思想武器，他们组织了政党，提出了推翻封建专制、建立资产阶级共和国的方案，因而反封建斗争的水平比农民阶级前进了一大步。但由于他们所代表的那个阶级在经济上同帝国主义存在着又矛盾又依赖的情况，他们在反帝斗争中存在软弱性。在这方面，近代农民的反帝积极性和坚定性却要优于资产阶级。

关于资本主义、资产阶级问题

有的同志认为，中国近代社会"争取独立和谋求进步始终是历史的主题；而向西方学习、发展资本主义、则是近代中国争取独立和谋求进步的根本道路"①；或者说，近代"中国人民面临着争取民族独立（反对帝国主义）和谋求社会进步（发展资本主义）两项根本任务。这两项任务贯穿着整个中国近代史，一切斗争，包括政治的、经济的、思想文化的斗争在内，都是围绕着这两项根本任务进行的。它们构成中国近代史的基本线索"②。依据这种理解，他们以资本主义运动（包括经济和政治两方面）作为主要线索来考察中国近代历史发展的进程，认为洋务运动、维新运动、辛亥革命"反映了近代中国人民政治觉悟的迅速发展，标志着近代中国历史前进的基本脉络"③。他们认为，在当时的社会历史条件下，要争取民族独立和谋求社会进步，就必须向先进的西方资本主义国家学习，改变中国贫穷落后的状况，实现中国的近代化。

对于上述见解，至少有三个问题需要弄清：第一，半殖民地半封建时代中国的根本道路是什么？或者说中国发展资本主义的前提条件是什么？第二，对于近代中国的资本主义运动，究竟如何评价？第三，怎样使中国走上近代工业化道路？

本文第一节提到毛泽东的"两个过程"论是中国近代史的基本线索。根据毛泽东的理论，近代中国人民面临的首要任务是进行反帝反封建的资产阶级民主革命。反对帝国主义以实现民族革命，反对封建主义以实现民主革命。因为帝国主义和封建主义都是阻碍、压制中国民族资本主义发展的反动势力，反帝反封建

---

① 据《历史研究》编辑部近现代史编辑室整理的资料：《国内史学界关于近代中国资产阶级的研究》（见《历史研究》1983年第4期）。该项资料注明这段文字出自于1981年3月12日《人民日报》发表的李时岳、胡滨《论洋务运动》一文。经查上述资料所引述的这段文字，与原文有出入，但并不违背作者的本意，或者可以看作是对作者本意的一种概括。据此，本文仍然加以引用。

② 胡滨：前揭文。

③ 李时岳：前揭文。

的民主革命完成了，就可以使中国资本主义的发展走上健康的轨道。实践证明，毛泽东关于近代中国社会性质、革命任务、革命道路的理论是正确的，整个民主革命时期都是适用的。研究近代中国发展的根本道路，不能不以此为指导。

把近代中国发展的根本道路概括为争取民族独立和谋求社会进步，看来是有意回避上述关于反帝反封建革命的提法。首先，笼统地提谋求社会进步是近代历史的主题是缺乏针对性的。人类社会发展的总趋势都可以说是谋求社会进步。人类社会历史的每一次重大进步，都是与生产方式从低级到高级的演变紧相关连的，都有其特定的阶级内容。资产阶级民主革命的根本任务是什么？在欧洲，资产阶级发动民主革命是要推翻封建专制，变革旧的生产方式，建立资本主义社会；在近代中国，就是反对帝国主义的压迫和封建主义的统治，发展中国民族的资本主义。中国资产阶级民主革命的历史针对性和阶级特点在这里得到了明确的体现。以谋求社会进步的笼统提法来代替它，是把本来明确的概念变模糊了。这样提出问题，使人产生疑问：在中国是否不经过反帝反封建斗争就可获得社会进步。向西方学习，发展资本主义，对近代中国的确是非常需要的，但是帝国主义和封建主义都不容许。历史事实是，在中国，不驱逐帝国主义势力，不推倒封建主义统治，民族资本主义的工业企业要发展是极其困难的，有些甚至是不可能的。推翻帝国主义和封建主义是在中国发展资本主义的前提条件。因此，把发展资本主义当作近代中国争取独立和谋求社会进步的根本道路，是欠妥的，它有意无意抹杀或模糊了中国人民面临反帝反封建斗争的根本任务。关于中国社会性质和革命道路，在本世纪二三十年代曾经有过激烈的争论。这在当时，对于中国革命如何开展来说，是一个十分紧迫的现实问题。中国共产党科学地解决了这个问题。毛泽东等人正确地分析了中国的国情，指明了在半殖民地半封建中国进行民主革命的正确道路。历史证明，中国民主革命已经通过这条道路取得了胜利。今天我们从学术上来探讨近代中国历史发展的根本道路问题，当然已经没有了当初那样的时代紧迫感。但这说明，对中国近代历史要获得正确的认识，一定要接受历史唯物主义、毛泽东思想的指导。马克思主义的历史观不是主观主义，应当从历史发展的诸因素中找出本质和规律性的东西。不能主观主义地臆想出一条道路来代替已经由历史实践检验证明为正确的道路。

其次，说到近代中国的资本主义运动。一些同志从发展资本主义是近代中国争取独立和谋求社会进步的根本道路出发，认为19世纪70年代开始，中国就产生了资本主义，因而也就产生了资产阶级；洋务运动、维新运动、辛亥革命是三次不同程度的资本主义运动。按这种说法，洋务运动也成了进步运动，也是近代中国历史前进的基本脉络的标志之一。基本的分歧在于对洋务运动的评价上。

洋务运动是不是资本主义运动，史学界缺乏深入研究，认识也不一致。有的同志认为洋务运动是资本主义化运动。有的同志认为洋务运动是地主阶级的自救运动，不能说它代表了时代前进的方向。在地主阶级的自救政策（洋务新政）指导下发展起来了一批洋务企业。应当说洋务企业多少带有某种资本主义性质，然而，是不是近代中国历史上一切带有资本主义性质的运动都是进步的呢？这需要作出具体分析，不能一概而论。

毛泽东对马克思列宁主义的贡献之一，就是把中国半殖民地半封建社会的资产阶级分成官僚买办资产阶级和民族资产阶级两个部分。官僚买办资产阶级同帝国主义、封建主义一起是中国人民的敌人。民族资产阶级则要复杂一些。它在一定的时期中、一定的程度上有参加民主革命的可能性，因而是民主革命的动力之一。由于它对帝国主义和封建主义存在着又依赖又矛盾的情况，就规定了这个阶级在民主革命中的软弱性和不彻底性。

毛泽东对洋务运动没有作过直接评价。但他对中国资产阶级所作的这种马克思主义的分析，对洋务运动史的研究具有指导意义。中国官僚买办资产阶级何时形成，学术界没有统一的认识。但至少在洋务运动时期已开始出现，而在北洋军阀时期发展起来，到四大家族产生，才形成了后来典型的官僚资产阶级。以李鸿章为首的洋务派、以袁世凯为首的北洋军阀和以蒋介石为首的四大家族是一脉相承的。其共同点，都是通过国家政治权力集聚起雄厚资本。有人说洋务派和北洋军阀控制的企业是国家资本主义，其实，改变说法并没有改变事情的本质。洋务派所代表的国家和北洋军阀所代表的国家是什么国家呢？不是人民大众的国家，而是地主阶级或大地主大资产阶级的国家。这样的国家资本主义，依然是国家官僚资本主义。说它是民族资本主义，只具有人种学上的含义，不具有阶级社会的特点。而分析任何国家资本主义，只有找出它的阶级特点，才是抓住了国家的本质的东西。李鸿章等洋务派是地主阶级的一个政治派别。洋务新政只能是19 世纪60 年代后帝国主义侵略中国步步深入的产物。李鸿章所谓"外须和戎，内须变法"的"变法"，不仅只是肢体之变，而且从根本上要受制于帝国主义。要"和戎"，就是承认帝国主义强加给中国的一系列不平等条约，维护殖民地半殖民地秩序。掌握政权的洋务派通过国家政治权力发动的洋务活动能够发展到什么程度，从根本上要依帝国主义容许到什么程度而定。帝国主义并不希望它在中国的代理人是封建老顽固，自然乐于给它披上一层资本主义的色彩。但帝国主义也不容许洋务派包打天下，为所欲为。它在侵略中国时取得的一系列特权，包括通商、通航、税收等特殊权益，不仅阻抑了民族资本主义的成长，也不利于官僚资本主义的发展。在洋务运动之前，外国资本主义为了侵略的需要，已经在中国开办了一些资本主义企业，在洋务运动期间开办得更多，而在《马关条约》后形成高潮。帝国主义在中国搞的这些资本主义活动，或者更确切些说是殖民主义活动，是要在中国榨取高额利润，从经济上控制中国，与它在政治上控制中国的活动，大体上是相一致的。与此同时，还有一个可以称之为中国民族资产阶级的资本主义运动在发动中。民族资本主义是在帝国主义和封建主义的夹缝中艰难地生长起来的。民族资本主义的个别企业，在洋务运动之前就出现了，在洋务运动中，一部分地主、官僚、买办商人又投资于近代企业而转化为民族资本家。民族资本主义是一定要冲破封建势力的压制而产生出来，它之所以与洋务派的资本主义企业大体同时产生，是半殖民地的时代条件造成的。因为帝国主义的侵略，破坏了中国自给自足的自然经济，客观上给中国资本主义的产生造成了条件和可能。太平天国给地主阶级的沉重打击，促进了中国资本主义的出现。中国资本主义已经站在时代的大门口，呼之欲出了。

这样看来，近代中国存在着几种不同性质的资本主义运动。只有民族资本主义才是对中国历史的发展和中国人民的解放有利的，才是进步的。官僚资本主义和殖民主义，则是造成中国贫穷落后的根本因素，是反动的。中国不是多了民族资本主义，而是多了封建主义、官僚资本主义和帝国主义。比较起官僚资本主义和帝国主义在华开办的企业，民族资本主义企业是十分微弱的。因此，不加分析地以资本主义运动作为主要线索来考察中国近代历史发展的进程，笼统地说洋务运动反映了近代中国人民政治觉悟的迅速发展，代表了时代前进的方向，是难以令人首肯的。

不能把洋务运动说成是时代前进的方向还因为，发动洋务活动的奕䜣、李鸿章等洋务派都是清政府的廷臣疆吏，是统治阶级的代表人物。他们同统治阶级中的另一翼顽固派一起，共同决定、执行着清政府对内镇压、对外投降的基本国策。位居政权顶端实行折中控制的是慈禧太后。不是把引进西方资本主义的生产技术当作罪过，而是因为他们引进的目的是为了镇压国内人民的反抗，维护摇摇欲坠的封建统治。洋务派与顽固派一样，对外是民族投降主义者。洋务派在办洋务企业时，虽也有"御外侮"、"收利权"等对外的一面，但那不是根本的目的。洋务派并没有发动全民族的力量来对付帝国主义侵略者。李鸿章只准自己办洋务，不准民族资本主义得到发展。对外国的侵略，他们并不想真正抵抗，掌握在他们手中的近代先进武器，形成不了保卫祖国的干城。随着帝国主义侵略步步加深，掌握国家权力的洋务派官僚们总是一次比一次更严重地把民族、国家的利益出卖给外国侵略者。所谓"御外侮"云云，就越来越失去其应有的积极意义。中外关系并不如他们所期望的那样"相安无事"，中国正急速地面临殖民地化的深渊。那种把洋务派的经济活动和政治、外交活动分开来评价的意见是说不通的，事实上是分不开的。

　　有的同志引证马克思关于英国用蒸汽和自由贸易（或者蒸汽和科学）在印度造成社会革命的论断，说明引进资本主义机器生产是社会的进步。印度早已沦为英国的殖民地。英国在19世纪初由极卑鄙的利益驱使把资本主义生产力引进印度，虽然给整个印度民族带来流血与污秽、穷困与屈辱，但从人类解放的历史使命来说，英国在印度造成的社会革命"毕竟是充当了历史的不自觉的工具"[①]。同时，马克思又说，英国把机器运用到印度，"就无法阻止这个国家自己去制造这些机器"，即无法阻止

---

　　① 《不列颠在印度的统治》，《马克思恩格斯选集》第2卷，人民出版社1972年版，第68页。

这个国家近代民族工业的发生。但是，他又明确指出，不列颠资产阶级在印度播下的新的社会因素，"既不会给人民群众带来自由，也不会根本改善他们的社会状况，因为这两者都不仅仅决定于生产力的发展，而且还决定于生产力是否归人民所有"①。中国在沦为半殖民地后，它自身萌芽中的资本主义因素中断了，外国资本主义的生产技术直接移植到中国的土地上来。外国资本主义在中国也充当了历史的不自觉的工具。从这个意义上可以说，洋务运动发展的结果，在客观上也多少起到了促进中国资本主义发生的作用，有一定的进步意义。以往有的研究者把洋务运动的反动作用说得绝对了，也是欠妥当的。

　　与上述两个问题相联系的第三个问题，是中国近代工业化道路问题。中国近代需要工业化即需要实现资本主义化，这是没有疑义的。但如何走上工业化道路，研究者之间产生了分歧。讨论这个问题不能只从概念上来争论，而要看事实。历史事实是，近代中国始终没有实现资本主义工业化。尽管中国发展了一些工业，包括民族资本主义工业、官僚资本主义工业，直到1949年以前，中国始终没有改变半殖民地半封建社会的地位。但是，中国人民却进行了百余年的反帝反封建斗争，经历了旧民主主义革命和新民主主义革命阶段，最终取得了新民主主义革命的胜利。如果说，"要争取民族独立和谋求社会进步，就必须向先进的西方资本主义国家学习，改变中国贫穷落后的状况，实现中国的近代化"②，这只是一种善良的愿望。如果说，向西方学习，发展资本主义，是近代中国争取独立和谋求进步的根本道路，这就未

----

①　《不列颠在印度统治的未来结果》，《马克思恩格斯选集》第2卷，人民出版社1972年版，第73页。

②　胡滨：前揭文。

免把中国向西方学习、发展资本主义的作用提到了一个不应有的高度。从来搞资产阶级革命，都不是在资本主义已经高度发展之后，而是在资本主义有了一定程度的发展而遇到封建主义生产关系的束缚，不冲破这种束缚就不能前进。英国资产阶级革命和法国大革命就是这样发生的。只有资产阶级革命的成果巩固以后，资本主义才能得到大发展。工业革命发生在 18 世纪的英国而不发生在 17 世纪的英国，就是这个道理，中国近代的情况与英、法等欧洲国家又有不同。中国资本主义发生的时候，正面临着帝国主义的压迫和封建主义的统治。而且中国资本主义不是在封建社会的母体内在自身发展的基础上孕育形成的，基本上是从西方资本主义社会直接移植的。固然，没有资本主义一定程度的发展，不可能有资产阶级民主革命的胜利。但是，在既有资本主义一定程度的发展之后，在帝国主义和封建主义的残酷统治之下，不首先进行资产阶级民主革命，发展资本主义只是一句空话，所谓"谋求社会进步"也只能停留在"谋求"二字上，社会还是得不到真正的进步。

关于这个问题，毛泽东在他一系列重要著作中有许多论述。一些同志常常引用《论人民民主专政》关于先进的中国人向西方国家寻找真理的话："要救国，只有维新，要维新，只有学外国"，以此证明，向西方学习近代资本主义的必要性。不错，毛泽东的确讲了那一大段话，但是，他讲的是自从 1840 年鸦片战争后直到中国共产党出世以前那 80 余年里先进的中国人向西方寻找救国真理的历史过程。洪秀全、康有为、严复和孙中山是那些先进的中国人的代表。李鸿章一类人是不能算在当时先进的中国人之列的。毛泽东接着还有下面一段话："帝国主义的侵略打破了中国人学西方的迷梦。很奇怪，为什么先生老是侵略学生呢？中国人向西方学得很少，但是行不通，理想总是不能实现。多次奋斗，包括辛亥革命那样全国规模的运动，都失败了。"这些失败说明什么？说明帝国主义是不会容许中国人搞资本主义的。先进的中国人虽然向西方资本主义学了不少东西，也在国内发展了一些资本主义，但革命老是不能成功，理想总是不能实现。毛泽东在《论联合政府》一文中，指出了没有工业，便没有巩固的国防，便没有人民的福利，便没有国家的富强的道理，同时又一再强调指出，"没有独立、自由、民主和统一，不可能建设真正大规模的工业"，"在一个半殖民地的、半封建的、分裂的中国里，要想发展工业，建设国防，福利人民，求得国家的富强，多少年来多少人做过这种梦，但是一概幻灭了。许多好心的教育家、科学家和学生们，他们埋头于自己的工作或学习，不问政治，自以为可以所学为国家服务，结果也化成了梦，一概幻灭了"。毛泽东讲的这几段话，包括一个完整的意思，就是中国只有通过民主革命，推翻帝国主义、封建主义的统治，才能发展资本主义。不能把本末搞倒置了。从前那些好心的教育家、科学家不理解革命的必要性，以为埋头教育和科学就可以拯救祖国。他们之所以总是不成功，就是把本末倒置了。主张向西方学习，发展资本主义是近代中国根本道路的同志，实际上是在研究工作中重复了这种倒置。历史已经证明，不是资本主义救了中国，而是马克思列宁主义救了中国，是社会主义、共产主义的理论和实践救了中国。中国共产党在马列主义指导下，高举反帝反封建的斗争旗帜，推倒了帝国主义和封建主义的统治才使资本主义在中国获得了发展，才使中国具备了成为工业国的条件和可能。这当然不是说先进的中国人千辛万苦向西方寻找真理都搞错了，不是的。那些终生真诚地从事于实业建设、科学活动、教育事业的先贤们，都曾经为振兴祖国尽到了中华儿女的一份责任。但是，在半殖民地半封建的中国，只靠向西方学习，发展资本主义是不能使中国走上工业化道路的，只靠工业、科学、教育事业是救不了中国的。

关于"时代中心"问题

近来有关于"时代中心"问题的讨论。有的同志认为"民族资产阶级是近代中国的'时代中心'"。为了说明近代中国80年只有民族资产阶级是"时代中心",还特别强调指出："从严格意义上说,农民阶级无法完成反侵略反压迫、发展资本主义的历史使命,不可能真正担起时代中心的角色。"按照这种意见,农民阶级虽是"反侵略反压迫斗争的主力军","演出过悲壮的场面",也不过是"一度充当了不自觉的历史工具"[①]。农民在中国近代史上的作用就这样被不恰当地贬低了。

列宁在1915年写的《打着别人的旗帜》一篇有战斗性的论文中,提出了"时代中心"问题。所谓"时代",列宁指的是资本主义世界范围的大时代,而不是指某一国历史发展中的具体时代,这里是指当时马克思主义文献里经常引用的欧洲资产阶级历史发展的几个不同阶段[②]。列宁在这篇文章里还告诫说:"马克思的方法首先是考虑具体时间、具体环境里的历史过程的客观内容,以便首先了解,在这个具体环境里,哪一个阶级的运动是可能推动社会进步的主要动力。"[③] 列宁这段话,应当成为我们分

[①] 杨立强、沈渭滨:《"近代中国资产阶级研究"讨论会综述》,《历史研究》1983年第6期。

[②] 即,(1)1789—1871年,从法国大革命到普法战争,是资产阶级上升的时代,是资产阶级民主运动的时代;(2)1871—1914年,是资产阶级绝对统治和衰落的时代,是从进步的资产阶级变成反动的财政资本的时代;(3)1914年以后是帝国主义时代。列宁称它为三个时代,或三个时期。

[③] 《打着别人的旗帜》,《列宁全集》第21卷,人民出版社1959年版,第121页。

析近代中国历史过程的理论依据。

运用列宁所指明的方法来分析中国近代史，我以为不能简单地把民族资产阶级当作近代中国 80 年的"时代中心"。

中国民族资产阶级何时形成？学术界尚未作出有说服力的论证。中国近代民族工业，在 19 世纪六七十年代开始萌生，数量极微，甲午战后稍有发展，力量也不大。帝国主义的瓜分危机和戊戌维新、义和团运动的失败，实际上（而不是形式上）促进了中国人民的觉醒，激起了各阶层人士的民族自尊心，激发了少数先进分子的革命热情。从那时起，中国近代民族工业有了长足的发展，民族资产阶级的政治代表开始组织起来，行动起来，以崭新的面貌叱咤云天，提出了推倒封建统治、建立资产阶级共和国的革命方案。资产阶级革命派的出现及其政治上的趋向成熟，反映了民族资本主义的长成，可以说，民族资产阶级从这时起正式形成了。因此，从 20 世纪初年开始到五四运动以前这样一个历史阶段里，说民族资产阶级是时代的中心，说这个阶级的运动是推动社会进步的主要动力，应当是符合这个时期历史过程的客观内容的。但是由于中国民族资产阶级太软弱（包括政治和经济两方面），缺乏反帝反封建斗争的坚定性和彻底性，虽然结束了几千年的封建帝制，却并未触动封建统治的根基——地主阶级土地所有制，没有解决资产阶级民主革命的基本问题，没有结束半殖民地半封建社会的发展道路。当 1919 年五四运动爆发之后，民族资产阶级就不能左右中国的时局，不得不从中国近代史的时代中心位置上悄然隐去，失去了继续领导中国民主革命运动的资格。

在民族资产阶级形成以前的 60 年里，近代中国的时代中心由哪个阶级来承当呢？如果像有的同志"从严格意义上"说的那样，农民阶级"不可能真正担起时代中心的角色"。按照这样的逻辑，在同样严格的意义上来说，民族资产阶级也无法完成反侵略反压迫、发展资本主义的历史使命，不是连民族资产阶级也不能真正担起时代中心的角色么！按照列宁的说法，所谓"时代中心"，是指决定时代的主要内容、时代发展的主要方向的阶级，是指可能推动社会进步的主要动力。准此而论，在近代中国，情况又是如何呢？

中国近代民族工业虽早已个别地在社会机体上产生出来，但直到19世纪八九十年代才有民族资产阶级的少量生长。面对封建统治的层层压力和帝国主义的瓜分危机，民族资产阶级的政治代表不得不在软弱的阶级基础上和浅薄的理论准备后回答时代提出的问题，论证自己初步的政治主张：要求变法，要求民族资本主义工业的生存权利。这虽然是民族资产阶级在19世纪末迈出的重要的一步，却也是很脆弱的一步。"百日维新"好像历史长剧中一幕短暂的过场戏，一反掌间就被封建顽固派打到幕后去了。争取民族资本主义工业的生存权利虽然符合时代发展的方向，他们却把希望寄托在一个好皇帝甚至帝国主义的身上。这些提出初步政治主张的人们不认识，正是封建专制制度和帝国主义势力，不给予民族资产阶级以生存的权利。从这个意义上可以说他们还没有意识到自己的历史使命，他们还没有形成为决定时代主要内容的阶级。所以，紧跟着维新运动的失败，就有义和团反帝爱国运动的猛烈爆发。这说明，直到19世纪末，直到民族资产阶级正式形成以前的这个历史阶段里，农民阶级仍然是活跃在时代舞台上的强大力量，依然是推动社会进步的主要动力。

半殖民地半封建社会里的农民不是纯粹封建社会里的农民。他们发动的以反对封建统治和资本—帝国主义势力为目标的农民战争和民族战争，不单纯是中世纪农民反抗地主阶级的阶级战争，而是那个时代里（世界范围内）资产阶级民主运动和民族解放运动的一部分。《天朝田亩制度》主张平均分配土地，不仅在否定地主阶级土地所有制上具有进步意义，如果真正实行起来（实际上由于种种原因并未真正实行），在那时的时代条件下，在外国资本主义已在中国植根，而中国民族的资本主义即将萌生的情况下，必定为中国资本主义的发展开拓道路①。《资政新篇》的提出，不能把它看作是毫无根据的偶然现象。它得到洪秀全的基本同意，表明了太平天国领导人在新的时代条件下对农民起义前途的新探索。据太平天国的朋友呤唎及其他西方旅行者的记录，太平天国的不少重要干部都有寻求反映西方资本主义的知识的愿望。这是由那时的时代条件所决定的。义和团反帝爱国运动，据一些同志说只能算是民族战争，但它是发生在 19 世纪末、20 世纪初的中国的民族战争，属于资产阶级民族解放运动的范畴。它的"扶清灭洋"的排外主义口号，虽然不可避免地具有盲目排外的消极意义，但它要求驱逐外国侵略者、要求废除帝国主义在中国的一切特权（"最恨和约，误国殃民，上行下效，民冤不伸"），却是这一次反帝爱国运动的主流。列宁在 1908 年评价俄国农民运动的时候说："没有农民群众这种革命精神，没有他们顽强无情的斗争，那没收地主土地也好，建立共和国也好，实行普遍、直接、平等和无记名的选举权也好，都是没有希望实现的'空想'。"② 在近代中国，没有农民群众的这种革命精神，没有他们顽强无情的斗争，反帝反封建的革命斗争能够向前推进

---

① 早在 1905 年，列宁在论述俄国民主革命中的策略时就阐述过这种思想，他说："即使农民起义完全成功，即使为着农民的利益和按照农民的愿望重新分配了全部土地（"平分土地"或其他类似办法），也丝毫不会消灭资本主义，反而会促进资本主义发展，加速农民本身的阶级分化。"见《社会民主党在民主革命中的两种策略》，《列宁选集》第 1 卷，人民出版社 1972 年版，第 539 页。

② 《社会民主党在俄国革命中的土地纲领》，《列宁全集》第 15 卷，人民出版社 1963 年版，第 153 页。

吗？没有他们的斗争，中国在殖民地化的道路上不是陷得更深吗？这样说并不排除其他种种因素的作用，只是说，在19世纪内，只有农民的斗争，是推动中国社会进步的主要动力。我们也可以说，维新运动和义和团联翩出现并各具弱点表明，在19世纪末和20世纪初，农民阶级和民族资产阶级正处在交接"时代中心"接力棒的重要关口。进入20世纪后，民族资产阶级就在历史的新起跑点上前进了。

主张民族资产阶级始终是近代中国时代中心的同志认为，从20世纪70年代以后，中国就存在民族资产阶级了。其实，从70年代到90年代初期，中国只有洋务派创办的军用工业和民用工业有合法存在的权利，那显然都是早期官僚资本主义企业。少量的民族资本企业只能非法存在，处境艰难。民族资产阶级尚未形成。因此，他们是把执行洋务新政政策的地主阶级当权派之一的洋务派当作民族资产阶级来看待了。有的文章还论证了洋务企业就是民族资本主义企业。这样，"时代中心"的桂冠就从民族资产阶级的头上移到了洋务派身上。说民族资产阶级是"时代中心"，那是振振有词的。说洋务派也是"时代中心"，反映了时代前进的方向，是推动时代前进的主要动力，就未免相差悬远，风马牛不相及了。如果说这个时期多少还有一些近代工业的话，那么在40年代至60年代，资本主义工业尚未出现，谁是"时代中心"呢？有的同志认为，在鸦片战争以后一段时间里，可以说有一个"潜在"的资产阶级在起"时代中心"的作用。这就太令人费解了。资产阶级的存在是一种客观事实。没有资产阶级，何来一个"潜在"的"时代中心"？用砍掉农民阶级的办法，来构筑没有资产阶级的资产阶级"时代中心"体系，这是历史研究中一种削足适履现象。这样的体系，是很难经受得住客观历史事实的检验的。

提出"时代中心"来说明近代中国社会前进的主要动力，是有意义的。但是如果简单地以民族资产阶级是近代中国的"时代中心"，来轻视农民在近代史上的作用，则是不符合历史事实的，也是有悖列宁的原意的。重要的是要以马克思主义作指导，实事求是地评价农民阶级、资产阶级在中国近代史上的地位和作用，而不是其他。

关于近代史研究的指导思想问题

有位作者写道："我们的历史认识基本上是解放前后在党的民主革命理论指引下取得的"，它虽然比封建史学、买办史学高明得多，但是，"民主革命时期对历史的某些未必正确的理解长期凝固不变，成为'框框'，障碍着人们的视线"。那位作者发出了"马克思主义的再学习和历史的再认识"的召唤，要求历史研究者努力挣脱极"左"政治的枷锁和教条主义的绳索，"解放思想，实事求是，敢于突破旧框框，探求新知识"①。提倡历史研究者学习马克思主义，在历史研究中解放思想，实事求是，都是正确的。问题是如何根据这一正确思想估价我们在党的民主革命理论指引下取得的历史认识。

说有关中国近代史基本线索的认识是在党的民主革命理论指引下取得的，这并不为错。党的民主革命理论是在马克思列宁主义、无产阶级世界观指导下取得的，是首先争取民主革命的胜利然后不间断地使革命转变为社会主义的理论。它是马克思列宁主义与中国革命实际相结合的产物。毛泽东在《新民主主义论》

---

① 李时岳：《马克思主义的再学习与历史的再认识》，《史学集刊》1982 年第 2 期。

中指出："中国的民主革命，没有共产主义去指导是决不能成功的"，又说，"在现在，新民主主义，在将来，社会主义，这是有机构成的两部分，而为整个共产主义思想体系所指导的"。这里已经把问题说得十分清楚了。欧洲资产阶级的革命理论在那个时候曾经是相当生气勃勃的，但当历史把资产阶级民主革命的任务提到中国人民面前时，原先曾经是革命的欧洲资产阶级已经走向了自己的反面。中国民主革命的先驱者孙中山虽然参照、借鉴欧洲资产阶级的革命理论创立了中国资产阶级的革命学说，力图领导中国的资产阶级民主革命，但这个革命在半路夭折了。因此中国资产阶级的革命理论并不曾启迪中国历史学者认识近代中国的历史发展规律。在中国，只有共产主义的革命理论永葆其青春，把中国革命从一个胜利引向另一个胜利。也只有共产主义理论教育了整整一代中国人民，包括中国历史学者，使他们能运用这个理论考虑中国的革命问题，回顾以往的历史并展望国家的未来。

可见，党的民主革命理论是马克思主义理论的组成部分之一。在这一理论指引下取得的对中国历史特别是对中国近代史的认识，不仅比封建史学、买办史学高明得多，而且比资产阶级史学高明得多。尽管研究者对中国近代史的许多具体问题会有分歧，而且随着研究工作的深入还会有一系列新的问题提出来，但对中国近代社会的性质、革命的性质、革命的动力、革命的领导力量及其转变等问题，对毛泽东所说的"两个过程"等已为千百万群众的革命实践检验过的这些真理，不应该再有什么怀疑。不能说经过了社会主义革命和建设，经过了"十年浩劫"，就有理由来怀疑上述在民主革命理论指导下得出的对历史的基本认识。这里是指毛泽东对中国近代史所得出的一些规律性认识。至于毛泽东对近代中国历史的某一个具体论点、对某一个具体问题说过的话，学术界在深入研究的基础上，得出了不同的意见，当然有提出讨论、参加争鸣的自由。这是学术研究过程中的正常现象。毛泽东本人也是这样要求的。《毛泽东书信选集》所载，1956年2月19日毛泽东致刘少奇、周恩来等的信，提出不应禁止人们对毛泽东关于孙中山世界观等类学术问题发表不同意见，就是证明。

"回到50年代去"，这不是马克思主义的提法。应该是回到马克思列宁主义毛泽东思想的轨道上来。20世纪50年代正确的东西要坚持，50年代错误的东西要丢弃。由于党的指导方针上的失误在史学研究中出现的片面化、简单化的倾向应该纠正，教条主义的东西应该废止。但是，极"左"政治的枷锁和教条主义的绳索，应当主要是指"四人帮"煽动的极"左"思潮和"两个凡是"所体现的教条主义。邓小平指出，拨乱反正，就是拨林彪、"四人帮"破坏之乱，批评毛泽东同志晚年的错误，回到毛泽东思想的正确轨道上来。又说，解放思想，就是要运用马列主义、毛泽东思想的基本原理，研究新情况，解决新问题。因此，不能把毛泽东思想的基本原理作为"框框"来突破，作为教条主义来抛弃。更不能拿80年代社会主义建设的新经验来否定已经历史检验过的党的民主革命理论。

以上所说，不是要无条件肯定近代史学界在50年代所取得的一切成就，而是要求坚持毛泽东思想在近代史研究中的指导地位。在中国近代史研究中坚持毛泽东思想的指导，当然首先是要坚持毛泽东思想的核心即马克思列宁主义的世界观和方法论的指导，坚持历史唯物论的指导。从毛泽东思想的形成过程来看，毛泽东运用马克思主义原理结合中国历史实际时，主要是结合了鸦片战争以来的中国近代历史的实际。可以说，毛泽东对中国近代社会性质的分析，对近代民主革命经验的总结，以及由此而得出的他对中国近代史的一系列基本结论，是组成毛泽东思想的内容之一。毛泽东没有为我们留下一本有关中国近代史的专门著述。他对中国近代史的一些基本结论，都融汇在他那些重要的革命文献之中。同马克思、恩格斯、列宁一样，毛泽东对历史经验的总结与对革命原则的阐述之完美的结合，都堪称典范。他结合革命基本问题的阐释，探讨了中国近代史上一些带规律性的东西。他把对中国近代史的研究，同对马克思主义理论的研究和革命现实问题的研究，紧密结合在一起。往往有这样的情况，他的论述既是对中国近代历史规律的认识，也是对中国革命基本问题的认识。我们据此说毛泽东对中国近代史的科学论断是马列主义与中国实际相结合的产物之一，当不会有夸大无稽之弊。

尽管毛泽东已经对中国近代史的一些最重要的问题提出了指导性的意见，尽管学术界已经接受了这些意见，并对中国近代史的总的布局取得了一定的进展，但中国近代史研究的现状还是不能令人满意的。几部中国近代史著作，确实存在大同小异、陈陈相因的情况。毛泽东在《改造我们的学习》中提出的研究近百年的经济史、政治史、军事史、文化史的任务并未完成。近代史研究中还有很多空白点和薄弱环节。各种专门史的研究也才刚刚提上日程。就是对反帝反封建的民主革命的历史经验也还缺乏系统的有力的论证，半殖民地半封建时代的旧史学还有待系统清理，等等。我们不应该只满足于停留在对近代历史认识的某些原则性结论上，要在细心研究尽可能丰富的资料的基础上，写出有血有肉、真实可信的历史来。只要我们在科学的道路上敢于攀登，辛勤耕耘，我们的近代史研究一定会取得新的更大的进步。

如何看待中国近代史
发展的基本线索?[*]

什么是中国近代史的基本线索？毛泽东1939年12月在《中国革命和中国共产党》一文中说了这样一段话："帝国主义和中国封建主义相结合，把中国变为半殖民地和殖民地的过程，也就是中国人民反抗帝国主义及其走狗的过程。从鸦片战争、太平天国运动、中法战争、中日战争、戊戌政变（按：系戊戌变法之误）、义和团运动、辛亥革命、五四运动、五卅运动、北伐战争、土地革命战争，直至现在的抗日战争，都表现了中国人民不甘屈服于帝国主义及其走狗的顽强的反抗精神。"[①] 又说："自从一八四〇年的鸦片战争以后，中国一步一步地变成了一个半殖民地半封建的社会。"[②] 这就是我们平常所说的中国近代史的"两个过程"。我认为，这仍然可以看作是对中国近代史基本线索的

[*] 本文原载中共中央机关刊物《求是》杂志1990年第3期；人大报刊复印资料《中国近代史》转载，1990年第5期。

① 《毛泽东选集》合订本，人民出版社1964年版，第626页。

② 同上书，第620页。

最确当的概括。

毛泽东对中国近代史作出的"两个过程"的概括，是根据中国人民长期革命实践才取得的。中国人民为此花了几乎一个世纪的时间。对中国的社会性质，马克思主义的创始人没有作出说明。列宁虽然在 1912 年写的《中国革命和中国民粹主义》一文中指出中国是个落后的、半封建的农业国家，在 1915 年的《社会主义与战争》和 1919 年的《帝国主义是资本主义的最高阶段》、《民族主义和殖民地问题提纲》中说中国是半殖民地国家，但是并未作出论证。在中国共产党成立以前的 20 世纪初期，中国人对中国的社会性质，对帝国主义及其在中国的走狗应取何种态度，都没有正确的认识。中国共产党成立的初期，把正确认识中国社会性质及革命基本问题提上日程，但问题并未得到彻底解决，以致在二三十年代，还爆发了一场关于中国社会性质问题的大论战。中国共产党人在马克思列宁主义指导下，对中国社会性质和革命性质问题进行了严肃思考和理论创造。毛泽东在 1939年底和 1940 年初连续发表《中国革命和中国共产党》、《新民主主义论》等论著，系统地、科学地、正确地解决了这一问题。毛泽东说："认清中国的国情，乃是认清一切革命问题的基本的根据。"[1] 中国共产党制定中国革命的总战略、总策略就是建立在对中国国情的正确认识的基础上的。所谓中国的国情，最根本的就是中国社会的性质。毛泽东不止一次强调指出：只有认清中国社会的性质，才能认清中国革命的对象、中国革命的任务、中国革命的动力、中国革命的性质，中国革命的前途和转变。认清中国社会性质问题，才能解决近代中国历史发展的基本规律问题。毛泽东关于"两个过程"的概括，正是基于对近代中国社

---

[1] 《毛泽东选集》合订本，人民出版社 1964 年版，第 627 页。

会性质的分析而形成的对历史发展的规律性认识。这是他把马克思列宁主义与中国的历史实际、革命实际相结合的产物。

近代中国的历史实际就是，一方面是帝国主义和中国封建统治者相勾结，使中国沦为半殖民地半封建社会；另方面必然是中国人民的不断反抗。中国人民的根本任务就是首先完成反帝反封建的民主革命任务，实现的根本途径就是人民大众联合起来，在先进阶级领导下进行反帝反封建的革命。只有驱逐了帝国主义势力，中国才能争取到民族独立；只有推翻了封建地主阶级的统治，中国人民才能获得民主解放，从而达到真正的社会进步。因此，只有人民大众的反帝反封建的民主革命，才是中国争取民族独立和谋求人民解放的正确道路。新、旧民主主义革命时期的社会性质是一样的，由此决定的革命对象，革命动力也是相同的，不同的仅在于革命的领导力量和革命的前途不同。而有的论者认为，在中国近代史的前期，争取独立和谋求进步的根本道路，主要应该是向西方学习，发展资本主义。由于提出这种见解的同志在说明近代中国的根本道路时，回避了反帝反封建的问题，不能不使人产生这样的感觉：中国似乎可以不经过反帝反封建的斗争，只需向西方学习、发展资本主义，就能实现民族独立和社会进步。这就不能不涉及近代中国革命道路的问题。

从历史发展的一般规律说，资本主义代替封建主义是历史的一大进步，但是在近代中国那样的特殊环境下，向西方学习，发展资本主义不可能成为争取独立和谋求进步的根本道路，因为帝国主义不允许中国发展独立的资本主义，先生老是欺负学生。许多先进的中国人努力这样尝试过，都失败了。孙中山先生高明之处就在于他懂得了要救中国，必须革命，必须争取国家的独立、自由和主权。在新中国成立以前的近代中国历史上，抛开反帝反封建，抛开民族独立，仅仅强调向西方学习，发展资本主义，是可行的吗？几个世代的中国人都做过那样的富强梦，中国并没有富强起来。研究中国近代史，不能不注意到这个最基本的事实。

有的同志提出要重视中国近代史上资本主义经济发生、发展的意义，这是对的。问题是如何才能发展资本主义和国际国内环境允许不允许中国发展资本主义。中国是一个半殖民地半封建社会。在中国发展资本主义，不仅遇到了封建势力的压抑，而且首先遇到了帝国主义势力的反对。毛泽东指出："帝国主义侵略中国，反对中国独立，反对中国发展资本主义的历史，就是中国的近代史。"① 帝国主义侵略中国，是要把中国变成它的殖民地半殖民地，是要把中国人民变成它的奴隶，是要在中国建立超经济剥削的基地，不是要把中国变成它的商品竞争的对手。为此目的，帝国主义要在中国开设工厂，利用中国的廉价劳动力和市场，在中国榨取超额利润。只要它这样做了，如同马克思论述英国殖民者在印度的情况那样，它就不能在中国避免产生中国的民族资本主义。因此，在中国，要发生民族资本主义，决不依帝国主义和封建主义的主观意志为转移。但是在中国，不驱逐帝国主义势力，不推翻封建主义统治，民族资本主义便得不到顺利发展的机会。试看，在帝国主义和封建主义统治下，中国的民族资本主义几经磨难，起起伏伏，总是得不到顺利发展，始终没有成为中国社会占统治地位的生产方式，便是明证。

也有的同志提出应把是否向西方学习作为区别近代中国历史上进步与反动的分水岭。从这一观点出发，他们把洋务运动同农民战争、维新运动、资产阶级革命并列起来，构成近代中国历史前进的基本脉络，因而洋务运动就是进步潮流，洋务派就是进步势力。其实洋务运动所以在 19 世纪 60 年代发生，并在此后 30

---

① 《毛泽东选集》合订本，人民出版社 1964 年版，第 673 页。

年间有了发展，正是资本—帝国主义侵略中国步步深入的产物，是帝国主义与中国封建统治相结合把中国变成半殖民地半封建社会的产物。洋务运动期间虽然发展了一批近代资本主义企业，这批企业且是此后中国社会经济进一步发展的起点，我们却不能仅仅根据这一点把它说成是近代中国的进步潮流，正如我们不能把最早在中国创办了资本主义企业的外国侵略势力称作中国的进步潮流一样。因为无论是外国侵略势力还是本国的封建统治者，他们在中国发展资本主义企业，都是以巩固侵略成果或维持封建统治为目的的。如果说在客观上对中国资本主义的发展起了某种刺激作用，那是派生出来的结果。《共产党宣言》说资产阶级"迫使一切民族——如果它们不想灭亡的话——采用资产阶级的生活方式；它迫使它们在自己那里推行所谓文明制度，即变成资产者"①。资本—帝国主义把亚洲、非洲和美洲的许多国家变成了殖民地、半殖民地。它们一方面极其残酷地统治殖民地半殖民地的人民，一方面把资本主义的文明带到那里。马克思说，英国在印度造成的社会革命"毕竟是充当了历史的不自觉的工具"②。但是这种社会革命的成果即资本主义的生产力并不属于人民，印度人民并不能指望从资本主义文明中获得民主、自由和进步。在当今的国际社会，少数富强发达的资本主义国家与大多数落后贫弱的不发达国家形成强烈的反差，已是无可争议的事实。这种反差不是历史自然发展的现象，而是新、老殖民主义的压迫、剥削造成的。少数资本主义国家的发达富强，是建立在大多数落后国家的贫穷基础上的。近代以来的历史发展，虽然由于落后地区广大国家人民的不断斗争，正在力图改变这种社会经济发展的不合

---

① 《马克思恩格斯选集》第 1 卷，人民出版社 1972 年版，第 255 页。
② 《马克思恩格斯选集》第 2 卷，人民出版社 1972 年版，第 68 页。

理格局，但可惜迄今终未根本扭转这种历史格局。尽管那些早已成为殖民地的国家或地区，其资本主义文明的输入并不比中国晚，许多毋宁说还要早些，但它们大多并未取得中国今天的生产力发展水平。这不是因为别的，而是由于中国彻底完成反帝反封建的斗争胜利后，争取到了社会生产力迅速发展的社会条件的缘故。总结近代世界历史发展的这一历程，难道我们可以说资本—帝国主义把资本主义带到了世界的落后地区是起到了促进世界历史向前发展的进步作用吗？

洋务运动是怎样产生的呢？1860 年《北京条约》签订后，侵略者获得了满意的结果，占领军退出北京。统治者中的一些人如奕䜣、曾国藩、沈兆霖等人认为洋人不仅"不伤毁我宗庙社稷"，还能帮助自己镇压"心腹之患"的太平天国革命，便对外国侵略者发生了好感。于是，宁愿割地赔款，出卖主权，换得侵略者的欢心。1860 年是一个转折点，在这之前，清政府对于外国侵略，还是抵抗与妥协并用，在这之后，妥协就是主要的了。从 1860 年起，封建统治者与资本—帝国主义的结合就很自觉了，以致后来那拉氏居然说出要"量中华之物力，结与国之欢心"，达到了登峰造极的程度。洋务运动就是这帮对内镇压、对外妥协投降的封建官僚搞起来的，代表人物就是奕䜣、曾国藩、李鸿章等人。在洋务运动期间，中外反动派结合得愈益紧密，半殖民地半封建社会的演变过程也就得以完成了。由此可见，我们不能说洋务运动是进步运动，说它是统治阶级面临外国资本主义侵略和国内人民不断反抗斗争的情况下，掀起的一场以巩固封建统治秩序为目的的运动，则更近乎事实。而这种地主阶级自救运动无论从主观动机还是从客观效果看，都是适应了资本—帝国主义侵略中国、把中国变成半殖民地半封建社会的需要的。

坚持用"两个过程"来概括中国近代史的基本线索，是不是对反帝反封建斗争谈得过多了呢？这个问题是根本不存在的，因为我们研究的对象是中国近代史。反帝反封建是中国近代史上主要内容之一。正是在胜利地进行反帝反封建斗争的基础上，中国人民逐步接受了马列主义，并最终选择了社会主义道路。这种历史的结局，是中国人民长期进行反帝反封建斗争的结果。中国近代史的内容当然是极其丰富的，除了反帝反封建这一面以外，还有其他各种社会内容。是否可以说，中国近代史上各种形式的斗争，都为反帝反封建这一关系中华民族生死攸关的主线所制约。不谈或少谈中国人民反帝反封建斗争的历史，中国近代史的研究还有多少实际价值呢？因此，不存在谈得多不多的问题，而是如何正确研究它的问题，如何坚持用马列主义、毛泽东思想研究近代史，正确总结民主革命时期反帝反封建斗争的历史经验，来为社会主义建设服务，更好地尽到历史工作者的社会职责的问题。

（1984 年 5 月稿，1989 年 10 月修改定稿）

中国近代史的"两个过程"论 及其指导意义[*]

近年来，在中国近代史基本线索问题的讨论中，关于"两个过程"的说法引起了广泛的争鸣。所谓"两个过程"是根据毛泽东的原话概括出来的。毛泽东在把马列主义结合于中国革命的具体实际的过程中，为了革命事业的实际需要，正确解决了中国近代历史的若干基本问题。实践证明，它既符合中国近代历史发展的客观进程，又符合马列主义的基本原理，用它来指导中国近代史的研究工作，理应受到人们的重视。

中国近代史的"两个过程"

半殖民地半封建中国的历史，就是中国的近代史，从 1840 年的鸦片战争开始，中经 1919 年的五四运动，到 1949 年中华人民共和国成立即新民主主义革命的完成，都包括在这段历史过程

---

　* 本文作于 1984 年 4 月，曾提交 1990 年 3 月在厦门大学召开的全国史学理论讨论会，原载《高校社会科学》1990 年第 5 期。

之内。这 109 年，是中国历史上最重要的转变时期之一，也是距离我们今天的时代最近的历史时期。较之我国悠长久远的历史发展来说，这 109 年是短暂的，但它却包容了比此前的历史丰富得多、复杂得多、重要得多的内容。中国近代史的最重要的内容是什么呢？

鸦片战争以前，中国是一个独立的封建专制国家。自明末以来出现的资本主义萌芽，由于封建社会末期腐朽王朝的统治，没有得到发展，没有在中国的封建社会里孕育出资本主义的生产方式。帝国主义的侵略改变了这种状况。鸦片战争以后，资本—帝国主义从四面八方向中国紧逼过来。用政治、经济、军事、文化各种手段侵略中国，迫使中国社会自给自足的封建经济逐步解体，促使中国发生了资本主义因素，把一个封建社会变成了一个半封建社会；同时，帝国主义又残酷地统治了中国，它从不平等的《南京条约》开始越来越严重地从中国攫夺大量权益，清政府的独立权逐步丧失，中国变成了一个半殖民地的国家。在中国沦为半殖民地半封建社会的过程中，中国人民不甘心屈服于国家民族的危亡，从未停止过对国内封建统治和国外侵略势力的反抗，掀起了像旧民主主义革命和新民主主义革命时期那样一次比一次高涨的人民革命浪潮，终于完成了资产阶级民主革命的任务，推倒了封建统治阶级，把帝国主义侵略势力赶出了中国。

这就是中国近代史的基本发展过程。毛泽东在 1939 年 12 月概括到那时为止的近代中国历史发展的客观内容时指出："帝国主义和中国封建主义相结合，把中国变为半殖民地和殖民地的过程，也就是中国人反抗帝国主义及其走狗的过程。"毛泽东还说，从鸦片战争、太平天国运动、中法战争、中日战争、戊戌维新、义和团运动、辛亥革命、五四运动、五卅运动、北伐战争、土地革命战争，直到抗日战争，都表现了中国人民不甘屈服于帝国主义及其走狗的顽强的反抗精神。毛泽东对中国近代史的"两个过程"的这种概括，不仅总结了历史，而且指导了此后的革命斗争，是运用马列主义理论总结中国历史规律的范例。事实证明，毛泽东的这个"两个过程"论，是符合近代中国历史发展规律的，是正确的。

"两个过程"论是对中国近代历史发展的规律性的认识

有的近代史研究者认为"两个过程"论没有概括中国近代史的全部内容，片面地理解了中国近代史上的阶级斗争，只有"摆脱"它的"束缚"，才能开创近代史研究的新局面。这种意见是值得商榷的。

首先，"两个过程"论是近代中国历史过程的理论概括。作出这种理论概括，当然首先要考察近代中国历史发展的各个方面、各种层次、可能影响历史发展的各主要事件，考察时代条件、国内外形势、社会性质、阶级力量配备、经济发展状况、文化思想的作用等问题；不考察这些方面而作出理论概括，就可能作出不周密、不完备、因而也就是不科学的结论，必然带有主观随意性。即经考察之后，在马克思主义指导下进行科学抽象，所得出的理论性的认识，只能反映历史过程的本质的、基本的特点，不可能、也没有必要把大量历史现象包举无遗。中国近代历史发展的内容是十分丰富的，在对大量历史现象经过科学的综合抽象之后得出的"两个过程"的认识，只是指出了中国近代社会两个最基本的过程：第一，中国近代是一个半封建半殖民地社会，它不是完全的封建社会，也不是完全的殖民地社会，它是帝国主义和中国封建统治者从矛盾、斗争到逐步结合的过程中形成的；第二，在这个过程中，中国人民为了反对帝国主义和封建主义，展开了不屈不挠的斗争。这就是中国近代历史发展的主要内容。说它是两个过程，只是为了理论概括的方便，实际上是同一历史发展过程的两个主要的方面。"两个过程"是对近代历史过程的本质的正确抽象，它既能反映近代史的本质和主流，又能将各种历史现象包容在它所规定的历史范围之内。

其次，"两个过程"论反映了近代历史发展的基本规律。人类社会按照原始社会、奴隶社会、封建社会、资本主义社会、共产主义社会依次发展，这是马克思所发现的人类历史发展的基本规律之一。中国马克思主义的历史学家已经证明，中国历史也是按这几种社会形态发展的。但到封建社会末期，中国并未进入完全的资本主义社会。中国的社会性质是什么？直到 20 世纪初期，直到马克思主义在中国大规模传播以前，中国人都没有正确的认识。中国共产党成立以后，正确认识中国社会性质的问题开始提上日程，但未得到完满解决。到 20 世纪二三十年代，还爆发了一场关于中国社会性质的大论战。经过激烈的争辩，各种政治流派都曾提出自己对中国社会性质的看法和改造中国的方案。毛泽东对中国社会性质问题进行了深入地考察和缜密地研究，到1939 年 12 月发表《中国革命和中国共产党》和 1940 年 1 月发表《新民主主义论》，系统地、科学地论证了中国的社会性质问题，指出，自从 1840 年鸦片战争以后，中国一步一步地变成了一个半殖民地半封建社会。这个结论极其重要，它是中国共产党制定中国革命的总战略、总策略的基本依据。

所谓历史规律是重复出现的历史现象的本质的反映。"两个过程"所体现的近代历史发展的规律就是近代中国诸多历史现象的本质的反映，在整个近代史时期，始终起着决定性的作用。中国的民主革命以 1919 年五四运动为转折点，以前为旧民主主义革命时期，以后为新民主主义革命时期。两个时期的区别仅在于革命的领导力量和革命的前途不同。其社会性质是一样的，由此决定的革命对象、革命动力都是相同的。在近代史研究中，掌握了“两个过程”论就等于掌握了打开中国近代史宝库的入门锁钥。循此继进，登堂入室，人们就更能看清近代中国丰富多彩的历史容貌。显然，把“两个过程”论当作一种“束缚”，是不妥的，如果真要“摆脱”它，近代史研究就可能误入歧途。

“两个过程”论对近代史研究的指导意义

“两个过程”的理论是毛泽东在新民主主义革命时期提出来的。它对中国共产党领导的民主革命具有重要的指导意义，这已为全部革命历史所证实，似乎没有人提出疑义。但它对中国近代史的前期即旧民主主义革命时期有何指导意义呢？对于这一点，近代史研究者的认识是不尽一致的。根据“两个过程”论的规定，近代中国既然是半殖民地半封建社会，中国人民的基本任务就是进行反帝反封建的民主革命。新民主主义革命时期是这样，旧民主主义革命时期也是这样。有的论者提出了另外的解释，认为在中国近代史前期，向西方学习，发展资本主义，是近代中国争取独立和谋求进步的根本道路。由于提出这种解释的学者在说明近代中国的根本道路时，回避了反帝反封建的提法，使人怀疑中国可以不经过反帝反封建的斗争，只需向西方学习、发展资本主义，就能实现民族独立和社会进步。这就涉及毛泽东提出的“两个过程”论，对前期中国近代史的研究，是否具有指导意义的问题了。我以为，毛泽东提出的“两个过程”论对前期近代史的研究同样也具有指导意义。这是因为，毛泽东的理论是从中国近代史的实际发展过程中概括出来的。中国近代历史的客观过程是：19世纪中叶以后，中国经历了从一个独立的封建社会逐步变成为半殖民地半封建社会的过程，到19世纪末完成了这个演变；而自从外国资本主义侵略中国、中国开始走上半殖民地半封建社会起，中国人民就展开了不屈不挠地反帝反封建的斗争，太平天国、戊戌变法、义和团、辛亥革命是几个主要的标志。这就是说，"两个过程"作为近代中国的历史规律，是在19世纪内形成的，不是在后来出现的。

第一，关于根本道路。争取民族独立和人民的民主解放是近代中国人民的根本任务，怎样来实现这一任务呢？100多年来中国人民为了找到救国救民的正确道路，进行了艰苦卓绝的摸索和奋斗，付出了几代人的努力，几经失败和痛苦，终于在中国共产党的领导下获得了成功。历史学家不应该主观主义地为说明历史而说明历史，应当客观地、实事求是地去总结历史经验。事实是，只有驱逐了帝国主义势力，中国才能争取到民族独立；只有推翻了封建地主阶级的统治，中国人民才能取得民主解放，从而才能达到真正的社会进步。因此，只有反帝反封建的民主革命，才是中国争取民族独立和谋求人民解放的正确道路。以向西方学习、发展资本主义作为近代中国争取独立和谋求进步的根本道路，是有意无意抹杀或模糊了中国人民面临反帝反封建斗争的严重任务。历史已经证明它不是一条正确的道路。近代史上许多志士仁人提倡学习西方、发展资本主义的努力，对中国近代历史的发展是很有意义的。但把它提升到历史发展的根本道路的高度来认识，则显然有违历史事实。

第二，近代中国的确需要发展资本主义，问题是如何才能发展资本主义。近代中国是一个半殖民地半封建社会。在中国发展资本主义，不仅遇到了封建势力的压制，而且首先遇到了帝国主义势力的反对。如前所述，帝国主义虽然促进了中国资本主义的发展，更重要的却是压制了中国资本主义的发展。帝国主义侵略中国，是要把中国变成它的殖民地半殖民地，是要把中国人民变成它的奴隶，不是要把中国变成它的商品竞争的对手。为了达到这个目的，帝国主义也要在中国开设工厂，利用中国的廉价劳动力和市场，在中国榨取超额利润。在近代中国首先发展起来并占据统治地位的是外国的资本主义。接着是封建统治者的官办和官督商办企业。在这种情况下，不驱逐帝国主义势力、不推翻封建主义统治，资本主义要成为中国人民的生产力是不可能的，要大规模地发展资本主义也是不可能的。如果没有帝国主义侵略这个大前提，资本主义生产方式在中国的土壤里发育成长，进而彻底推翻封建制度，建立资产阶级国家，从历史发展的正常规律来说，这当然是最理想的。但是，研究历史不能凭想象和推测。

毛泽东关于中国近代史的科学论断是马列主义
与中国实际相结合的产物之一

　　中国共产党登上中国革命的历史舞台，是在旧的资产阶级民主革命遭到失败之后。以毛泽东为代表的中国共产党人，在马克思列宁主义的一般原理指导下，反复研究了中国的历史实际和革命实际，在 20 世纪 30 年代总结出了引导中国革命走向胜利之路的基本理论——新民主主义革命的理论。马克思主义的经典作家们指出了无产阶级进行革命的一般原理，没有为中国无产阶级如何进行革命指出具体途径。把马克思主义的一般原理同半殖民地半封建中国的具体实际结合起来，产生了在广土众民而又饱受帝国主义和封建主义压迫的东方大国进行革命并取得胜利的理论，无疑是对马克思列宁主义理论宝库的重要贡献。

　　毛泽东的历史知识非常的渊博。他在考虑中国革命问题的时候，非常注意中国的历史特点。从孔夫子到孙中山，都在他的历史视野之内。他把研究理论、研究现状、研究历史放到重要的地位。从毛泽东思想形成的过程来看，毛泽东运用马克思主义原理结合中国历史实际时，主要是结合了鸦片战争以来的中国近代历史的实际。可以认为，毛泽东对中国近代社会性质的分析，对近代民主革命经验的总结，以及由此而得出的他对中国近代史的一系列基本结论，是组成毛泽东思想的内容之一。他在探讨中国近代史的基本规律时，不是为学问而学问。而首先是、主要是为了阐释中国革命的基本问题，指导现时的革命斗争。因此，他把对中国近代史的研究，同对马克思主义理论的研究和革命现实问题的研究，紧密结合在一起。当然，我们不能教条化地理解毛泽东关于中国近代史的每一个具体论点，但是，对于毛泽东关于中国近代史的规律性认识，则绝不能轻率否定。

有的同志认为，"我们的历史认识基本上是解放前后在党的民主革命理论指引下取得的"，"民主革命时期对历史的某些未必正确的理解长期凝固不变，成为'框框'，障碍着人们的视线"。问题的实质不在于我们的历史认识是在民主革命时期取得的，还是在社会主义时期取得的，实质在于这个理论是否正确，是否符合马克思主义。党的民主革命理论虽然是在解放前创立的，但它不同于资产阶级的民主革命理论，它是在马克思列宁主义指导下取得的，党的民主革命理论是马克思主义理论的组成部分之一。毛泽东在《新民主主义论》中指出："中国的民主革命，没有共产主义去指导是决不能成功的。"他在《论联合政府》一文中谈到党的最低纲领和最高纲领时还说："只有经过民主主义，才能到达社会主义，这是马克思主义的天经地义。"可见，党的民主革命纲领虽然是党的最低纲领，但党的民主革命理论却是马克思主义的。解放后，广大的历史工作者在马克思主义指引下，在毛泽东关于中国近代史的一系列基本结论指导下，在近代史研究领域取得了若干重要的理解。把这些理解当作对人们的"障碍"，要求突破它，这种对近代史研究领域基本成绩的评价，恐怕是有欠公允的。

有一种要求重写近代史的议论。这种议论如果是针对以往的研究著作显得肤浅、片面而发的，则不失为一种好想法。如果是针对以往研究中贯穿的反帝反封建的基本思路立言，把它作为一种框框要求突破，恐怕是一种错误观念。我们只有通过近代史的研究努力论证近代中国半殖民地半封建社会的性质，全面地总结民主革命时期反帝反封建的历史经验，我们对中国近代史的认识才是深刻的，我们的工作对今天的社会主义现代化事业才会有借鉴意义。重写近代史如果是要突破这些基本思路，恐怕不能不回到 40 年前旧中国资产阶级的、地主阶级的史学著作的老路上去。那样做，不是创新，而是复旧。这是显而易见的。

中国近代史的分期及"沉沦"与"上升"诸问题[*]

一

　　最近，胡绳同志在对《近代史研究》创刊 100 期表示祝贺时重提一个建议："把 1919 年以前的八十年和这以后的三十年，视为一个整体，总称之为'中国近代史'，是比较合适的。这样，中国近代史就成为一部完整的半殖民地半封建中国的历史，有头有尾。1949 年中华人民共和国成立以后的历史可以称为'中国现代史'，不需要在说到 1840—1949 年的历史时称之为'中国近现代历史'。"[①] 胡绳同志这个建议非常重要。事实上早在 50 年代，如荣孟源、李新、刘大年等，就讲过这个意见。但

---

　　[*] 1997 年 9 月 29 日下午演讲于北京师范大学 95 周年校庆文史哲学科学术报告会。《光明日报》史林版于 1998 年 2 月 3 日以《中国近代史的分期》为题摘要发表，全文载《近代史研究》1998 年第 2 期。人大报刊复印资料《中国近代史》转载，1998 年第 8 期。收入《追求集》；郭大松等主编《中国通史教程教学参考·近代卷》，山东大学出版社 2001 年版。

　　[①] 见《近代史研究》1997 年第 4 期（100 期纪念号）。

是由于那时的时代背景，这样的意见没有受到足够的重视。

二

在中国历史学界，对中国近代史、现代史的概念，至今仍有很不相同的认识。一般来说，是把1919年五四运动以后的历史称作中国现代史，而把由此上溯到鸦片战争的历史称作中国近代史。大学历史系一般以1919年为中界，分设中国近代史教研室、中国现代史教研室，学生们关于中国近代史、现代史的知识，大约以此为依据。十几年前，史学界成立了一个学术团体叫中国现代史学会，聚集在它周围的大多是以五四运动为中国现代史起点的学者。中国现代史的下限在哪里？学者们的意见可能不尽相同，有些人可能把1949年后的某一时期也算在内。有关中国近代史的出版物，包括学术著作和教科书以及通俗读物，大多数都以1919年五四运动为下限；有关中国现代史的出版物，绝大多数以1919年为上限，有的则起于辛亥革命（台湾有关中国现代史的出版物，都以辛亥革命为上限）。

有一派学者有不同见解。他们认为，应该把1840—1949年这个时期的历史都称作中国近代史。明确中国近代史这一概念的科学定义，其理论依据在于，要阐明中国近代史所涵盖的那个社会的社会性质是什么？他们认为，1840年鸦片战争发生在清朝的道光年间，在那以前，中国是一个与外部世界来往不多的、独立发展的封建社会。从第一个不平等条约《南京条约》签订以后，中国的国家地位和主权受到很大损害，而且随着此后一系列不平等条约的签订，这种损害变得越来越巨大。在帝国主义的侵略压迫下，中国从一个独立的封建社会变成了一个半殖民地半封建的社会。在这样的社会里，中国的政治、经济、军事、文化的发展，往往要打上帝国主义侵略的烙印。看起来中国是独立的，但国家主权却受到帝国主义的严重侵害。中国的这个社会性质，不仅在道光以后的晚清社会没有改变，在北洋军阀时期没有改变，就是在国民党在南京建立全国统一的中央政府——国民政府以后，也没有改变。只是在 1949 年 10 月 1 日中华人民共和国建立以后，才根本改变了旧中国半殖民地半封建社会的性质，中国才改变成为一个新民主主义的，往后更发展成为一个社会主义的社会。这个国家是一个主权在民的、人民群众当家做主的、虽受国际环境影响但不受外国干预的独立的国家。这就是说，1949 年 10 月 1 日前后的中国国家性质、社会性质是完全不同的。依据对中国社会历史发展的特点的这种认识，这一派学者认为，以 1840 年鸦片战争为开端，到中华人民共和国成立以前的这一段历史都应该称作中国近代史。因为在这 110 年里，中国社会性质没有变化。

20 世纪 50 年代，关于中国近代史分期问题曾有过热烈的讨论。当时的讨论集中在分期的标准上，但也涉及中国近代史上下限问题。当时主流的意见，把中国近代史定在 1840—1919 年的时限内。但也有一些人主张，应依据社会性质和革命性质，把 1840—1949 年间的中国历史都称为中国近代史。最早提出这一主张的，据《中国近代史分期问题讨论集》[①] 所载，似乎是林敦奎在 1956 年 6 月 4 日在中国人民大学第六次科学讨论会讨论"中国近代史分期问题"时提出的。据报道，林敦奎认为中国近代史的下限应延长至 1949 年中华人民共和国成立以前。[②] 接着，

---

① 《历史研究》编辑部编，生活·读书·新知三联书店 1957 年版。
② 杨遵道：《中国人民大学第六次科学讨论会上关于"中国近代史分期问题"的讨论》，《中国近代史分期问题讨论集》，第 228 页。

荣孟源在 1956 年第 8 期《科学通报》发表《关于中国近代史分期问题的讨论》文章，开宗明义说："有人说，中国近代史的断限应从 1840 年起，到 1949 年 9 月止。我赞成这个意见。"他分析道："从鸦片战争起，到中华人民共和国成立以前，中国社会性质是一个半殖民地半封建社会，中国革命性质是民主主义革命，这一百一十年的历史应该作为一个历史时期，叫做中国近代史。假如从新民主主义革命起到目前止作为中国现代史，那么所谓近代史只是半殖民地半封建社会历史的一半，而现代史却包括着中华人民共和国成立前后两个不同性质社会的历史。这样就其科学性来说是不妥当的……1949 年以前，我们把新民主主义革命时期作为现代史，把旧民主主义革命时期作为近代史，那时中国社会性质没有改变，按两段民主主义革命的不同来区分历史是应该的。但在今天中国人民民主革命胜利之后，中国社会性质已经改变，中国革命性质已经改变了，再保守着旧日的样子划分历史阶段就不妥当了。"① 再接着，李新在为《中国通史半殖民地半封建社会时代（下）教学大纲（初稿）》所写的前言中写道："从 1840 年的鸦片战争起直到 1949 年中华人民共和国成立以前止，这个社会的性质是基本上没有改变的。因此没有理由把它划分为近代史（1840—1919）和现代史（1919—1949），而应该把它写成一部完整的包括整个半殖民地半封建社会时代的通史。……为了方便起见，把它称为近代史也是可以的。"② 显然，李新也是同意中国近代史实际应该包括 1840—1949 年的历史的。此后，在《历史研究》编辑部组织的讨论中，李荣华、赵德馨

---

① 见荣孟源《对于近代史分期的意见》，《中国近代史分期问题讨论集》，第 146 页。

② 李新：《关于近代史分期的建议》，原载《教学与研究》1956 年第 8、9 合期，《中国近代史分期问题讨论集》，第 153 页。

也同意上述主张。①

　　这次讨论中，也还有一些折中的意见。如戴逸在中国人民大学的讨论中指出 1840—1949 年的历史是否叫做近代史，值得商量。因为说近代史、现代史实际上只有相对的意义，没有一个严格的科学的含义；什么时候算近代，什么时候算现代，似乎很难说。他建议"把 1840—1949 年叫做半殖民地半封建的中国史"②。这一意见，在综合大学文史教学大纲讨论会上也得到了反映。③ 也有人认为，这样的意见虽然是可以考虑的，但目前解决问题的时机还不成熟，而且，近代史、现代史的名称沿用已久，"突然改变恐难合于习惯"④。

　　中国科学院近代史研究所当时的主张如何？前述荣孟源的意见可供参考。荣孟源当时是近代史所办公会议的成员。据他后来回忆，50 年代初参加近代史所所长办公会议的同志都同意这一观点。刘大年 1959 年在《中国近代史研究中的几个问题》⑤ 一文中以及 1964 年在向外国历史学者介绍新中国的历史科学时，也持这种观点。刘大年指出："中华人民共和国成立以后，历史前进到了一个崭新的时代。十几年前的'现代'，已经很快为今天的'现代'所代替。时至今日，我们再用'近代'去概括鸦片战争至五四运动的历史，用'现代'概括五四直至中华人民共和国以后的历史，显然是

---

　　① 《中国近代史分期问题的讨论》，原载《历史研究》1957 年第 3 期，《中国近代史分期问题讨论集》，第 202、207 页。

　　② 同上书，第 228—229 页。

　　③ 同上书，第 230 页。

　　④ 同上书，第 228、230 页。

　　⑤ 原载《历史研究》1959 年第 10 期，转引自《刘大年史学论文选集》，人民出版社 1987 年版，第 247 页。

非常不合理了。"①

　　1981 年人民出版社出版了胡绳著《从鸦片战争到五四运动》，这是中国近代史研究领域一本很重要的著作。作者在序言中开篇就说道："这本书所讲的是中国半殖民地、半封建时代中的前一段，即无产阶级领导的新民主主义革命开始以前一段的历史。虽然多年来大家习惯上称这一段的历史为中国近代史，但是早已有人建议，把中国近代史规定为从 1840 年鸦片战争到 1949 年中华人民共和国成立前的一百一十年的历史，而把中国民主革命胜利，摆脱了半殖民地、半封建的社会以后，进入社会主义时代的历史称为中国现代史。在中华人民共和国成立已经超过三十年的时候，按社会性质来划分中国近代史和中国现代史，看来是更加适当的。"②《从鸦片战争到五四运动》出版后，学者们再次关注中国近代史的下限，其中，李侃著文，列举出不以 1949 年为中国近代史的下限的种种弊端，主要是不利于了解和把握中国近代史发展的全过程，不利于揭示和认识中国近代历史的发展规律。③ 陈旭麓亦在稍后撰文论述中国近代史发展线索，认为"近代从鸦片战争至五四运动的 80 年，应延伸至中华人民共和国诞生的 110 年"，应把 110 年作为一个完整的历史时期。"所谓完

---

　　① 《回答日本历史学者的问题》，《刘大年史学论文选集》，第 494—495 页。作者在此文中还就分期问题作了长篇讨论，此处不赘引。这里顺便指出，中国社会科学院近代史研究所自 1977 年恢复研究工作起，即明确 1840—1949 年间的中国近代史都是它的研究对象，该所的出版物和主办的刊物都以此为准。

　　② 胡绳：《从鸦片战争到五四运动》序言，第 1 页。

　　③ 李侃：《中国近代"终"于何时》，《光明日报》，1982 年 11 月 17 日。另据，80 年代初期还有人著文评述中国近代史分期问题讨论的，如曾景忠《中国近、现代史划期问题述评》，《百科知识》1983 年第 10 期；来新夏：《中国近代史分期问题讨论综述》，《文史知识》1984 年第 9 期。上举两文都倾向支持以 1949 年为中国近代史下限。

整的历史时期，就是说这个 110 年不同于秦汉以来任何一个历史朝代，而是一个特殊的历史社会形态，即在封建社会崩溃中被卷入资本主义世界的半殖民地半封建社会。"①

以上可见，对于 1840—1949 年间中国社会的性质，今天中国史学界绝大多数人都认为它是半殖民地半封建性质的，因此，实际上绝大多数学者都是接受依社会性质相同，把 1840—1949 年间的中国历史作为中国近代史的学科对象这一看法的。可是实际上，依照习惯，尤其是大学历史系方便组织教学的习惯，许多人仍照旧把这一段历史分为中国近代史和中国现代史，而所谓中国现代史的下限往往是模糊不清的。还要指出，除了个别小册子作了一点探索外，还没有一本严肃的学术著作是按照 1840—1949 年的时限来撰写中国近代史的。这种现象，今天是到了澄清的时候了。

三

人们常说，近代中国的历史是屈辱的历史。从鸦片战争中清政府失败时候起，中国社会便逐渐陷入了半殖民地半封建社会的深渊。这便是近代中国社会的"沉沦"。这是以往的历史学家对中国近代史的一种解说。

十来年前，有学者发表论文，提出近代中国不仅有"沉沦"，还有"上升"。所谓半殖民地半封建社会，半殖民地是对独立国家而言的，半封建是对半资本主义而言的。半资本主义，对封建社会是一种历史的进步。半资本主义的存在，就是"上升"。所以，半殖民地半封建社会不仅有"沉沦"，而且有"上

① 陈旭麓：《关于中国近代史线索的思考》，《历史研究》1988 年第 3 期。

升"。这种"沉沦"和"上升"是同时并存的。① 这是历史学家
对近代中国历史的又一种解说。

对这一新的解说，我一直萦怀于心。我觉得这种解说有一定
的新意，又觉得难以自圆其说，一时找不到更为恰当的说法。它
看到了半资本主义（按：半资本主义未必准确，实际是半殖民
地半封建社会内部的资本主义因素）的存在，对它作了充分的
估计，是它的长处。但如何估计半资本主义的因素，颇为困难。
中国社会的近代资本主义因素，在 19 世纪 40 年代即随着资本—
帝国主义的入侵就产生了，那完全是外国资本主义势力带进来，
且为资本—帝国主义侵略中国服务的。如果说中国刚刚由一个独
立的封建国家"沉沦"到半殖民地半封建社会，几乎同时就有
半资本主义的"上升"因素，这无论在理论上、实践上、感情
上，都很难以说服人。民族资本在帝国主义和买办企业的夹缝中
产生出来，在 19 世纪 90 年代才有一定的增长，这当然可算作中
国社会里的半资本主义因素。如果以此为准，则"上升"要到
19 世纪末才出现。这样，"沉沦"与"上升"同时并存，就解
释不通了。

说近代中国"沉沦"，有它合理的地方，因为它看到了帝国
主义侵略、政府腐败给中国社会带来的严重后果，但是，仅止于
此，却不能很好地解释为什么近代中国以后有积极的、向上的发
展。说近代中国的"沉沦"中有"上升"，也有它合理的地方，

---

① 参见李时岳《近代中国社会的演化和辛亥革命》，《纪念辛亥革命七十周年
学术讨论会论文集》上册，中华书局 1983 年版，第 173 页；又见同作者《中国近代
史主要线索及其标志之我见》，《历史研究》1984 年第 2 期。汪敬虞曾评论这一观点
说："根据作者的论证，人们可以得出这样的结论，那就是：中国近代社会，既可以
说是半殖民地半封建，也可以说是半殖民地半资本主义。因为半封建＝半资本主
义。"见汪敬虞《中国近代社会、近代资产阶级和资产阶级革命》，《历史研究》
1986 年第 6 期。

因为它看到了在沉沦、屈辱的中国，仍然存在着上升的因素。但说在"沉沦"的过程中始终"包含着向上的因素"，"沉沦"与"上升"同时并存，也不能说服人。

怎样解释才符合历史发展的真实呢？思索良久，我提出如下的想法。

帝国主义侵略确实使中国社会发生"沉沦"，使独立的中国社会变为半殖民地，独立主权、领土完整受到严重损伤。但是，"沉沦"也不是中国社会的唯一标志，换句话说，近代中国社会也不是永远沉沦下去。即使是"陷入半殖民地半封建社会的深渊"，这个"深渊"也应该有一个底。

这个深渊的"底"在哪里？底就在 20 世纪的头 20 年，就在《辛丑条约》签订以后至北洋军阀统治时期。因为是"谷底"，所以是中国社会最困难的时候：《辛丑条约》给中国带来了最大的打击，帝国主义侵略中国更加重了，西有英国对西藏的大规模武装侵略，东有日俄在东北为瓜分中国势力范围进行的武装厮杀，北有俄国支持下外蒙古的独立运动，南有日本、英国、法国在台湾、九龙租借地和广州湾租借地的统治；到 1915 年以后，又有袁世凯接受日本提出的企图灭亡中国的 21 条、袁世凯称帝、张勋复辟、日本出兵青岛和山东以及军阀混战，民不聊生至于极点。看起来中国社会变得极为黑暗、极为混乱、毫无秩序、毫无前途。这正是"沉沦"到谷底的一些表征。但是，正像黑暗过了是光明一样，中国历史发展在谷底时期出现了向上的转机。中国资产阶级革命派力量壮大起来，并导演了辛亥革命推翻帝制的悲喜剧，这个革命失败，中国人重新考虑出路。于是，新文化运动发生了，五四爱国运动发生了，马克思主义大规模传入并被人们接受也在这时候发生了。孙中山领导的中国国民党从这时改弦更张，重新奋斗。中国共产党在这时候成立并提出反帝反封建的明确主张。我们可以看出，从这时候起，中国社会内部发展明显呈现上升趋势，中国人民民族觉醒和阶级觉醒的步伐明显加快了。在这以前，中国社会也有不自觉的反帝反封建斗争，也有改革派的主张和呐喊，但相对于社会的主要发展趋势而言，不占优势；在这以后，帝国主义的侵略还有加重的趋势（如日本侵华），但人民的觉醒，革命力量的奋斗，已经可以扭转"沉沦"，中国社会的积极向上一面已经成为社会发展的主要趋势了。

近代中国社会的发展轨迹像一个元宝形，开始是下降，降到谷底，然后上升，升出一片光明。这就是说，鸦片战争以后，中国陷入半殖民地半封建社会深渊，直到 20 世纪初期，北洋军阀时期，深渊到了谷底，对于中国社会的发展来说，这时候面临的主要是"沉沦"，虽然，这时中国在经济、政治、思想、文化诸方面，实际上存在着积极的、向上的因素，但这种因素的发展是渐进的、缓慢的，相对于社会"沉沦"主流来说，它是弱小的；北洋军阀往后，直到 40 年代，半殖民地半封建社会中国渐渐走出谷底，随着新的经济因素不断成长、壮大，随着新的社会阶级的出现，随着人民群众、社会精英民族意识和阶级意识的日渐觉醒，社会向上的、积极的因素逐渐发展成为社会的主流因素，影响着社会向好的方面发展，虽然，消极的、"沉沦"的因素仍然严重地存在，其对中国社会的压迫，甚至不比北洋军阀时期以前弱。但是由于有新的阶级、新的政党、新的经济力量、人民群众的普遍觉醒这样的上升因素在起作用，终于制止了帝国主义使中国滑向殖民地的企图。这样解说近代中国的"沉沦"与"上升"，是否更合理些呢！

四

接着我们要讨论近代中国的革命高潮问题。这是一个饶有兴味且争论不休的问题。早在 1954 年，胡绳在一篇讨论中国近代史分期问题的论文中，提出了三次革命高潮的概念。他认为，中国近代史上，存在着太平天国、戊戌维新和义和团以及辛亥革命三次革命高潮。"根据历史发展的情况来看，三次革命高潮中阶级力量的配备和关系是各不相同的，这正是中国近代社会经济结构的发展过程中的各个不同阶段的集中反映。"三次革命高潮是中国近代政治史中一个统率全局的重要概念。它表明作者是采用马克思主义的阶级观点和阶级分析的方法来处理史料，来看待近代中国的历史进程的。在中国近代史的研究上，它是马克思主义的史学家区别于解放前资产阶级的、封建阶级的史学家最重要之处。我国史学界虽然在这个概念的具体内涵的表述上，或者在某次革命高潮的评价上，与胡绳有不尽相同的认识，但大体上，大家是接受这个概念的。这反映在大学的讲堂上，也反映在有关中国近代史的主要出版物上。胡绳所著《从鸦片战争到五四运动》就是按照作者自己提出的三次革命高潮的理论框架来结构篇章、铺陈编写的。80 年代初，有学者对这个概念提出了质疑，认为，洋务运动也应该被看成是与太平天国、戊戌维新、辛亥革命一样，是近代中国的进步潮流。持这样观点的学者认为，洋务运动的方向是资本主义化，洋务运动开启了中国的近代化，应该给予恰当的评价。还有学者对义和团提出了全面的否定。胡绳除了在《从鸦片战争到五四运动》书中正面叙述洋务运动和义和团外，还在初版前言中指出：

"本书不认为有理由按照'洋务运动—戊戌维新—辛亥革命'的线索来论述这个时期的历史的进步潮流";同时指出,"在充分估计义和团运动的反帝斗争意义的时候,必须看到它具有的严重弱点;同时也不能因为在当时的历史条件下,义和团运动不可能发展为一个健康的反帝斗争,就把它的历史地位抹杀掉"。从而全面坚持了三个革命高潮的观点。

三个革命高潮的概念是中国近代史中很重要的概念。有人批评三个革命高潮的概念,希图用"阶梯"论或者别的什么论来代替。照我看来,从政治史或者革命史的角度来观察,这个概念的提出,是反映历史实际的。固然,从经济史、思想史、文化史或者从近代化史的角度观察中国近代史,可以从各相关专业的需要出发提出不同的、反映各相关专业历史实际的某些概念,但是,从中国近代史的全局衡量,恐怕都要考虑三个革命高潮概念的统率、制衡作用,把三个革命高潮概念完全撇开不用,恐怕是难以反映历史真实的。

但是,胡绳当初提出这个概念的时候,所处理的对象是中国近代史的前半期,即 1840—1919 年期间。如果如前面所述,把中国近代史的下限放在 1949 年 9 月,则胡绳所提中国近代史的三个革命高潮的概念之不符合实际,是很明显的。从这个角度对三个革命高潮论所做的批评,是完全有道理的。因此,从中国近代史的全局考虑,有必要重新考虑中国近代史上的革命高潮问题。

已经有学者从这个方向考虑问题。有人主张以农民起义的太平天国、资产阶级领导的辛亥革命、无产阶级领导的新民主主义革命作为中国近代史上的三次革命高潮。[1] 这个主张,正如陈旭

---

① 转引自陈旭麓《关于中国近代史线索的思考》,《历史研究》1988 年第 3 期。

麓所批评的，自成一说，却未尽如人意。① 依我之见，其缺点，
一是没有考虑辛亥革命以前的情况，再是第三次高潮拖得太长，
也不完全反映历史实际。陈旭麓认为胡绳的三次革命高潮不能算
是真正的革命高潮，"只有二十世纪才出现具有完全意义的革
命，形成高潮"②。陈旭麓认为，在整个中国近代史上，的确存
在着三次革命高潮，它们是：第一次是资产阶级领导的 1911 年
（辛亥）革命，推翻了清朝政府；第二次是国共合作的 1927 年
大革命即国民革命，打倒了北洋军阀政府；第三次是中国共产党
领导的解放战争，1949 年推翻了国民党的统治，夺取全国胜
利。③ 陈旭麓的主张，从革命的本来意义出发，将 20 世纪的中
国三次革命定义为中国近代史上的三次革命高潮，其用意是很好
的，无可非议。

　　但是，如果考虑到胡绳当初提出革命高潮概念④的用意，是
为了说明中国近代史发展的基本线索，是为了"要使历史研究
真正渗透着马克思主义的思想力量，就要善于通过经济政治和文
化现象而表明在中国近代历史舞台上的各种社会力量的面貌和实
质，它们的来历，它们的相互关系和相互斗争，它们的发展趋
势"，是为了认识"革命运动高涨的时期乃是社会力量的新的配
备通过激烈的阶级斗争而充分表露出来的时期"⑤，我们就会明
了，他并不是从革命的本来意义上来定义"三次革命运动的高

---

① 陈旭麓：《关于中国近代史线索的思考》，《历史研究》1988 年第 3 期。
② 同上。
③ 同上。
④ 胡绳当初所说的是"中国近代史中的三次革命运动的高涨"，学者们后来
概括为"三次革命高潮"，但是，这一概括并非胡绳的本意，只是后来相沿成习罢
了。参见胡绳《中国近代历史的分期问题》，《中国近代史分期问题讨论集》，第
7—11 页。
⑤ 见胡绳前引文，载《中国近代史分期问题讨论集》，第 4、7 页。

潮"这一概念的。他提出这个概念的出发点是可以理解的，它对于我们从政治上来认识中国近代史发展的基本线索和特点，恰恰是很重要的。况且，19世纪内几次革命运动的高潮（如太平天国运动、戊戌维新、义和团等），为此后真正革命运动的到来作了认真的准备，提供了思想资料，是从旧民主主义革命过渡到新民主主义革命不可缺少的准备阶段。缺少了这些，我们认识中国近代史的基本线索，总结中国近代史的发展规律，就缺少了必要的环节。从这个认识出发，我认为中国近代史的革命高潮依然应该把19世纪的几次革命运动包括在内。当然，不一定非要三次不可。从全局衡量，我认为应该有七次。它们是：

第一次，太平天国革命运动；

第二次，戊戌维新和义和团运动；

第三次，辛亥革命；

第四次，新文化运动和五四运动；

第五次，1927年大革命；

第六次，1937—1945年抗日战争；

第七次，解放战争的胜利和中华人民共和国的成立。

以上七次革命运动或革命高潮，基本上决定了近代中国的政治走向，包括了从旧民主主义革命到新民主主义革命的所有主要阶段，包括了民族民主革命的基本内容。这就是中国近代史发展的基本线索。

五

中国近代史是中国历史的最近阶段，中国现代史是中国历史的当前阶段。研究中国近代史，就要研究中国如何在外国资本—帝国主义侵略下走上半殖民地半封建道路的，半殖民地半封建社会的中国较之封建中国有什么不同，它出现了一些什么较之封建社会不同的东西，形成了怎样新的社会阶级力量，这些新的社会阶级力量又如何决定了近代中国的发展方向，这些新的社会阶级力量怎样同帝国主义、封建主义作斗争，去争取中国的民族独立，去准备中国现代化的起步条件的。因此，依据这种理解，依据对近代中国革命高潮的形成和"沉沦"与"上升"不同发展的认识，我提出对于中国近代史分期的不成熟意见：

1840—1864 年，是中国初步沦为半殖民地半封建社会的时期，也是中国社会的积极力量对中国社会面临的急遽变化作出初步反映的时期。反映前一方面的重大事件有：两次鸦片战争及其间签订的《南京条约》、《望厦条约》、《黄埔条约》、《天津条约》、《瑷珲条约》、《北京条约》。反映后一方面的，包括林则徐的销烟、魏源的《海国图志》著作和太平天国起义。

1864—1901 年，是中国半殖民地半封建社会的成型期，也是中国社会中的积极力量对所处环境作出强烈反映的时期。反映前一方面的主要事实是甲午战争和《马关条约》的签订，帝国主义抢占租借地和瓜分势力范围及有关条约的签订，八国联军侵华及《辛丑条约》的签订。反映后一方面的主要事实有知识分子上层的戊戌维新运动和农民等下层社会义和团反帝运动。

1901—1915 年，中国半殖民地半封建社会向下沉沦到谷底的时期，在这一时期里，帝国主义放弃了瓜分中国的政策，清政府企图自救而失败，民族资产阶级的经济实力在成长，其政治代表人物发动辛亥革命推翻清朝统治、谋求中国的新出路而失败，袁世凯取得政权，并部分回到清朝统治的局面。1915 年袁世凯接受日本灭亡中国的"二十一条"并称帝，陈独秀创办《新青年》也在这一年。

1916—1937 年，中国社会内部发展开始呈现上升趋势，资

产阶级及其政治代表的力量、无产阶级及其政治代表的力量迅速
成长，并终于取代旧势力开始成为主导社会发展的力量。国共两
党合作推动了中国社会的前进，国共合作的破裂导致内战，引起
社会分化，延缓了中国社会的进步。在这个时期，新文化运动以
及五四运动发生，中国共产党成立以及国共合作发动大革命，都
极大地影响了此后中国历史的发展。

1937—1945 年，日本全面侵华，妄图独霸中国，使中国全
部殖民地化，想做西方列强在 19 世纪内想做而未做到的事。但
时代变化了，日本侵略引起中华民族的新觉醒，国共两党面对日
寇侵略，"兄弟阋于墙外御其侮"，经过 8 年抗战，赢得了对日
作战的最后胜利。这是近代中国历史上反击外敌入侵取得的第一
次胜利。它是标志中国社会向上发展趋势的典型事例。这一次民
族革命的伟大胜利，对中国近代史的转折具有根本意义。

1945—1949 年，是中国两大政治势力为决定中国发展方向
而决战的时期。中华人民共和国的成立标志着近代以来中国人受
侵略、受欺侮的时代一去不复返了。中国人民争取到了民族的独
立，国家的尊严，因此为中国的现代化争取到了起步条件。中国
人把国家民族的繁荣富强放在首要地位来考虑的时机到来了。

（1997 年 9 月 29 日凌晨 1:37 写完）

20世纪中国近代史学科体系问题的探索[*]

百年来中国近代史研究的回顾

20世纪对于中国近代史研究来说，是开端的世纪，是转型的世纪，是创新的世纪，也是收获的世纪。

中国近代史研究是20世纪中国历史学的一个重要分支。20世纪中国历史从半殖民地半封建社会转变到社会主义社会，发生了翻天覆地的变化。20世纪中国近代史研究也发生了翻天覆地的变化，它从传统中国历史学中分离出来，30—40年代为半殖民地半封建社会服务的、代表统治阶级利益的资产阶级倾向的中国近代史研究占统治地位，马克思主义为指导的中国近代史研究在新民主主义革命中产生，新中国建立以后，马克思主义的中国

* 本文为2004年4月在西安陕西师范大学举办的中国史学界第七次代表大会而作，部分内容曾在代表大会上作过报告。本文撰写过程中得到了中国农业大学龚云博士的帮助，谨此致谢。原载《近代史研究》2005年第1期，《新华文摘》2005年第7期摘要。收入中国史学会秘书处等编《中国历史学研究现状和发展趋势（中国史学界第七次代表大会学术研讨文集）》，中国社会科学出版社2006年版。

近代史研究逐渐占了主导地位。

最近半个世纪以来，中国近代史研究取得了很大成绩，首先是学术地位发生了根本变化。半个世纪以前，中国近代史研究在中国历史研究中是不被看重的，新中国成立后，中国近代史研究成为显学，不仅对中国历史学的发展作出了贡献，而且在对人民群众的爱国主义教育中发挥了重要作用。半个世纪以来，在中国近代史的分期、中国近代史的基本线索与革命高潮、中国近代史的学科对象与指导思想等各方面，学术界作了广泛而深入的讨论，有不少分歧意见。总结20世纪中国近代史研究的发展趋势，研究中国近代政治文化转型对中国近代史学科发展的意义，阐述在中国近代史研究的总体把握中运用马克思主义、唯物史观理论指导的成败得失和分歧，对于整合和提升中国近代史研究的学术水平，对于指导新世纪的中国近代史研究会有积极意义。中国近代史是一门与现实政治和社会关系密切的学科，对中国近代史抱有何种看法，会影响到对中国社会未来发展的看法。全面回顾总结20世纪中国近代史研究，对于发挥中国近代史对中国社会主义建设的理论指导和历史借鉴作用有着一定的现实意义。

中国近代史研究作为20世纪中国历史学的一个重要分支出现，是中国近代社会转型的产物，也是中国近代学术转型的产物，受到国外史学包括马克思主义唯物史观、其他种种资产阶级史学观的重大影响。20世纪中国近代史研究经历了萌生（20世纪初—30年代）、兴起（20世纪30年代—新中国成立）、发展（新中国成立—"文化大革命"）、停滞（"文化大革命"期间）、繁荣（改革开放—2000年）几个阶段。在兴起时期，中国近代史研究中的马克思主义学派开始出现并挑战那时占主导地位的近代史研究。在发展时期，国家建立涉及近代史研究的专门研究机构，各大学历史系设置近现代史教研室，近代史学界结合研究中国近代史学习唯物史观，马克思主义指导研究中国近代史成为主流，中国近代史学科成为学术研究中的显学。在繁荣阶段，近代史学界拨乱反正，纠正了学习马克思主义过程中的教条主义、形式主义倾向，出现了用现代化的理论和方法研究中国近代史的主张和实践，研究领域大大拓宽，研究专题大大加深；同时又出现了淡化意识形态、轻视唯物史观、轻视阶级分析方法的倾向。所有这些，都需要认真加以总结，并针对各个时期的学术潮流进行分析，提出看法和建议。中国近代史研究不能脱离政治，又不等同于政治，如何把握其中分寸，是总结以往的研究，提出今后研究方向的关键。

本文研究百年来中国近代史研究中学科体系建设问题。这里讨论的不是各个历史时期有关中国近代史研究具体问题的进展，这种进展是非常巨大的，正是这种进展推动了我们对中国近代历史认识的深化，推动了我们对近代中国国情全面深入的了解，推动了中国近代史学科的巨大进步；这里讨论的是建设中国近代史学科体系方面的演化和趋势，一门学问的学科体系是什么面貌，关系到我们对这门学科基本面貌、总体面貌的认识，关系到这门学科的学术性、科学性问题。通过这种研究与讨论，我们可以看到不同历史时期，不同政治倾向的学者是如何在建设中国近代史的学科体系的，看到中国近代史的学科体系的演化，以及它如何发展到今天这个样子，今后还可能发展到哪里去。

中国近代史研究的学科体系，主要是指中国近代史研究的对象、研究对象所涵括的时间范围，怎样看待中国近代史的基本线索，建立这样的学科体系所必须使用的基本研究方法，以及研究工作中所秉持的基本的指导思想，等等。我们依据这里所提示的线索，来分析 20 世纪里不同时期、不同历史背景下，学者们探索中国近代史学科体系的情况。[①]

中国近代史学科对象的探讨

中国近代史究竟研究哪一个时期的历史？不同时期的学者认识是不一样的。

中国历史载籍中早有近代的提法，但是近代以来历史科学中近代的概念，大致上来自欧洲的史家。在西文里，modern times 大致是指从公元 1500 年左右以后一直到现今的历史时期，也就是文艺复兴以来的历史。清末民初翻译西方著作时，人们把 modern times 译为"近世史"。在 20 世纪上半叶，学者们采用"近世史"、"近代史"这个概念时，往往指的是离他们不远，仍在发展中的历史。如梁启超将"乾隆末年至今"称为"近世史"[②]。20 世纪初，李泰棻在所著《中国最近世史》[③] 中将"近世史"的开端从道光时开始。

事实上，绝大多数作者都主张以鸦片战争作为中国近代史的起点，这是考虑到鸦片战争以后的中国社会发生了重大转变，理

---

① 怎样看待中国近代史的基本线索，是讨论中国近代史学科体系时不可避免的话题。关于这个话题，20 世纪 80 年代以还，学术界有着许多讨论，本人也曾撰文滥竽其间。对于这些讨论的基本状况，笔者亦曾著文加以检讨，请参见《50 年来中国近代史研究的理论与方法评析》，《近代史研究》1999 年第 5 期；收入曾业英主编的《五十年来的中国近代史研究》，上海书店出版社 2000 年版，第 1—18 页。又可参见笔者所撰《建国 50 年来中国近现代史の基本问题に关する检讨及び研究课题の概述》，载《近きに在りて》（东京〈近邻〉），1999 年 12 月，第 36 号。为节省篇幅，本文有关这个话题的讨论从略。

② 梁启超：《中国史叙述》，《饮冰室合集·文集之六》，第 10 页。

③ 李泰棻：《中国最近世史》，台北，文海出版社 1990 年影印版。

由是很充足的。也有部分作者把中国近代史的开端放在明末，认为新航线的开辟是欧洲近代史的开端，也是中国近代史的开端，如郑鹤声认为："自新航路发现以来，世界交通，为之大变，人类生活与国际关系，较之中古时代，显有不同之处，是即中古史与近世史之所由分界也。近世史之演变，有'继往开来'之趋势，其一切表现，皆在根据往古事迹而发扬光大之。且推陈出新，由此而孕育未来之局势。每一民族思想为其演变之原动力。故近世史之范畴，实包括近三四百年之历史，无论中西，大都皆然。"① 郭廷以也把近代中国历史的开端放在 16 世纪初的葡人东来。② 吕思勉的《中国近代史讲义》也认为中国近世史始于明代中叶，欧人东来。③

把中国近代史开端比肩欧洲近代史的想法，是希望借此说明中国近代种种巨大变化的由来，自有其著述的理由。但是，欧洲资本主义发生、发展的历史，及其影响到中国，其间经历了极其复杂的历史过程，就中国历史来说，从明末到鸦片战争前夕，有着 300 年之久的历史过程，在这个过程中，固然不能说欧洲的近代历史对中国毫无影响，但是要指出，这种影响对于中国自身的历史发展是微不足道的。一部中国近代史，把明末到有清一代的历史全要讲到，我们还是不能进入近代中国历史的主题。这从著作的技术性要求来说，也是不无困难的。郭廷以的《近代中国史》长编两卷只作到了鸦片战争前夕，郑鹤声的《中国近世史》是中央政治学校的讲义，其南方印书馆的版本从明末作到清朝康

① 郑鹤声：《中国近世史》，编纂凡例，南方印书馆 1944 年重庆版。
② 郭廷以：《近代中国史·例言》。按郭著《近代中国史》，据著者例言说明，该书"仿长编体，又可称之为史料选录或类辑，绝不以历史著作自承"。这里仅取其近代史开端的主张为例。
③ 吕思勉：《吕著中国近代史》，华东师范大学出版社 1997 年版，第 4 页。

雍乾年间，中央政治学校的印本，上册与南方印书馆版本基本相同，下册从鸦片战争讲到辛亥革命。本来要叙述中国近代史，但大部分篇幅用在叙述鸦片战争以前的历史，鸦片战争以后的历史却叙述简略。这些作者在抗战期间从事撰述，劳碌奔波，困苦莫名，难竟全功，是可惜的；但这与中国近代史的起点定的不合适，不无关系。

有趣的是，给郭廷以的《近代中国史》作"引论"的罗家伦，却不同意郭廷以的看法，而把鸦片战争作为中国近代史的开始，他在《引论》中说："如果史学家从'鸦片战争'开始讲中国近代史，也不过是为研究便利，和认定这件事对于中西短兵相接后，所发生的各种影响的重要性起见，把它当作一个重要时期的开始而已。"① 蒋廷黻与罗家伦一样，认定中国近代史开始于第一次鸦片战争，认为虽然自明季以来中西有接触，但那时欧洲仅产生了商业革命，因此对于中国影响不显著；第一次鸦片战争后，中国与西方发生了新的关系，因为欧洲产生了工业革命，对中国产生很大影响。②

20 世纪 30—40 年代，因为民族救亡的需要，越来越多的学者反思百年国耻，倾向于以鸦片战争作为中国近代史的开端，因为这场战争是资本—帝国主义侵略中国的开始，也是近代中国民族危亡的开端。自 1933 年李鼎声出版《中国近代史》以后，陆续有陈恭禄、蒋廷黻、范文澜的著作用了《中国近代史》作为书名。可见，20 世纪 30 年代起，"中国近代史"这一概念已经普遍地为人们所接受。以"中国近代史"作为教材或专著的中

① 罗家伦：《研究中国近代史的意见和方法》，郭廷以：《近代中国史》，原载《武汉大学社会科学季刊》第 2 卷，第 1 期，1931 年。
② 蒋廷黻：《中国近代史》，长沙艺文研究会 1938 年版。

国近代史类著作高达数十种。①

　　马克思主义史学传入中国以后，马克思主义史学家开始接受苏联史学的分期法，把十月革命作为一个划时代的历史标志。十月革命以前的时期称为"近代"，从世界范围来说，那是资本主义形成、发展的时代，是资本主义战胜封建主义和前封建主义的时代，一部世界近代史，就是世界资本主义形成和发展的历史；十月革命以后的时期，称为"现代"，指的是世界无产阶级革命和社会主义时代。因此"近代"与"现代"就成为具有不同含义的两个时间尺度，被赋予了不同的社会属性，成为两个前后相接的历史时期，其中"近代"作为一个概念指的是已经结束了的历史时期，"现代"指的是最近的，现今仍在发展中的一个历史阶段。以此观点观照中国历史，认为中国没有独立的资本主义发展史，但是 1840 年鸦片战争后，中国有一个属于资本主义体系的半殖民地半封建时代。"我们通常所说的中国近代史，就是指中国半殖民地半封建的历史。因此，历来应用马克思主义观点研究中国历史的人都主张 1840 年中英鸦片战争是中国近代历史的起点，因为中国半殖民地半封建社会是从此开端的。"②

　　关于中国近代史的下限，1949 年以前的著作，绝大部分作者都将中国近代史的下限与学者生活的当前时代联系起来。1947年华北新华书店出版的范文澜著《中国近代史》上编第一分册，出现了关于中国近代史时限的完整定义，表现了一个马克思主义

　　① 这类近似中国近代通史的著作，据笔者在中国社会科学院近代史研究所图书馆、北京师范大学图书馆、北京大学图书馆、清华大学图书馆检索，并且亲眼所见的，在 1949 年以前出版的有 65 种。据笔者估计，可能有遗漏，但不会太多。

　　② 刘大年：《中国近代史研究的几个问题》，《历史研究》1959 年第 10 期。主张马克思主义观点的学者中也有不同认识，如侯外庐、尚钺。见侯外庐《侯外庐自传》，《中国现代社会科学家传略》，山西人民出版社 1982 年版，第 273 页；尚钺《明清社会经济形态研究·序言》，上海人民出版社 1957 年版。

的历史学家对中国近代史学科的创造性贡献，是中国近代史学科开始趋向成熟的一个标志。范著把 1840 年以后的中国社会定义为半封建半殖民地社会，把 1840—1919 年的中国历史划为中国近代史的旧民主主义革命时期，把 1919 年五四运动以后的历史，称为中国近代史的新民主主义革命时期，这虽然是从革命史的角度定义中国近代史，却对于整个中国近代史的时限给出了科学的、符合学术规范的规定。范文澜的书是 1945 年完成写作，1947 年出版的，那时他还不可能预计新民主主义革命到 1949 年获得最后胜利。但是他在该书的《说明》中劈头就说："《中国近代史》分上下两编，上编叙述旧民主主义革命时代，下编叙述新民主主义革命时代。上编又分两个分册，1840 年至 1905 年为第一分册，1905 年至 1919 年为第二分册。本书是上编的第一分册。"该书目录明确标明："上编旧民主主义革命时代——鸦片战争至五四运动。"[①] 他的志愿未遂，上编第一册只写到 1901 年《辛丑条约》的签订，以后便无下文。但是中国近代史学科的大框架，却基本上奠定下来了。

根据范文澜的设计，华北大学历史研究室（中国社会科学院近代史研究所的前身）荣孟源、刘桂五等学者在 1948 年编写了初中历史课本《中国近代史》上编，明确标举"鸦片战争至五四运动"。这本课本的编辑说明指出："本书为初级中学中国近代史课本。全书分二编：上编叙述旧民主主义革命时代（1840—1919）；下编叙述新民主主义革命时代（1919—1945）。"[②] 这本课本是一个完整的《中国近代史》上编，它不

---

① 范文澜：《中国近代史》（上编第一分册），华北新华书店 1947 年版。有趣的是，该书说明宣布第一分册截至 1905 年，实际上写到 1901 年，从 1947 年以及此后的各种版本都是如此。可见第一分册也不是完整的本子。

② 华北大学历史研究室：《中国近代史》上编，新华书店 1949 年版。

仅为新中国建立之初迫切需要的初中历史教材解了燃眉之急，而且是对 1949 年以前中国近代史书编纂体系的一个良好的总结，也为新中国建立以后的中国近代史研究指出了基本的方向。

但是，在 20 世纪 50 年代，由于历史和现实的原因，多数学者主张以 1919 年五四运动为下限，并且以 1840—1919 年作为中国近代史学科的研究对象和时间范围，而把五四运动作为中国现代史的起点。在 40 年代及其以前，中国近代史与中国现代史本来没有明确的界限。如李鼎声著《中国近代史》（1933年，上海，光明书局）和同一作者著的《中国现代史初编》（1940 年，香港，国泰出版公司）所处理的内容和时间范围基本相同。50 年代起，中国近代史和中国现代史的分期明确了。王廷科论证了中国近代史和中国现代史的划分，他根据列宁关于区分不同时代的基本特征，是哪一个阶级为时代的中心，决定着时代的主要内容、时代发展的主要方向的判断，提出："所谓'近代史'，就是指以资产阶级为中心的时代的历史；所谓'现代史'就是指以无产阶级为中心的时代的历史。"他主张 1919 年为中国近代史的下限，同时，也是中国现代史的开端。他认为，自 1919 年五四运动到 1949 年新中国成立，正是中国无产阶级及其先锋队中国共产党站在时代的中心，决定着时代的主要内容、时代的主要方向；因此，中国历史就由"近代"进入到了"现代"；不能将我国新民主主义革命时期的历史与我国旧民主主义革命时期的历史不加区别地一并划入中国现代史范围；应当如实地把我国新民主主义革命时期的历史与我国社会主义革命时期的历史联系起来，写成一部完整的中国现代史"；如果将新民主主义革命的历史与旧民主主义革命时期的历史并列起来，一起划入中国近代史范畴，"那么在客观上就贬低了我国新民主主义革命的地位"①。

在 20 世纪 50—60 年代，以马克思主义为指导的中国近代史学科体系刚刚建立，学者们的兴趣和研究方向还在晚清时期，中国近代史是以革命史为中心的，就是晚清政府的历史，也只能作为革命史的陪衬；1919 年以后的历史，主要是中共党史的研究和新民主主义革命史的研究，还刚刚起步。事实上，国外的中国近代史研究，也在追寻新中国成立的由来，他们的研究视线，也仍旧停留在晚清时期的社会历史变化上。

这是因为，新中国刚成立，革命时期的热情还在继续，人们迫切希望知道新民主主义革命之所由来，旧民主主义革命如何向新民主主义革命发展、转变，以及帝国主义侵略中国的历史，所以对五四运动以前的近代革命史给予高度重视。从政治上说，1949 年以前的历史刚过去未久，许多历史当事人还在，加之海峡两岸还处于敌对状态，因此对 1919 年后的历史作自由的学术研究，在当时的政治环境下有碍难之处。

事实上，早在 20 世纪 50 年代讨论中国近代史分期问题时，就有学者主张以 1949 年中华人民共和国成立为中国近代史的下限。"因为 1840—1949 年，中国社会性质仍然是半殖民地半封建社会，革命性质也还是反帝反封建（以后加上反官僚资本主义）的资产阶级革命。"②

同时，"近代史和现代史的划分，不应该是一个社会内部的分期，而应是标志这一种革命到另一种革命的交替，这一社会形态到另一个社会形态的转变"。"近代中国是一个半殖民地半封

---

① 见王廷科《正确估计我国新民主主义革命的地位》，《四川大学学报》1981年第 1 期。

② 林敦奎：《中国人民大学第六次科学讨论会上关于"中国近代历史分期问题的讨论"》，《历史研究》1956 年第 7 期。

建社会，1840 年的鸦片战争是半殖民地半封建社会的开端，1949 年中国共产党领导中国人民革命在全国范围内取得的胜利是半殖民地半封建社会的结束。"这个社会，"不是有完整意义的资本主义社会，而是在外国资本主义侵略下的变态社会"。"因此，以近代史概括充当资本主义社会形态的半殖民地半封建社会的历史，而不因五四运动把一个社会形态分割为两截的近代、现代史，是更为科学的，也更能完整地反映鸦片战争以来中国社会变化、发展的规律。"[1] 当时，李新、刘大年、荣孟源都持这种看法。

随着时间的推移，人们对近代中国的认识不断加深，越来越多的学者认为以 1919 年作为中国近代史的下限，对历史认识和学科建设都没有好处，主张将 1840—1949 年的历史打通来研究。胡绳早在 1981 年所著《从鸦片战争到五四运动》序言中就说道："在中华人民共和国成立已经超过 30 周年的时候，按社会性质来划分中国近代史和中国现代史，看来是更加适当的。"[2]

《从鸦片战争到五四运动》出版后，中国近代史学界再次关注中国近代史的下限问题，列举出不以 1949 年为中国近代史的下限的种种弊端，主要是不利于了解和把握中国历史发展的全过程，不利于揭示和认识中国近代历史发展规律[3]；主张把近代中国 110 年作为一个完整的历史时期，"所谓完整的历史时期，就是说这个 110 年不同于秦汉以来任何一个历史时期，而是一个特殊的历史社会形态，即封建社会崩溃中被卷入资本主义世界的半殖民地半封建社会"[4]。

---

[1]　陈旭麓：《关于中国近代史的年限问题》，《学术月刊》1959 年第 11 期。
[2]　胡绳：《从鸦片战争到五四运动》序言，人民出版社 1981 年版，第 1 页。
[3]　李侃：《中国近代史"终"于何时》，《光明日报》1982 年 11 月 17 日。
[4]　陈旭麓：《关于中国近代史线索的思考》，《历史研究》1988 年第 3 期。

　　1997 年胡绳在祝贺《近代史研究》创刊 100 期时，重提"把 1919 年以前的 80 年和这以后的 30 年，视为一个整体，总称之为'中国近代史'是比较合适的。这样，中国近代史就成为一部完整的半殖民地半封建中国的历史，有头有尾。1949 年中华人民共和国成立以后的历史可称之为'中国现代史'，不需要在说到 1840—1949 年的历史称之为'中国近现代史'"。笔者也曾附会其中，继续阐释胡绳有关中国近代史分期的意见并且讨论与中国近代史分期有关的问题。① 经过这一次讨论，大体上统一了中国近代史学界的认识。

　　这样，经过近一个世纪的发展，中国近代史的学科对象终于得以确立：以半殖民地半封建社会的中国历史作为研究对象。这个研究对象的时间范围是从 1840 年鸦片战争到中华人民共和国成立，大约 110 年的历史。这种认识，是在马克思主义基本原理指导下得出的，是以对近代中国的社会经济形态即近代中国的社会性质的考察为出发点的。应该说，这个认识是符合近代中国真实的历史进程的，也就是说，中国近代史学科对象的确立，是在几代学者长期探索、争鸣的基础上形成的，是科学的学科体系。

　　在作出这种结论性认识的时候，有两个问题需要提出讨论。一是苏联的历史分期主张。苏联把十月革命以前的历史看作资本主义发生发展的历史，是世界的近代史；把十月革命以后的历史，看作无产阶级革命和社会主义时代的历史，是世界的现代史。这种观点打破了西欧中心论的传统观点，体现了历史观的进步，但是不能简单地拿来套在中国历史分期上，正像我们不能简

────────────

　　① 参见张海鹏《中国近代史的分期问题》，《光明日报》1998 年 2 月 3 日；《关于中国近代史的分期及"沉沦"与"上升"诸问题》，《近代史研究》1998 年第 2 期。

单地拿欧洲的历史分期法套在中国历史上一样。中国历史发展有自己的特点，中国有自己的国情。中国近代历史所经历的半殖民地半封建社会，是欧洲和苏联都未曾经历过的。结合中国五千年的历史发展，主要考察近代以来发生的历史巨变，把 1840 年至 1949 年所经历的半殖民地半封建社会作为中国的近代史，是符合中国历史自身的规律和特点的。1949 年 10 月中华人民共和国的成立，标志着中国结束了半殖民地半封建社会的历史，开始了独立地开展社会主义现代化建设的历程，中国历史越出了近代，进入了自己的现代时期。

　　另一个问题是新民主主义革命和旧民主主义革命的关系问题。新民主主义革命和旧民主主义革命问题的提出，是中国共产党人的主张。新民主主义革命的理论是中国共产党人在处理自己面临的革命任务的时候所确立的基本理论纲领，也是自己的革命实践纲领。提出这个革命理论的基本事实根据，是中国的革命是在半殖民地半封建社会的国度里进行的。这个革命的任务，对外是争取民族独立，对内是推翻封建统治，也就是通常所说的反帝反封建的民族民主革命。这个革命任务是贯穿于整个半殖民地半封建的历史时期的，在 1921 年中国共产党成立以后及其以前，这个任务都没有变化。其区别在于革命的具体对象随着时代的变化而变化，革命的领导力量因有无产阶级登上历史舞台和代表无产阶级的政党中国共产党的产生而出现变化。反帝反封建的民族民主革命是资产阶级性质的民主革命，而不是无产阶级性质的社会主义革命。这种资产阶级性质的民主主义革命，因为领导力量的不同而出现新民主主义革命和旧民主主义革命的区别。毛泽东在《中国革命和中国共产党》和《新民主主义论》等著作中，对近代中国的新民主主义革命和旧民主主义革命有系统论述。毛泽东在 1935 年说："中国革命的现时阶段依然是资产阶级民主主义性质的革命，不是无产阶级社会主义性质的革命，这是十分明显的。只有反革命的托洛茨基分子，才瞎说中国已经完成了资产阶级民主革命，再要革命就只是社会主义的革命了。1924 年至 1927 年的革命是资产阶级民主主义性质的革命，这次革命没有完成，而是失败了。1927 年至现在，我们领导的土地革命，也是资产阶级民主主义性质的革命，因为革命的任务是反帝反封建，并不是反资本主义。今后一个相当长时间中的革命还是如此。"① 毛泽东在 1939 年说："我们现在干的是什么革命呢？我们现在干的是资产阶级性的民主主义的革命，我们所做的一切，不超过资产阶级民主革命的范围。现在还不应该破坏一般资产阶级的私有财产制，要破坏的是帝国主义和封建主义，这就叫做资产阶级性的民主主义的革命。但是这个革命，资产阶级已经无力完成，必须靠无产阶级和广大人民的努力才能完成。这个革命要达到的目的是什么呢？目的就是打倒帝国主义和封建主义，建立一个人民民主的共和国。这种人民民主的共和国，就是革命的三民主义的共和国。它比起现在这种半殖民地半封建的状态来是不相同的，它跟将来的社会主义制度也不相同。"② 这两段话，已经把新民主主义革命理论的基本问题讲清楚了。概括来说，反对封建制度的革命，是资产阶级革命。这个革命理应由资产阶级来领导。但是在半殖民地半封建的中国，资产阶级的力量幼弱，无力完成领导这个革命走向胜利的任务，不能不由无产阶级通过它的政党中国共产党来承担这个领导任务，所以称之为资产阶级性质的民主主义革命，也就是新民主主义革命。因此，无论从近代中国的社会

---

① 《论反对日本帝国主义的策略》，《毛泽东选集》，1964 年合订本，第 155 页。
② 《青年运动的方向》，《毛泽东选集》，1964 年合订本，第 550—551 页。

性质说，还是从近代中国的革命性质说，在中国近代史的学科体系内，把旧民主主义革命时期和新民主主义革命时期的历史完全纳入近代中国的历史，是符合历史实际的，也是符合历史科学的要求的。这样的划分，不存在贬低或轻视新民主主义革命的历史地位和作用的问题。历史进程像一条大河，曲曲折折，奔流不息，永不停止。人们为了认识大河，把它分为发源处、上游、中游、下游，认识历史分期也是同样的道理。历史分期，是人们观察和研究历史过程时寻找的一种方法，一个大致反映不同发展阶段的标志，一个关键时期的节点，同时又不可以看得太绝对。以中国共产党的领导为理由，把新民主主义革命时期的历史和社会主义革命时期的历史都包括在中国现代史的范围里，固然不失为一种分期法，但是中国共产党至今存在，而且还将存在下去，今后的历史还需要分期吗？

近代中国历史是中国历史上极其重要的一段时期。它是自 1840 年起逐渐走向半殖民地半封建社会的历史，也是中国人民从旧民主主义革命走向新民主主义革命，并最终赢得民族解放的历史。从另一个意义上说，是世界走向中国，中国被迫走向世界的历史，也是中国艰难走向现代化的历史。近代中国历史，是中国社会发生大变动的历史，无论从经济基础到上层建筑，从国内生活到国际关系，变化的广度和深度，都是过去所有王朝无法比拟的。这段历史在中国历史长河中虽然短暂，却是中国从传统农业社会走向现代社会的转型时期，具有自身的独特性。以这段历史为对象的学科，是一个自成体系的学科。因此，虽然"近代"的内涵会随着时间的推移而有所变动，半殖民地半封建社会的历史仍然可以作为独立的学科对象研究，是其他断代史无法取代的。因此，中国近代史学科不会因时间的改变而丧失其独立的学科地位。

　　中国近代史学科，作为一门独立的历史分支学科，要回答：中国如何在外国资本主义、帝国主义侵略下走上半殖民地半封建社会的，半殖民地半封建的中国较之封建中国有什么不同，外国侵略给中国社会怎样的打击，又给中国社会什么新的东西，近代中国社会怎样形成了区别于封建中国的社会阶级力量，这些新的社会阶级力量又如何决定中国社会的发展方向，影响这个社会的经济文化思想演变，推动这个社会逐步向新的发展阶段转型，在社会的深刻转型过程中，在新的社会物质力量主导下，使改良，尤其是革命成为社会深刻转型的动力，以及这些新的社会阶级力量怎样同帝国主义、封建主义作斗争，去争取中国的民族解放，去准备中国现代化的起步条件的，等等。

"革命史范式"或者"现代化范式"问题

　　所谓"范式"，是近些年从美国学术界传过来的概念。美国的学者们在反省他们的中国近代史研究时提出了"革命史范式"和"现代化范式"问题。它大约是指研究中国近代史过程中所遵循的某种规范。在一定意义上，这里所谓"范式"与本文所说的中国近代史学科体系有相近似的地方。

　　中国近代史作为中国历史学分支学科，从20世纪初一开始就是为了满足当时中国的救亡需要而出现的。在20世纪上半叶，对中国近代史的认识与当时中国各种政治派别的政治主张有极大的关系。中国近代史研究是直接为了回答"中国向何处去"这一近代中国历史变迁的主题而产生的。

　　对"中国向何处去"这100年中国主题的回答，是现代化，还是革命，还是保持传统政治的情况下进行社会改良，不仅决定于近代中国的客观历史进程，也与对近代中国的客观进程的历史思考相关。因此，对近代中国历史的考察，不仅是认识历史进程的过程，也是现实的社会改造实践的过程。

通史著作常常是史学领域总体水平最典型、最充分的反映，也是史学体系建立的标志。20 世纪 30—40 年代出版的中国近代通史代表著作有：李鼎声的《中国近代史》、陈恭禄的《中国近代史》、蒋廷黻的《中国近代史》，范文澜的《中国近代史》上编第一分册、胡绳的《帝国主义与中国政治》，等等。这些近代通史著作大体可归结为两种中国近代史体系：一种是将中国近代史视为在西方冲击下走向近代化的历史，可称之为"近代化（现代化）体系"，或者"现代化范式"，以蒋廷黻的《中国近代史》为代表；一种是把中国近代史视为帝国主义入侵及中国变为半殖民地半封建社会的过程和中国人民反抗外来侵略的过程，可称之为"革命史体系"或"革命史范式"，以范文澜的《中国近代史》上编第一分册为代表。"革命史范式"是近些年来学术界颇为弥漫的一种说法，提出者的本意含有否定这种学术体系的意味。中国近代史研究中学术范式转换问题，学术界存在着不同的意见。考虑到"革命史范式"这个提法虽然不是很准确，但是它反映了中国近代史学科体系的核心内容，且为许多学者所采用。在找到更为准确的提法以前，本文在讨论时也采用这个提法，当然不包含否定或轻视的意味。

蒋廷黻认为 20 世纪 30 年代，中国的首要问题就是现代化，抗战建国的关键也取决于现代化，"为了加强中国反抗日本侵略的力量而实行现代化，这是蒋廷黻及其他人士支持南京国民党政府所献身的事业"①。在蒋廷黻看来，中国现代化的进程不是 20 世纪 30 年代才开始的，而是从鸦片战争西方开始侵略中国之后

①　《费正清对华回忆录》，上海知识出版社 1991 年版，第 102 页。

就提出的问题，是由外侮所激发的救国之道。近代化是近代中国的历史主题，中国近代化就是在与外部世界交往中，学习西方，摆脱中古的落后状态，全面地走上政治经济文化外交等变革之路，完成民族复兴的使命。从这一观点出发，他以中西关系为中心，以近代化为主线，建构了他的中国近代史分析框架。

蒋廷黻认为，近代中国的悲剧，肇因于嘉庆、道光年间的中国还处于中古世界：一是科学不如人，当时西方的科学基础已经打好，而我们的祖先还在那里做八股文，讲阴阳五行；二是西方已经开始使用机器，中国的工农业还维持着中古时期模样；三是西方民族观念已发达，中国仍死守着家族和家乡观念。① 所以近代中国的根本问题就是走出中古，走向近代化。走向近代化，是贯穿全书的主线，也是他评价近代中国一切人和事的标准。

蒋廷黻在 1938 年出版的《中国近代史》一书中，实际上提出了中国近代史研究中的现代化范式问题。在中国近代史研究中提出现代化问题，不是没有一点新意，但是，在日寇深入国土，全国人民处在悲壮的抗战热潮中，中国近代史研究中的现代化范式问题的提出，几乎得不到什么喝彩。② 另一方面，蒋著在保卫大武汉的时候所提出的其他一些观点，比如对林则徐的"民心可用"的强烈批判，对抗战低调的提倡，等等，无异于对抗战热潮泼冷水，引起一些爱国主义者的批判。延安的中国共产党人曾专门著述《中国现代革命运动史》给予批驳。范文澜的《中国近代史》上编第一分册，实际上也是针对蒋廷黻在《中国近代史》中的观点而撰述的。范著把 1840 年以后的近代中国历史

---

① 蒋廷黻：《中国近代史》总论，第 2 页。

② 欧阳军喜在《论"中国近代史"学科的形成》（载《史学史研究》2003 年第 2 期）一文中专门分析了蒋廷黻的《中国近代史》，认为一种新的现代化的叙事模式建立起来了。他认为蒋廷黻的看法具有一定的普遍性。恐怕不尽然。

作为半殖民地半封建社会的历史，把 1840—1919 年的历史作为旧民主主义革命时期的历史，把 1919 年以后的历史作为新民主主义革命时期的历史。范著《中国近代史》是完整地开辟"革命史范式"的典型著作。

从整体上来说，20 世纪中国政治的演变对中国近代史研究的演进影响最大。20 世纪中国近代史研究的研究取向的变化，折射着 20 世纪中国社会历史本身的变迁，尤其是折射着 100 年来中国社会政治思潮的起伏涨落。纵观 20 世纪中国近代史研究，每一时期占支配地位的对中国近代史的总体判断，主要的不是来自学术本身，而是来源于对当时中国现状与未来走向的判断。每一时期的社会政治思潮、政治意识形态和普遍的社会政治心理，往往构成这一时期中国近代史研究的学术话语和基本概念。这种学术话语所形成的学术氛围，规定和控制着中国近代史研究的方向，左右着中国近代史研究"范式"的命运。

范著所开创的"革命史范式"，在 50 年代以后得到规范和发展，成为很长时间里中国近代史学者所遵循的基本学术范式。当然，范著的缺点，也为此后的学者所注意。如：范著基本是一部政治史，或者说是一部革命史，依据主要历史事件作了纪事本末似的叙述，有的地方史料根据不足，由于服务现实斗争存在着简单地影射现实的现象，科学性不足。刘大年在主持郭沫若主编《中国史稿》第四册时，认为 1840 年至 1919 年近代中国 80 年的历史中，在不同的历史时期里，帝国主义、中国社会各阶级的相互关系、他们的矛盾斗争各有特点。其中社会经济状况、阶级斗争、意识形态是结合在一起的，统一的。因此，新的著作要求根据历史演变的时间顺序讲述事件；不只讲政治事件，也要讲经济基础、意识形态，不只讲汉族地区的历史，也要讲出国内各民族在斗争中与全国的联系和相互关系。《中国史稿》第四册就注意到了政治状况、经济发展、思想文化、阶级斗争，以及汉族地区和边疆少数民族地区，就是总结了新中国建立以来中国近代史学科的理论建树和研究成果，加以概括和升华，给中国近代史的学科体系，或者说对革命史的学术范式作了新的概括和完善，进一步强调了近代史研究著作的科学性，强调了经济史研究对于突破近代史研究局限性的必要性。

蒋廷黻在1938年提出现代化范式以来，经过了半个世纪，并无应者。20世纪50—80年代出版的通史一类的著作，大体上还是按照"革命史范式"来写的。70年代末起，由于国家确立改革开放、以经济建设为中心（一个中心、两个基本点）的方针，现代化事业成为国家和人民共同关注和进行的主要事业，这很自然影响到中国近代史研究者的视线，中国近代史研究中以现代化为主题的主张再次提了出来。1998年出版的《重新认识百年中国——近代史热点问题研究与争鸣》是一本用新范式为指导撰写的近代史著作。在这部著作的总序中，作者写道："这种新'范式'与旧'范式'的最大不同，就在于它更主要是从'现代化'的角度来看待、分析中国近代史，而不把中国近代史视为仅仅是一场'革命史'"，"'以农民起义'为主线的'旧范式'，是以'革命''夺权''反抗''斗争'为'时代精神'的那一社会阶段的必然且合理的产物"，"此时的'时代精神'已由激烈的'革命''斗争'转向现代化追求，尽管为时嫌晚，这就为从'现代化'的角度来重新认识百年中国的'新范式'的出现和影响的不断扩大提供了先决条件"[①]。这里的概括，主要是对所谓旧范式的概括是很不准确的，但是他所说社会的转

---

① 冯林主编：《重新认识百年中国——近代史热点问题研究与争鸣》上册，改革出版社1998年版，第2页。

型、时代的变换是学术范式转型的先决条件大体上是对的。这方面，下面还要分析。

以现代化为主题研究中国近代史，引起了广泛的关注。这个话题很快进入了中国近代史前辈研究者的笔下。1990 年 9 月，中国社会科学院近代史研究所为纪念建所 40 周年，举办了以"近代中国与世界"为题的国际学术讨论会。名誉所长刘大年在开幕式上讲话，他说，近代世界的基本特点不是别的，就是工业化，也就是通常所说的近代化。适应世界潮流，走向近代化，是中国社会发展的必然趋势。"如何来自立于世界民族之林，其核心，就是中国社会能否走向近代化。""近代中国没有实现西方那样的近代化，但它凭自己的力量打开了走进近代化世界的大门。"① 中国社会科学院院长胡绳也应邀在这次会议上作了演讲。关于近代中国的近代化问题，他说了下面一大段话：

> 近代中国并不是近代化的中国，不是一个商品经济发达，教育发达，工业化、民主化的国家。在近代中国面前摆着两个问题：即一、如何摆脱帝国主义的统治和压迫，成为一个独立的国家；二、如何使中国近代化。这两个问题显然是密切相关的。因为落后，所以挨打；因为不断地挨打，所以更落后。这是一个恶性的循环。

> 以首先解决近代化问题为突破口，来解除这种恶性循环，行不行呢？在半殖民地半封建的中国，一切工业救国、教育救国，以合法的途径实现民主化、近代化的主张都不能成功。致力于振兴工业、振兴教育的好心人虽然取得了一些成就，但并不能达到中国近代化的目的，不能使中国独立自

---

① 《中国近代化的道路与世界的关系》，《刘大年集》，中国社会科学出版社 2000 年版，第 34、43 页。

强。不动摇原有的政治和社会秩序而谋求实现民主化的努力更是毫无作用。这些善良的愿望之所以不能实现，就是因为有帝国主义及其在中国的代理人的严重的阻力。

首先解决民族独立的问题，是很艰难的。要在十分落后的社会基础上，战胜已经在中国居于统治地位的帝国主义势力，当然不是一件轻而易举的事情。但历史经验证明，只有这样做，才能改变中国所面临的恶性循环的命运。就是说，只有先争取民族的解放和国家的独立，才能谈得到近代化的政治、经济、文化的建设。①

刘大年、胡绳是力主用马克思主义理论指导中国近代史研究的著名学者。这时候，他们都在思考近代中国的民族独立与近代化的关系问题，他们有关近代中国的近代化问题的看法是大致相近的。

1995 年 12 月，胡绳为《从鸦片战争到五四运动》写了再版序言。再版序言特别提出三个问题，一个是阶级和阶级斗争问题，其次是对外开放问题，第三是可否以现代化问题为主题来叙述和说明中国近代的历史。对于第三个问题，胡绳的答复是："这种意见是可行的。"胡绳认为："从 1840 年鸦片战争以后，几代中国人为实现现代化作过些什么努力，经历过怎样的过程，遇到过什么艰难，有过什么分歧、什么争论，这些是中国近代史的重要题目。以此为主题来叙述中国近代历史显然是很有意义的。"② 1996、1997 年，刘大年再次提起近代化话题。他说："中国近代 110 年的历史，基本问题是两个：一是民族不独立，

---

① 《关于近代中国与世界的几个问题》，《胡绳全书》第 3 卷（上），人民出版社 1998 年版，第 77 页。

② 胡绳：《〈从鸦片战争到五四运动〉再版序言》，《胡绳全书》第 6 卷（上），人民出版社 1998 年版，第 8 页。

要求在外国侵略压迫下解放出来，一是社会生产落后要求工业化、近代化。两个问题内容不一样，不能互相替代，但又息息相关，不能分离。"① "中国人民百折不回追求民族独立，最终目的仍在追求国家的近代化。1949 年，毛泽东说：'夺取全国胜利，这只是万里长征走完了第一步。'第二步，第三步是什么，那就是解决近代化问题了。"他还说，民族独立与近代化毕竟是两个不同的问题，它们各有各的特定内容。"民族独立是要改变国家民族被压迫的地位，推倒半殖民地半封建统治秩序。从根本上说是要解决生产关系的问题。近代化则是要改变中国经济、文化落后的地位，要发展以近代工业生产力为主干的社会生产力。从根本上说是要解决生产力的问题。两个问题的内容不同，解决的方法也就不一样。人们无法来实现两个任务同时并举，或者毕其功于一役。"② 结论是只有先走革命的路，取得民族独立，打开走向近代化的道路。两位去世未久的前辈学者的思考，大体是相近的。刘大年坚持了自己一贯的意见。胡绳则提出了以现代化为主题叙述中国近代历史的问题。

我注意到，有的学者已经明确提出现代化是中国近现代历史发展的主题。③ 有的学者认为用现代化史观考察鸦片战争以来的历史进程，不仅包纳了百年的反帝反封建的革命斗争，而且涵盖了像戊戌变法这样的改革运动和其他众多的社会变迁，这就比革命史观广泛得多，也较接近历史的真实。④ 显然，这位作者是希望，在考察近代中国历史时，用现代化史观取代革命史观。

---

① 《中国近代史的两条线》，《刘大年集》，第 30 页。

② 《当前近代史研究中的几个理论问题》，《刘大年集》，第 7—8 页。

③ 陈勤、李刚、齐佩芳：《中国现代化史纲》上册，广西人民出版社 1998 年版，第 6 页。

④ 李喜所：《戊戌变法百年再审视》，《历史教学》1998 年第 7 期。

观察用现代化范式编著的若干著作，对于现代化范式，大概有这么几种见解。一是主张用现代化范式取代革命史范式。前述《重新认识百年中国》体现了这种趋势。该书主张"一百年来的中国近代史其实是一场现代化史"，试图用这种观点重新解释近代中国的历史进程。在这种范式下，洋务运动变成为"近代中国的第一次现代化运动"①，戊戌维新运动的失败与变法派人士所作出的激进主义政治选择的失误有关，②义和团运动"貌似爱国，实属误国、祸国"③，辛亥革命的前提条件不足以成立，"完全是近代中国特殊历史条件下革命志士鼓吹、争取的结果"④，等等。这些用现代化范式重新审视过的观点是否符合历史的真实，已经有学者提出了讨论。⑤这里要指出：用现代化范式替代革命史范式，其结果，对近代中国历史进程的基本面貌的解释，与人们通常熟知的中国近代史知识完全相反，不能认为是正确的替代。一个主张研究中国近代的现代化进程的美国著名资产阶级学者费正清在他的《观察中国》一书中指出，"帝国主义的侵略使中国人民蒙受了耻辱，正是这种耻辱唤起了中国的民族主义并激发了二十世纪的中国革命"，"革命是近代中国的基调，美国人要想了解这一点，必须首先要懂得中国的历史"⑥。这是一个符合基本历史事实的观察，因而是一个正确的观察。费正清是一个生活在最先提出现代化理论的国家的学者，而且并不反对采用现代化的研究方法研究中国近代史，他的结论何以与我们主张现

① 《重新认识百年中国——近代史热点问题研究与争鸣》，上册，第3页。
② 同上书，第53页。
③ 同上书，第81页。
④ 同上书，第171页。
⑤ 参见吴剑杰《关于中国近代史"新范式"的若干思考》，《近代史研究》2001年第2期。
⑥ 费正清：《观察中国》，四川人民出版社1992年版，第13、96页。

代化范式的学者相差如此之远？是现代化范式出了问题，还是我们主张此一范式的学者在运用中过于标新立异、不求甚解值得检讨？

提出替代主张的学者，对革命史范式的否定并不符合事实。说"旧范式"把中国近代史仅仅看作是一场革命史，"以农民战争为主线"，显然是一种严重的歪曲。用"革命史范式"写的中国近代史书，在一定的时代背景下，主要写了革命史、政治史，但是决不仅仅是革命史，更不是"以农民战争为主线"。哪一本中国近代史书不写戊戌维新的历史呢，哪一本中国近代史书不写辛亥革命的历史呢，哪一本中国近代史书不写新文化运动和五四运动的历史呢，难道这些都是"以农民战争为主线"吗？哪一本中国近代史书不写洋务运动开始的近代机器工业的发展，不写近代资本主义经济的发展历史，不写清末统治阶级的内部状况，不写北洋军阀的历史，不写近代改良主义思想的发展，不写西方资产阶级思想在中国的传播？难道仅仅写了一场革命史吗？

二是以现代化为视角研究中国近代史，或者说研究近代中国的现代化史。这种研究主题，与"一百年来的中国近代史其实是一场现代化史"不尽相同，它并不追求以现代化范式替代革命史范式。它与胡绳所期望的似乎比较切近。这类著作我们已经看到了几种，诸如《比较中的审视：中国早期现代化研究》（章开沅、罗福惠主编，浙江人民出版社 1993 年版）、《中国现代化史》第一卷（许纪霖、陈达凯主编，上海三联书店1995 年版）、《中国现代化历程》三卷（虞和平主编，江苏人民出版社 2001 年版）等等。这些著作，大体上是用经过中国学者改造过的现代化研究理论和方法，观察近代中国的历史，分析现代化事业在中国的迟滞、发展和曲折。这样的观察是有意义的，它使读者通过另一个视角看到了近代中国的历史。但是这样的观察和研究，也终究不能把一部完整的中国近代史呈现在读者的面前。

在这种范式下，出现了一种包含论。它不是用现代化范式替代革命史范式，而是认为现代化范式可以包含革命史范式。包含论认为："如果就完整意义上的现代化而言，反帝反封建的改革和革命应该包含在现代化进程之中。这是因为，反帝是为了争取国家独立、建立平等互利的国际关系，以便合理地利用国外资源；反封建是为了争取民主、建立政府与社会的良性互动关系，更好地进行现代化的社会动员。所以反帝反封建的改革和革命既是现代化的一个组成部分和一种重要动力，也为现代化建设解决制度、道路问题，并扫除障碍。问题的关键是如何分析改革和革命的现代化意义。"① 如果可以把这种意见理解为包含论的话，那么，可以说，这种意见反映了中国学者对现代化理论的改造，反映了他们试图用现代化理论调和革命化理论的努力。因为发源自美国的原初现代化理论是绝对没有这样的含义的。现代化理论的最初提出者把自己的著作命名为"非共产党宣言"，明显是挑战马克思主义的阶级斗争学说的，不可能把革命包含在现代化进程之中。20 世纪末的中国学者对西来的现代化理论加以改造，使之适应于近代中国的发展情况，作出这样的努力是值得赞许的。这也许是现代化理论的中国化吧。但是，这种用现代化理论来解释近代中国的反帝反封建、解释近代中国的改良与革命的现代化范式，是否能够代替革命史范式来撰写中国近代史呢？胡绳曾经说过，至今尚未有以现代化为主题写出来的中国近代史，看

---

① 虞和平主编：《中国现代化历程》第 1 卷绪论，江苏人民出版社 2001 年版，第 22 页。

过了上述列出的几部有关中国现代化史的著作后，我不能不说，胡绳的这句话至今仍未过时。这几部书，在解释近代中国的现代化进程方面是作了有益的工作的，但是还不足以揭示整个中国近代史的全部历程。因为近代中国历史的全部内容，不是现代化的进程所能够包容的。

现在是否可以说，关于现代化范式，大体上可以有两种理解。一种是以现代化的范式重新解释中国近代史；另一种是研究近代中国的现代化进程。研究近代中国的现代化进程也可以从政治现代化的角度说明近代中国的改良与革命，但很难从历史进程的方向叙述完整的近代中国的历史。可以认为，撰写近代中国的现代化进程，和撰写中国近代的历史，是并行不悖的两种写作模式，其间并不存在相互替代的问题。

从现代化的视角解读中国近代史，也不失为一个新的思路。但是现代化的视角如果不与革命史的视角相结合，仅仅用现代化理论揭示近代历史，也难以科学地复原历史的真实面目。胡绳在说到这个问题的时候特别提到："以现代化为中国近代史的主题并不妨碍使用阶级分析的观点和方法。相反的，如果不用阶级分析的观点和方法，在中国近代史中有关现代化的许多复杂的问题恐怕是很难以解释和解决的。"① 从马克思主义的观点来看，这是至理名言。因为，要分析近代中国的现代化问题，就要分析"从 1840 年鸦片战争以后，几代中国人为实现现代化作过些什么努力，经历过怎样的过程，遇到过什么艰难，有过什么分歧、什么争论"，这些都是中国近代史中的重要题

① 胡绳：《〈从鸦片战争到五四运动〉再版序言》，《胡绳全书》第 6 卷（上），人民出版社 1998 年版，第 8—9 页。

目。① 在近代中国这样的阶级社会中，现代化的进程也是十分复杂的，并不是一个单线的发展。在中国，有资本帝国主义的现代化，有封建地主阶级的现代化，有民族资产阶级的现代化，有无产阶级追求的现代化，有孙中山主张的现代化，也有毛泽东主张的现代化。我们如果放弃了阶级分析的方法，如何去分析这样复杂的社会现象呢？

　　在讨论"现代化范式"和"革命史范式"的时候，有一个问题还要提出来，这就是"革命史范式"是否就过时了呢？我认为没有过时。如果拿"革命史范式"来套五千年的中华历史，或者套整个世界史，容或可以说有削足适履之病，如果拿来作为近代中国历史的学术范式，正好足履相适，所用甚当。这是由近代中国半殖民地半封建社会的特殊历史国情决定的，是由近代中国的历史实际进程所表现的，是由那时复杂的阶级斗争形式所规定的。批评者说："旧范式"，是以"'革命''夺权''反抗''斗争'为'时代精神'的那一社会阶段的必然且合理的产物。"从一定的意义说，这个批评是对那个时代的"时代精神"的正确的肯定。从鸦片战争到中华人民共和国成立的那110年历史，确是充满了革命、夺权、反抗、斗争的基调。经济的发展状况、文化思想领域的方方面面，中国和世界关系的处理，都受限于这个基调；用现代化理论的话语来说，那个时代中国现代化的进程，传统与现代性的冲突，现代化的酝酿和启动，现代化道路的选择，现代化的社会动员，等等，无不受制于革命、改良、夺权、反抗与斗争的基调。是革命、改良、夺权、反抗与斗争的基调，制约了现代化的进程，而不

---

① 胡绳：《〈从鸦片战争到五四运动〉再版序言》，《胡绳全书》第6卷（上），人民出版社1998年版，第8页。

是现代化的进程带动了革命的进程。胡绳说"只有先争取民族的解放和国家的独立，才能谈得到近代化的政治、经济、文化的建设"①，刘大年说只有先走革命的路，取得民族独立，打开走向近代化的道路，说的就是这个意思。这也就是说，用革命的视角观察那个时代，用"革命史范式"撰写近代中国的历史，比较最符合近代中国的时代特征。所有这一切，并不因为今天社会的发展主题是社会经济而变化。时代变化了，今天社会发展的主要任务变化了，如果以今天变化了的社会发展的眼光观察昨天的中国，以为昨天的中国也完全适应于现代化的研究方法，则是一种误会。

因为近代中国的时代基调是革命，从革命的视角审视，中国近代史上的政治、经济、军事、文化思想、社会变迁，以及中外关系的处理，区域发展，少数民族问题，阶级斗争的状况，无不或多或少与革命的进程、革命事业的成败相联系。一部中国近代史，如果抓住了这个基本线索，就能够顺藤摸瓜，理清近代中国社会历史的各个方面。当然用"革命史范式"撰写中国近代史，局限于革命史的视角，可能对社会经济的发展、社会的变迁注意不够。如果在"革命史范式"主导下，兼采"现代化范式"的视角，注意从现代化理论的角度，更多关注社会经济的发展、更多关注社会变迁及其对于革命进程的反作用，就可以完善"革命史范式"的某些不足。反过来，如果不注意"革命史范式"的主导，纯粹以"现代化范式"分析、撰写中国近代史，就可能改铸、改写中国近代史，而使得中国近代史的基本面貌变得面目全非，令人不可捉摸了。这样的研究，新意是有的，但是脱离

---

① 《关于近代中国与世界的几个问题》，《胡绳全书》第 6 卷（上），人民出版社 1998 年版，第 77 页。

了历史真实的新意，将为智者所不取。

当然，如前所述，如果这种"现代化范式"只是运用现代化理论研究中国的现代化进程，而不求全面反映整个近代中国历史，则是另一种情况。因为现代化进程只是全部中国近代史的一个侧面，一个重要部分，把这个侧面、这个重要部分弄清楚，对于全面认识中国近代史是有积极意义的，这样的研究模式也值得支持。

中国近代史研究的基本
评价和方法论问题[*]

中国近代史研究，我指的是 1840—1949 年之间的中国历史的研究，最近 30 年来，在各个方面都取得了很大的成绩。每年发表的学术论文以千计，每年出版的学术专著以百计。去年上海人民出版社出版了我主编的《中国近代史论著目录》，收录了 1979—2000 年的论著，仅仅 22 年，大约 6 万条，仅仅目录索引，全书就达到 200 万字。限于出版社要求的篇幅，还删去了近 2 万条。中国近代史研究成果之丰硕、浩繁，是令人兴奋的！我们大概可以说，中国近代史作为中国历史学的二级学科，其研究成果数量，大概不会亚于其他学科。不要说 30 年前，就是 20 年前，我们还可以把史学刊物上发表的中国近代史研究的文章看一遍，现在是否还有人能够这样做，就不得而知了。金冲及同志以前说过这样的体会，我也有这样的体会，现在则很难做到了。

1998 年 12 月，为纪念新的历史时期到来 20 周年，我曾在

　＊　2006 年 10 月 28 日演讲于浙江大学中国近现代史高级论坛；2006 年 12 月 14 日以特稿名义刊载于《中国社会科学院院报——学术专刊》。

《光明日报》发表文章，题目叫做《20 年：中国近代史研究正在走向成熟》。在这篇文章里，我列举了中国近代史研究正在走向成熟的标志有三个。过了八年，今天来看这三个标志，大体上还是可以的。

今天再来说明这三个标志。第一，1976 年以前 27 年，出版的近代史论著不过 200 种，发表的论文不过 5000 篇。这个数字，与 1978 年以后的 20 多年，是不可同日而语了。不仅学术研究的成果大大胜于 1978 年以前 20 多年，而且研究范围大大扩展，近代史研究打破了以往仅仅局限于革命史、政治史，尤其是局限于八大事件的框框，研究的领域大大拓展了。今天，不仅原有的政治史在继续研究，中外关系研究继续深入，而且大大加强了经济史研究、思想文化史研究，新开拓了近代社会史研究、近代史学史和史学理论的研究。大多数研究者都认识到，把中国近代史的时限从 1919 年延长到 1949 年是完全必要的，这一点，今天大概可以说已成定议。原有的政治史热点降温了，比如太平天国史、义和团运动史、辛亥革命史等，但是新的热点又产生了，比如民国史和抗日战争史的研究。许多研究者的研究兴趣，都从以往的晚清史转移到民国时期的历史。以中国社会科学院近代史研究所为例，20 世纪 80 年代以前，大多数人从事晚清史研究，此后大多数人则转向民国历史的研究。中共党史研究也很活跃，而且有跳出原来中共党史圈子的现象，近代史研究者也有逐渐染指中共党史研究的趋势。学术界大量引进、借鉴了国外的史学研究方法，国外有关中国近代史研究的重要论著，很快就有中文版出版。学术社团纷纷组织，国际、国内和海峡两岸的各种学术讨论会频繁召开，表明了学术研究的活跃而有生气。

第二，学术争鸣的气氛日渐浓厚。关于中国近代史的基本线索，关于太平天国的历史评价，关于洋务运动研究，关于戊戌维新运动研究，关于义和团的历史作用和地位，关于辛亥革命的研究及其评价，关于抗日战争时期的历史诸如正面战场与敌后战场的关系、抗日战争领导权问题等，以及人物研究诸如林则徐、曾国藩、李鸿章、袁世凯、孙中山等，都展开了热烈的讨论与争鸣，许多争论到今天还在继续。甚至关于马克思主义、毛泽东思想对中国近代史研究的指导作用，也有不同的理解和评价。

　　第三，对近代中国历史的观察和研究，逐渐摆脱了以往对马克思主义理论的教条式地理解，逐渐避免了寻章摘句的不良学风，开始树立起了实事求是研究历史的好风气。但是随着时代的变化，也出现了淡化意识形态、冷淡马克思主义理论的趋向，表现为历史研究中的反传统、复旧和翻案风，表现为历史论述中的历史虚无主义倾向。受"告别革命"论的影响，历史研究中有两种倾向值得注意。一种是一些研究者追求讲故事的历史叙述方式，对历史规律的探索，对史学理论的探讨，对宏大叙事的历史主题的研究，对历史研究中的阶级分析方法，缺乏兴趣。另一种是有的研究者公开表示了对马克思主义指导，对历史唯物主义的怀疑和挑战，对历史研究中阶级观点的否定，对以唯物史观指导历史研究的方向和研究成果给予了否定的评价。一些年轻的研究者盲目认为新的就是好的，而不问所谓新的是否是符合历史事实的，是否经得起实践检验的。十几年前，一些学者发出了"史学危机"的担忧。这种担忧，如果指的是研究人员的"青黄不接"，今天已经大体解决了，大量博士、硕士毕业生加入教学和研究队伍，在今天，老一辈的研究者已经逐渐淡出舞台，中青年研究者已经成为历史研究和教学的主力；这种担忧，如果指的是研究人员素质不够、研究水平有待提高，反观今天的现实尚可以释怀，有一些青年研究者的史学著作已经达到了比较高的水准；这种担忧如果指的是研究队伍中的理论素养有所下降，则不可谓为杞人之忧。这是中国近代史研究走向成熟的过程中值得加以注意，加以改进的。我们的古人写文章动不动就子曰云云，后来写文章，动不动就马曰列云，现在的年轻人写文章，动不动就西人某云云，总之，洋教条、土教条还是存在的，还在影响着我们的学术研究。一些西方人的研究方法，我们是需要借鉴的，但是借鉴不等于照搬。如何切实地研究近代中国的历史实际，总结出带有中国历史特点的研究方法和理论范式，还是我们今天需要解决的问题。

关于中国近代史研究中的方法论问题，我也想说一点想法。

我去年发表在《近代史研究》上的一篇文章，讨论中国近代史学科体系问题，其中涉及近些年来一些史学论著中常常提到的"革命史范式"和"现代化范式"问题。

中国近代史研究的"现代化范式"，实际上是蒋廷黻在1938年出版的《中国近代史》一书中提出的。1938年在抗战热潮的武汉，蒋廷黻在等待国民党政府新的职务的任命，有闲暇考虑中国近代史上的一些问题。在蒋廷黻看来，近代化是近代中国的历史主题，中国近代化就是在与外部世界交往中，学习西方，摆脱中古的落后状态，全面地走上政治经济文化外交等变革之路，完成民族复兴的使命。从这一观点出发，他以中西关系为中心，以近代化为主线，建构了他的中国近代史分析框架。走向近代化，是贯穿全书的主线，也是他评价近代中国一切人和事的标准。

在中国近代史研究中提出现代化问题，不是没有一点新意，但是，在日寇深入国土，全国人民处在悲壮的抗战热潮中，中国近代史研究中的现代化范式问题的提出，几乎得不到什么喝彩。另一方面，蒋著在保卫大武汉的时候所提出的其他一些观点，比如对林则徐的"民心可用"的强烈批判，对抗战低调的提倡，等等，无异于对抗战热潮泼冷水，引起一些爱国主义者的批判。

延安的中国共产党人曾专门著述《中国现代革命运动史》给予批驳。我们后来知道这本书的作者实际上是张闻天。范文澜在延安著述《中国近代史》（上编第一分册），实际上也是针对蒋廷黻在《中国近代史》中的观点而撰述的。范著把1840年以后的近代中国历史作为半殖民地半封建社会的历史，把1840—1919年的历史作为旧民主主义革命时期的历史，把1919年以后的历史作为新民主主义革命时期的历史。1948年胡绳在香港出版《帝国主义与中国政治》，则是从革命的观点论述中西关系，抓住了历史的主题，实际上也是批驳蒋廷黻的观点的。

范著所开创的中国近代史的叙述模式，在50年代以后得到规范和发展，成为很长时间里中国近代史学者所遵循的基本学术范式。当然，范著的缺点，也为此后的学者所注意。如：范著基本是一部政治史，或者说是一部革命史，依据主要历史事件作了纪事本末似的叙述，有的地方史料根据不足，由于服务现实斗争存在着简单地影射现实的现象，科学性不足。刘大年在主持郭沫若主编《中国史稿》第四册时，认为1840年至1919年近代中国80年的历史中，在不同的历史时期里，帝国主义、中国社会各阶级的相互关系、他们的矛盾斗争各有特点。其中社会经济状况、阶级斗争、意识形态是结合在一起的，统一的。因此，新的著作要求根据历史演变的时间顺序讲述事件；不只讲政治事件，也要讲经济基础、意识形态，不只讲汉族地区的历史，也要讲出国内各民族在斗争中与全国的联系和相互关系。《中国史稿》第四册就注意到了政治状况、经济发展、思想文化、阶级斗争，以及汉族地区和边疆少数民族地区，就是总结了新中国建立以来中国近代史学科的理论建树和研究成果，加以概括和升华，给中国近代史的学科体系，或者说对革命史的学术范式作了新的概括和完善，进一步强调了近代史研究著作的科学性，强调了经济史研究对于突破近代史研究局限性的必要性。

最近十余年来，一些学者把范著《中国近代史》称之为"革命史范式"的典型著作。进一步把范文澜的中国近代史叙述模式概括为"革命史范式"。而这种概括，明显地带有贬低和否定的倾向。

我在去年的文章中也采用了"革命史范式"这样的提法。那篇文章说："考虑到'革命史范式'这个提法虽然不是很准确，但是它反映了中国近代史学科体系的核心内容，且为许多学者所采用。在找到更为准确的提法以前，本文在讨论时也采用这个提法，当然不包含否定或轻视的意味。"我现在要做一点更正。经过认真考虑，我认为直接用"革命史范式"概括范文澜以后的中国近代史叙述模式，是不妥当的。

9月23日我在国图文津论坛的讲演中认为，所谓革命史观，所谓现代化史观，都不是指导历史研究的正确的史观。指导历史研究的正确史观，是马克思主义的唯物史观。按照唯物史观考察近代中国历史，应该认识，反帝反封建是近代中国的历史主题，旧民主主义革命和新民主主义革命是贯穿近代中国历史的真正的主线，现代化进程在近代中国虽然在缓慢地进行，却从来没有居于主导地位。在近代中国，革命和改革是历史发展的主调，但如果认为近代中国历史上只有革命和改革也是不完全的认识，近代中国还有现代化进程的萌发，资本主义的社会政治学说和生产力因素已经传入，马克思主义的社会政治学说已经传入、无产阶级政党已经组成，现代化学说里主张的现代性的增长，传统社会因素的剥落，正在发生。主导中国2000年的儒家学说面对西方传入的思想政治学说（包括资产阶级学说和无产阶级学说），并无招架之力。但是，现代化进程没有成为社会发展的主流。因此，现代化史观把现代化进程作为历史发展的主流，是不妥当的。按照唯物史观，现代化进程在中国社会发展中成为主流，是在1949年10月中华人民共和国成立之后，特别是在国家政权巩固、社会经济全面恢复并有所发展之后，现代化进程实际进入中国社会生活领域。在这个时候，现代化进程是主导方向，阶级斗争是次要方向。在这个时候，把阶级斗争当成主要方向，提出"以阶级斗争为纲"是错误的。这就是"文化大革命"错误的基本的理论说明。在1956—1976年的20年中，国家社会经济有了飞速的发展，社会主义的经济基础基本奠定，但是政治运动不断，而且是在"以阶级斗争为纲"指导下进行的，这就冲击了现代化进程，影响了现代化进程，延缓了国家社会经济发展的速度。这是一个教训。1978年以后，国家政权把现代化进程作为社会发展的主导方向，政治运动约束在以经济建设为中心的前提下，才取得了举世瞩目的发展成就。

近些年来，一些学者认为应该用"现代化范式"取代"革命史范式"，或者以"现代化史观"取代"革命史观"认为现代化是近代中国的历史主题。这种认识实际上是要用"现代化史观"取代唯物史观。这样的观点我认为是需要商榷的。这是第一点。

第二点，是历史与现实的关系。历史就是历史，历史不等于现实。现实是从历史的发展而来，现实是历史发展的最新阶段。因此，历史与现实是一种若即若离的关系。这就是说，历史与现实之间既不能一刀两断，也不能完全相等，不承认历史与现实有关系是不对的，说历史等于现实也是不对的。拿历史为现实服务，绝对不能简单化。拿历史为现实政策服务，肯定不对。历史、历史学的基本功能是借鉴，拿正确的历史知识，拿经过研究可以正确说明的历史发展规律，作为现实和未来发展的借鉴，人们从这种借鉴中领悟到未来发展道路的正确选择，历史和历史学的借鉴功能就达到了。如果说服务，这就是最大的服务。所谓学习历史可以提高人文素质，所谓读史可以明智，基本上说的都是历史学的借鉴作用。

从这个角度说，是历史为现实服务，不是现实为历史服务。但是历史为现实服务，并不是现实里有什么，就到历史里去找。比如，现实社会不讲阶级和阶级斗争，就认为近代中国历史上也不应该有阶级和阶级斗争；现实里强调社会稳定，就认为近代中国历史上也要强调社会稳定，所以告别革命的论调、保守好激进不好的论调出现了；现实里强调生产力标准，近代中国历史里也要强调生产力标准，所以革命就是破坏生产力了，农民战争的研究也要否定了；今天我们现实社会里提倡和谐社会，所以在历史里也要去找和谐社会。

随便举几个例子。现实社会里刚刚把"法轮功"定为邪教，就有人援用定邪教的那几条，不顾历史的时空背景，把太平天国定为邪教。有人以为今天都全球化了，与国际接轨了，就谴责鸦片战争以后广州的反入城斗争是笑话，不答应外国人的修约要求是没有国际知识，说1859年天津白河口击败了英国军舰，是清政府惹的祸，导致了圆明园的焚毁；认为义和团犯了反文明、反人类的错误，是最大的国耻。上海今年新编的高中历史教科书是最新鲜的例子。这本历史教科书，号称以文明史为主导，不再探讨战争、王朝和共产主义等，而是把更多的笔墨放在经济、技术、社会风俗和全球化等多种主题上。难道文明史就没有战争、王朝和共产主义吗？真是奇怪的逻辑。有关报道说：这套历史教科书的编写者称，课本内容是推进更稳定、较少暴力的中国历史观的广泛努力的一部分。这种新的历史观将服务于当前经济和政治目标。这是一种什么样的历史观呢？难道这是唯物史观吗？这样的指导思想编出来的书，还是历史书吗？这不禁令人哑然失笑！这是把历史与现实等同起来了。显然这不是历史。拿这样不是历史的历史书教我们的孩子，是不是误人子弟呢？

今天所以要拿方法论问题说一点看法，就是要警醒我们的历史学者，我们需要实事求是，还原到历史中去。谁能够最好地还原历史真实，谁能够看出历史发展的本质和规律，他的历史书就能够起到借鉴作用，就能够服务于现实和未来。

（2006 年 10 月 16 日写于北京中国职工之家）

二

中国近代史:基本问题

中国近代史研究的回顾*

　　中国近代史在中国历史学研究中，是一门新兴的重要的学科。中华人民共和国建立以后，中国近代史研究的重要性被突出地提了出来，瞧不起近代史研究、"书不读三代以下"的学术界旧习气得到了根本的改变。这是因为，工人阶级（通过共产党）领导的新民主主义革命的胜利、人民民主专政的新的共和国家的建立，帝国主义特别是美国帝国主义对这个新生共和国的封锁，人民群众为建设自己的国家而勃发的主人翁精神，以及在旧废墟基础上建设新国家所碰到的旧社会遗迹的反抗，等等，要求人民的历史学家认真思考：新民主主义革命的胜利是如何取得的？这就要追溯自鸦片战争以来，中国如何走上半殖民地半封建社会道路的历史，研究帝国主义对华侵略以及历代统治阶级的对策，研究地主阶级、农民阶级以及资产阶级在其中的表现，尤其要总结人民群众反帝反封建的历史经验。这就是说，社会历史的大转

---

　　* 本文原作于 1987 年，曾作为《中国近现代史研概述》发表于汝信、易克信主编《当代中国社会科学手册》，1988 年版。1989 年 8 月作了增删修改，发表于《近代史研究》1989 年第 6 期。收入《追求集》时，对文中一些必要的地方作了注释，对文字作了增补、修订。

折，提出了建设中国近代史学科、加强中国近代史研究的要求。

标志这一重大改变的事实是：第一，1950 年从解放区进入北京的华北大学历史研究室改建为中国科学院近代史研究所，成为新组建的中国科学院最早建立的研究所之一，由著名的马克思主义历史学家范文澜出任所长。一批具有一定素养的历史学者、年轻的大学毕业生和研究生以及在旧中国从事历史研究的学者，汇集到近代史研究所。第二，各综合大学和师范院校的历史系开设中国近代史课程，设立中国近代史教研室，一批批中国近代史的研究和教学人才从中培养出来；以上两项加在一起，在全国各地形成了一支研究中国近代史的基本力量。第三，一批用历史唯物主义指导撰写的近代史著作和严谨的考据书籍出版发行，奠定了这一新兴学科的学术地位。范文澜的《中国近代史》上册、胡绳的《帝国主义与中国政治》50 年代初修订重版，大量发行，在建设马克思主义的中国近代史学科方面起了奠基作用。刘大年的《美国侵华史》、黎澍的《辛亥革命前后的中国政治》（1954年修订版）在促进中国近代史研究、建立中国近代史分支学科方面也起了作用。罗尔纲的《太平天国史事考》等几本史料考辨集的出版，为把中国近代史的一个专门分支——太平天国史研究放到可靠的史实基础上作出了贡献。

中国近代史研究在 1966 年以前的 17 年间，取得了令人瞩目的成绩。它首先表现在，在马列主义毛泽东思想指导下，中国近代史研究获得了正确的方向。从事近代史研究的学者热烈研读、努力熟悉马克思主义的基本理论，尝试、探索用历史唯物主义原理指导近代史的撰述，在批判旧中国封建买办阶级史学关于中国近代史的体系、见解方面取得了共同认识，接受了基本上用马克思主义的阶级斗争观点看待、研究近代中国历史的理论。同时也注意吸收旧中国资产阶级学者研究中国近代史的积极成果。

李剑农《戊戌以后三十年中国政治史》一再重版并受到欢迎说明了这一点。

50 年代关于中国近代史分期问题的讨论，是近代史学界学习历史唯物主义理论的积极行动。1957 年出版的《中国近代史分期问题讨论集》一书，结集了参加这次讨论的胡绳、金冲及、范文澜、戴逸、荣孟源等人的论文。中国近代史的分期是个具体问题，关键是如何认识中国近代史的基本线索。这就涉及一系列理论问题，它们是：如何运用马克思主义和毛泽东思想指导近代史研究，如何对待近代史研究中的旧史学观点，如何确立中国近代史的总体系，如何评价近代各阶级的历史地位和作用，如何认识近代中国发展的主要脉络等。胡绳提出了基本上用阶级斗争的表现来做划分时期的标志和三次革命高潮的概念。参加讨论的学者从不同角度探讨了中国近代史的主要内容，涉及对历史唯物主义的不同理解和运用，提出了关于历史分期的不同主张，但对于胡绳的意见，与议者多数表示了赞同，并无根本的分歧。这次讨论后，有一批中国近代史的著作问世。代表性的著作有郭沫若主编、刘大年负责编写的《中国史稿》第四册（1962 年版）和翦伯赞主编的《中国史纲要》第四册（1964 年版）。两书虽各只有十几万字，却反映了新中国的史学工作者对近代中国历史的基本认识，建立起了中国近代史研究的基本框架，对中国近代史的研究和教学起到了指导和参考作用。

关于近代史分期，参加这次讨论的多数学者都把中国近代史的时限划在 1840—1919 年，即开始于鸦片战争，终止于五四运动。也有一些学者主张按照马克思主义的五种社会形态说，中国的半殖民地半封建社会作为一个过渡性的社会，相当于西方资本主义的历史阶段，应当把中国进入半殖民地半封建社会时期（通常所说旧民主主义革命加新民主主义革命的整个时期）看作中国的近代史时期，近代史的下限应当定在1949年9月。荣孟源、李新当时都持这种观点。据荣孟源后来回忆，50年代初参加近代史研究所所长办公会议的同志都同意这一观点。刘大年1959年在《中国近代史研究的几个问题》一文中以及1964年在向外国学者介绍新中国的历史科学时，也持这种观点。但在实际上，这17年对中国近代史的研究，主要集中在1919年前的80年间，对1919年后30年的历史研究，则薄弱得多。

新中国的近代史研究工作者把正确说明人民群众在历史上的地位和作用问题，当作历史科学的根本任务之一。这是新旧中国历史学者在史观上的最大分歧之一。以太平天国100周年和110周年、戊戌变法运动60周年、义和团运动60周年、辛亥革命50周年为契机，学者们对太平天国、维新运动、义和团和辛亥革命的历史展开了研究，取得了不少的成果，主要表现在充分肯定了农民革命运动在近代史上的地位和作用，高度评价了资产阶级维新派和革命派在不同历史时期的进步作用，指出人民群众是推动近代中国历史前进的主要力量，从而在阐明历史唯物主义基本原理方面取得了一定进展。

近代经济史、近代思想史的研究受到重视。帝国主义侵华史的研究也取得了成绩，丁名楠等编著的《帝国主义侵华史》第一卷，是这时期的代表性著作。历史人物的评价引人注目，关于李秀成功过评价引发了一场热烈的百家争鸣。这本是学术界一种正常的现象。但是，由于"左"的思潮的发展，一场正常的学术争鸣被导入政治性批判的歧路。这是那时政治领域阶级斗争扩大化在学术界的反映。

"文化大革命"，十年动乱，窒息了中国近代史的科学研究。近代史研究所被当作资产阶级霸占的史学阵地首当其冲。范文澜虽额外受到保护，科学研究却无法进行，终于抱憾辞世。十年间，全国几乎没有出版一部严肃的近代史著作。批判资产阶级、过度拔高农民起义领袖等做法以及"儒法斗争"从古代延续到近代等谬论流行。脱离了马克思主义轨道的现实政治斗争扭曲了学术研究，导致了混乱。这是由于政治上指导思想上的失误、"四人帮"的严重破坏造成的。

1978年党的十一届三中全会恢复了党的马克思主义政治路线和思想路线以后，社会科学工作者迎来了新中国建立以来从事研究工作的黄金时期。近代史研究领域也空前活跃起来。这表现在研究机构的扩大，学会一类学术团体迅速发展，学术讨论会频频召开，国际学术交流兴起等方面，尤其表现在研究领域的扩大，研究课题的深入，重要学术问题百家争鸣的繁荣和论著的大量出版上。

1977年中国社会科学院成立后，近代史研究所的研究力量得到了充实，研究机构重新调整，所内分别成立了政治史、经济史、文化史、中外关系史、中华民国史、现代史各研究室，几乎囊括了中国近代史的各个主要方面。研究条件也相应得到了改善。中国社会科学院所属文、史、哲、经方面的研究所，都有涉及中国近代史或其分支学科的机构和研究人员。各省、市社会科学院相继设立了历史研究所，绝大多数省市属历史研究所内都有近代史研究室或与近代史有关的专题、分支学科的研究室。综合大学和师范院校原有的近代史教研室也充实了力量，有些学校还设立了近代史有关专题或分支学科的研究所、研究室。一些工科大学也设置了中国近代史教研室。为了培养近代史研究和教学的后继人才，各研究机构和大学招收的中国近代史研究生与日俱增。发表科研成果的园地也增多了。为适应近代史研究的蓬勃发展，1979年近代史研究所创办了《近代史研究》，作为研究者发表中国近代史研究成果的专门园地。

与近代史研究机构增强力量的同时，涉及中国近代史有关学科的群众性学术团体——学会、研究会纷纷成立。从1978年起，各地成立的全国性和地方性研究会如：北京太平天国史研究会、华北中俄关系史研究会、中南地区辛亥革命史研究会、中国现代史学会、中共党史学会、中国义和团运动史研究会、东北地区中日关系史研究会、孙中山研究会、南京太平天国史研究会、江苏省中华民国史研究会和中国经济史研究会等。① 这些学术性团体，对促进各地近代史学者间学术交流、提高学术研究水平起到了良好作用。

新时期史学的特点之一是各种学术讨论会频频召开。中国近代史从鸦片战争起，包括太平天国、洋务运动、中法战争、甲午战争、戊戌维新、义和团、辛亥革命、五四运动以及中华民国史、抗日战争史、革命根据地史、中共党史等，分支学科如经济史、军事史、文化史、哲学思想史、中外关系史，人物如林则徐、左宗棠、蔡锷、孙中山等，还有近代会党、教案、光复会、中国国民党等，都曾召开过学术讨论会。讨论会后一般都有论文集出版。

与社会主义现代化建设实行开放政策相适应，近代史研究的国际学术交流开始兴起。越来越多的重要学术讨论会邀请外国学者参加。著名的有：1979年南京太平天国史学术讨论会，1980年济南义和团运动史学术讨论会，1981年武汉辛亥革命史学术讨论会，1984年天津中国抗日根据地史学术讨论会、广州孙中山学术讨论会，1985年涿县孙中山研究述评学术讨论会，1986年杭州章太炎逝世50周年学术讨论会、北京中美关系史学术讨论会、广州—中山孙中山研究学术讨论会，1987年苏州柳亚子

---

① 此后还陆续有新的学会成立，著名的如1991年成立的中国抗日战争史学会。

诞生 100 周年暨南社成立 80 周年学术讨论会、杭州近代中国社会变革学术讨论会、广州廖仲恺研究学术讨论会、南京民国档案与民国史学术讨论会、深圳清代区域经济史学术讨论会，1988年广州陈寅恪学术思想学术讨论会及戊戌变法康梁研究学术讨论会等。不仅如此，中国学者还积极参加了在国外或境外召开的有关中国近代史的学术讨论会。1982 年 4 月，中国近代史学者胡绳、章开沅、李宗一等应邀出席了在芝加哥召开的美国亚洲研究学会特别学术讨论会，与中国台湾学者秦孝仪、张玉法等一起讨论了辛亥革命史。1984 年 9 月近代史学者余绳武、戴逸赴联邦德国参加第 29 届欧洲汉学家会议。1987 年 7 月，刘大年、吴于廑、齐世荣、张振鹍等 8 名学者参加了在京都、东京召开的七七事变 50 周年日中学术讨论会。1988 年 12 月，张寄谦、陈诗启、夏良才等参加了香港大学主办的首届中国海关史国际讨论会；等等。此外，在美国、苏联、日本、英国、法国、德国等国家和中国香港等地区①的一些学术会议、大学讲坛或图书馆、档案馆里，都可看到中国的近代史学者。中国学者开始在外国刊物上发表文章，外国学者也在国内刊物发表文章。近代史研究所编辑出版了《国外中国近代史研究》，已发行 10 余辑②，专门介绍外国学者研究中国近代史的新成果，受到国内外学者的欢迎。

新时期近代史研究的最大特点是对以往研究的深刻反思。这一反思，当然是以全党、全国对国家的政治经济形势的反思为根

---

① 这个名单上，1992 年以后还应加上中国台湾、澳门地区。1992 年 5 月，中国社会科学院近代史研究所张海鹏、尚明轩及湖南师范大学历史系韦杰廷应政治大学邀请，在台北参加了该校主办的"黄兴与近代中国"学术讨论会，这是大陆学者赴台参加学术讨论会之始。

② 这个刊物，由于考虑到出版经费困难，以及翻译出版外国学者论文著作权难以处理，已在 1995 年出版第 27 期后停刊。

据和前提。研究者们认为以往运用马克思主义理论、阶级斗争学说存在概念化、公式化、简单化和形式主义的毛病，一部中国近代史只是一部中国近代政治史甚至一部中国近代革命史，经济史的研究很薄弱，中外关系史的研究重视的不够，思想史的研究刚刚开头，文化史（不论为广义、为狭义）的研究还没有提上日程，军事史的研究停步不前。就是政治史，也只是着重研究了革命的（进步的）阶级和运动，对统治阶级、地主阶级的研究则很不够，因此一部近代政治史也存在跛脚状态。1919 年以后 30 年那样一个重要的历史时期，对近代史研究者来说，几乎还是一片荒原。从近代史研究的总体布局来说，不少研究者对三大高潮、八大事件的固有模式感到不能满足，要求突破并探索更能反映中国近代史全局新模式，同时认为，以往从事近代通史或者近代史教科书编写的力量较多，各项专史的研究力量则感不足。近代史研究中一些带指导性的结论和概念如半殖民地半封建社会性质、反帝反封建的民主主义革命、农民革命和资产阶级革命、民族资产阶级和官僚买办资产阶级，等等，大多数研究者都是接受的，但是缺乏严格的、科学的、建立在大量事实基础上的学术论证，因此难以经受住来自各方面的挑战。以往的近代史著作多限于描述历史事件及其过程，这当然是必要的，但显得就事论事，从宏观的把握和微观的剖析两方面来说，都缺乏研究、比较、论证，因而对纷繁复杂甚至相互抵牾的历史现象难以作出科学的解释，从似乎杂乱无章的历史事件中寻绎出历史发展的科学规律落不到实处，可能变成一句空话。这种状况，需要改变。

这种反思在研究者间当然远未形成一致的认识。因此，人们对近代史研究中马克思主义理论的作用、对近代史研究从何处深入，认识也不一致。刘大年提出中国近代史研究从何处突破的问题，认为加强近代经济史研究，中心意思是要加强唯物论理论指导，把中国近代史研究向前推进。又有人提出不同见解，认为加强文化史研究才是突破口。众说纷纭，不一而足。

反思引起了研究者思想的解放和思路的开放，促进了研究工作的前进。党的十一届三中全会以后十年，中国近代史研究的成果与此前 20 多年比较，是大大前进了。从发表的著作和论文来看，质量胜于以往，数量大大超过以往 20 多年的总和。新中国建立以后至 1976 年，出版的各种近代史著作不过 200 多种，论文约 5000 篇。10 年间出版的各种近代史著作超过 1000 种，平均每年超过百种；论文约 12000 篇，平均每年超过千篇。以社会主义经济建设为中心的改革开放方针带来了国内政治的安定，也给学术研究创造了繁荣的条件。对于研究工作来说，这十年的确是新中国建立以来的黄金时期。

中国近代通史这几年又有巨制新篇问世。胡绳著《从鸦片战争到五四运动》上下卷，条分缕析，议论恢弘，在一定程度上体现了作者刻意追求的马克思主义的思想力量，对教学和研究工作以及对广大群众的爱国主义教育产生重大影响。刘大年主持编写的《中国近代史稿》已出版了三册。该书结果缜密，说理性较强，论证较有力，从宏观上把握近代史研究的方向，吸取同时期近代史研究的积极成果，引起学术界瞩目。此外还有苑书义、胡思庸等编著的《中国近代史新编》三册和北方四院校编撰的《中国近代史》（中华书局版）的陆续出版。以上几本书都是按 50 年代中国近代史分期讨论中形成的基本认识编著的，都不包括 1919 年以后的历史。人们对这种体系存在议论和批评是可以理解的。但是，要探索和建立新的体系，绝非一蹴而就，还要依靠专题研究的深入和各个分支学科（包括交叉学科）的发展。应当说，以上几本通史著作反映了新中国建立以来近代史研究的主要成就和水平。

　　太平天国、戊戌变法、义和团、辛亥革命，是以往研究的重点，新时期仍然吸引了研究者的注意力，成果卓著，确然可观。太平天国史大家罗尔纲以耄耋高龄，勤奋治史，笔削不断，陆续出版他的考订著作。新版《李秀成自述原稿注》，作者说"从青春注到白首"，前后花了近 50 年时间，功力可谓深厚。他的新著《太平天国史》一百数十万字，也已完成付梓。① 太平天国方面还有几部专著问世：茅家琦《太平天国对外关系史》、王庆成《太平天国的历史和思想》等都是有分量的专著，王戎笙、龙盛运等合著的《太平天国运动史》，接受郭沫若的指导，在史书体裁上作了可贵的探索。以上这些著作，实际上是作者们几十年辛勤耕耘的结果。他们在马克思主义的指导下，坚持实事求是的历史主义态度，以对史料的考订、辨伪为基础，具体而切实的分析历史材料，对待农民起义及其领袖既注意不要拔高，也不要贬低，平实而有新意，起到了推进太平天国史研究的作用。它表明，太平天国史研究是中国近代史研究中一个颇为成熟的领域。戊戌变法史研究也有前进。汤志钧在这项研究中颇富劳绩。他的专著《戊戌变法史》，是积数十年研究心得而成的，代表了这个领域的研究水平。后起之秀潜心钻研，也发表了一些有影响的专著。孔祥吉不久前出版了《康有为变法奏议研究》一书，在发掘新史料的基础上，着力史料辨伪与考证，透过康有为上书，研究戊戌变法运动，积有心得，是一部值得注意的新作。义和团运动史的研究，近几年也较活跃，关于义和团源流的研究较前有了进展。廖一中等编著的《义和团运动史》，作为一本有分量的专著，填补了义和团运动史研究专著不足的缺陷。辛亥革命史的研究，是近些年中国近代史研究中最富成果的研究领域之一。就其

---

　　① 罗尔纲著《太平天国史》共 4 卷，已于 1991 年由中华书局出版。

研究规模、人才集结、出版论著各方面看，真可与太平天国史研究相媲美。在学术讨论会的组织和召集、青年研究人员的造就和表现以及研究的后劲等方面，太平天国史研究或者尚且不及。已出版的代表性著作有：章开沅、林增平主编的《辛亥革命史》三卷，金冲及、胡绳武编著的《辛亥革命史稿》两卷，① 李新主编的《中华民国史》第一编两册（辛亥革命前后）。这三部书总结了新中国建立以来辛亥革命史研究的有益成果，标志着我国辛亥革命史研究已经进入一个比较全面、系统和深入的阶段。隗瀛涛的《保路运动史》和贺觉非、冯天瑜的《辛亥武昌首义史》，则涉及辛亥革命中两个重要专题的研究。与此相联系的是对清末立宪派和立宪运动的研究，这个时期取得了不小的进展。关于立宪派从事的政治活动及其经济活动中体现出的政治倾向，关于资政院和各省咨议局的研究，关于立宪派与清政府、革命派的关系，关于立宪派的历史作用，都有不少论文发表。对立宪派的总体估价，较前有了突破，可能是这项研究中值得重视的进展。当然在立宪派研究的许多重大关节点上，人们还未达成共识。不同观点的争鸣还显得不够全面、充分。1981 年在长沙召开的纪念辛亥革命 70 周年学术讨论会，表明一大批训练有素的青年史学工作者进入辛亥革命史研究领域，成为这条战线上极有希望的研究力量。在这些领域外，关于鸦片战争、中法战争、甲午战争的研究无论在深度和广度方面，近几年都有了进步。

　　通过研究太平天国和义和团，可以看到农民阶级在近代史上表现了主力军的作用；通过研究戊戌变法、辛亥革命，可以看到资产阶级在近代史上表现了新生产力代表者的积极作用。这在我国近代史研究的传统上，是人们注目的重点。这是必要的，也是

---

① 金冲及、胡绳武编著的《辛亥革命史稿》共有 4 卷，1991 年全部出版。

应该的。缺点是，对统治阶级、地主阶级研究得不够，因此，呈现在人们面前的近代历史，就不是它的全貌。近些年对清末统治阶级、地主阶级的表现，北洋军阀的统治，已经展开了研究，并且取得了初步成绩。这是学者们对近代史研究进行总体反思的自然结果。但是，投入的力量还不够多，取得的成绩还不够大，研究工作显得比较零乱，似乎没有确立起引人注目的中心议题，表明这方面的研究的确刚刚起步，所有厚望尚待今后。

社会历史本来是多姿多彩、有血有肉的。以往的研究似乎抓住了骨头即本质关系，给人的印象是不够丰满，缺少血肉。这些年学者们在弥补这种不足方面作出了努力，开拓出了近代社会史的新领域。除了反映社会本质的阶级关系的政治史、经济史、军事史等研究外，加强近代社会史研究是很必要的。社会史中的有些方面可能与社会阶级关系有较密切关系，有的可能不那么密切（如社会习俗、语言变化等）。研究这些社会现象，对丰富人们的近代史知识，加深人们对社会本质的认识，不无助益。南京大学历史系、山西大学历史系都聚集了近代社会史方面的研究人才，成立了社会史研究室。关于近代人口研究，关于近代社会底层（如会党、土匪等）研究，关于近代社会习俗研究，关于近代农村社会结构研究，等等，都有学者致力。

近代史研究领域的扩大，新时期突出表现在中华民国史这一新的领域的开辟。一般认为，中华民国史起于 1911 年，止于 1949 年。在中华民国名义下活动过三个政府：南京临时政府、北洋政府和南京国民政府。除辛亥革命史（包括南京临时政府时期）研究较有基础外，其余部分的研究都较薄弱。50 年代的科学规划中，中华民国史研究虽定为项目，却从未组织实施。自 70 年代初近代史所开始着手此项工作，成立民国史研究专门机构，南京等地也成立起相应的研究机构，中华民国史的研究才引人注目。目前，各地有不少研究人员特别是青年研究人员正在拥向这块有待开辟的园地。

作为中国近代史后半段的中华民国史，应是中国历史中一部断代史，单从政治史的角度看，它至少应包括中华民国历届政府的统治和工人阶级（通过共产党）领导的人民群众反帝反封建的新民主主义革命两部分。目前的研究中，人们习惯于把后一部分划为中共党史或现代革命史，成为专门的研究领域，拥有众多的研究和教学人才。中华民国史的研究已全面展开，但重点尚在它的前期，近代史所民国史室编著的《中华民国史》已经出版了第一编、第二编，国民政府时期的各卷，正在积极编撰中。与已有著作比较，此书结构宏富，叙述深入细致，资料发掘较深，是一部在国内外有着广泛影响的中华民国通史。袁世凯统治时期是目前研究中较有成绩的领域。北洋军阀的社会经济基础问题，一向为学人所关注。近几年开始有学者转向此项研究，艰苦地收集资料，发表研究成果。皖系、直系和奉系对政权的争夺，目前尚无较好的专著问世。国民党新军阀间的战争，武汉国民政府历史、大革命史、抗日战争史、民国外交史、民国经济史等方面，都有专著。来新夏主编的《北洋军阀史稿》，张宪文主编的《中华民国史稿》，分别勾勒了北洋军阀和中华民国的兴亡史。对北洋军阀和中华民国史作总体的勾画，目前尚感条件不足，上述两书为此作出努力是有意义的。饶有兴味的现象是：人们有较多认识的南京临时政府及以武昌起义为标志建立起来的全国第一个与清政府相对立的省级革命政权湖北军政府，虽然资料已比较集中，却迄无专门的研究成果发布。南京临时政府和湖北军政府不是可有可无的历史现象，有理由期待：晚出的或者正是久经磨炼、精心结构的史学力作。综观中华民国史的研究，虽在民初一段历史有可观成绩，总起来看，这个领域目前尚处在收集资料的阶段，许多专题尚无人涉猎，大量成果的涌现当在对这一领域作了辛勤耕耘之后。

革命史或中共党史研究的繁荣，也是这个时期中国近代史开拓新领域的突出表现之一。革命史与现实生活有着广泛的密切联系，中国社会主义革命和四化建设的巨大成就及其在前进中的挫折，引发了人们回顾中国革命史的热情。许多学者特别是青年学者都把注意力放到革命史领域中来，是很自然的。粗略观察，这方面的出版物（主要是资料，加上研究著作和论文）较之民国史和近代前80年史，都要多。一般认为，五四运动是革命史的起点。五四运动的研究也较成熟。代表作可举出彭明的《五四运动史》。李新、陈铁健主编的《中国新民主主义革命史》①，是一部历史长编性系列著作，其第一卷《伟大的开端》早已出版。此书主要记述五四运动、中共建立及党领导的工人运动。综合性的革命史著作有中央党校党史教研室编著的《中国共产党史稿》，萧超然、沙建孙主编的《中国革命史稿》。革命史方面的专门著作很多，不备列。一般说来，革命史研究著作还处在历史长编性阶段，从科学性要求，这个领域的研究还要进一步深化，提高其成熟度。从宏观的角度加强把握，从微观的角度加强综合分析研究。同时要强调，研究人员的眼光不能仅仅盯住革命史，要把110年的中国近代史作为一个整体来考虑。

近代经济史的研究这几年有可观的成绩，单是专著就有聂保璋《中国买办资产阶级的发生》、黄逸峰等《旧中国的买办阶级》、张国辉《洋务运动与中国近代企业》、夏东元《晚清洋务运动研究》、彭泽益《十九世纪后半期的中国财政与经济》、汪敬虞《十九世纪西方资本主义对中国的经济侵略》、许涤新等

---

① 该书计划编写13卷，已大部出版。

主编的《中国资本主义发展史》、樊百川《中国轮船航运业的兴起》等多种。这些著作对我们了解旧中国在帝国主义侵略下经济发展的曲折，很有帮助。

近代中外关系史研究这几年也取得了可观的成绩。近代中外关系，本质上是侵略与被侵略的关系，研究帝国主义侵华史，一直放在中外关系史的首位。由于面临 20 世纪 60 年代以来中苏关系的特殊背景，中俄关系史的研究自 70 年代以来得到加强，出版了余绳武等集体编著的《沙俄侵华史》四卷、① 郭绳武等主编的《沙俄侵略中国西北边疆史》等几本专著，重点考察了沙俄分割中国领土、中俄边界的形成等问题。这方面的研究是很必要很有意义的。它不仅以科学的态度为建立中俄关系、中俄边疆史地学科奠定了坚实的基础，也站在爱国主义的立场上，为国家民族的利益作了严肃的抗争。但是中俄之间除了边界问题外，还有其他方面的内容。中俄关系的研究还有必要拓宽领域。除中俄关系外，近代中国还同英国、法国、德国、日本、美国、苏联等国家关系密切，可惜除中美、中俄关系有过一定研究外，中英、中日、中法、中德、中苏等关系都缺乏系统而深刻的科学研究。英国是近代中国对外关系中最为密切的国家之一，在帝国主义侵华过程中，相当长时间内英国是执牛耳者。可惜至今尚无一部系统的中英关系史或英国侵华史出版。香港收回谈判引起了学者们的注意，近几年来香港史的研究已提上了日程。② 中日两国一衣带水，历来关系密切。在近代，日本是唯一一个发动过两次大规模侵华战争的国家，其影响中国历史者至巨，至今却无一部全面系

---

① 第四卷于 1990 年出版。

② 中国社会科学院近代史研究所专门成立了香港史课题组，1994、1995 年分别在香港、北京出版了余绳武主编的《十九世纪的香港》和《20 世纪的香港》等著作。

统的日本侵华史出版。① 中苏关系对近代中国后期关系极大，至今并无系统研究。近代史所设立了中苏国家关系史课题组，人们期望这方面的研究人员克服困难，发扬中俄关系史研究中形成的严肃学风，为中苏关系史的研究作出新贡献。至于中法、中德关系史几乎还未组织系统研究。中国的周边国家除俄国（苏联）外，与中国的关系史，也几乎无人着手。以上情况，是值得近代史研究者反省的。中美关系史的研究近几年取得了不少前进。研究对象的时间从以往集中在辛亥革命以前，转移到本世纪 30—50 年代。1983 年在北京成立了以丁名楠为首的中美关系史丛书编辑委员会，在这个领域的研究中，起到了组织和促进的作用。资中筠的专著《美国对华政策的缘起和发展（1945—1950）》，颇受学者重视。在综合性的研究方面，近几年出版了丁名楠等撰写的《帝国主义侵华史》第二卷，此书距它的第一卷出版长达 28 年，是学者们呕心沥血之作，出版后立即受到好评。

中国近代文化史是近些年才提上日程的近代史分支学科。一支文化史的研究力量刚刚集结起来。近代文化史究竟以什么为研究对象，至今尚在争论，难以形成一个科学的、明确的界定。看来需要组织力量对近代中国的重要文化现象展开一些个案研究，然后在马克思主义的指导下作出科学的综合概括，以期尽早形成独立的中国近代文化史学科。龚书铎、李侃主编的中国近代文化史丛书以及近代史所文化史室与复旦大学历史系合作编辑的《中国文化》集刊，试图在这方面作出探索。丁守和主编的《辛亥革命时期期刊介绍》（五册），在近代文化史学科的建设方面，做了有意义的工作。

---

① 中国社会科学院近代史研究所张振鹍、沈予主编的《日本侵华七十年史》已于 1991 年出版。

近代军事史研究，十年来也有不少进步。军事科学院主编的《中国近代战争史》（三册）是较有分量的近代前80年军事史专门著作。龙盛运的《湘军史稿》已交付出版。[①] 此书虽然不可避免地要论述湘军的战争活动，但该书的特点，是从政治史的角度，来描述湘军的发展。作者爬梳史料极为辛勤，是新中国建立后湘军史研究上最好的专门著作。

历史人物的研究最为引人注目。近几年关于近代史人物研究成为一个热门话题。收获也极丰富。以传记、评传一类形式（年谱除外）出现的人物研究方面的专著，200页以上的达一百数十部，200页以下的也差不多有同样的数目。近几年出版的人物传记，传主大多是三方面的历史人物：中共重要领导人、国民党重要领导人、文学艺术教育界知名知识分子。也可能存在这样一种倾向，越是所谓反面人物传记，越能得到出版机会。读者反映，几个最著名的人物传记，都还缺乏坚实的研究基础。有的学者认为，传记写作存在某种一窝蜂现象。克服的办法，当然不是禁止人物传记的研究与写作，而是要把它建立在坚实的研究基础上。新近出版的由金冲及担任主编的《周恩来传（1898—1949）》，是人物传记的最新著作，受到学者们广泛的注意和各界人士的好评。这本传记建立在对大量史料（书中引用的档案几乎都是第一次公布）进行研究的基础上，本着实事求是的历史主义态度，记述了传主在新民主主义革命的过程中，长期坚韧探索的足迹。真实可信，弥足珍贵，诚为党史、革命史方面的良史之作。此外，有几部人物研究的作品，读者反映是不错的：李宗一的《袁世凯传》、杨国桢的《林则徐传》、耿云志的《胡适研究论稿》、朱东安的《曾国藩传》、姜义华的《章太炎思想研

---

① 该书已于1990年出版。

究》、章开沅的《开拓者的足迹——张謇传稿》、汪敬虞的《赫
德与近代中西关系》、陈铁健的《瞿秋白传》等。在众多的人物
研究中，以孙中山和鲁迅的研究最为突出，已发表的研究著作各
在十部以上。以孙中山为例，全国成立了以胡绳、刘大年为正副
会长，金冲及为秘书长的阵容强大的孙中山研究会，大力推进对
孙中山及其时代的研究。除专著外，研究孙中山的文章不下六七
百篇之多，涉及孙中山的革命业绩、他的政治思想和哲学思想、
他与他所代表的阶级及其生活的时代，他与封建统治阶级、军
阀、帝国主义的关系，总之，从不同角度探讨了孙中山对中国近
代史的贡献及其影响。孙中山研究是近代历史人物中最有特色、
开拓面最宽、成果最多的一个领域。

新时期近代史研究的一个重要特色是学术讨论中百家争鸣的
开展。近代史研究中差不多所有重要问题都存在争论，诸如对鸦
片战争前清政府实行"闭关政策"的评价、对鸦片战争中统治
集团内部分歧、对太平天国农民革命战争的历史作用及其政权的
性质、对洋务运动的性质和作用、对戊戌变法的性质和作用、对
义和团运动的性质和作用、对立宪派及其历史作用的估价、对资
产阶级的形成及其阶层划分、对立宪派和革命派在辛亥革命中的
作用、对孙中山在护法运动中的作用、对五四运动的评价、对传
统文化的态度、对抗日战争中正面战场作用的估价和抗日主动权
的认识、对民国时期改订新约的评价、对国民政府的财政经济政
策、对新民主主义革命基本思想的形成、对中国革命与共产国际
的关系、对国共合作的领导权问题，等等，都有不同看法；对近
代史研究中若干理论问题如中国近代史发展的基本线索、中国近
代社会性质、近代史研究的指导思想等，见解也不一致。

中国近代史发展的基本线索和洋务运动的性质的争论，是这
几年争论最激烈、持续久、牵涉面宽而分歧明显的两个问题。关

于近代史的基本线索，一派意见（以李时岳、胡滨为代表）把农民战争、洋务运动、维新运动和资产阶级革命作为近代中国的进步潮流，是中国近代史的基本线索，其根据是：向西方学习，发展资本主义，是中国近代史前期争取独立和谋求进步的根本道路。另一派（以胡绳为代表）不同意按照洋务运动—戊戌维新—辛亥革命的线索来论述这个时期的历史进步潮流，认为这三者之间在政治上并无必然的继承关系，其性质是大不相同的。考虑中国近代史的发展线索，应制约于中国是半殖民地半封建社会及中国人民反帝反封建这一中心任务，因而认为毛泽东所说"帝国主义和中国封建主义结合，把中国变成半殖民地和殖民地的过程，也就是中国人民反抗帝国主义及其走狗的过程"，正确地概括了中国近代史的基本线索，简约一点，也可概括为太平天国—戊戌变法、义和团—辛亥革命的公式。这一派并不轻视中国近代史上发展资本主义的重要性，但认为只有人民大众反帝反封建的民主革命，才是中国争取民族独立和谋求人民解放的正确道路，这个革命不胜利，资本主义成为中国人民的生产力是不可能的。第三派（以章开沅为代表）从民族运动的角度来阐明中国近代史的基本线索，对上两派的观点都有所批评，但又认为毛泽东所说"两个过程"是客观存在的历史实际，是中国近代史全过程的主干，应被理解为中国近代史的基本线索。由此可见，第三派的基本观点与第二派是基本相合的。

由中国近代史基本线索的不同理解中可以看出，关于洋务运动的分歧是一个关键。洋务运动是近几年争论最为热烈的议题，大体上有三派主要观点。一派认为洋务运动是帝国主义和封建主义相结合的产物，是统治阶级为挽救自身危亡而发起的自救运动，它对促使中国资本主义发生方面客观上有进步作用，但对社会生产力的发展主要起了阻碍作用。在帝国主义和封建主义的统治下，它不可能使中国走向独立的资本主义社会，因而不能认为它是近代中国进步运动和进步潮流的开端。另一派是近几年兴起的，他们把是否促进社会生产力的发展作为评价洋务运动的标准，认为洋务运动是封建势力和外国侵略者之间矛盾的产物，主要目的是抵制外国对中国的政治经济侵略，它是地主阶级向西方学习的运动，是带有资本主义倾向的地主阶级改革运动，延缓了而不是加速了中国半殖民地化的过程，因而是中国近代史上一次进步运动，其主要历史作用是积极的。第三派对上两派有所批评，既不同意它是进步的运动，也不同意它是反动的运动。这一派认为洋务运动符合中国资本主义发展的客观要求，在19世纪70年代中期就具有了"御侮"的性质并促进了中国资本主义的发展，是顺应了历史潮流的，只是到了八九十年代以后，由于中国民族资产阶级的形成和资产阶级改良思想的逐步成熟，洋务思想和洋务派才失去积极意义，而成为反动的东西。看起来，对洋务运动的争论今后还要继续下去。要提高洋务运动研究水平，还要作出新的努力。第一，加强马克思主义的学习，切实地以历史唯物主义原理作为研究的指导思想；第二，切实地把握中国国情，真正从半殖民地半封建社会的国情出发研究近代中国的政治经济运动，研究在这一国情下，资本主义发生、发展的政治经济意义；第三，认真研究洋务运动时期各主要企业的发展状况，并观察它对政局的影响，从而判定这一运动的实际政治经济意义；第四，真正开展百家争鸣，在相互切磋和驳议中求同存异，推动研究的前进。1988年12月，李时岳、胡滨发表了他们研究洋务运动史的新著作。该书副题为《晚清"洋务"热透视》，正题署《从闭关到开放》。不按照研究者的本意揭出洋务运动的书名，大约是反映了出版发行方面的困扰，这十足以令人同情。但"从闭关到开放"，是否能准确概括洋务运动史的基本特点，尚可值得研究。此书与张国辉《洋务运动与中国近代企业》、夏东元《晚清洋务运动研究》恰好标志了洋务运动史争鸣中三种不同观点。这就为进一步争论和研究提供了良好的基础。如有大手笔者出，在马克思主义指导下采各家之长，弃各家之短，冷静商榷，从容挥洒，当可为此项研究推波助澜，达到一个更新的境界。

最后，还要说到近代史资料的建设对中国近代史研究的极端重要作用。马克思主义历史学对史料的重视，绝不下于考据学和资产阶级史学，这是无疑义的。新中国建立以来，对近代史史料建设的重视，是值得称道的。作为对中国近代史研究的提倡，新中国建立之初，以郭沫若、吴玉章、范文澜为正副会长的中国史学会一成立，就把主编《中国近代史资料丛刊》的工作确定下来，并组成了以徐特立、范文澜、翦伯赞、陈垣、郑振铎、向达、胡绳、吕振羽、华岗、邵循正、白寿彝为成员的总编辑委员会。以无产阶级革命家徐特立为首，由马克思主义史学家为主并有当时最著名的历史学者组成的这个总编辑委员会，是迄今为止最高规格的历史资料编辑指导机构，反映了党和国家对中国近代史研究的重视。在这个总编委指导下，先后陆续出版了由各方面的专家主持编辑的近代史系列资料：《义和团》（4 册，1951 年）、《太平天国》（8 册，1952 年）、《回民起义》（4 册，1952 年）、《捻军》（6 册，1953 年）、《戊戌变法》（4 册，1953 年）、《鸦片战争》（6 册，1954 年）、《中法战争》（7 册，1955 年）、《中日战争》（7 册，1956 年）、《辛亥革命》（8 册，1957 年）、《洋务运动》（8 册，1961 年），到 1979 年，《第二次鸦片战争》6 册也出版了。《北洋军阀》

卷的资料编辑工作，业已陆续就绪。① 这一套近代史资料丛刊68 巨册的出版，为开展中国近代史研究打下了良好的资料基础，使一代一代海内外中国近代史研究者从中受惠，至今仍保有其利用价值。与编辑近代史资料丛刊的同时，近代史所主办的《近代史资料》也于 1954 年创刊。该刊专门发表公私收藏的各种有价值的近代史料，荣孟源、聂崇岐长期为此耗费心血，除"文化大革命"十年停刊外，已出版 70 多期，始终受到近代史研究者的欢迎。

全国政协和各省市政协还出版了各自的《文史资料》，刊印自戊戌变法以来各次历史事件的亲历者们的手稿、回忆，特别受人重视。各出版机构大量出版了档案资料、海关史料、经济史料、名人文集、日记手札、函电、回忆录，影印了近代报刊，翻译了外国出版的与中国有关的档案文件和私人著述，以及编写了历表、年表、目录索引、近代期刊介绍、辞典、历史地图，等等，其总数大大超过同时出版的论著。粗略统计，1977 年以前超过 300 种，1978 年以后约有一千数百种。其中大量涉及中华民国史、新民主主义革命史或中共党史的史料。这从一个侧面预示着这几个领域将要出现研究的热潮。

近代史料汗牛充栋，今后还要有重点地出版涉及政治、经济、军事、文化及社会生活各方面的史料，尤其要加强重要档案史料的出版，注意收集在海外的各种近代史料，提高史料的编辑水平，加强辨伪和考订工作，提供真实可靠的史料，为进一步开展近代史研究工作打下扎实的基础。

海峡两岸近代史学者迫切希望利用对方所收藏档案及各种史

---

① 该书 6 册，中国社会科学院近代史研究所近代史资料编辑室编辑，已于 1990 年出版。另由该室编辑的《抗日战争》7 卷 11 册，也已于 1997 年 7 月出版。

料。大陆出版的各种史料，台湾学者门的著述中常加引用。台湾出版的各种史料，大陆学者也获得了相应的方便。大陆的民国史学者正期待台湾"大溪档案"的开发和出版。他们相信，这批档案材料将对民国史、国民党史研究带来重大帮助。①

　　回顾40年来的中国近代史研究，硕果累累，人才辈出，毋庸置疑。对于这样一个年轻的学科来说，在马克思主义理论的指导下，培养造就新的研究人才，加强研究者的使命感和社会责任感；在研究工作中提倡扎实功夫和创新精神，认真开展百家争鸣；在完善中国近代史的科学体系、提高近代史研究水平的时候，开拓新的研究领域，写出更多更好的近代史学著作，为社会主义精神文明建设作出贡献，还有许多工作要做。

　　依我的浅见，提出如下几点：

　　第一、明确中国近代史的分期。中国近代史研究，从20世纪50年代起，我们就分为中国近代史（1840—1919）和中国现代史（1919—1949）两个时期（当然这也是沿用新中国建立以前的说法），现在大学的讲堂里还是这样分别讲授的。我以为，这样的分法，对历史认识和学科建设，都没有好处。新中国建立已近半个世纪，再过几年，我们就要进入21世纪。对于1949年前溯至1840年那一段中国历史，我们现在是看得更清楚了，我们应该有更好的认识和解说。总起来说，我认为应该将1840—1949年的中国历史打通来研究，这不论对于中国近代史还是中国现代史（1949年以后），不论对于中国革命史还是中共党史的研究，都会有好处，在大学课堂里也应打通来讲授。不要再人为地以1919年作为中国近现代史的分界。

---

　　① 据我所知，已有大陆学者利用过这批档案。中国社会科学院近代史研究所杨天石、曾业英两研究员曾于1996年、1997年赴台查阅"大溪档案"。

　　中国近代史要回答什么？它要回答：中国如何在外国资本主义、帝国主义侵略下走上半殖民地半封建道路的，半殖民地半封建的中国较之封建中国有什么不同，外国侵略给中国社会怎样的打击，又给中国社会带来什么新的东西，中国社会在这样的冲击下怎样形成了区别于封建中国的社会阶级力量，这样新的社会阶级力量又如何决定了近代中国社会的发展方向，还要研究，这些新的社会阶级力量怎样同帝国主义、同封建主义作斗争，去争取中国的民族独立，去准备中国现代化的起步条件的。从半殖民地半封建中国 110 年长程历史来考察，近代中国历史到了 20 世纪初（大约在 1901—1915 年），可以说是半殖民地半封建社会沉沦到谷底的时期。1901 年是《辛丑条约》的签订，1915 年是日本向中国提出二十一条、袁世凯称帝以及陈独秀创办《新青年》。这些重大事件，大大刺激了中国社会成长中的新的社会阶级力量，促进了他们的觉醒，促进了整个中华民族的觉醒。从此以后，中国社会内部的发展开始呈现上升趋势，新文化运动的发展和五四反帝爱国运动的爆发是这一上升趋势的明确表征。此后，资产阶级及其政治代表的力量，无产阶级及其政治代表的力量迅速成长并终于先后取代旧势力，成为主导社会发展的力量。中国近代史不停止在 1919 年，而是打通来看，1840—1949 年的历史发展，就更加清晰可见了。

　　第二、加强中国近代史研究的交流。我们要用百家争鸣的精神和方法，积极开展中国近代史研究的交流，拓宽研究视野，吸收新的研究方法，推进中国近代史学科的建设。近代中国历史是自 1840 年起逐渐走向半殖民地半封建社会的历史，也是中国人民从旧民主主义革命走向新民主主义革命并最终赢得民族解放的历史；从另一个意义说，是世界主动走向中国，中国被迫走向世界的历史，或者说，中国是在这个过程中，痛苦地、艰难地走向近代化的历史。这110年历史变化的深度、广度、剧烈程度及其给中国未来发展所带来的推动力，恐怕为中国五千年历史变化所仅见。研究这种变化的历史，研究中国和世界主要国家间的关系，研究中国和周边国家间的关系，不仅对于学科建设有好处，而且对于我们正确认识国情，认识中国历史发展规律有好处，对于我们处理当代复杂的现实关系有参考、借鉴意义。处理像近代中国历史这样复杂的课题，学术界有不同的认识是很正常的。积多年学术研究的经验教训，我们不要轻易地将学术观点与政治观点等同起来，不要随意说某人的观点"右"，某人的观点"左"。解决学术观点之间的差异与冲突，只有靠百家争鸣的办法。当然，照我理解，百家争鸣不应该是想怎么鸣就怎么鸣。还是要强调，一是要充分占有史料，一是要充分了解前人观点，一是要作深入细致的研究。在这个基础上鸣，就不会无的放矢了。只有严肃地对待争鸣，才能加深对历史问题的了解与认识。这就是说，不仅理解历史需要争鸣，就是弄清基本历史事实也需要争鸣。中国近代史领域已经争论或者正在争论的许多问题，都可以放在110年的历史过程里加深争鸣、加深认识。如果在争鸣或研究中，能运用马克思主义的基本思想和方法，我们对中国近代史的研究可能更有成就一些。

　　积极关注学术交流，参加百家争鸣，也要努力在学术争鸣中坚持中国近代史研究的正确方向。中国近代史研究的方向问题，不仅关乎近代史研究本身，也直接关乎对现实社会的理解。所以，重视近代史研究的方向，不仅仅是书斋中的事。20世纪70年代末以来，中国近代史学科各领域的研究都很活跃，新观点层见叠出，许多领域的研究都出现了新进展，成果丰硕，收获喜人。随着改革开放，大门打开，海外各种学术观点大量涌入，这对于学者们开阔眼界、启发思维、解放思想，深入研究、重新认识中国近代历史中的许多问题是有好处的，同时对我们是否能在这种环境中坚持马克思主义历史学是一个考验。

中国近代史与中国现代的政治社会生活紧密相连，对于今天来说，它是我们的昨天。因此，中国近代史的研究，要注意科学性和革命性的结合。如果不注意这种结合，孤立地看待某一历史事件，就可能得出错误的结论。帝国主义侵略中国，是近代中国特有的现象，如果只看到外国资本主义国家给中国带来的多少个"第一"，就可能夸张资本主义列强给中国带来的进步作用，进一步就可能赞美帝国主义对中国的侵略。如果只从表面上看晚清政府或国民党政府在社会政治生活中做的某些事情，也可以得出那是一个很好的政府的结论。如果只看到近代中国历史上发生的若干次革命所留下的消极影响，就可能大声疾呼告别革命。如果收集中共历史上犯"左"倾错误时所产生的某些阴暗面，也可以把中共形容得一无是处。假设以上几个方面的看法都能成立，那中国近代史就完全不是人们所知道的那个样子了。在这些方面，如果我们头脑不清醒，我们的研究工作就可能远离历史真实，不仅对于学科建设毫无建树，而且可能在政治上留下不好的影响。

第三、拓宽研究领域。40年来，中国近代史研究领域随着时间的推移，不断有所扩大，这是研究工作本身的规律所决定的。现在如果再用三个高潮、八大事件，就很难概括中国近代史研究的范围了。在中国近代史研究中，政治史、经济史、军事史、中外关系史、社会史、文化思想史、近代史学理论诸多方面的研究，都有前进。近些年，尤其是中华民国史、抗日战争史、政党史、社会史、思想文化史的研究更有长足进步。学者们的研究兴趣，大多已向1919年以后的历史转移。政治史、经济史、中外关系史等传统学科的研究仍要加强。一个社会是由诸多政治、经济、文化等现象组成的。经济发展程度是社会前进的尺度，政治表现在社会前进中起着指标的作用。现在有些青年研究者对思想文化史研究有兴趣，对政治史的研究缺少热情。加强与加深思想文化史研究是有意义的，忽视政治史研究却没有必要的理由。政治史研究的深度和广度如何，对其他的研究领域起着制约的作用。经济史研究的深度和广度如何，对解释社会的发展方向有着深刻的含义。有志于推进中国近代史研究的年轻朋友，应当投身于政治史和经济史研究，要决心下大力气，取得成就。同时注意避免目前存在着的大量的低水平重复研究的情况。

　　近百年的中国近代史是我国历史上一段极为重要的时期。屈辱与苦难，奋斗与牺牲，构成了丰富与斑斓的历史画面。中国近代史研究的任务，是要厘清近代中国历史发展的基本事实，探索其发展规律，在此基础上，重现近代中国丰富与斑斓的历史画面。这样的研究与重现并不断加深认识的过程，就能够为我国人民探索有中国特色的社会主义道路提供有说服力的历史根据，为提高我国人民的文化素质及其爱国主义教育的水准，加强他们对国家、民族、社会主义道路的信仰力和凝聚力，发挥积极的作用。这样，中国近代史研究，就不只是在书斋中讨生活，而且是在对社会、对人民贡献心力了。对中国近代史研究的前景应抱有乐观的态度，"史学危机"云云，是站不住脚的。

关于中国近代历史发展规律的
认识和对若干史实的解说[*]

　　海峡两岸的历史学家致力于中国近代史的研究，已经有差不多半个世纪了。发表论文和各种著述汗牛充栋。这种研究推动了两岸历史学的发展，增进了学人和一般读者对中国近代史的了解。这是有目共睹的。海峡两岸历史学家对中国近代史的内涵不能说完全一致，但大体上是差不太多的，可以说，海峡两岸历史学者所面对的大体上是一个共同的研究对象。对于一个共同的历史进程，两岸学者对其中某些具体历史事实的研究，在资料大体上齐备的情况下，可能不乏共识，也可能存在着不同的描绘；在比较宏观的研究上，或者虽然不太宏观，但存在价值判断或是非评论的时候，则往往出现彼亦一是非，此亦一是非的认识，难以取得共识或互补。这种情况，也是很明显的，不容回避。

　　对中国近代史的内涵，虽然两岸认识大体上差不多，实际上也存在差异。当我们笼统地说中国近现代史的时候，模糊一点

　　* 原载台北《历史月刊》，1998 年 2 月号。收入《追求集》。爱龙网 www. ailong. com2005 年第 4 期总第 38 期转载。

说，两岸学者的看法可能是差不多的。如果具体到中国近代史、中国现代史，排除两岸学者内部各自的分歧不说，两岸间的认识可能就不一致了。海峡西岸的学者认为，从 1840 年鸦片战争开始至 1949 年中华人民共和国成立是中国历史中的近代史阶段，1949 年后是现代史阶段；较早的看法稍有不同，认为五四运动起为中国的现代史阶段。海峡东岸的学者则认为 1912 年中华民国建立便是中国现代史阶段。历史年代的划分，是历史学者必须注意的，究应如何划分，就有各自的理由和标准。比如，敝研究所从 70 年代初开始着手编纂《中华民国史》，引起台湾学者的震动，于是继起效尤，所编之书名《中华民国建国史》。名称的不同，缘自各自的理念和标准不同。所谓理念和标准不同，是指各自政治理念的差异及由此产生的学术标准的相左。更深一层说，就涉及意识形态，涉及历史观了。

说到史观，大陆多数史家都主张在历史研究中要应用唯物史观。说起唯物史观，这是最为台湾学者所诟病的，他们认为唯物史观是教条。世界上任何一个史家，要想研究和说明历史上的某个重大问题，总会秉持某种史观，这是不待证明的。我们所以主张唯物史观，不是因为它是教条，是八股，而是因为它能告诉我们一种方法，一条路径，使我们能更有效地处理纷繁复杂的历史问题，使我们能更好地洞察历史发展的方向。当然，应该指出，学习和应用唯物史观也有一个态度问题。在某种政治气氛下，有的历史学者在历史研究中运用唯物史观存在着教条和八股现象，他们不是从方法论的高度去领会唯物史观的精神实质，而是拿着马列的某些个别词句，到处贴标签。这不是一种正确的态度。这种情况在学习唯物史观的过程中，本是应该力求避免的。不幸在"文化大革命"中达到登峰造极的程度。这种情况，在"文化大革命"结束以后，随着国家社会政治生活的转变，历史学界也在努力纠正它。

唯物史观是人们对历史认识的一种最一般的观念，它并不是那么神秘而不可理喻。通俗地说，唯物史观认为，有史以来的人类历史，是客观存在的，不是主观形态的；历史现象虽然千姿百态、纷繁复杂，却不是虚无缥缈的，人们虽然不能像自然科学那样在实验室里重复制造历史过程，但在掌握了尽可能多的历史资料以后，是可以对过往的历史过程加以描述、加以认识，并获得对往史的较为近真的影像的；历史现象虽乱如丝麻，确是可以理出头绪的，并且显示了一种由低级到高级的发展过程，人们从茹毛饮血到今天享受现代化的信息公路，很自然地说明了这个过程的一个重要方面，而马克思、恩格斯指出的五种社会发展形态，则是对这一过程的最一般的描绘；人类的经济生活是社会生存的基本方式，社会依生产力的发展、前进而发展、前进，生产力和生产关系的矛盾运动推动着社会的前进，决定着人们依赖其中的社会政治、经济、阶级关系和文化从属的基本面貌；物质生产和精神生产是社会运行的主要内容，物质生产的状况决定了精神生产的状况，劳动者是物质生产的主体，是决定历史前进方向的终极力量；人们（包括劳动群众和社会精英）创造了一定的历史环境，一定的历史环境反过来又决定了生活其中的人们的面貌。我想，这就是唯物史观告诉我们的基本东西。它所概括出来的人类社会发展的基本规律虽未穷尽真理，却指示了社会发展的一般方向及其未来。同时也应该说，它只是提出了社会发展的一般方向和未来走向，丝毫没有给出各地区各国家历史发展的具体方向。各地区各国家的社会历史发展还要靠那里的历史学家去研究去总结。

唯物史观是一种方法、一种工具。用这种方法、这种工具，或用别种方法、工具，去观察中国近代史，虽然面对着同一个研究对象，研究结论可能不完全一样。这是海峡两岸历史学者对中国近代史认识差异的重要原因。

联系到中国近代史，大陆学者一般认为，英国发动的侵略中国的鸦片战争是一个起点，此后，英、法、美、俄、德、日、意等世界强权先后参与或者发动对中国的侵略，中国在列强的武力压迫之下"门户开放"，主权沦丧，外国人在中国自由出入，可以任便在中国经商、办厂、办学和传教，路矿利权严重外溢，中国的内河和领海失去屏障，从北京到秦皇岛的出海口等 12 处地方由外国驻兵，大片土地被割让，十多个城市设有外国的租界，还有旅大、威海、胶州湾、香港新界、广州湾以及澳门等外国的租借地，全国几乎都被外国划分为势力范围。如此主权国家，其何以堪？有识之士，能无抚膺！19 世纪六七十年代以来，忧国忧民者常常为此发出呼吁。三元里抗英、广州反入城斗争、太平天国的反对外国侵略、各地绵延不断的反洋教以至北方爆发著名的义和团爱国运动、1905 年抵制美货运动、由抗议巴黎和会处理山东问题不公引发的五四反帝爱国运动、上海五卅运动、省港大罢工、收回汉口九江英租界，以及大革命时期响彻全国的"打倒列强"的呼声，在在说明反帝斗争在近代中国历史上有着广泛的群众基础。卢沟桥事变发生、日本全面侵华以后，国民政府主持了全国的抗日战争，也赢得了全国各政党包括中国共产党和全国人民群众的支持。谴责帝国主义侵华，正面评价中国人民、政府的反帝斗争，是研究中国近代史的学者必须面对的严肃课题。研究这个课题，很可能是两岸学者较少有原则分歧的地方。

帝国主义侵华引起了中国社会性质的变化。关于近代中国社会性质，本世纪二三十年代之间中国学界曾爆发热烈的争鸣。经过思想理论界的反复讨论，学界相当多人士赞成近代中国是半殖民地半封建社会。中共中央于 1929 年 2 月在自己的一份文件中采纳了这个概念。30 年代末中共中央、毛泽东在分析中国国情时，就是依据这个概念来立论。对近代中国社会性质的体认，是确立中国革命的任务、革命的对象、革命的前途的基本出发点。对这一点，台湾的学者指斥其非，是不遗余力的。本文限于篇幅，不可能展开讨论。仅指出，采纳这个概念，对认识近代中国历史是至为重要的。我们往往强调近代中国的反帝反封建斗争，就是以对近代中国社会性质的这个认识为依据的。

如果说对帝国主义侵华这一史实两岸学者尚无大的原则分歧，那么，对于近代中国的反帝，可能认识就不尽一致了。仅举一例。张玉法教授在一篇书评中说："不可否认的，近代以来帝国主义对中国的侵略非常严重。到八国联军之后始趋缓和，缓和的原因，一般的解释归于门户开放政策，该书则归于义和团的阻赫。义和团式的排外，实是无可鼓励的。"① 八国联军之役后，帝国主义对中国的侵略是否缓和了，尚待讨论。此处仅就义和团立言。1900 年弥漫于华北、京津地区的义和团运动，彼岸学人往往因袭旧时学人的看法，指义和团为"拳匪"，为笼统排外，轻易加以否定。义和团起自乡间，本是农民自发组织的一种比较散漫的组织形态，因外国势力深入穷乡僻壤，更因民教纠纷，衙府庇护教民，损及农民利益，于是揭竿而起，号称"扶清灭洋"，后得官府支持，进入京津。他们以血肉之躯，敢于面对八国联军的武装剿灭，虽然失败是难以避免的，但他们身上所体现的中华民族反抗外敌侵略的民族精神是值得称颂的。他们的"排外"，是中国人民的反帝斗争的初级形态，其缺点当然是明显的，但他们在帝国主义面前发挥了中国人民的民气，使得八国

---

① 张玉法评章开沅、林增平主编《辛亥革命史》，载《中国现代史书评选辑》（一），第 155 页，台北，1991 年再版。

联军统帅、德国人瓦德西也不能不慨叹欧洲人无此脑力和物力统治中国，"瓜分中国实为下策"。义和团失败以后，国内多有骂义和团为"团匪"、"拳匪"者，但有识之士已经看出了义和团的功绩。1901 年在日本横滨出版的中国留学生刊物《开智录》发表文章，称颂"义和团此举，实为中国民气之代表"①。1924 年孙中山在广州演说"三民主义"，也称颂义和团："其勇锐之气，殊不可当，真是令人惊奇佩服。所以经过那次血战之后，外国人才知道，中国还有民族思想，这种民族是不可消灭的。"②

与此相反，此岸学者认为历届政府颟顸、腐败，对于造成中国的落后是有责任的，尤其对于统治者对外敌的侵略不能组织有力的抵抗，面对强敌，俯首乞和，造成近代中国屈辱悲惨的历史，是应该受到谴责的。1840 年的鸦片战争、1856 年的英法联军之役、1864 年俄国出兵占领新疆伊犁地区、1884 年的中法战争、1894 年的甲午战争、1900 年的八国联军之役及俄军占领东北地区、1904 年的日俄战争和英国侵藏战争、1914 年日本出兵山东、1931 年日本发动九一八事变，等等，此荦荦大者，都是政府不能组织有力抵抗造成割地赔款、主权沦丧的著名例子。中法战争不败而败、胜而求和；甲午战争实行"避战保船"，等于解除北洋舰队的武装，不仅拱手出让制海权，而且拱手出卖了北洋舰队，这两次战争的失败，李鸿章都不能辞其咎。至于九一八事变，明示不抵抗，更遭到国人批评。有人以外敌强大、中国落后为词，提出抵抗不是上策，求和才是出路的主张，是站不住的。须知，近代中国所面对的国际形势，就是资本主义列强先

---

① 《义和团有功于中国说》，见张枬、王忍之编《辛亥革命前十年间时论选集》第 1 卷上册，三联书店 1978 年版，第 62 页。

② 《民权主义·第五讲》，见中国社会科学院近代史研究所等合编《孙中山全集》第 9 卷，中华书局 1986 年版，第 315—316 页。

进，中国落后，列强与中国的关系是侵略与被侵略的关系。对列强侵略不抵抗，一味求和，出路只能是从半殖民地滑向殖民地，沦为附属国。中国恰恰是因为抵抗了，才免于成为殖民地国家的。正确的做法，是一面研究自己落后的原因及落后之所在，努力学习、借鉴西方的长处，以自强立国，同时发扬民气，对外敌侵略组织有力地抵抗。可惜，近代中国政府对此缺乏因应之道，使偌大中国总是落到一个落后挨打的地步，令后人读史至此，不胜扼腕。

为什么总是批评政府？不是说政府一点好事都没有做，而是说每当面临国家、民族巨大变局时，政府不是站在国家、民族以及绝大多数人民利益的立场上作出因应，而是从政府或政府负责人的利益与好恶出发。这里或许要说到上面提到的反帝反封建中的反封建了。所谓封建，不是指我国古代周天子分封建国的"封建"，而是五种社会形态说中封建社会的"封建"。此一封建，不过是在翻译时借用了古时的现有词汇"封建"罢了。所谓封建社会，我理解指的是建立在地主土地所有制以及小家庭式农耕文化基础上的君主专制制度。在外国侵入，中国社会演变为半殖民地半封建社会后，以地主土地所有制为基础的封建专制制度并无实质上的改变。这种制度处事每以皇帝一家一姓的利益为转移，而不顾及国家、民族和人民群众的利益。例如，太平天国起义，适逢英法联军之役，清政府宁愿割地赔款，不愿对农民起义让步，结果，"借师助剿"，湘淮军和常胜军合作，把太平天国镇压下去。甲午之役，适逢慈禧太后花甲之寿，竟公然不顾外敌侵入这等大事，不集中国力对付战争，反而把建设北洋舰队的经费挪用来修建颐和园，以供花甲庆典之欢。这样的政府，不改革怎么能受人民欢迎呢！

政府确曾考虑过改革。如咸同年间的洋务运动（当时称自强新政）、光绪皇帝主持的戊戌变法、慈禧在《辛丑条约》签订以后实施的新政，等等，都未能成功。洋务运动是在面对"船坚炮利"的外国侵略以后，由在中央和地方的若干大员发起的。他们不知道如何去革新政治，只想学习西洋如何造船造炮，以为这样就"可以剿髪、捻，可以勤远略"①。奕诉为发动自强运动给皇帝呈送的奏折，也说，英、俄不过是"肘腋之患"，只有髪、捻才是"心腹之患"。可见，发动洋务"自强"，不是出发于国家之"自强"，而是出发于政府之"自强"。强化军事机器，对内是根本目的。所谓"勤远略"，不过是在奏折上说说罢了。因为在事实上，军事工业发展以后，未能在"勤远略"上发挥作用。1884 年的中法战争，1894 年的甲午战争，都以失败而告终。福建马尾造船厂被法舰摧毁，北洋舰队最后在它的威海卫基地对日投降。历史学家把甲午战争作为洋务运动失败的标志，是不无道理的。这样说，并不是要把洋务运动时期发展起来的若干近代工业一笔抹杀，只是说清政府未能尽到自己的责任。如果拿差不多同时的日本明治维新作比较，这个问题就看得更清楚了。明治政府举国一致、从上到下支持维新事业，政府出钱出力支持民间办西洋工业，不过 30 年就打下了打胜一场对华战争的基础。清政府只是洋务派在操办，顽固派却一片反对之声，慈禧太后正好玩弄权术，居间驾驭，朝廷并没有表示支持洋务运动的明确意向。

　　洋务运动引起民间质疑，批评之声颇多。改良派思想家批评它徒袭西艺之皮毛，未得西艺之要领。于是，康、梁领衔，在光绪皇帝支持下，发动戊戌变法，百日之内，政治、经济、军事、

---

① 曾国藩：《复陈购买外洋船炮折》，《曾文正公全集》奏稿，第 14 卷，第 11 页。

法律、学校教育诸方面的诏谕，像雪片一样的飞来，看似轰轰烈烈，大有作为的样子。不过旬日之间，慈禧变脸，反掌之下，光绪被囚，康、梁逃亡，六君子喋血菜市口。这样的封建专制统治，岂能领导国家的改革。戊戌维新如果提前到洋务运动时期，并且得以顺利进行，中国的面貌可能是另外一个样子。但是，当八国联军之役后，《辛丑条约》谈判过程中，列强要求清政府实行改革。慈禧太后还在西安，尚未还都，即发表新政谕旨。随后，练新军、废科举、宣布预备立宪、鼓励工商业、修改法律，不仅把戊戌维新时期废止的维新办法都恢复了，且大有过之。1905 年还派出五大臣赴东西洋考察政治。考察大臣回国送呈考察报告，建议实行君主立宪，改革官制，除要求撤废一些中央部外，还要求撤废军机处，实行责任内阁。慈禧太后视军机处为禁脔，不准擅议，政治改革搁浅。预备立宪也要等到宣统五年。但是，现在时代变了。甲午战后受民族危亡刺激起而从事救国活动、以孙中山为首的革命派，和包括康梁在内的改良派、立宪派，对清政府的改革措施都不满意。革命派要求以革命的手段推翻这个"洋人的朝廷"，立宪派也要求加快立宪步伐。最后，清朝的专制统治终于在革命派发动的强大攻势下被推翻。

这里就涉及对辛亥革命的评价。此岸学者认为辛亥革命是中国资产阶级性质的革命，彼岸学者坚决不同意，认为是全民革命，或者国民革命。1982 年在美国芝加哥讨论辛亥革命，中国大陆的章开沅教授与中国台湾的张玉法教授，不仅在会议上相互辩驳，在会下也著文讨论，好不热闹。这种讨论至今还在进行，可见分歧之大之深。台湾学者认为，领导革命的孙中山等人不是资产阶级，怎么说辛亥革命是资产阶级性质的革命？中国当时还没有资产阶级，即或有，也是大贫、小贫，难道说辛亥革命是没有资产阶级的资产阶级革命吗？而且，照共

产党的观点，资本主义、资产阶级都是要被埋葬的，说辛亥革
命是资产阶级革命，就是否定、贬低辛亥革命，怎么能接受这
种说法？

　　对这种驳难，这里简单说一下我的看法。按照马克思主义
的观点，历史上的一次革命，如果是针对封建统治的，是要推
翻君主专制的，其社会发展目标是要从一家一户的小农经济发
展到现代机器工业的大生产、发展到资本主义方向的，这样的
革命就可以说是资产阶级性质的革命。辛亥革命就是这样的革
命，它是不同于中国历史上以往的改朝换代的，所建立的是不
同于封建主义的社会，因而它是民主主义的革命。辛亥革命针
对清朝统治，推翻了皇帝，建立了民主共和国，选举了大总统，
南京临时政府从政治和经济的角度颁布了一系列鼓励资本主义
发展的法令。这样的革命怎么不是资产阶级性质的革命呢。至
于发动这场革命的领导人孙中山、黄兴等是否资本家出身，并
不重要。事实上，17 世纪英国的资产阶级革命、18 世纪北美独
立战争和法国的资产阶级革命、1917 年 2 月俄国的资产阶级革
命，出面领导革命的人都未必是资本家出身。领导英国革命并
把英国国王送上断头台的克伦威尔，出身于中等贵族家庭，本
人是议员；北美独立战争的领导人华盛顿是种植园主；法国大
革命的领导人罗伯斯比尔是律师出身；俄国二月革命的领导人
克伦斯基也是律师。但是，这些不是资本家出身的革命领导人，
他们的理想、他们的奋斗目标、纲领、他们所建国家的政治、
经济取向都是服务于资本主义的发展方向的，都是为资本家阶
级的根本利益服务的。同盟会纲领"驱除鞑虏，恢复中华，建
立民国，平均地权"，以及随后所阐述的"三民主义"不都是
说明了这种政治经济取向吗。说到中国没有资产阶级，只有大
贫小贫，这不是对中国国情的正确认识。自从洋务运动从军事

工业转向民用工业以后，一部分握有资金的人，以及一部分买办，正在向民族资产阶级的方向转变。甲午战争以后尤其是1901年实行新政以后，民族资产阶级的力量已经形成。上海、汉口、天津、广州，大体上已形成为当时中国的工业基地。中国当然不像欧洲那样有大资产阶级，但资产阶级已经形成了也是事实。这有当时现代机器工业的统计资料可以证明。罗列这些资料是枯燥的，我只想指出，1905年上海总商会发动的抵制美货运动，就是显示力量的表示。清末三次立宪请愿运动多由上海、江苏一带发动，也是民族资产阶级力量的显示。应当指出，清末的民族资产阶级是在封建统治和帝国主义侵略之夹缝间生长的，它惧怕这二者，又不能不依靠这二者，它与这二者有着千丝万缕的联系。从它们的根本利益来说，它们应当欢迎辛亥革命，从它们的眼前利益来说，它们不一定欢迎革命派用武装斗争形式发动的、以推翻清朝君主专制统治为目的的革命。但是，不能因此得出结论，辛亥革命不代表它们的利益。

有一位台湾学者评论大陆学者《孙中山思想研究》一书，极力抨击所谓"中共统治下的八股式著作"，谓："就共党教条而言，资产阶级是人民的敌人必须打倒、消灭，而作者把兴中会称为'最早的中国资产阶级革命民主派的小团体'，因此，凡国父所领导的国民革命组织，都称为'资产阶级革命民主派'。兴中会誓词中有'创立合众政府'之语，因而说'首次出现了资产阶级共和国方案'。《民权初步》是会议规范，应该是中性的了，但本书称之为'资产阶级民主制度有关会议的细则'。……既然'资产阶级'是人民的'敌人'，必须打倒消灭，则'敌人'的'团体'、'方案'、'细则'当然都是必须消灭的了。"还说，"资本主义既然必须埋葬的，当然是坏的了"。该评论者认为这是有意以"用语选择"来误导、贬低读者对国父思想之认识。① 这样的见解，在台湾学者的评论中多见。这是误会，是对大陆学者、对马克思主义唯物史观一种想当然的、不求甚解的误解。其实他们完全不了解，唯物史观、共产主义者对资本主义、资产阶级在人类社会发展史上所作出的历史性贡献作出过高度的评价，过去是这样，现在也是这样。这只要稍微读一读1847 年马克思、恩格斯著作的《共产党宣言》就可以知道了。那本书说："现代资产阶级本身是一个长期发展过程的产物，是生产方式和交换方式的一系列变革的产物。……资产阶级在历史上曾经起过非常革命的作用。……资产阶级在它的不到一百年的阶级统治中所创造的生产力，比过去一切世代创造的全部生产力还要多，还要大。"② 在这方面，我们不必掉书袋，作过多的征引。只要看看，1949 年中华人民共和国成立以后，党和国家在多种政治性的纪念场合，大规模地、大张旗鼓地纪念辛亥革命、纪念孙中山就够了；在"文化大革命"中严厉批判所谓资产阶级的时候，也没有忘记召开大会来纪念孙中山。在天安门广场，在庆祝国庆节的时候，总有孙中山的巨幅画像竖立正中，甚至在80 年代中期以后不再竖立马、恩、列、斯画像时，孙中山的画像仍安然不动。所有涉及辛亥革命、孙中山的出版物，都对辛亥革命和孙中山表示了必要的尊重。中小学的历史教科书都要正面讲述辛亥革命和孙中山的历史作用。在台湾科研机构和大专院校的三民主义研究所都已改换名称并且不大讲三民主义的时候，大陆的学者们却在为研究孙中山和孙中山的学说召开一系列讨论会，撰写了大量的论文和著作。辛亥革命和孙中山，是中国大陆

---

　　① 朱坚章评张磊著《孙中山思想研究》，见《中国现代史书评选辑》（二），台北，1991 年版，第 25—26 页。

　　② 参见《马克思恩格斯选集》第 1 卷，人民出版社 1972 年版，第 228—286页。

妇孺皆知的历史事件和人物。这些都是假的吗？都是统战手段吗？世界上恐怕没有哪个国家和地区像这样认真的宣传辛亥革命和孙中山的了。这样做，不是摆样子的，不是言不由衷的，不仅仅是为了统战，而是出于一种信仰，即出于尊重唯物史观、尊重历史发展规律这样一种真实的信仰。在我们看来，孙中山及革命党人发动和领导的辛亥革命，推翻了封建专制统治，建立中华民国，并且探索了有中国特色的资本主义发展道路，是对中国历史的重大贡献。从此，民主共和深入人心，以至于袁世凯想做皇帝、张勋闹复辟，都不过如儿戏一样破产了。当我们说辛亥革命是伟大的革命，孙中山是伟大的革命先行者，孙中山及其同志们是资产阶级革命民主派，他们提出了资产阶级共和国方案，他们要推行资产阶级民主制度，他们要在中国发展资本主义，等等，都是对他们的正面肯定，是对他们的颂扬，丝毫不存在贬抑的评价，不存在误导读者的任何意向。

我在这里要说明，上面的说法，并不表明对资产阶级的评价永远没有变化。从历史发展规律来看，在全世界，资本主义是世界历史发展中一个十分重要的阶段，但它不可能永远处于黄金时代。像它曾经替代过封建制度一样，它也将会被一个更新的社会制度——社会主义社会所替代。这是对资本主义经济发展、资本主义内部矛盾作了周密分析和论证后得出的结论。我们认为这就是历史发展规律，它是不以人们的主观意志为转移的。当着资本主义内部矛盾已经充分暴露并且不可克服的时候，当着无产阶级已经登上政治舞台的时候，当着资产阶级和无产阶级争夺领导权而又不肯退出历史舞台的时候，对于无产阶级开辟的更新的事业来说，这时候的资产阶级就是反动的了。我们说资产阶级、资本主义是要埋葬的，是在这个意义上说的。这时候资产阶级和无产阶级的斗争，就是现实的政治斗争，而不是讨论历史问题的时候了。在中国，当抗战胜利以后，中国出现走什么道路的时候，中国国民党坚持一党专政，连联合政府的设计都不能接受，而要在中国实行资产阶级专政；中国共产党人提出了通过新民主主义逐步走向社会主义的方案，在政治上提出建立联合政府以走向新中国的方案而被国民党拒绝。这时候，争夺中国未来走向的斗争白热化，不得不用大规模的国内战争来解决问题。这时，中国共产党人对大资产阶级在政治上、经济上、思想文化上，都采取了严厉的批判态度，但是对于中小资产阶级即民族资产阶级及其政治代表则采取了团结态度，并不是对所有的资产阶级都一棍子打死。

两岸学者关于孙中山学说的研究，这里还可以举出一些分歧。有的台湾学者说："中山先生从来没有说过他的主义和思想受到中国共产党的影响。而且三民主义和共产主义及共产制度均不相容，所以他在民国十三年民生主义演讲中严正地批评了马克思的历史唯物论、阶级斗争说和剩余价值说；他和苏俄代表越飞在民国十二年发表的联合宣言中郑重声明'共产组织，甚至苏维埃制度，事实上均不能引用于中国'。因而中山先生民国十三年的三民主义理论没有采用共产主义的理论"云云。① 这里有一些似是而非的评论。孙文越飞宣言皇皇在册，确有如上所引言论，谁也否认不了。广州三民主义演说中确有批评历史唯物论、阶级斗争说和剩余价值说的言论，可见各种版本的孙中山全集和单行本，谁也忘不了。但是，三民主义演说中也确有许多称颂马克思和马克思学说的言论，称颂社会主义、共产主义学说的言论，这也是皇皇在册的。三民主义演说以外称颂马克思及其学说

① 见马起华评尚明轩著《孙中山传》，载《中国现代史书评选辑》第1辑，第21页。

的话姑且不计，仅就三民主义演说来看，即俯拾即是。比如说
"现在研究社会问题的人，也没有那一个不是崇拜马克思做社会
主义中的圣人"①，"马克思所著的书和所发明的学说，可说是集
几千年人类思想的大成"②，类似的言论比比皆是。至于三民主
义和共产主义、共产制度均不相容的话，孙中山从来没有说过。
而且在1924年就对这种说法提出了批评。他说："此刻讲社会主
义，极时髦的人是赞成马克思的办法。所以一讲到社会问题，多
数的青年便赞成共产党，要拿马克思主义在中国来实行。到底赞
成马克思主义的那般青年志士，用心是什么呢？他们的用心是很
好的。……所以他们便极力组织共产党，在中国来活动。我们国
民党的旧同志，现在对共产党生出许多误会，以为国民党提倡三
民主义是与共产主义不相容的。"③并且明确指出："共产主义是
民生的理想，民生主义是共产的实行；所以两种主义没有什么分
别，要分别的还是在方法。"④又说："民生主义就是共产主义，
就是社会主义。所以我们对共产主义，不但不能说是和民生主义
相冲突，并且是一个好朋友，主张民生主义的人应该要细心去研
究的。"⑤"三民主义之中的民生主义，大目的就是要众人能够共
产"⑥，"人民对于国家不只是共产，一切事权都要共的。这才是
真正的民生主义"⑦。对于马克思主义，孙中山总的态度是，在
中国当时的国情下，"师马克思之意则可，用马克思之法则不

---

① 《民生主义·第一讲》，见前揭《孙中山全集》，第360页。
② 同上书，第362页。
③ 《民生主义·第二讲》，前揭书，第384页。
④ 同上书，第381页。
⑤ 同上书，第386页。
⑥ 同上书，第389页。
⑦ 同上书，第394页。

可"①。我想，这句话原则上适用于今天。我们今天建设有中国特色的社会主义，不也是师马克思之意，而不用马克思之法吗。

　　张玉法教授有一个观点。他认为"民生主义本是社会主义的一种，在精神和内涵上，绝对是反资本主义的"②。这个意见他在别的地方也讲过。在台湾，这种见解可能不多见。不过我不大同意。孙中山确是有大量反资本主义的言论，有的还很激烈。孙中山说过，"国人往往误解民生主义真谛"③，不了解民生主义为何物，"故盲然为无谓之反对耳"④。误解什么？孙中山以为，人们误解他提倡民生主义——社会主义，是要"反对资本家"，是要"均贫富"⑤，是要"劫富济贫，扰乱社会秩序"⑥。他说："现在留心世道的人，多说中国目下没有资本家，用不着讲社会主义，或又说待有资本家产生，再讲社会主义。"⑦ 因之，对孙中山的民生主义——社会主义主张，颇有反对之意。所以孙中山一再解释，民生主义并不是要反对资本、反对资本家，只是要反对少数人对社会财富的垄断，防止资本家垄断所产生的社会流弊。这种社会流弊主要表现在富可敌国，穷无立锥，造成资产阶级与无产阶级之间阶级战争的社会痛苦。由于民生主义学说中蕴含有若干与社会主义相近的设想，民生主义往往被评价为社会主义。有人说，孙中山"是在帝国主义时代，接受和提出了避免

---

① 《民生主义·第二讲》，前揭书，第392页。
② 《中国现代史书评选辑》第1辑，第158页。
③ 《在中国国民党本部特设驻粤办事处的演说》，同上书，第5卷，第476页。
④ 《在上海南京路同盟会机关的演说》，同上书，第2卷，第338页。
⑤ 同上书，第2卷，第340页。
⑥ 《在国民党成立大会上的演说》，同上书，第408页。
⑦ 《在中国国民党本部特设驻粤办事处的演说》，同上书，第5卷，第476—477页。

西方资本主义道路的社会主义"①。有人说，"民生主义是一种社会主义，也是均贫富的主义"②，"民生主义是介于社会主义与资本主义之间的主义"，"它可以显现社会主义的特性，也可以显现资本主义的特性"③。还有人说，"最大限度地发展国家资本主义"④ 才是孙中山社会主义经济思想的实质。有人主张民生主义是资本主义的。⑤ 还有人认为，民生主义所主张的国有社会主义，是"将资本主义生产与社会主义分配相结合"⑥。

　　我认为，孙中山的这种民生主义—社会主义主张，不是马克思主义学说中经过社会主义革命的社会主义，可以姑且称之为民生社会主义。这种民生社会主义，实际上是孙中山设计的一种有中国特色的资本主义发展模式。这种模式的特点，一是以国家资本为社会的主要经济构成，不允许大资本垄断社会经济现象的存在；二是以中产阶级为支撑社会发展的阶级基础，社会发展目标由代表中产阶级的阶级利益的政治代表所掌握；三是融入了社会主义的分配办法，力求全社会和平协调发展，全民都得到富裕，防患社会革命于未然；四是在政治方向和社会发展目标上，公开声称与马克思主义的社会主义、共产主义理想不相冲突，而且是

---

　　① 李泽厚：《论孙中山的"民生主义"思想》，引自金冲及主编《孙中山研究论文集1949—1984》下册，四川人民出版社1986年版，第799页。

　　② 张玉法：《孙中山与近代中国革命运动》，《历史讲演集》，台北东大图书公司1991年版，第189页。

　　③ 张玉法：《转型的时代：三十年来的台湾》，同上书，第442页。

　　④ 杨天石：《孙中山和中国革命的前途》，见孙中山研究会编《孙中山和他的时代》上册，中华书局1989年版，第121页。

　　⑤ 陈独秀的意见。见杨玉清《解放前孙中山三民主义思想研究浅略述评》，载孙中山研究学会编《回顾与展望——国内外孙中山研究述评》，中华书局1986年版，第223页。

　　⑥ 山本幸夫的意见。见狭间直树《民生主义研究在日本》，同上书，第200页。

好朋友。①

　　孙中山强调中国只有大贫和小贫，意在模糊中国社会的阶级差异。他没有深刻认识中国农民对土地的渴望，没有体察到农民和地主阶级之间阶级斗争的存在。他虽以"洪秀全第二"自居，却没有认识到太平天国起义正是 19 世纪 50 年代农民和地主阶级斗争激化的表现。尤其是，19 世纪 70 年代以来，中国社会里资本主义生产关系正在成长，民族资产阶级（孙中山所企望的中产阶级）的经济势力到 19 世纪末、20 世纪初，已经在中国社会的经济、政治生活中有相当影响，官办企业也有了可观的发展，外国资本主义的独资企业已经控制了中国经济的走向。这些资本主义的生产、金融、交通企业对中国传统社会的冲击力是很大的。现代工业企业中的劳资关系已经存在。② 对这些估计不足，而设计民生社会主义的美丽图景，颇有些单向度思考的意味。试想，在中国的现实情况下，土地公有、资本公有能否实现？实现以后能否防止垄断性的大资本家产生？如何保证社会全体成员公平分配、人人幸福？是否能避免劳资间阶级斗争的产生？怎么能做到工人和资本家不发生冲突、农民得益，地主不受损失？这都是些未可肯定答复的问题。孙中山以为阶级斗争是社会发展的病态，是可以人为地加以医治的。殊不知阶级斗争是社会经济发展过程中，由于阶级利益差异之驱使必然产生的客观存在，人们不可主观上想象去消灭它的。阶级斗争有时激化，有时缓和，在根

----

　　① 张海鹏：《孙中山「民生主义」の真义についての试论》，《孙文研究》第 21 期，1997 年 1 月，神户。

　　② 1924 年 5 月 1 日，孙中山在广州市工人代表会的演说中，说本国的资本家还没有压迫工人的能力，这显然是曲解，但他又说，中国工人反想种种办法来压迫本国资本家，中国工人常常和本国资本家发生交涉，中国工人是驾于本国资本家之上。从这种曲解中，我们看到孙中山实际上承认劳资矛盾的现实状况。见前引《孙中山全集》第 10 卷，第 1 页。

本的阶级利益差异消失前是不可消灭的。有远见的政治家、政党可以引导社会阶级斗争的发展方向，却不可能像外科医生一样，把阶级斗争这个毒瘤从社会病体上割去。按照马克思主义的观点，在资本主义发展到一定阶段时，社会主义革命的到来不可避免。设想避免阶级斗争，避免社会革命，政治革命与社会革命毕其功于一役，作一劳永逸之计，是主观的、空想的、幼稚的。虽然，对于孙中山的毕生奋斗来说，这是一种很崇高的理想。但是，作为观察孙中山提出民生主义以来中国社会发展的历史研究者来说，对孙中山设计民生主义蓝图的不足之处，不能不指出来。

说到这里，有关三民主义的"新"与"旧"以及所谓"三大政策"问题，恐怕要加以讨论。台湾学者对把三民主义区分为"新"与"旧"很反感，认为三民主义的形成虽然有一个过程，但本质上是一致的，无所谓"新"与"旧"，也没有一个重新解释的问题，对所谓"三大政策"，更是不屑一顾。这个问题，需要从历史事实出发，需要尊重历史。其实，国民党"一大"宣言，在阐述了三民主义的具体内容后，明确指出："国民党的三民主义，其真释具如此。"所谓真释，乃真正的释义之谓。孙中山在"一大"闭幕式上致辞，也说："我们这次在广州开会，是重新来研究国家的现状，重新来解释三民主义，重新来改组国民党的全体。"① 重新来解释三民主义，这可是孙中山本人的原话。重新解释以后的三民主义就是新三民主义，此前的三民主义是旧三民主义。从唯物史观的角度看，旧三民主义是为辛亥革命的胜利而奋斗的三民主义，辛亥革命是资产阶级民主主义

① 《中国国民党全国代表大会闭幕词》，见前揭《孙中山全集》第9卷，第179页。

的革命。新三民主义由于与中国共产主义的最低纲领大体相吻合，它有可能通过新民主主义逐步走向社会主义，这是中国共产党人肯定它为新的地方。

至于"三大政策"即"联俄、联共、扶助农工"，是台湾学者常常口诛笔伐之处。其实这也不难解释。有一点台湾学者是对的，那就是，所谓"三大政策"即"联俄、联共、扶助农工"，在国民党"一大"宣言的文本中，在孙中山已经发表的可以查证的文字中，是看不到的。据有关学者的研究，尤其是据日本学者狭间直树教授的研究，所谓"三大政策"即"联俄、联共、扶助农工"的文字，最早出现在 1926 年 10 月 3 日出版的黄埔同学会的机关刊物《黄埔潮》第 11 期上。这一期上有三篇文章引人注意。吴善珍题为《我们对总理的联俄联共政策怀疑吗?》一文写道："自总理决定'联俄''联共''农工'三大政策以后，党内的新旧右派……完全以反对此三大政策为骨干……但是黄埔学生有始终拥护此三大政策的精神，并且以之作评判革命反革命的根据。"余洒度的文章提出："确遵总理对革命的三大政策。A. 联俄，B. 联共，C. 拥护农工利益。"游步瀛在署为 1926 年 8 月 20 日的文章认为必须接受"孙文主义和孙中山先生所手定的'联俄''联共''农工'三政策"。此人在以后各期发表的文章中还分别提到"'农工''联俄''联共'三个伟大政策"和"孙总理手订的'联俄''联共''农工'三政策"。据研究认为，"总理的联俄联共政策"作为口号，在黄埔同学中间，最晚到 1926 年 9 月已被公开使用。①

我们知道，黄埔同学会是黄埔军校的学生社团组织，成立于

---

① 见狭间直树《"三大政策"与黄埔军校》，载《历史研究》1988 年第 2 期。本文所引有关"三大政策"资料，均源自该文，下引不再注明。

1926 年 6 月。此前，蒋介石已经在国民党内通过了"党务整理案"，正试图在黄埔军校内限制和排挤共产党员的活动。他以黄埔军校校长的身份命令解散军校内中国青年军人联合会（多有共产党员参加的左派组织）和孙文主义学会（国民党右派的组织）诸社团，正式成立全体学生参加的学生社团黄埔同学会。该会规定"一切会务均听命于会长"，"绝对服从校长领导"。该会设秘书处，秘书处下设总务、组织、宣传三科，另设监察委员会。这五个部门干部的任免权均来自会长。宣传科下设编辑股，黄埔同学会的机关刊《黄埔潮》由编辑股负责刊行。据说，宣传科、编辑股以及《黄埔潮》发表文章的上引三位，大多为共产党员。"三大政策"即"联俄、联共、扶助农工"的文字，不在乎是否由共产党员先提出，而在于这是由当时黄埔军校的实际政治生活决定的，是由当时国民党内的政治生活决定的，是由当时国共两党关系决定的。蒋介石为了顺利取得在国民党内的决定地位，不能马上脱离孙中山生前的决定和思想。蒋介石不仅容允了《黄埔潮》上发表的文章（如果他不能同意或者不能容允，由于他在黄埔军校的绝对统治地位，他可以立即进行干预），而且，他与政治委员会主席谭延闿也多次提到"先总理的两大政策""联俄和容纳共党分子"。蒋介石在 1926 年 5 月国民党二中全会闭幕演讲中说过，党务整理案有许多"与先总理在日主张不同的地方"，但"先总理的两大政策——联俄和容纳共党分子"是绝不改变的。他还说过，"共产党主张阶级斗争，国民党也不必反对他"①。黄埔军校学生军事演习中出现"总理的联俄联共政策"的标语牌。黄埔同学会的对外宣言还提到，农工运动和黄埔军校是总理的"两大遗产"。8 月 25 日，蒋介石在长沙

---

① 《蒋校长演讲集》，存萃学社编《蒋总统言论汇编》外录第 2 集，第 84 页。

发表演说也提出"应联络共产党与苏俄共同奋斗"。两大政策加上农工运动，不就是三大政策吗？问题是，所谓"三大政策"的文字虽然不见于孙中山的言论，但是，它并不违背，或者说它是更准确地概括了孙中山的思想，概括了国民党"一大"宣言的思想，也准确地概括了孙中山去世后国共两党合作共事的基本趋势，也符合蒋介石本人当时的思想。从这个角度看，"三大政策"有什么不妥的地方呢？

关于抗日战争的研究，两岸学者也有颇多认识不一致的地方。限于篇幅，这里只讲一个问题：即抗日战争中间的领导权问题。抗日战争的领导权问题，看上去是个简单的问题，实际上是一个很复杂的问题。台湾学者一般认为抗日战争的领导权是国民党的，大陆学者此前一般认为是共产党的，现在有了变化，有人认为是共产党的，有人认为是国民党共产党共同的，也有人主张是国民党的。1996 年刘大年出版了《抗日战争年代》一书，那是他近年有关抗日战争论文的结集。本书就这个问题以及其他涉及抗日战争的若干理论问题作了许多有见地的分析。1997 年刘大年主编的《中国复兴的枢纽——抗日战争的八年》出版，依据上述分析铺展了抗战八年的基本史实。说抗日战争的领导权是国民党的，自然有它的道理，因为国民党政府掌握着国家的政权，如果国民党政府不出面抗战，这个抗战八年是打不下去的；或者国民党政府半路放弃抗战了，这个抗战也是难以坚持下去的。但是在军事上，国民党政府只能领导正面战场，领导不了敌后战场。正面战场在前期战绩可观，鼓舞人心，但武汉会战后，正面战场人心涣散，打了许多败仗，损失了大半国土。敌后战场一开始进入战场，即英勇杀敌，愈来愈扩大战场，吸引、抗击的敌人逐渐超过了正面战场，以 1944 年为例，敌后战场抗击、牵制在华日军 56 万人的 64.5%，正面战场抗击 35.5%。把日、伪军加在一起，敌后战场抗击敌军总数 134 万中的 80%。蒋介石、国民党由此人心大失，大后方民主运动兴起，一直延续到战后。① 而且，蒋介石、国民党政府的抗战决心并不是始终一贯的，是有动摇的，这种动摇便体现着抗战领导权的动摇。说共产党也享有抗战的领导权，也是有道理和根据的。共产党领导着广阔的敌后战场，抗击着越来越多的敌人，支撑着抗战的大局。抗战结束，中国共产党已发展成为有 120 多万党员的大党，抗日根据地面积约 100 万平方公里，人口近一亿，八路军、新四军发展到 120 多万人，另有民兵 220 万人。② 这不是在抗战中坐大的，是在抗战中抗出来的。试设想，如果没有共产党领导的敌后战场，正面战场如何能够支持到最后？正面战场、敌后战场共同担负着中国抗战的重任，两大战场在战略上互相配合、互相支持，把抗战从最艰苦的岁月坚持到最后胜利，少了哪一个战场都是不行的。从历史的角度看，这是中国抗战中最大的特点和优点，这是第二次世界大战中参战各国所特有的现象。在这方面，少了共产党的领导，这个结局是不可能出现的。

不仅如此。在民族敌人深入国土、国家面临危亡垒卵的时刻，共产党放弃了 10 年内战时期与国民党结下的血海深仇，起而倡导抗日民族统一战线，变"反蒋抗日"、"逼蒋抗日"为"拥蒋抗日"，不仅缓和了国内的阶级关系和国共关系，也赢得了国内各政治势力的支持，为抗战时期两个战场的形成，打下了

---

① 参见刘大年《抗日战争时代》，中央文献出版社 1996 年版，第 41 页。

② 参阅胡绳主编《中国共产党的七十年》，中共党史出版社 1991 年版，第 210 页。另据中共中央 1945 年 9 月的统计，至 9 月初军队已达到 127 万人，民兵达到 268 万人，占有地区已扩大到 104.8 万平方公里，人口扩大到 1.255 亿，并已建立行署 23 个，专署 90 个，县（市）政权 590 个，占据县城 285 座。引自杨奎松著《失去的机会？——战时国共谈判实录》，广西师范大学出版社 1992 年版，第 215 页。

良好的政治基础。由于共产党的存在、敌后战场的存在、抗日民族统一战线的存在，使得蒋介石和国民政府在抗战困境中产生的妥协、动摇、投降心理得到抑制，使得抗战得以进行到最后。这也是一种领导作用，一种不可忽视的领导作用。

抗日战争是一场民族战争，是从日本帝国主义手下解放中国的民族解放战争，是阶级矛盾从属于民族矛盾情形下的战争。这个特点规定了国共两党共同担负抗日领导权的历史使命，规定了国民党虽然在抗战中始终没有放弃反共，但也不能放弃抗日旗帜这一历史特点。这是我对抗战中国政治基本特点的认识。

以上是我对近代中国历史发展规律的认识和若干史实的解说，平常虽也有一些考虑，但如果没有台北《历史月刊》的约稿，我大约不会想到写这一篇文章。不过，这仅是个人的一孔之见，不足为凭，谨请《历史月刊》的读者批评指正。

（1998 年 1 月 3 日完稿于北京东厂胡同一号）

50 年来中国近代史研究的
理论与方法评析[*]

对于具有悠久历史的中国历史学来说，中国近代史研究是一门新兴的学科。它的形成，从严格意义来说，大约不到一个世纪。1949 年以前，为国民党政权和国民党统治服务的中国近代史研究是主流意识形态，蒋廷黻的《中国近代史》是代表作。少数共产党员和非党的马克思主义者从服务、推进中国人民革命事业的需要出发，以马克思主义作指导观察、研究中国近代史，在那时的时代条件下，这样的观察和研究对于挑战那时的主流意识形态，起了很重要的作用。范文澜在延安写作的《中国近代史》(上册)，胡绳在香港出版的《帝国主义与中国政治》，属于这方面的代表作。

1949 年中华人民共和国的成立，是中国近代史上最重要的政治事件，也是中国历史上最重要的事件之一。中国共产党成了

　　* 本文是应《近代史研究》曾业英主编邀请写作的，原载《近代史研究》1999 年第 5 期；1999 年 12 月转载于人民大学报刊资料《历史学》。收入曾业英主编《五十年来的中国近代史研究》，上海书店出版社 2000 年版。

执政党，人民民主专政的国家政权创造了中国历史上新的国家形式。对于中国历史的这一巨大变化，占人口大多数的工人阶级、农民阶级、小资产阶级、民族资产阶级，欢欣鼓舞，他们以空前的热情，投入到建设新中国的历史潮流中去。中国学术界要讴歌这一巨大历史进步，要探索这一历史进步之所由来。中国近代史学科在新中国的学术园地里，空前地发展、成长起来。较之1949 年以前，中国近代史研究有了很大前进，无论是研究机构、研究队伍、研究成果，以及研究的深度和广度，都有了与往昔不能相比的发展。但是，我认为，最重要的进步是在历史观方面，是在中国近代史研究的理论与方法方面。

近 50 年来中国近代史学界在学习马克思主义唯物史观，建立马克思主义史学体系，积极开展百家争鸣，推动中国近代史研究向纵深发展方面，最重要的收获是在中国近代史基本线索的研究和讨论上。

1954 年在《历史研究》创刊号上，胡绳发表了《中国近代历史的分期问题》一文，引起了近代史学者的强烈关注和热烈讨论。1957 年，《历史研究》编辑部汇集了三年来学者讨论文章予以出版。这是中国近代史学界学习唯物史观、寻求在中国近代史研究领域建立马克思主义史学体系的宝贵记录。中国近代史如何划分时期，看起来是编写近代史教科书的一个具体问题。但是依据什么标准分期，却涉及历史观问题，涉及研究中国近代史的理论与方法问题，涉及叙述和研究中国近代史的主要任务是什么，以什么来做中国近代史的基本线索问题。胡绳有感于 1949年以前的有些中国近代史教科书按照"道光时代"、"咸丰时代"、"同治时代"，或者按照"积弱时期"、"变政时期"、"共和时期"来叙述历史，认为是不足道的、不足取的，因为它

"没有反映出社会历史发展中的本质的东西"①；另一些教科书，甚至包括一些企图用马克思主义的阶级分析的方法来说明历史的书在内则放弃了历史分期的办法，按照重大事件来叙述历史，叙事时大致上采用了"纪事本末体"的方法，这种方法，往往"拆散了许多本来是互相关联的历史现象，并使历史发展中的基本线索模糊不清"②。在讨论分期标准的时候，胡绳批评了那种拿帝国主义侵略形态作划分时期标准的看法，认为"只看到侵略的那一面，而看不到或不重视对侵略的反应这一面，正是历来资产阶级观点的近代史著作中的主要缺点之一"③；同时也批评了单纯用社会经济生活的变化来作划分时期标准的做法，认为那样会走到经济唯物论的立场上去，对中国近代史分期，必须全面考察当时社会的经济基础和上层建筑，而上层建筑的变化并不是亦步亦趋地随着基础的变化。胡绳依据马克思主义唯物史观，依据毛泽东有关中国近代史的说明，提出了"基本上用阶级斗争的表现来做划分时期的标准"的重要意见。他还特别指出，马克思主义对中国近代史研究的要求不是在于给各个事变、各个人物——简单地标上这个阶级或那个阶级、进步或革命的符号。如果在一本近代史著作中不过是复述资产阶级观点的书中的材料，只是多了这一些符号，那并不就是完成了马克思主义研究的任务。"要使历史研究真正渗透着马克思主义的思想力量，就要善于通过经济政治和文化现象而表明在中国近代历史舞台上的各种

---

① 胡绳：《中国近代历史的分期问题》，引自《中国近代史分期问题讨论集》，生活·读书·新知三联书店1957年版，第2页。这里胡绳指的是李泰棻《新著中国近百年史》，1924年版；孟世杰：《中国最近世史》，1926年版。

② 同上书。胡绳所指一些企图用马克思主义的阶级分析的方法来说明历史的书，是华岗著《中国民族解放运动史》，1951年增订版；范文澜著《中国近代史》上编第一分册，1947年版。

③ 胡绳文，见前揭书，第4页。

社会力量的面貌和实质，它们的来历，它们的相互关系和相互斗争，它们的发展趋势。"① 应该说，这是第一次向学术界提出了用马克思主义研究中国近代史的任务，从学术上提出了要使历史研究真正渗透马克思主义的思想力量的重要观点。依据这种观点，胡绳还提出了"中国近代史中的三次革命运动的高涨"（此后史学界一般称"三次革命高潮"）的概念，并对 1840—1919 年的中国近代史分期提出了自己的见解。

胡文发表后，引起学术界热烈反应。1957 年新华社发布《中国近代史分期讨论告一段落》的消息，共有 24 篇论文发表。三年之间，先后有孙守任、黄一良、金冲及、范文澜、戴逸、荣孟源、李新、来新夏、王仁忱、章开沅等发表讨论文章，阐明自己的观点。报纸还报道了天津师范学院历史系中国近现代史教研室、中国人民大学第六次科学讨论会以及综合大学文史教学大纲讨论会上有关中国近代史分期问题的讨论意见。许多人同意或基本同意胡绳有关分期标准的见解，同时也提出了若干不同的见解：有人认为应以中国近代社会的主要矛盾的发展及其质的某些变化为标准，② 有人主张"必须严格地遵循历史唯物主义的原理，树立以中国人民为中国历史主角的思想"③，有人认为"分期标准应该是将社会经济（生产方式）的表征和阶级斗争的表征结合起来"④，有人认为，"帝国主义及其走狗的经济政治压迫和中国人民的民族民主革命成为贯穿这一历史时期的根本矛盾，

---

① 胡绳文：《中国近代史分期问题讨论集》，第 7 页。
② 孙守任：《中国近代历史的分期问题的商榷》，同上书，第 15 页。
③ 黄一良：《评孙守任〈中国近代历史的分期问题的商榷〉一文》，同上书，第 43 页。
④ 金冲及：《对于中国近代历史分期问题的意见》，同上书，第 45 页。

也就成为贯穿各个事件的一条线索"① 等等。因为对分期标准的认识不同，或者虽然相同，但理解不一定相同，因而形成了对中国近代史分期的种种不同主张。

评价这一次讨论，我认为，不在于对分期标准的认识是否统一，不在于对具体的历史分期取得了多少进展，而在于，这是新中国建立以后中国近代史学界（不仅限于中国近代史学界）结合研究中国近代史分期问题，认真学习马克思主义、学习历史唯物主义，消除旧中国封建主义的、资产阶级的史学观的一次重要机会。通过这次讨论，明确了研究中国近代史，必须采用马克思主义的、历史唯物主义的理论和方法。许多讨论者几乎一致认为，毛泽东所说的"帝国主义和中国封建主义相结合，把中国变为半殖民地和殖民地的过程，也就是中国人民反抗帝国主义及其走狗的过程"，原则上表述了中国近代史的基本内容，因此，应当考虑以中国人民的反帝反封建的斗争运动及其发展作为中国近代史的基本线索。与此同时，史学界还开展了中国古代史分期问题讨论、中国奴隶制与封建制分期问题讨论、中国土地制度问题讨论、汉民族形成问题讨论、中国资本主义萌芽问题讨论等等，所有这些讨论，是发生在50年代的一次马克思主义大学习，是一次不可多得的百家争鸣，它推动了史学界形成学习理论特别是学习唯物史观的浓厚风气，使一大批来自旧中国的学者，以及刚刚成长起来进入史学战线的青年受到了马克思主义的教育，学习了运用马克思主义的基本观点、运用唯物史观观察和研究中国历史，特别是中国近代史的锻炼，推动了中国近代史学科的建设，推进了中国近代史领域若干重大理论问题和历史实际问题的

---

① 范文澜：《中国近代史的分期问题》，《中国近代史分期问题讨论集》，第98页。

研究。过了 40 多年，今天来回顾这次讨论，我们仍然感到，中国近代史学科所以有今天这样的局面，我国近代史研究学者所以有今天这样的思想水平，是如何受惠于 50 年代的那次讨论的。

经过 50 年代的讨论以后，近代史学界关于中国近代史研究的科学性和革命性问题、关于中国近代史研究的指导思想问题、关于中国近代史的基本线索问题，大体取得了共识。此后出版的三本中国近代史课本，体现了这次讨论的结果。其中两本是 1962 年出版的：一本是郭沫若主编、刘大年组织中国科学院近代史研究所的研究人员编写的《中国史稿》第四册，一本是翦伯赞主编、邵循正和陈庆华编写的《中国史纲要》第四册。第三本是胡绳编著的《从鸦片战争到五四运动》，此书虽然出版于 1981 年，反映的仍是那次讨论的结果。前两本书是为大学历史系编写的教材，后一本是为广大干部编写的近代史读本。

以前讲中国近代史的书，包括拥有众多读者的范文澜著《中国近代史》，一般带有记事本末的特点，而且内容偏重于政治史。这在当时是有道理的，但是需要改进。《中国史稿》第四册的作者们努力作出了改变。依照《中国史稿》第四册主持人刘大年的看法，1840 年至 1919 年近代中国 80 年的历史，明显地表现为鸦片战争至太平天国失败、1864 年至戊戌变法与义和团运动失败，以及 1901 年至五四运动爆发的三个不同时期。在那几个时期里，帝国主义、中国社会各阶级的相互关系、他们的矛盾斗争各有特点。其中社会经济状况、阶级斗争、意识形态是结合在一起的，统一的。因此，新的著作要求根据历史演变的时间顺序讲述事件；不只讲政治事件，也要讲经济基础、意识形态，不只讲汉族地区的历史，也要讲出国内各民族在斗争中与全国的联系和相互关系。《中国史稿》第四册这种写法，就是总结了新中国建立以来中国近代史学科的理论建树和研究成果，加以概括和升华，给中国近代史搭起了一个新的架子，有些地方作出了可喜的概括。当时它是指定的高等学校教材，印数很多。1982年全国近代史专家在承德举行学术讨论会，有的研究者评论说，60年代最有影响的近代史著作是郭沫若主编、实际上是刘大年写的《中国史稿》第四册。这个评论指出了那本书在一段时间里流行的情形。胡绳的著作，规模较大，条分缕析，议论恢弘，在一定程度上体现了作者刻意追求的马克思主义的思想力量，对教学和研究工作以及对广大群众的爱国主义教育产生了深远影响。

以上三本书，尽管在某些具体问题的论述上学者们可能有不同意见，但是它基本上确定了中国近代史教科书的编写体例和框架，确认了用阶级分析的方法考察中国近代史的历史进程，确认了近代中国社会是半殖民地半封建社会，确认了近代中国的基本任务是进行反帝反封建的斗争，在具体编写上大体接受了三个革命高潮的概念。80年代中期以来出版的数以百计的中国近代史教科书和普及读物，大体上都是按照这个框架编写的，可以看作是学者们接受这个框架的标志。

1980年起，中国近代史学界再次掀起中国近代史基本线索问题的讨论。经过10年动乱，一些学者从拨乱反正、解放思想出发，要求抛弃极"左"的政治枷锁和教条主义的绳索，要求纠正由于党的指导方针上的失误在史学研究中出现的片面化、简单化的倾向，反思近代史研究的基本状况，对早先胡绳提出并得到相当多学者支持的基本上用阶级斗争的表现作划分时期的标志以及三个革命高潮的概念，提出了怀疑和驳难。李时岳首先在1980年第1期的《历史研究》发表了题为《从洋务、维新到资产阶级革命》的论文，引起了有关中国近代史基本线索问题的新一轮讨论。这次讨论中也涉及近代史的分期问题，却不像50

年代的讨论那样，使近代史基本线索这样一个重大理论问题附丽于分期问题上，而是直接提出了问题。

李时岳的文章发表后，在 80 年代中期形成了争鸣的热潮，直到 90 年代还有文章发表。与 50 年代的那次讨论相比较，这次讨论，问题提的更广泛了，角度更新了，研究更深入了，分歧也更显著了。概括说起来，大体有三种主要观点。一派以李时岳为代表。李时岳提出："1840—1919 年的中国近代史，经历了农民战争、洋务运动、维新运动、资产阶级革命四个阶段"，"反映了近代中国社会的急剧变化，反映了近代中国人民政治觉悟的迅速发展，标志着近代中国历史前进的基本脉络"。[①] 认为要重视近代史上资本主义经济发生发展的意义，给予资产阶级政治运动以应有的政治地位，[②] 强调要以"洋务运动—维新运动—资产阶级革命"作为中国近代史的进步潮流或基本线索。一些学者把这种提法概括为"三个阶梯"论，李时岳本人认为不确切，曾著文修正说应当包括太平天国农民战争而称之为"四个阶梯"论。他的依据是：近代中国社会的发展实际上存在着两个而不是一个趋向：一是从独立国家变为半殖民地（半独立）并向殖民地演化的趋向，一是从封建社会变为半封建（半资本主义）并向资本主义演化的趋向。前者是个向下沉沦的趋向，后者是个向上发展的趋向。李时岳表示赞成基本上用阶级斗争的表现为线索，认为"四个阶梯"论对"三次高潮"论并非根本对立，只是部分的修正和补充，"三次高潮"论有不完善的地方"在于没有把阶级斗争和社会经济紧密地联系起来，从而没有把唯物史观

---

①　李时岳：《从洋务、维新到资产阶级革命》，《历史研究》1980 年第 1 期。

②　李时岳：《中国近代史主要线索及其标志之我见》，《历史研究》1984 年第 2 期。

贯彻到底"①。在中国近代史基本线索问题的讨论中，有的学者认为毛泽东的"两个过程"论没有概述中国近代史的"全部内容"，是对毛泽东本人原意的"误解"，要求"摆脱""两个过程"论的"束缚"，重新学习马克思主义的理论，"悟出一些新的道理，把我们的研究建立在科学理论的基础上"②。有的认为，中国近代社会"争取独立和谋求进步始终是历史的主题；而向西方学习、发展资本主义、则是近代中国争取独立和谋求进步的根本道路"③；或者说，近代"中国人民面临着争取民族独立（反对帝国主义）和谋求社会进步（发展资本主义）两项根本任务。这两项任务贯穿着整个中国近代史，一切斗争，包括政治的、经济的、思想文化的斗争在内，都是围绕着这两项根本任务进行的。它们构成中国近代史的基本线索"④。依据这种理解，他们以资本主义运动（包括经济和政治两方面）作为主要线索来考察中国近代历史发展的进程，认为洋务运动、维新运动、辛亥革命"反映了近代中国人民政治觉悟的迅速发展，标志着近代中国历史前进的基本脉络"⑤。他们认为，在当时的社会历史条件下，要争取民族独立和谋求社会进步，就必须向先进的西方资本主义国家学习，改变中国贫穷落后的状况，实现中国的近

---

① 李时岳：《中国近代史主要线索及其标志之我见》，《历史研究》1984 年第 2 期。

② 胡滨：《打破框框，开阔视野》，见《文史哲》1983 年第 3 期《关于中国近代史基本线索问题（笔谈）》专栏。

③ 据《历史研究》编辑部近现代史编辑室《国内史学界关于近代中国资产阶级的研究》，《历史研究》1983 年第 4 期。该项资料注明这段文字出自于 1981 年 3 月 12 日《人民日报》发表的李时岳、胡滨著《论洋务运动》一文。经查上述资料所引述的这段文字，与原文有出入，但并不违背作者的本意，或者可以看作是对作者本意的一种概括。

④ 胡滨：前揭文。

⑤ 李时岳：前揭文。

代化。

另一派大体上坚持胡绳原先提出的观点。胡绳在《从鸦片战争到五四运动》一书的序言和 1997 年再版序言以及其他文章中，仍坚持三次革命高潮的观点，认为前一派的看法抹杀了农民革命在近代中国历史中的作用。苏双碧①、苑书义②、张海鹏③、荣孟源④等也先后发表争鸣文章，认为中国近代史的发展线索应制约于中国是半殖民地半封建社会的性质，中国人民的中心任务是摆脱帝国主义和封建主义的统治，其中也包括建立自己的民族工业，在中国发展资本主义，这个过程就构成为近代中国历史发展的主要线索。他们认为毛泽东关于中国近代史所说的"两个过程"，正确地概括了中国近代史的基本线索，不同意把"向西方学习、发展资本主义"当作"近代中国争取独立和谋求进步的根本道路"，认为中国只有通过民主革命，推翻帝国主义、封建主义的统治，才能发展资本主义。与前一派意见相比较，这一派意见不同意简单地把洋务运动当成进步运动，也不赞成把义和团运动列在基本线索之外。

第三派意见比较复杂，基本上依违于以上两种意见之间，或者另有生发。章开沅发表《民族运动与中国近代史的基本线索》⑤ 一文，试图从民族运动的角度来阐明中国近代史的基本线索。他认为鸦片战争是中国近代民族运动的发端。他把近 80 年的近代中国历史以 1900 年为界标，概括为"两个阶段，三

①　苏双碧：《关于中国近代史的发展线索问题》，《光明日报》1983 年 11 月 9 日。

②　苑书义：《论近代中国的进步潮流》，《近代史研究》1984 年第 2 期。

③　张海鹏：《中国近代史的"两个过程"及有关问题》，《历史研究》1984 年第 4 期。

④　荣孟源：《谈中国近代史的两个过程》，《历史教学》1984 年第 7 期。

⑤　载《历史研究》1984 年第 3 期。

次高潮",即:第一阶段经历了太平天国和甲午战后的戊戌维新、义和团两次民族运动的高潮,第二阶段经历了辛亥革命这次更具有近代特征的民族运动的高潮。他说,民族运动的这三次高潮,是近代中国历史客观存在的发展态势,体现了中国近代史的基本线索和发展规律。章开沅认为,"洋务—维新—革命"只是一个简单的框架,它特别容易忽略农民和土地问题这样重要的社会内容。因为中国是一个半殖民地半封建社会,不能机械搬用近代史及资本主义发生、发展和衰败的历史之类现成公式。他又认为三次革命高潮一词还是不用为好,因为革命一词有广狭两种理解,说三次革命高潮不仅容易引起概念理解上的歧义,而且容易使人联想到新民主主义革命史三次国内革命战争的提法,使作为整个中国近代史组成部分的新、旧民主主义史缺乏体例上的协调。他又特别指出,毛泽东说的"两个过程"可以作为我们据以探究近代中国历史基本线索的基点。说近代中国历史发展过程是一种民族运动,并不意味着以另一套线索取代"两个过程"而作为基本线索。"两个过程"是客观存在的历史实际,是中国近代史全过程的主干,因而也就理所当然地被人们理解为贯穿始终的基本线索。由此看来,这第三派虽然对前两派都有所批评,其主张的实质与胡绳的意见是较为接近的。

戚其章是另外一种看法。他说"两个过程"就是中国近代史的基本线索,是难以成立的。他认为,考虑基本线索时不宜空泛地谈论"阶级斗争的表现",反帝斗争固然不能体现基本线索,就是反封建斗争也不一定每次都能体现基本线索,"基本线索的标志,应该是能够反映近代中国社会发展前途的国内阶级斗争","只有推动社会变革的国内阶级斗争才能体现中国近代史的基本线索"。他提出,在中国近代史上,只有太平天国、维新运动和辛亥革命才能体现基本线索，洋务运动和义和团运动不能列入基本线索的标志之内。这样，"太平天国—维新运动—辛亥革命，便构成了近代中国历史发展的三个阶梯"[1]。

以上是 80 年代中期有关中国近代史基本线索争论的几种主要见解。这些见解，都是以 1840—1919 年的中国历史过程作为立论的史实根据的。三派意见有许多共同之处，即都承认要以阶级斗争的表现作为确认中国近代史基本线索的标志，理论上的分歧表现在，或者强调阶级斗争要与社会经济的发展相联系，要求重视资本主义发生发展的意义和资产阶级的政治地位，提出向西方学习、发展资本主义是近代中国争取独立和谋求进步的根本道路，因而高度评价洋务运动的历史地位，贬低义和团运动的作用；或者强调阶级斗争要与反映近代中国社会发展前途的社会变革相联系，认为不能把洋务运动和义和团运动列入基本线索之内。但是这种意见认为不能把中国近代史的"两个过程"和反帝反封建算作中国近代史的基本线索，则显然与作者主张的"只有推动社会变革的国内阶级斗争才能体现中国近代史的基本线索"相违背，有理论上不够严密的地方。就具体分歧而言，三派意见的最大不同，是对洋务运动和义和团运动的评价。就洋务运动言，第一派认为，洋务运动促进了中国资本主义的发生，是进步运动。经济史研究专家汪敬虞研究了洋务企业和近代中国资本主义的发展和不发展后认为，中国资本主义现代企业的产生，以商人为主体的民间活动先于洋务派官僚为主体的官场活动。最先在中国接触资本主义并且实践资本主义的是和入侵的外国资本主义发生联系的新式商人。洋务派官办、官督商办企业后

① 戚其章：《关于中国近代史基本线索的几点意见》，《历史研究》1985 年第 6 期。

来虽然在中国资本主义现代企业产生过程中居于主导地位，但洋务派并不能成为扶助中国资本主义发展的积极力量，洋务派官僚不是站在促使中国资本主义走向发展的一面。[①] 汪敬虞在研究了洋务派的官督商办企业以后得出结论："插手现代企业的洋务派官僚，并不能承担发展中国资本主义的历史任务。"[②] 经济史家姜铎在讨论洋务企业的性质时，认为洋务企业属于早期官僚资本性质，具有买办性和封建性，"洋务企业的垄断排他倾向，抑制了私人资本的自由发展，也是客观存在，不应否认的"[③]。还有人指出："近代中国存在着几种不同性质的资本主义运动。只有民族资本主义才是对中国历史的发展和中国人民的解放有利的，才是进步的。官僚资本主义和殖民主义，则是造成中国贫穷落后的根本因素，是反动的。中国不是多了民族资本主义，而是多了封建主义、官僚资本主义和帝国主义。比较起官僚资本主义和帝国主义在华开办的企业，民族资本主义企业是十分微弱的。因此，不加分析地以资本主义运动作为主要线索来考察中国近代历史发展的进程，笼统地说洋务运动反映了近代中国人民政治觉悟的迅速发展，代表了时代前进的方向，是难以令人首肯的。"[④]就义和团而言，各家评价不一，但对于义和团是北方农民自发的反帝爱国运动，似乎并无很大分歧。问题是胡绳当初界定第二次革命高涨，并没有把义和团作为唯一标志，而且申明"把第二次革命运动高涨仅看作 1899—1900 年的义和团的发动是不完全

---

① 汪敬虞：《近代中国资本主义的发展和不发展》，《历史研究》1988 年第 5 期。

② 汪敬虞：《洋务派不能承担发展中国资本主义的历史任务》，《历史研究》1985 年第 4 期。

③ 姜铎：《略论洋务企业的性质》，《历史研究》1985 年第 6 期。

④ 张海鹏：《中国近代史的"两个过程"及有关问题》，引自《追求集——近代中国历史进程的探索》，社会科学文献出版社 1998 年版，第 14—15 页。

的"，他是把"戊戌维新"和义和团一起看作是第二次革命运动高涨时期的特征。他指出，"二者在第二次革命高涨期间虽然都存在着，但二者是完全各不相关的。追求资本主义理想的改良主义运动表现为短命的'戊戌维新'。以农民群众为主体的自发的斗争则在悲惨地失败了的义和团运动中取得歪曲的表现"①。胡绳除了在《从鸦片战争到五四运动》书中正面叙述洋务运动和义和团外，还在初版前言中指出："本书不认为有理由按照'洋务运动—戊戌维新—辛亥革命'的线索来论述这个时期的历史的进步潮流"；同时指出，"在充分估计义和团运动的反帝斗争意义的时候，必须看到它具有的严重弱点；同时也不能因为在当时的历史条件下，义和团运动不可能发展为一个健康的反帝斗争，就把它的历史地位抹杀掉"。在全面坚持三个革命高潮观点的时候，胡绳对义和团的评价显然是有分寸的。

　　至于强调阶级斗争与社会经济发展相结合，这其实是胡绳当初提起问题讨论的题中应有之义。胡绳认为，研究中国近代史的基本任务，是要通过具体历史事实的分析来说明在外国帝国主义侵略中国的条件下，中国社会内部怎样产生了新的阶级，各个阶级间的关系发生了些什么变化，阶级斗争的形势是怎样地发展的。② 按照马克思主义的政治经济学概念，所谓阶级指的是在一定社会生产体系中、在一定社会经济结构中处于不同地位的集团。所谓阶级斗争，则是基于经济利益根本冲突的集团之间的斗争。提出研究中国社会内部怎样产生了新的阶级这样的问题，当即指在半殖民地半封建社会内部产生了怎样新的社会经济结构，并由此产生了新的阶级结构和阶级斗争。要研究新的阶级、各阶

---

① 胡绳：《中国近代历史的分期问题》，前揭书，第8—9页。
② 胡绳：前揭书，第6页。

级间的关系以及阶级斗争的形势，自然就是要求研究新的社会经济结构，要求把阶级斗争与社会经济结构的研究结合起来。刘大年在 1980 年提出"中国近代史从何处突破？"这样的问题，强调研究中国近代经济史的重要性，提倡用唯物史观研究中国近代史，也是这样的用意。应当指出，50 年代以后，关于中国近代史线索、关于三次革命高潮的理解和运用愈来愈简单化、公式化，对阶级斗争的表现的理解，也愈来愈教条化、线条化，许多中国近代史教科书千篇一律，一个面孔，使读者愈来愈不满意，引起大量反思和讨论，是可以理解的。这种反思和讨论，对于重新学习和理解马克思主义、学习和理解唯物史观，加深理解中国近代史的复杂的历程，多角度、多面向、全过程探讨中国近代史，是有很大好处的。

中国近代史基本线索的讨论，到了 80 年代末以后又有了新的进展。学者们不满足于以往的讨论局限于 1840—1919 年的近代史分期，主张中国近代史下限应当延至 1949 年的呼声高涨了。《历史研究》1988 年第 3 期发表了陈旭麓《关于中国近代史线索的思考》，就是把 1840—1949 年的 110 年历史作为一个完整的历史时期来考察其线索。陈旭麓认为："所谓完整的历史时期，就是说这个 110 年不同于秦汉以来任何一个历史朝代，而是一个特殊的历史社会形态，即在封建社会崩溃中被卷入资本主义世界的半殖民地半封建社会。要从这样一个特殊的完整的社会形态及其丰富的内涵来考虑。"[1] 从这个路向来考虑，从革命的本意来定义革命高潮，陈旭麓认为中国近代史上确有三次革命高潮，但不是经胡绳提倡、得到大多数学者接受的那三次革命高潮。陈旭麓认为，在 19 世纪的中晚期，中国在推动变革的道路上，有过农

---

① 陈旭麓：《关于中国近代史线索的思考》，《历史研究》1988 年第 3 期。

民起义的高潮，有过维新变法的高潮，有过反帝运动的高潮，它们以不同的斗争方式、程度不等地推动或体现了新陈代谢的历程，但并没有形成如后来那样的反帝反封建的革命高潮。只是到了 20 世纪才出现具有完全意义的革命，形成高潮。他断言，这三次高潮是：1912 年的辛亥革命，推翻了清朝政府；1927 年的大革命，打倒了北洋军阀政府；1949 年中国共产党领导的解放战争，推翻了国民党的统治，夺取全国胜利。他强调，中国近代史上只有这三次革命高潮，没有这三次高潮，就赶不走帝国主义，也打不垮封建势力。夏东元也从 110 年中国近代史的角度，提出了他对中国近代史基本线索的理解。他认为："'一条主线'（即资本主义酝酿、发生和发展为线索）'两个过程'（即'帝国主义和中国封建主义相结合，把中国变为半殖民地和殖民地的过程，也就是中国人民反抗帝国主义及其走狗的过程'）相结合，阐明中国近代 110 年的历史规律；既不同意'三次革命高潮'说，也不认为'四个阶梯'说是妥当的。"① 这位作者确定以资本主义为主线，认为将洋务运动、戊戌维新、辛亥革命列为三个进步运动，虽然是四五十年前的陈说，但经过重新论述，注意到了资本主义发生发展的规律性，但未把 110 年历史联系起来看，而且完全把洋务运动与戊戌变法、辛亥革命并列起来是不适宜的，因为洋务运动是反对资本主义的核心问题——民主政治改革的。因此他确信，以资本主义的酝酿、发生和发展与"两个过程"相结合，以实现民主与反实现民主规定资本主义的发展和不能顺利发展为基本线索，将 110 年的中国近代史以戊戌变法

---

① 夏东元：《中国近代史应予改写》，上海《社会科学报》1988 年 9 月 22 日。又见同一作者《110 年中国近代史应以戊戌变法微分断线》，《历史研究》1989 年第 4 期。

为界标划分为前后两段，是比较能全面体现历史发展规律的。①
1997 年张海鹏接续对这个问题发表意见。张海鹏认为：中国近
代史研究，从 50 年代起，就沿用新中国建立以前的说法，分为
中国近代史（1840—1919 年）和中国现代史（1919—1949 年）
两个时期。直到现在，大学里还是这样分别设置教研室，分别讲
授课程。他认为，这样的分法，对历史认识和学科建设，都没有
好处。新中国建立已近半个世纪，对于 1949 年上溯至 1840 年那
一段中国历史，我们现在是看得更清楚了，应该有更好的认识和
解说。总起来说，他认为应该将 1840—1949 年的中国历史打通
来研究，这不论对中国近代史还是 1949 年以后的中国现代史，
不论对于中国革命史还是中共党史的研究，都会有好处。他还认
为，李时岳前几年提到半殖民地是"历史的沉沦"，半封建即半
资本主义是"历史的上升"②，颇有新意，但说半殖民地半封建
中国同时既有沉沦的一面、又有上升的一面，则很难使人信服。
李时岳问道，如果说近代中国只有历史的沉沦，那么，"'历史
的沉沦'何所底止？漫漫长夜宁有尽头？"③张海鹏由此受到启
发，进而提出主张：从半殖民地半封建中国 110 年历史来考察，
近代中国历史到了本世纪初（大约在 1901—1915 年），可以说
是半殖民地半封建社会沉沦到谷底的时期。1901 年是《辛丑条
约》的签订，1915 年是日本向中国提出二十一条、袁世凯称帝
以及陈独秀创办《新青年》。这些重大事件，大大刺激了中国社

---

①　夏东元：《110 年中国近代史应以戊戌变法微分断线》，《历史研究》1989 年
第 4 期。

②　参看李时岳：《中国近代史主要线索及其标志之我见》，《历史研究》1984
年第 2 期。

③　李时岳：《关于"半殖民地半封建"的几点思考》，《历史研究》1988 年第 1
期。

会成长中的新的社会阶级力量，促进了他们的觉醒，促进了整个中华民族的觉醒。从此以后，中国社会内部的发展开始呈现上升趋势，新文化运动的发展和五四反帝爱国运动的爆发是这一上升趋势的明确表征。此后，资产阶级及其政治代表的力量，无产阶级及其政治代表的力量迅速成长并终于先后取代旧势力，成为主导社会发展的力量。①

张海鹏还认为，胡绳提出的三个革命高潮的概念是中国近代史中很重要的概念。从政治史或者革命史的角度来观察，这个概念的提出，是反映历史实际的。固然，从经济史、思想史、文化史或者从近代化史的角度观察中国近代史，可以从各相关专业的需要出发提出不同的、反映各相关专业历史实际的某些概念，但是，从中国近代史的全局衡量，恐怕都要考虑三个革命高潮概念的统率、制衡作用，把三个革命高潮概念完全撇开不用，恐怕是难以反映历史真实的。

但是，胡绳当初提出这个概念的时候，所处理的对象是中国近代史的前半期，即 1840—1919 年期间。把中国近代史的下限放在 1949 年 9 月，则胡绳所提中国近代史的三个革命高潮的概念之不符合实际，是很明显的。从这个角度对三个革命高潮论所作的批评，是完全有道理的。因此，从中国近代史的全局考虑，有必要重新考虑中国近代史上的革命高潮问题。

考虑到胡绳当初提出革命高潮概念的用意，是为了说明中国近代史发展的基本线索，是为了“通过经济政治和文化现象而表明在中国近代历史舞台上的各种社会力量的面貌和实质，它们的来历，它们的相互关系和相互斗争，它们的发展趋势”，是为

---

① 张海鹏：《中国近代史的分期及“沉沦”与“上升”诸问题》，《近代史研究》1998 年第 2 期。

了认识"革命运动高涨的时期乃是社会力量的新的配备通过激烈的阶级斗争而充分表露出来的时期"①,我们就会明了,他并不是从革命的本来意义上来定义"三次革命运动的高潮"这一概念的。他提出这个概念的出发点是可以理解的,它对于我们从政治上来认识中国近代史发展的基本线索和特点,恰恰是很重要的。况且,19 世纪内几次革命运动的高潮(如太平天国运动、戊戌维新、义和团等),为此后真正革命运动的到来作了认真的准备,提供了思想资料,是从旧民主主义革命过渡到新民主主义革命不可缺少的准备阶段。缺少了这些,我们认识中国近代史的基本线索,总结中国近代史的发展规律,就缺少了必要的环节。从这个认识出发,中国近代史的革命高潮依然应该把 19 世纪的几次革命运动包括在内。当然,不一定非要三次不可。从全局衡量,应该有七次。它们是:太平天国革命运动;戊戌维新和义和团运动;辛亥革命;新文化运动和五四运动;1927 年大革命;1937—1945 年抗日战争;解放战争的胜利和中华人民共和国的成立。以上七次革命运动或革命高潮,基本上决定了近代中国的政治走向,包括了从旧民主主义革命到新民主主义革命的所有主要阶段,包括了民族民主革命的基本内容。这就是中国近代史发展的基本线索。②

关于中国近代史基本线索的讨论,虽然近年来发表的文章少了,但是学者们没有停止思索。我希望并且相信,我们的讨论不会就此停步。重要的是要保持百家争鸣的良好态势。我们不需要只有一个声音。在马克思主义指导下,我们可以形成多个学派,

---

① 见胡绳前引文,载《中国近代史分期问题讨论集》,第 4、7 页。

② 张海鹏:《中国近代史的分期及"沉沦"与"上升"诸问题》,《近代史研究》1998 年第 2 期。

提出多个不同的框架，促进中国近代史研究的真正繁荣。

　　50 年来中国近代史的理论和方法的争论，除了基本线索问题外，还有其他的题目，比如近代中国社会性质问题的讨论，又比如关于近代化（现代化）的思考方向与传统的反帝反封建的思考方向的关系等等。但是这些问题的讨论，都还刚刚开始，讨论的广泛性、争鸣的深刻性，都不如基本线索问题。限于篇幅，就不再继续评析了。

新中国建立50年间中国近代史基本问题的讨论与研究课题概述*

中华人民共和国建立 50 周年的大规模纪念活动，刚刚过去几天。在这样的环境里，我作为从事中国近代史研究的一个中国学者，有机会应邀到著名的关西大学来演讲，讲题正好是介绍中国近代史研究的状况，是很有意义的。我首先感谢关西大学石田浩教授的周到安排，感谢我的老朋友关西大学文学部的松浦章教授，他明天就要到中国去访问，今天还要来出席这场演讲。

从历史发展的顺序来说，中国近现代的历史是后起的，当然，关于中国近现代史的研究也是后起的。它的开始出现，从严格意义来说，大约不到一个世纪。1949 年以前，为国民党政权和国民党统治服务的中国近代史研究是主流意识形态，清华大学教授蒋廷黻的《中国近代史》是代表作。少数共产党员和非党的马克思主义者从服务、推进中国人民革命事业的需要出发，以

---

* 1999 年 10 月 4 日演讲于日本大阪关西大学经济研究会，经济学部教授石田浩主持。载于东京野泽丰教授主编的《近きに在りて》（《近邻》），1999 年 12 月，第 36 号。收入《东厂论史录》。

马克思主义作指导观察、研究中国近代史，在那时的时代条件下，这样的观察和研究对于挑战那时的主流意识形态，起了很重要的作用。原北京师范大学教授范文澜在延安写作的《中国近代史》（上册），中国共产党年轻的宣传工作者胡绳在香港写作并出版的《帝国主义与中国政治》，属于这方面的代表作。

1949 年中华人民共和国的成立，是中国近代史上最重要的政治事件，也是中国历史上最重要的事件之一。中国共产党成了执政党，人民民主专政的国家政权创造了中国历史上新的国家形式。对于中国历史的这一巨大变化，中国人民中的大多数感到欢欣鼓舞，他们以空前的热情，投入到建设新中国的历史潮流中去。中国学术界要讴歌这一巨大历史进步，要探索这一历史进步之所由来。中国近代史学科在新中国的学术园地里，空前地发展、成长起来。较之 1949 年以前，中国近代史研究有了很大前进，无论是研究机构、研究队伍、研究成果，以及研究的深度和广度，都有了与往昔不能相比的发展。下面，我从几个方面作一个简要的介绍。

一、专门研究机构的建立和大规模研究人才的成长

1950 年从解放区进入北京的华北大学历史研究室改建为中国科学院近代史研究所，成为新组建的中国科学院最早建立的研究所之一，由著名的历史学家范文澜出任所长。一批具有一定素养的历史学者、年轻的研究生汇集到近代史研究所。这是新中国建立以后最早设置的历史学专业研究机构。它为中国近代史学科的建立奠定了基础。接着各综合大学和师范院校的历史系开设中国近代史课程，设立中国近代史和中国现代史教研室，一批批中国近代史的研究和教学人才从中培养出来；以上两项加在一起，在全国各地形成了一支研究中国近代史的基本力量。

1977 年中国社会科学院成立后，近代史研究所的研究力量

得到了充实，研究机构重新调整，所内分别成立了政治史、经济史、文化史、中外关系史、中华民国史、革命史各研究室，几乎囊括了中国近代史的各个主要方面。研究条件也相应得到了改善。中国社会科学院所属文、史、哲、经方面的研究所，都有涉及中国近代史或其分支学科的机构和研究人员。各省、市社会科学院相继设立了历史研究所，绝大多数省市属历史研究所内都有近代史研究室或与近代史有关的专题、分支学科的研究室。综合大学和师范院校原有的近代史教研室也充实了力量，有些学校还设立了近代史有关专题或分支学科的研究所、研究室。一些工科大学也设置了中国近代史教研室，如著名的清华大学恢复了历史系，主要招收中国近代史的研究生。为了培养近代史研究和教学的后继人才，各研究机构和大学招收的中国近代史研究生与日俱增。发表科研成果的园地也增多了。为适应近代史研究的蓬勃发展，1979年近代史研究所创办了《近代史研究》杂志，作为研究者发表中国近代史研究成果的专门刊物。

与近代史研究机构增强力量的同时，涉及中国近代史有关学科的群众性学术团体——学会、研究会纷纷成立。中国史学会恢复了活动。除了专业性较强的专门性研究会外，还成立了若干全国性的综合性学会，如中国现代史学会、中共党史学会、中国抗日战争史学会、孙中山研究会和中国经济史研究会等。这些学术性团体，对促进各地近代史学者间学术交流、提高学术研究水平起到了良好作用。

1979年以后，中国近代史领域的学术会议频繁举行，全国性的和国际性的学术讨论会，对于交流学术成果，提高中国近代史研究的学术水准，起到了很好的作用。

二、关于中国近代史分期

所谓中国近代史的分期，是要确定中国近代史开始于哪一年，结束于哪一年，以及在这个时期里再划分若干小的时期，以便从总体上指导近代史的研究，并且为中国近代史教科书的编写提供一个参考意见。1954 年在《历史研究》创刊号上，胡绳发表了《中国近代历史的分期问题》一文，引起了近代史学者的强烈关注和热烈讨论。1957 年，《历史研究》编辑部汇集了三年来学者讨论文章予以出版。参加这次讨论的多数学者都把中国近代史的时限划在 1840—1919 年，即开始于鸦片战争，终止于五四运动。也有一些学者主张按照马克思主义的五种社会形态说，中国的半殖民地半封建社会作为一个过渡性的社会，相当于西方资本主义的历史阶段，应当把中国进入半殖民地半封建社会时期（通常所说旧民主主义革命加新民主主义革命的整个时期）看作中国的近代史时期，近代史的下限应当定在 1949 年 9 月。但在实际上，在 70 年代末以前，中国学者对中国近代史的研究，主要集中在 1919 年前的 80 年间，对 1919 年后 30 年的历史研究，则薄弱的多。大多数研究者仍然把 1919 年以后的历史当作中国现代史。80 年代初成立全国性的学术团体中国现代史学会，参加学会的学者大多同意 1919 年以后的中国历史是中国现代史。

　　80 年代末期以来，陆续有学者发表文章，认为把 1919 年定为中国近代史的终点和中国现代史的起点，是不合适的。1997 年 9 月，张海鹏在北京师范大学发表关于中国近代史分期问题的演讲，随后在 1998 年第 2 期《近代史研究》杂志上发表《中国近代史的分期及"沉沦"、"上升"诸问题》的论文，强烈呼吁应该把 1840—1949 年的中国历史打通来研究，应该把 1840—1949 年间的历史定义为中国近代史，把 1949 年 10 月中华人民共和国成立以后的历史定义为中国现代史，并且提出了如何看待 1840—1949 年间中国近代史的历史进程的问题。这篇文章不仅引起了中国学术界朋友们的注意，也引起了日本学者的注意。野泽丰教授在 1998 年 11 月的《近邻》总第 34 期和 1999 年 6 月的《近邻》总第 35 期上连续发表《围绕中国共和史》的卷头语，对张海鹏的文章进行了呼应和评论。郭沫若主编、近代史研究所副所长刘大年负责编写的《中国史稿》第四册（1962 年版）和北京大学教授翦伯赞主编的《中国史纲要》第四册（1964 年版）、胡绳著的《从鸦片战争到五四运动》（1981 年版）以及近代史研究所所长刘大年主编的《中国近代史稿》（1984 年出版），代表了前期讨论中国近代史分期的成果。张海鹏主编的《中国近代史》（1999 年版）代表了近期讨论中国近代史分期的成果。

　　三、关于中国近代史基本线索和近代中国社会性质的讨论

　　中国近代史基本线索的讨论也是从 1954 年胡绳关于中国近代史分期问题的文章开始的。中国近代史的分期是个具体问题，关键是如何认识中国近代史的基本线索。这就涉及一系列理论问题，它们是：如何运用马克思主义和毛泽东思想指导近代史研究，如何对待近代史研究中的旧史学观点，如何确立中国近代史的总体系，如何评价近代各阶级的历史地位和作用，如何认识近代中国发展的主要脉络。胡绳提出了基本上用阶级斗争的表现来做划分时期的标志和三次革命高潮的概念。参加讨论的学者从不同角度探讨了中国近代史的主要内容，涉及对历史唯物主义的不同理解和运用，提出了关于历史分期的不同主张，但对于胡绳的意见，与议者多数表示了赞同，并无根本的分歧。

　　80 年代中期以后，中国近代史发展的基本线索和洋务运动的性质的争论，再次开展起来，而且是前些年争论最激烈、持续久、牵涉面宽而分歧明显的两个问题。关于近代史的基本线索，一派意见（以汕头大学教授李时岳和山东师范大学教授胡滨为代表）把农民战争、洋务运动、维新运动和资产阶级革命作为

近代中国的进步潮流，是中国近代史的基本线索，其根据是：向西方学习，发展资本主义，是中国近代史前期争取独立和谋求进步的根本道路。另一派（以胡绳为代表，刘大年、张海鹏、苑书义等持这种观点）不同意按照洋务运动—戊戌维新—辛亥革命的线索来论述这个时期的历史进步潮流，认为这三者之间在政治上并无必然的继承关系，其性质是大不相同的。考虑中国近代史的发展线索，应制约于中国是半殖民地半封建社会及中国人民反帝反封建这一中心任务，因而认为毛泽东所说"帝国主义和中国封建主义结合，把中国变成半殖民地和殖民地的过程，也就是中国人民反抗帝国主义及其走狗的过程"，正确地概括了中国近代史的基本线索，简约一点，也可概括为太平天国—戊戌变法、义和团—辛亥革命的公式。这一派并不轻视中国近代史上发展资本主义的重要性，但认为只有人民大众反帝反封建的民主革命，才是中国争取民族独立和谋求人民解放的正确道路，这个革命不胜利，资本主义成为中国人民的生产力是不可能的。第三派（以华中师范大学教授章开沅为代表）从民族运动的角度来阐明中国近代史的基本线索，对上两派的观点都有所批评，但又认为毛泽东所说"两个过程"是客观存在的历史实际，是中国近代史全过程的主干，应被理解为中国近代史的基本线索。由此可见，第三派的基本观点与第二派是基本相合的。

近代中国社会是半殖民地半封建社会，这是我们研究中国近代史时，对近代中国社会性质的基本观察。或者说，正确认识近代中国社会的性质是研究中国近代史的出发点。中国新民主主义革命的战略任务的提出和实现，就是建立在对近代中国社会性质的基本分析之上的。

关于中国的社会性质，早在 20 世纪 20—30 年代，中国的思想理论界就进行过热烈的讨论和争论，一些用马克思主义观点观察中国历史和现实的学者和进步人士，论证了近代中国是半殖民地半封建社会的观点。中国共产党人接受了这样的观点，中共中央在自己的文件中正式提出完整的半殖民地半封建概念是在1929年2月（《近代史研究》1996年第4期陈金龙文），那是在中共六大以后。中国共产党人在马克思列宁主义指导下，对中国社会性质和革命性质问题进行了严肃思考和理论创造。1939年底和1940年初，毛泽东连续发表《中国革命和中国共产党》、《新民主主义论》等指导性论著，系统地、科学地、正确地解决了中国社会性质问题。从此以后，中国共产党的理论工作者，以及在中国革命成功的推动下愿意接受马克思主义指导的史学工作者，在中国社会性质问题上，都认同了近代中国是半殖民地半封建社会的观点。

对这个认识，前些年有学者提出质疑和挑战。有的文章认为，帝国主义"破坏了中国的国家主权和领土完整，但没有也不可能改变中国的社会性质"，因而辛亥革命之前的中国仍是封建社会，辛亥革命以后的中国是半封建或半资本主义社会（也有文章认为是资本主义社会），辛亥革命之前和之后，无论如何都不是半殖民地半封建社会，因此要求对半殖民地半封建社会"这个说法究竟是否恰当，似有必要重新加以研究"。广州《学术研究》1988年第6期开辟"中国近代社会性质讨论"专栏，发表该刊记者关于《中国近代社会性质的再认识》的报道，用的第一个标题就是"毛泽东'两半'论的权威面临挑战"，认为"两半论"是"失误"，"延误了我们反封建历史任务的完成"。报道指出，广东社会科学院研究员李时岳对"两半论"提出了直接的质疑和驳难。质疑者认为应该否定"半殖民地半封建"这一理论概括，提出新的概括，以突破现存的近代史的框架，探索新的架构。质疑者说"要为设计新的近代史构架寻找理论基点"。但是迄今为止，还没有人为所谓新的近代史构架提出哪怕稍微新一点的设计说明。所以，我们到底不知道，要设计的新的近代史构架是什么，支持这一构架的理论基点找到了没有。

四、关于中国近代史研究的若干课题

鸦片战争、太平天国、戊戌变法、义和团、辛亥革命，新文化运动和五四运动是以往研究的重点，有许多研究著作。缺点是，对统治阶级、地主阶级研究得不够，因此，呈现在人们面前的近代历史，就不是它的全貌。近些年对清末统治阶级、地主阶级的表现，北洋军阀的统治，已经展开了研究，并且取得了初步成绩。近些年对晚清新政的研究加强了，除了研究晚清新政本身的历史过程，还探讨了晚清新政不能成功的原因。这是学者们对近代史研究进行总体反思的自然结果。但是，投入的力量还不够多，取得的成绩还不够大，研究工作显得比较零乱，似乎没有确立起引人注目的中心议题，表明这方面的研究的确刚刚起步。

社会历史本来是多姿多彩、有血有肉的。以往的研究似乎抓住了骨头即本质关系，给人的印象是不够丰满，缺少血肉。这些年学者们在弥补这种不足方面作出了努力，开拓出了近代社会史的新领域。除了反映社会本质的阶级关系的政治史、经济史、军事史等研究外，加强近代社会史研究是很必要的。社会史中的有些方面可能与社会阶级关系有较密切关系，有的可能不那么密切（如社会习俗、语言变化等）。研究这些社会现象，对丰富人们的近代史知识，加深人们对社会本质的认识，不无助益。南京大学历史系、山西大学历史系都聚集了近代社会史方面的研究人才，成立了社会史研究室。关于近代人口研究，关于近代社会底层（如会党、土匪等）研究，关于近代社会习俗研究，关于近代农村社会结构研究等等，都有学者致力。中国社会科学院近代史研究所也聚集了学者在研究与近代社会史相关的课题，有关社会文化史、社会经济史、人口史都有著作出版。

近代史研究领域的扩大，20年来突出表现在中华民国史这一新的领域的开辟。一般认为，中华民国史起于1911年，止于1949年。在中华民国名义下活动过三个政府：南京临时政府、北洋政府和南京国民政府。除辛亥革命史（包括南京临时政府时期）研究较有基础外，其余部分的研究都较薄弱。50年代的科学规划中，中华民国史研究虽定为项目，却从未组织实施。自70年代初近代史研究所开始着手此项工作，成立民国史研究专门机构，随后南京等地也成立起相应的研究机构，中华民国史的研究才引人注目。目前，各地有不少研究人员特别是青年研究人员正在拥向这块有待开辟的园地。

作为中国近代史后半段的中华民国史，应是中国历史中一部断代史，单从政治史的角度看，它至少应包括中华民国历届政府的统治和人民群众反帝反封建的新民主主义革命两部分。目前的研究中，人们习惯于把后一部分划为中共党史或现代革命史，成为专门的研究领域，拥有众多的研究和教学人才。中华民国史的研究已全面展开，但重点尚在它的前期，近代史研究所民国史室编著的《中华民国史》已经出版了第一编、第二编，国民政府时期的各卷，正在积极编撰中。与已有著作比较，此书结构宏富，叙述深入细致，资料发掘较深，是一部在国内外有着广泛影响的中华民国通史。此外，北洋军阀时期的历史，武汉国民政府历史，大革命史，抗日战争史，民国外交史，民国经济史等方面，都有专著。

革命史或中共党史研究的繁荣，也是这个时期中国近代史开拓新领域的突出表现之一。革命史与现实生活有着广泛的密切联系，中国社会主义革命和四化建设的巨大成就及其在前进中的挫折，引发了人们回顾中国革命史的热情。许多学者特别是青年学者都把注意力放到革命史领域中来，是很自然的。粗略观察，这方面的出版物（主要是资料，加上研究著作和论文）较之民国史和近代前 80 年史，都要多。一般认为，五四运动是革命史的起点。五四运动的研究也较成熟。代表作可举出彭明的《五四运动史》。李新、陈铁健主编的《中国新民主主义革命史长编》，是一部历史长编性系列著作，全书大约有 10 多卷，已陆续出版。综合性的革命史著作有胡绳主编《中国共产党七十年》、中共中央党史研究室主编《中国共产党历史》、中央党校党史教研室编著的《中国共产党史稿》以及北京大学教授萧超然、沙建孙主编的《中国革命史稿》。革命史方面的专门著作很多，不备列。一般说来，革命史研究著作还处在历史长编性阶段，从科学性要求，这个领域的研究还要进一步深化，提高其成熟度。从宏观的角度加强把握，从微观的角度加强综合分析研究。同时要强调，研究人员的眼光不能仅仅盯住革命史，要把 110 年的中国近代史作为一个整体来考虑。

近代经济史的研究这几年有可观的成绩，著作很多。近年来近代史研究所的华北农村经济研究颇受学者注意。

近代中外关系史研究史学界关注的重点。近代中国同英国、法国、俄国、德国、日本、美国、苏联等国家关系密切，中国学者在中美、中俄、中英、中日关系方面做过一些研究，但在中法、中德、中苏等关系都缺乏系统而深刻的科学研究。近代史研究所在 50 年代和 80 年代出版了《帝国主义侵华史》第一卷、第二卷，70—80 年代出版了《沙俄侵华史》四卷，90 年代出版了中美关系史和中日关系史的著作，颇受国内外学者重视。英国是近代中国对外关系中最为密切的国家之一，在帝国主义侵华过程中，相当长时间内英国是执牛耳者。可惜至今尚无一部系统的中英关系史或英国侵华史出版。香港收回谈判引起了学者们的注意，1994、1995 年近代史研究所分别在北京和香港出版了《19世纪的香港》和《20 世纪的香港》。中日两国一衣带水，历来关系密切。在近代，日本是唯一一个发动过两次大规模侵华战争的国家，其影响中国历史者至巨，山东学者出版了《甲午战争史》，近代史研究所出版了《日本侵华七十年史》。中苏关系对近代中国后期关系极大，近代史研究所设立了中苏国家关系史课题组，正在研究中苏关系历史。

此外，在中国近代思想文化史、军事史方面，在历史人物方面，都有很好的研究，这里限于时间，不能作出更多的介绍。

半个世纪以来，中国近代史研究领域随着时间的推移，不断有所扩大，这是研究工作本身的规律所决定的。在中国近代史研究中，政治史、经济史、军事史、中外关系史、社会史、文化思想史、近代史学理论诸多方面的研究，都有前进。近些年，尤其是中华民国史、抗日战争史、政党史、社会史、思想文化史的研究更有长足进步。学者们的研究兴趣，大多已向 1919 年以后的历史转移。现在有些青年研究者对思想文化史研究有兴趣，对政治史的研究缺少热情。我认为，加强与加深思想文化史研究是有意义的，忽视政治史研究却没有必要的理由。政治史研究的深度和广度如何，对其他的研究领域起着制约的作用。经济史研究的深度和广度如何，对解释社会的发展方向有着深刻的含义。有志于推进中国近代史研究的年轻朋友，应当投身于政治史和经济史研究，要决心下大力气，取得成就。

以上是我对半个世纪以来中国近代史研究的状况，所做的一个极为简要的描绘，遗漏的地方很多，谨供愿意了解情况的各位日本朋友参考。

民国史研究的现状与几个问题的讨论[*]

国内开展中华民国史研究，从 1972 年算起，到今年正好 30 周年。中华民国史研究，现在也已成为一门世界性的学问。在日本、美国、欧洲各国都有很好的研究，各有优长，值得中国学者学习和借鉴。本文主要就中国大陆，特别是中国社会科学院近代史研究所有关民国史研究的简要情况，作一个汇报，同时提出几个问题，谈谈个人的意见。

一 国内民国史研究的兴起与发展

中华民国史研究是中国近代史研究中的一个新兴分支学科。30 年前，当时所谓中国近代史研究，主要对象是晚清时期，顶

　　* 本文是作者在 2002 年 5 月 26 日中国史学会与云南大学联合举办的 "21 世纪中国历史学的展望学术讨论会" 上的演讲。原载《近代史研究》2002 年第 4 期；又载中国史学会、云南大学编《21 世纪中国历史学展望》，中国社会科学出版社 2003 年版。转载于人民大学报刊复印资料《中国现代史》2002 年第 12 期。

　　收入张海鹏《东厂论史录——中国近代史研究的评论与思考》，广东人民出版社 2005 年版；中国社会科学院近代史研究所编《中华民国史研究三十年》上卷，社科文献出版社 2008 年版。

多延及五四运动。今天我们所说中国近代史，晚清时期固然还是一个重要研究对象，民国时期的历史研究，特别是五四运动以后的历史研究，骎骎然已经成为主要的研究对象了。鸦片战争史的研究、太平天国历史的研究、洋务运动的研究、义和团历史的研究、辛亥革命历史的研究，其高潮已然过去，有众多学者参与的那种研究状况，似乎不再能掀起。2001 年，是太平天国起义 150 周年，义和团起义和八国联军侵华 100 周年，辛亥革命 90 周年。2001 年在南京和广州分别召开过有关太平天国的规模不小但内容并不充实的学术讨论会，2000 年 10 月在济南召开过纪念义和团 100 周年的大型国际学术讨论会，2001 年 10 月在武汉召开过纪念辛亥革命 90 周的大型国际学术讨论会，但似乎都没有取得较之其旺盛期更具突破性的学术成就。与此相反，民国史研究则呈现一片繁荣景象。南京就先后举办过四次有关民国史的国际学术讨论会，本所今年 8 月还要召开中华民国史国际学术讨论会。有关民国时期的政治史、经济史、思想文化史、社会史研究，都开展的很活泼，各种论著层出不穷。民国历史成为海峡两岸学者进行学术对话的重要内容。由于民国时期的历史档案，不管是藏在南京的、藏在台北的，包括国民党中央党史会的档案，和台湾"国史馆"典藏的蒋介石档案，都先后不同程度地开放，中国学者到日本、美国、英国、法国、葡萄牙等国也寻访到许多档案资料，因此，民国史的论著都显得相对比较充实。民国史研究，大体上是从 1972 年开始的，1978 年后就逐渐走向繁荣了。

早在 1956 年，国家在制定 12 年科学规划时，研究民国历史的任务已经提了出来。但是，在当时的时代背景下，开展这样的研究是困难的。原因有三：第一，中国近代史学科虽然在 1949 年以前就已经开始形成，但以马克思主义指导的中国近代史学科的建设则刚刚开始，学者们的兴趣和研究方向还在晚清时期，

1961 年召开纪念辛亥革命 50 周年学术讨论会以后，辛亥革命时期的历史研究方才较多地开展起来。从学科建设的角度说，涉及民国史的学术研究还难以提上日程。第二，新中国刚建立，革命时期的热情还在继续，人们迫切希望知道新民主主义革命之所由来，新民主主义革命的历史进程，旧民主主义革命如何向新民主主义革命发展、转变，以及帝国主义侵略中国的历史，所以对五四运动以前的近代革命史，它的发生、发展，低潮高潮，挫折与进步，学术界努力甚多；对五四运动以后的革命史，主要是中共党史的研究，对学术界具有支配作用。不用说民国史，就是晚清政府的历史，也只能作为革命史的陪衬，不大可能作深入的学术研究。事实上，在国际学术界，如美国、日本、苏联等，那里研究中国近代史的学者，也在追寻新中国成立的由来，他们的研究视线，也仍旧停留在中国近代史的早期即晚清时期的社会历史变化上。第三，从政治上说，民国时期相去未久，许多历史事件的当事人大多尚健在于台湾海峡两岸，政治上的敌对情绪难以平息。而且海峡对岸的国民党残存势力还在以台湾作为"反共复国"的基地，对这种残存势力的国际支持还严重存在。两岸之间事实上的战争状态仍然存在。对民国历史作自由的学术研究，在当时的政治环境下是不可能的。

1971 年，在"文化大革命"陷于茫无头绪的时候，在"抓革命，促生产"的口号下，国务院抓了 1971 年的国家出版计划的讨论，由于周恩来总理的关心与支持，中华民国史的出版工作，被列入国家重点出版计划。1972 年 7 月，近代史研究所从位于河南信阳的"五七干校"全部撤回北京。在李新同志的领导下，近代史研究所积极筹备，网罗人才，在 1972 年秋成立了中华民国史研究组，成为国内第一家以"民国史研究"命名的研究单位，在当时史学界尚未复苏的情形下，在中国史学界率先开始了有组织的民国历史的研究工作，民国史研究在国内自此起步。

民国史研究组当时商定，组织所内外研究人员从事民国史研究工作，计划编写民国大事记、民国人物传、民国专题史料，在民国史研究的资料准备差不多以后，再来编撰多卷本的《中华民国史》著作。那时候，研究工作刚起步，有一定经验和学识的研究人员不多，一切从头开始摸索。公开发表研究成果的园地也没有。当时，民国史研究组与中华书局商定，民国人物传、民国大事记、民国专题史料陆续在中华书局出版。为了谨慎起见，出版用的是 16 开本的白皮书，内部出版形式，对外不发行，仅在学术界内部交流。"文化大革命"结束以后，中国社会科学院正式成立，人文社会科学方面的研究得以全面恢复。1978 年，中国社会科学院近代史研究所根据史学发展的需要，扩大了学科设置，重新组建了研究机构，增设了经济史、文化史研究室，民国史组改制为民国史研究室。截至 80 年代末，仅以中华民国史资料丛稿（16 开，白皮书）名义出版的大事记有 25 辑，人物传记 23 辑，民国史资料特刊、增刊、专题资料、电稿共 29 种 36 册，译稿 19 种 43 册。今天回过头来看，当年近代史研究所开展民国史研究是有勇气的，方向是正确的。它不仅标志着中国历史学中一个新的学科的建立，而且预示着一种新的学风在开始形成。民国史研究以民国时期的统治阶级作为研究对象，打破了以往统治阶级只作为革命史的陪衬的局限，开始了拓宽中国近代史研究领域的进程。这一点对于"文化大革命"结束以后史学界的拨乱反正，在学科建设上有着正面的意义。这是我们今天回顾民国史研究 30 年时必须指出的。

1978 年，《民国人物传》第 1 卷公开出版，接着，第 2 卷在1980 年正式出版。1981 年，《中华民国史》第 1 编也公开出版。

这标志着，民国史研究的招牌对国内外正式亮相，也标志着民国史学科的初步建立。1980 年，我们开展民国史研究的消息传到台湾，曾经引起台湾政学各界的震动。台湾学术界的朋友纷纷发表谈话，什么"诡计"、"阴谋"、"幻术"、"威胁"、"先声夺人"等等议论，不一而足；也有说我们设置民国史研究室是"设官修史"，企图否定台湾的"中华民国"的存在。当时的中国国民党党史委员会主任秦孝仪先生甚至提出"制敌机先"的口号，形势一时很紧张。1982 年初，当时近代史研究所民国史研究室主任孙思白先生曾就台湾学术界朋友们的疑惑，在《近代史研究》杂志上发表文章，说明组织专门研究机构，开展中华民国史研究，纯粹是历史学者的行为，是学术行为，力图释疑解惑，并倡议两岸历史学家共同推进民国史的研究事业。

在改革开放所形成的良好的研究环境下，近代史研究所的民国史研究得以广泛展开。不仅民国史研究室主要从事民国史、国民党史的研究，其他的研究室，如中外关系史研究室、经济史研究室、文化史研究室、思想史研究室，当然还包括革命史研究室，其研究方向都在向民国时期的历史转移。民国史研究室有一个时期由于老成凋谢，人才外流，经费支绌，研究工作进展迟缓。近些年条件改善，工作抓得紧，形势好转。至 2001 年 6 月，民国史研究室的主要研究成果有：大型民国史研究著作《中华民国史》12 卷，已经出版 6 卷（第 1 编，中华民国的创立，上、下册，1981 年版；第 2 编，北洋政府统治时期，第 1 卷，1912—1916 年，上、下册，1987 年版；第 2 编，第 2 卷，1916—1920 年，1987 年版；第 2 编，第 5 卷，1926—1928 年，1996 年版；第 3 编，第 5 卷，从抗战胜利到内战爆发前后，2000 年版；第 3 编，第 6 卷，国民党政权的总崩溃和中华民国时期的结束，2000 年版），其他各卷正在加紧工作，将在一两年内陆续完稿。《民国人物传》，共 12 卷，收录民国时期有影响的政治、军事、外交、经济、文化等各界人物近千人，已经全部完成，现已出版 10 卷。《中华民国大事记》，收录民国时期的各项大事和要事，全部 39 卷 5 册已经出版。近代史研究所的研究人员还撰写了有关民国时期政治、军事、经济、外交、文化、人物的著作和论文数百种（篇），不完全统计，其中著作 104 种，编辑出版民国历史资料 74 种。近代史所有关民国史的这些研究成果，奠定了国内民国史学科的研究基础，代表了国内民国史研究的水准，推动了祖国大陆和台湾以及国外民国史研究的开展。中国社会科学院近代史研究所的民国史研究，受到海内外学术界的广泛关注。1996 年，民国史研究室被列为中国社会科学院重点建设的学科和研究室之一，近年来又有了新的发展，保持了在国内学术界的领先地位。

正是在中国社会科学院近代史研究所的带动下，国内的民国史研究近年来得到了长足的发展，海外的民国史研究也有相当进展，民国史研究正在成为一门大有发展前途的新兴国际性学科。目前，国内研究民国史的力量分布在各大学和科研院所，北京大学历史系、北京师范大学历史系、南京大学的中华民国史研究中心、南京中国第二历史档案馆、上海复旦大学历史系、上海社会科学院历史研究所、武汉华中师范大学的中国近代史研究所、武汉大学近百年革命史研究所、广州中山大学中国近代史研究中心、广东社会科学院孙中山研究所以及天津南开大学历史系，都拥有不少民国史研究人员，重庆也设立了民国史研究中心，可以说各省都有民国史研究的学者。有关民国史的学术讨论会，也在各地屡屡召开。各地出版社纷纷出版有关民国历史的著作，其中，河南人民出版社的"中华民国史丛书"、兰州大学出版社的"民国人物大系丛书"、广西师范大学出版社的"抗日战争史丛书"、北京出版社的"中国抗日战争史丛书"、广东人民出版社的"孙中山基金会丛书"、中山大学出版社的"孙中山与近代中国学术系列"、辽宁人民出版社的"九一八事变丛书"等更有特色。民国史研究已经成为中国历史学界很有特色的学科领域。

二　关于中华民国史学科定义的讨论

顾名思义，中华民国是中国历史发展过程中的一个阶段，就像唐、宋、元、明、清各个历史发展阶段一样。1949 年 10 月 1 日中华人民共和国成立是中国历史的新纪元，标志着中国历史进入了一个新的时代。因此，应该说，中华民国史是中国历史发展过程中距离今天最近的一部断代史。我认为这是理解民国史学科定义的关键所在。

但是，我们国内有关民国史的基本概念，与这种理解有很大差别。近代史研究所民国史研究室当初讨论自己的研究方向时，决定把民国时期统治阶级及其人物的活动作为主要研究对象，即把北洋军阀及其政权和人物、国民党及其政权和人物作为主要研究对象。已经有论者指出，这种理解未免过于狭窄，认为这是狭义的民国史研究。这个批评是有道理的。我想当初作出这个决定自有它的理由。关于五四运动及其以后的新民主主义革命史的研究，关于中共党史的研究，在民国史研究开展以前，早就开始了。在人们的眼光中，民国史是作为新民主主义革命史或者中共党史的对立面而存在的，就像研究太平天国史、辛亥革命史，清政府是它们的对立面一样。从革命史的角度看，清政府和民国政府都不过是陪衬。那个时候，要想把民国史作为一个研究方向确立起来，自然只能把民国时期的统治阶级及其代表人物的活动作为方向，而不能把新民主主义革命史和中共党史纳入民国史的研究范围内。否则，民国史作为一个学科，就难以确立起来。毋宁说，以民国时期的统治阶级作为民国史的研究方向，是一个聪明的处理办法。这个处理办法一直延续到今天，虽然有人希望突破，但在实际上尚无明显改观。

问题是，在今天，以学术的眼光，从学科建设与发展的角度，究竟怎么看民国史的学科定义？以学术眼光看，把民国史看作中国历史发展过程中的一个断代史，是符合我们处理历史问题的传统办法的。从断代史的角度看，我们定义民国史学科，可以有狭义的和广义的两种概念。所谓狭义的民国史，基本上可以说是民国时期的政治史。所谓广义的民国史，基本上是涉及民国时期政治、经济、军事、文化、社会发展、政党斗争等各方面的历史。

民国时期的政治史，包括发生在国家上层政治机关的种种斗争。一个国家的政权鼎革，是国家政治上的大事。政权机关上层派系纠纷、意见分歧，往往引起政治斗争。军阀派系，政党斗争，深刻影响国家社会政治生活。虽然不属于国家政治上层，但足以影响国家政治上层生活的，如1919年的五四运动，它是学生爱国运动，引发了工人运动，并且在此后的社会生活和政治生活中影响至巨，当然应当进入政治史范围。又如1921年中国共产党的成立，1924年中国国民党第一次全国代表大会，在其后的中国政治生活中引起翻天覆地的大变化。1927年4月上海的政变和7月武汉的分共，以及由此引起长达10年的国共内战，都深刻左右了国家政治的动向。1936年12月西安事变，1937年7月卢沟桥事变，促成了国共合作，又一次改变了国家的发展前途。因此，民国政治是指发生在民国时期的国家政治机构、不同政党以及工农群众、知识分子群体，对于半殖民地半封建中国的现实生活以及前途和走向方面引发的重大争论、斗争直至改朝换代而足以影响全国政治、社会走向乃至发生深远历史影响的行为。研究民国政治史，就是研究这些政治行为发生、发展的历史。可以说，民国政治史基本上反映了、代表了民国时期的历史面貌，左右了民国时期的历史发展。狭义的民国史就是指民国的政治史，是在这个意义上说的。因此，研究民国政治史，不仅要研究旧三民主义，还要研究新三民主义；不仅要研究旧民主主义革命，还要研究新民主主义革命；不仅要研究北方的北京政府，还要研究南方的广州政府；不仅要研究国民党，还要研究共产党，还要研究国共两党之外的各种党派；不仅要研究各个党派自身的治国理念和政策，还要研究各个党派之间的互动，以及这种互动如何影响了政治变化和社会发展；不仅要研究上层的政治，即发生在统治集团之间的政治行为，发生在执政党和在野党之间的互动与斗争，也要研究下层的政治，即发生在工人、农民、知识分子、学生中的政治行为，研究这种政治行为如何影响了国家的发展方向；从阶级关系上说，不仅要研究资产阶级及其政治活动，还要研究工人阶级、农民阶级及其政治活动，也要研究小资产阶级以及地主阶级及其政治活动。这样，仅仅把民国时期统治阶级及其人物活动作为民国史研究的方向，把北洋军阀与北京政府和国民党与南京政府作为民国政治史的主要研究内容，显然不能反映民国历史的主要内容，更不能反映民国史的全面内容。这就是说，民国史研究如果排除了共产党和其他民主党派，排除了共产党、国民党以及各民主党派的互动，便不能抓住民国历史的实质内容。在这种情况下研究党史，无论是共产党史还是国民党史，便只能看到单纯的党派活动，看到党的会议、文件与政策的制定，看不到在广阔的历史背景下政党的作用，为什么会有这样一些党的会议、文件和政策的制定。

　　狭义的民国史，即民国政治史，虽然反映了民国历史的基本内容，但终究不能反映民国历史的总体面貌。因此必须指出研究广义民国史的必要性。所谓广义的民国史，即指发生在民国时期的各种社会行为，政治的、经济的、中外关系的、军事的、文化的、思想的、社会的，等等。必须研究民国政治史、民国经济史、民国时期中外关系史、民国军事史、民国文化史、民国思想史、民国社会史、民国时期民族史、民国边疆史、民国宗教史、民国华侨史，等等。民国政治史，前面已经讲过。民国经济史，不仅要研究一般的经济现象，研究国民所得，研究国家综合经济能力，研究城市经济、农村经济，尤其要研究资本主义经济的发展、成长状况，发展中的挫折和困难，机遇和挑战，研究资本主义经济的发展如何影响了社会生活的方方面面：不仅影响政治运作，还影响军事行为，影响外交能力，影响人们的文化生活和思维方式。民国时期中外关系史，换句话说，民国外交史，首先要注重研究国际关系下的中国外交，在这种情势下，中国的外交不是主动的，是被动的，是受到大国左右的，这是基本的一面；也要从中国自身的利益、中国国内的政治斗争和中国人民的觉醒的角度，考虑中国的外交努力，在这种情势下，民国时期的中国外交也有自主的成分，有些外交行为维护了中国的主权和利益，这与晚清的外交是不完全一样的。民国文化史、思想史，非常重要。文化、思想现象，一般是在前人基础上的继承，又能影响后人。文化思想现象又非常复杂，总起来讲，它是一定社会的政治的、经济的、外交的等等现象的反映。我们对民国文化、思想史的研究，首先要关注那些反映社会前进、上升努力的文化、思想，关注那些探索、寻求中国出路，引导中国向上的文化思想，关注各种文化思想流派之间的论辩、争鸣及其对社会生活的影响。这些当然应该成为研究的重点。总之，在这些专门研究的基础上，才能够写出反映民国时期丰富内涵的、有血有肉的、枝叶繁茂的中华民国史。目前国内的研究，在上述各方面，取得了很大成绩，但也有很大差距，我们应该有更多的努力。

关于民国史的学科定义，我们似乎可以作一个结论：民国历史是中国历史上的一部断代史。研究民国史，不仅要研究民国时期统治阶级的历史，也要研究被统治阶级的历史，不仅要研究国民党的历史，也要研究共产党的历史，还要研究反映涉及社会生活、国家发展各方面的内容的历史现象。如果把民国史定义为只研究民国时期统治阶级及其人物的历史，从学科定义的角度看，是片面的，不科学的，不足取的。这好像从前研究革命史，只研究革命势力一方面，而不大研究反革命势力或者说统治阶级势力方面一样，都是片面的。另外，换一个角度说，中共党史作为一个独立的学科存在，是有它存在的理由的，中共党史研究还要大力开展，研究中共党史的学者，也要在研究中寻求广阔的历史背景的支持。从历史本身发展需要，从学科发展需要，民国史都不能停步在统治阶级历史活动的研究上。

概括一句话，民国史学科是研究民国时期历史的学问，是以民国时期政治、外交、经济、军事、文化、思想等诸多社会现实为研究对象的学问。从学科自身的定义看，从学术发展的角度看，像 30 年前那样，把民国史仅仅看作民国时期统治阶级的历史，显然是不科学的，显然是与历史发展的实际不相符合的。

三　研究民国历史应该把握的几个历史转折

我对中国近代史的发展轨迹有一个观察，就是中国近代史上经历了"沉沦"和"上升"的发展阶段，所谓"沉沦"和"上升"有它自己的运行规律。

人们常说，近代中国的历史是屈辱的历史。从鸦片战争中清政府失败时候起，中国社会便逐渐陷入了半殖民地半封建社会的深渊。这便是近代中国社会的"沉沦"。这是以往的历史学家对中国近代史的一种解说。大约20年前，有学者发表论文，提出近代中国不仅有"沉沦"，还有"上升"。所谓半殖民地半封建社会，半殖民地是对独立国家而言的，半封建是对半资本主义而言的。半资本主义，对封建社会是一种历史的进步。半资本主义的存在，就是"上升"。所以，半殖民地半封建社会不仅有"沉沦"，而且有"上升"。这种"沉沦"和"上升"是同时并存的。这是历史学家对近代中国历史的又一种解说。

说鸦片战争后的近代中国陷入"沉沦"，有它合理的地方，因为它看到了帝国主义侵略、政府腐败给中国社会带来的严重后果，但是，仅止于此，却不能很好地解释为什么近代中国以后有积极的、向上的发展。说近代中国的"沉沦"中有"上升"，也有它合理的地方，因为它看到了在沉沦、屈辱的中国，仍然存在着上升的因素。但说在"沉沦"的过程中始终"包含着向上的因素"，"沉沦"与"上升"同时并存，也不能恰当地解释整个中国近代史的发展。

怎样解释才符合历史发展的真实呢？

帝国主义侵略确实使中国社会发生"沉沦"，使独立的中国社会变为半殖民地，独立主权、领土完整受到严重损伤。但是，"沉沦"也不是中国社会的唯一标志，换句话说，近代中国社会也不是永远沉沦下去。即使是"陷入半殖民地半封建社会的深渊"，这个"深渊"也应该有一个底。

这个深渊的"底"在哪里？底就在20世纪的头20年，就在《辛丑条约》签订以后至北洋军阀统治时期。因为是"谷底"，所以是中国社会最困难的时候。

中国台北的张玉法教授认为《辛丑条约》以后，列强对中国的态度趋于缓和了，这种认识与历史事实是不相符合的。事实上，《辛丑条约》给中国带来了最大的打击，帝国主义更加重了对中国的侵略，西有英国对西藏的大规模武装侵略，东有日俄在东北为瓜分中国势力范围进行的武装厮杀，北有俄国支持下外蒙古的独立运动，南有日本、英国、法国在台湾、九龙租借地和广州湾租借地的统治；到 1915 年以后，又有日本提出的企图灭亡中国的 21 条以及袁世凯政府对日签订丧权辱国的所谓《民四条约》，辛亥革命以后又有袁世凯称帝、张勋复辟、日本出兵青岛和山东以及军阀混战，民不聊生至于极点。看起来中国社会变得极为黑暗、极为混乱，毫无秩序、毫无前途。这正是"沉沦"到谷底的一些表征。但是，正像黑暗过了是光明一样，中国历史发展在谷底时期出现了向上的转机。中国资产阶级革命派力量壮大起来，并导演了辛亥革命推翻封建专制的伟大历史事件，这个革命失败后，中国人重新考虑出路。于是，新文化运动发生了，五四爱国运动发生了，马克思主义大规模传入并被人们接受也在这时候发生了。孙中山领导的中国国民党从这时改弦更张，重新奋斗。中国共产党在这时候成立并提出反帝反封建的明确主张。我们可以看出，从这时候起，中国社会内部发展明显呈现上升趋势，中国人民民族觉醒和阶级觉醒的步伐明显加快了。在这以前，中国社会也有不自觉的反帝反封建斗争，也有改革派的主张和呐喊，但相对于社会的主要发展趋势而言，不占优势；在这以后，帝国主义的侵略还有加重的趋势（如日本侵华），但人民的觉醒，革命力量的奋斗，已经可以扭转"沉沦"，中国社会的积极向上一面已经成为社会发展的主要趋势了。

近代中国社会的发展轨迹像一个元宝形，开始是下降，降到谷底，然后上升，升出一片光明。这就是说，鸦片战争以后，中国陷入半殖民地半封建社会深渊，直到 20 世纪初期，北洋军阀时期，深渊到了谷底，对于中国社会的发展来说，这时候面临的主要是"沉沦"，虽然，这时中国在经济、政治、思想、文化诸方面，实际上存在着积极的、向上的因素，但这种因素的发展是渐进的、缓慢的，相对于社会"沉沦"主流来说，它是弱小的；北洋军阀往后，直到40年代，半殖民地半封建社会中国渐渐走出谷底，随着新的经济因素不断成长、壮大，随着新的社会阶级的出现，随着人民群众、社会精英民族意识和阶级意识的日渐觉醒，社会向上的、积极的因素逐渐发展成为社会的主流因素，影响着社会向好的方面发展，虽然，消极的、"沉沦"的因素仍然严重地存在，其对中国社会的压迫，甚至不比北洋军阀时期以前弱。但是由于有新的阶级、新的政党、新的经济力量、人民群众的普遍觉醒这样的上升因素在起作用，终于制止了帝国主义使中国滑向殖民地的企图。从另一个角度来说，中国近代史不仅是屈辱的历史，也是中国人民为了民族独立、国家富强而不屈不挠奋斗的历史。所谓屈辱主要体现在历史的"沉沦"时期，所谓奋斗，主要体现在历史的"上升"时期。这不是说历史的"沉沦"时期没有奋斗，那个时期中国人民有过不少次的奋斗，但是，由于觉醒程度不够，物质力量不够，斗争经验不够，那时候中国人民的奋斗还不足以制止中国社会的"沉沦"；在历史的上升时期，不是没有屈辱，日本帝国主义对中国的侵略，甚至比以往历次帝国主义侵略给中国造成的损害还要严重，但由于中国人民空前的民族觉醒和空前的艰苦奋斗，中国社会不仅避免了继续沉沦，而且赢来了反侵略战争的彻底胜利，为中国的现代化造就了基础条件。

　　以上这个观察运用到民国历史时期，我们可以看到，民国历史时期，基本上是近代中国的上升期。1901年到1920年，是近代中国"沉沦"到谷底的时期。这个谷底时期，是黑暗到黎明的转折期，是"沉沦"到"上升"的转折期。表现"沉沦"的阶级力量还很顽强，表现"上升"的阶级力量又不够强大。这种顽强和不够强大，体现为"沉沦"与"上升"的交替表演。其中，1911年武昌起义胜利导致1912年中华民国的建立，标志着近代中国上升期的起点，它又是民国历史的起点。它是"谷底"时期"沉沦"与"上升"交替表演的第一个回合。接着，袁世凯掌握北京政权，孙中山、黄兴等革命派失去政权，形成交替表演的又一个回合。1913年宋教仁被刺，孙中山、黄兴发起"二次革命"，袁世凯镇压"二次革命"，宣布就任民国正式大总统，是这时期交替表演的第三个回合。1915年底袁世凯称帝，蔡锷等在云南发动"护国战争"，袁世凯从称帝到气急而亡不过5个月，这是交替表演的第四个回合。黎元洪任大总统后，发生张勋复辟和段祺瑞"再造共和"那样的政治局面，那实际是专制与共和斗争的一个表现形式；接着孙中山在广州组织护法军政府，号召维护《临时约法》；接着发生北京学生的五四运动和上海工人的六三运动，掀起了前所未见的反帝反封建斗争，这是谷底时期交替表演的第五个回合。我们看到从辛亥革命表现出来的民国历史的起点，也就是中国近代史"上升"时期的起点，到五四运动表现为新民主主义革命的起点，"上升"时期的阶级力量在明显地成长、壮大中，"沉沦"的阶级力量在逐渐消退。辛亥革命所造成的那样大的革命声势下，革命派为什么不能执掌国家政权？我们现在可以回答，辛亥革命所处的那个时期，正是近代中国历史发展"沉沦"到谷底的时期，是"沉沦"到"上升"的转折期，也是专制和共和的转折期。这个时期是民国历史的第一个转折期。这个转折值得认真研究。应该说，这个转折，对近代中国历史发展进程的意义，至今的研究都很不够。

　　1921年中国共产党成立，1924年中国国民党召开第一次全国代表大会，形成了第一次国共合作，这个合作导致了工农运动的高潮，导致了人民群众民主意识的高涨，最终导致了北洋军阀的垮台。这是民国历史的第二个转折。对于这个转折，当时的人们是没有看得很清楚的。对于中国共产党的成立，对于中国国民党在1924年发动的重大的改革，对于国共合作反对北洋军阀的政治动向，在最初并没有引起北方军阀的注意和重视，也没有引起当时北方社会舆论的深切关注，甚至也没有引起列强的严重注意。换句话说，当时北方各军阀并没有把南方改组后的国民党和新成立的国民政府放在眼里。北京、天津、上海等大城市的新闻媒体和社会舆论关注的重心，仍是北方政局的发展变化。对南方国民党的革新，对于国共合作，认为它不过是跟着苏联"赤化"而已。甚至到南方国民革命军誓师北伐，北方各军阀仍未把北伐军当成对自己的一个重大威胁，或者认为蒋介石也会像过去孙中山的几次北伐一样，不过虚张声势而已。号称拥有七八省的人力、物力的吴佩孚，与北伐军在湖南战场交锋，虽然遭遇不利，但他仍然充满自信，自以为扼守湖北咸宁汀泗桥这一天险，北伐军莫可奈何。未料吴佩孚的部队在数日之间，一败于汀泗桥，再败于贺胜桥，不仅出乎吴佩孚意外，社会舆论也一度大哗。汀泗桥、贺胜桥一战，使睥睨一世的吴佩孚威名扫地。从此以后，北伐军的声威震动全国。南方的革命军和革命政府也从此成为全国舆论关注的焦点。这个转折标志着近代中国"上升"时期的政治力量的形成。

1927年国共合作破裂和南京国民政府的成立，是民国历史的第三个转折。这个转折埋下了国共两党长期不和、长期斗争的根苗，影响了国家的发展，影响了整个社会文化、思想发展的走向，影响了社会制度选择的方向。北洋军阀的垮台，南京国民政府的建立，标志着社会发展的"上升"；而代表"上升"时期的政治力量的分裂，尤其是国共合作的破裂，又严重阻碍了社会"上升"的力度。

　　1936 年 12 月西安事变，1937 年卢沟桥事变，形成了民国历史的第四次转折。中国共产党及其武装力量，经过十年内战的损失和挫折，已经变得很弱小了。在日本军国主义侵华步伐加快的形势下，中华民族与日本军国主义侵略者之间的民族矛盾急剧增长，爆发了张学良、杨虎城的西安事变。共产党看到了西安事变并非张、杨的个人行为，看到了 1931 年以来的民族救亡的民众运动在反蒋的政治力量中的反映，看到了日本侵华导致了中国与日本帝国主义之间民族矛盾的骤然上升，于是紧紧抓住了抗日的旗帜，这个旗帜，代表了中国大多数人的民族心理和要求，以此为据，促成了国共的再次合作。这次合作，不仅最终取得了抗日战争的胜利，而且初步改变了中国在国际社会的形象，废除了列强在华治外法权以及由于签订 1901 年条约，列强强加在中国身上的沉重负担。在国共合作进行抗日战争的八年中，国共之间有许多矛盾和摩擦，特别是皖南事变使这种矛盾和摩擦达到了高潮，都是因为民族矛盾超过了阶级矛盾而化解了，没有造成国共合作的再次破裂。由于国共合作共同抗日，空前调动了全民族的救亡意识、民主意识，正是这种意识，标志着近代中国"上升"趋势的形成。从这时候起，"沉沦"那样一种社会发展趋势，就退居次要地位而不复严重影响中国历史进程了。

　　抗战胜利后国共重庆和谈签订的协议和政协会议的决议的不能履行，1946 年 6 月内战的开始，是民国历史的第五次转折。这次转折所用的时间不长，但是却完成了近代中国历史发展的选择模式，完成了自辛亥革命开始以来的"上升"趋势，完成了从旧中国到新中国的转变。从这时候起，"沉沦"趋势就不复见于中国历史。这个转折，不仅完成了"沉沦"到"上升"的历史性转变，完成了旧中国到新中国的历史转变，也原则上完成了从革命的中国到建设的中国的转变。

　　我认为，民国历史经历了 38 年，是近代中国历史发展最值得重视、最需要认真研究的一个历史阶段。但是历史现象复杂纷纭，错综曲折，起伏跌宕，如果研究者陷入具体琐碎的考证，缺乏宏观的把握，就难以取得重大的研究成果。抓住了上述五个转折点，深入研究和思考，就等于抓住了这段历史的基本线索，复杂纷纭的历史现象就可以像顺藤摸瓜那样，梳理得清清楚楚了。

三
中国近代史研究：
前驱先路

发扬吕振羽用唯物史观探索
中国历史进程的精神*

　　吕振羽先生是老一辈革命家，也是我国最早用马克思主义理论指导学术研究的学者之一。今天，我们纪念他的百年诞辰是很有意义的。

　　吕振羽出生在晚清末年的湖南，成长在民国初期，那时正是中国共产党诞生以后，中国共产党与中国国民党合作推进国民革命，反对封建军阀的时候。这是近代中国的历史，正从屈辱、沉沦向着觉醒、上升转变的时候。帝国主义侵略与中华民族的矛盾，国内复杂的阶级矛盾，交互产生，人民革命情绪高涨，正是急需马克思主义理论指导的时候。吕振羽一离开大学，就赶上北伐战争。革命实践的需要，探求中国革命真理的渴望，吕振羽急切地阅读马克思主义著作，认真地把马克思主义的基本原理与中

　　* 本文是在中国社会科学院历史研究所举办的吕振羽百年诞辰学术座谈会上的发言，发表于 2000 年 6 月 22 日《中国社会科学院院报》以及《中国史研究》2000年第 3 期。收入王忍之、刘海藩主编《吕振羽研究文丛》，中共中央党校出版社 2002年版；《东厂论史录》。

国革命的实践相对照，严肃地思考着中国的前途。他开始发表的著作，涉及政治经济学、涉及国际关系、涉及中国经济史。青年时代就与著名的革命家李达等并称为北平的"红色教授"。

20 世纪 30 年代初，在关于中国社会性质的激烈思想论辩中，为了回答中国发展前途和论证马克思主义的基本原理适合于中国社会，他把自己的思考基点放到被学者们弄得迷离混沌的古代历史中去，连续发表《史前期中国社会研究》、《殷商时代的中国社会》、《中国政治思想史》等重要著作。有的学者综合考察了吕振羽一生的理论成就，指出了吕振羽在历史学研究中的始创性贡献：诸如马克思主义的中国原始社会史研究的开拓者、用马克思主义研究中国古代神话传说的第一人、殷代奴隶社会说的首创者、西周封建论的最早提出者、中国封建社会分期理论的奠定者、中国资本主义萌芽问题的最早考察者、最早系统探索整个中国社会历史的马克思主义的中国通史学家、用马克思主义理论第一次系统揭示中国思想史发展脉络、我国马克思主义民族史研究的开拓者等。一个研究马克思主义史学的学者，在以上列举的研究课题中提出一个或者两个问题，加以思考和论证，就是重要的成就。在这么多领域里提出问题，加以论证，在中国马克思主义史学家中，在中国马克思主义社会科学家中是不多见的。

在中国近代学术发展史中，上面所列举的吕振羽的这些贡献，是值得记载下来的。当然涉及这些领域的许多具体问题，学术界的认识恐怕并不完全相同，就是在马克思主义的历史学家中，认识也不尽一致。许多问题都需要继续探讨，百家争鸣，学术才能前进。但是吕振羽在诸多学术领域中的开拓性，是研究者们一致肯定的。

值得我们思考的是，在马克思主义传入中国后，在中国共产党成立后，在复杂尖锐的阶级斗争中，为什么有中国共产党的那样一些党员和党的同情者，埋首于中国古代历史的创造性研究中去？在政治领域，中国共产党正在运用马克思列宁主义理论提出中国革命的战略与策略，指导中国革命，并且在实际斗争中取得一步一步进展。但是，在社会科学领域，在文化思想领域，封建主义的、资产阶级的学者还控制着基本的阵地。中国革命如果不能深入文化思想领域，革命的成功是难以巩固的。当初曾国藩镇压太平天国造反，除了强大的武装以外，就是用儒学的思想阵地打败了农民造反者。五四运动以后，一些封建保守主义者和资产阶级自由主义者，提倡保存"国粹"，"整理国故"，号召"多研究些问题，少谈些主义"，就是要固守他们在思想文化领域的优势，引诱青年脱离现实，埋头书斋，以马克思主义不适合中国为借口，拒绝马克思主义，拒绝中国社会里正在发生的革命性变动。郭沫若、吕振羽等人，把注意力集中在中国古代社会，运用马克思主义理论，运用唯物史观，剥去笼罩着神话传说的中国古代社会的光环，指出中国古代存在着原始共产主义社会，存在着奴隶社会。继而指出，奴隶社会之后，中国还存在长期的封建社会，按照吕振羽的说法，中国贯穿着封建制的全时期——初期的封建制和专制的封建制，直至近百年的半殖民地半封建社会这一过渡时期。这些研究结论立即引起思想界和学术界的注意。这就从文化思想领域，从无比深奥的学术领域，证明了马克思主义是适合中国的，马克思主义关于人类社会发展的规律是适合中国的。这就给那时的青年，给那时的知识分子一个提示，中国共产党所领导的反帝反封建革命，所进行的新民主主义革命，其理论基础是符合马克思主义的。这样一个提示，对于驳斥马克思主义不适合中国，是有说服力的。从这个角度说，吕振羽运用马克思主义理论研究中国社会历史及其所得出的宏观认识，是对近代中国政治思想史的一个重要贡献，他不仅对近代学术史有意义，而且对近代政治思想史有意义。

吕振羽先生自己说过："回顾 50 年来，我从选题到著述，每每是感于历史使命。"这完全是由衷之言。我们可以看出，吕振羽的理论研究过程，是与中国革命的过程同步的。他的理论研究及其创造性结论，是中国新民主主义革命的一部分，是中国新民主主义革命在文化思想领域的一个重要组成部分。他不是坐在书斋里的纯学者，他是为革命在做学问，是为推进中国革命的胜利在做学问。在《中国政治思想史》初版序言里，作者指出："关于中国社会思想史这一部门的研究，前此已有些断代或全部的著作，但由于马克思主义者对这方面的研究的历史还很短；有些马克思主义者的作品，由于其方法论的错误，没能作出正确结论；资产阶级学者的著作，由于其立场和方法论的关系，都未能得出正确的结论，像梁启超、胡适等人的作品，在当时曾有相当进步的意义，到今日却已成了落后的东西；那些由假马克思主义观点出发的托派汉奸作品，不独由其方法论的错误，而且由于其别有用心的卑鄙阴谋，其作品便完全是反科学的有害的东西，不当作为学术研究来看的东西。所以到现在还没有一部比较令人满意而符合时代需要的产品。对于中国社会文化思想作一较正确的总估计，在民族现实的实践斗争上，在民族文化传统之批判的继承的要求上，又是一件不容缓的事情。这部拙著还不是以中国民族文化思想的全面考察为范围，而只是其中的一个部门，其是否能获得较多的同情，比较能符合时代的要求，那只好期待事实的反响。"作者在这里十分自觉地承担起社会责任，要运用马克思主义对中国民族文化思想作一较正确的总估计，批驳形形色色的错误思想。这里附带说一句，《中国政治思想史》这部著作，本来是包括对于近百年社会思想各流派的评论的，只是格于当时的形势，被出版者删掉了。而且这部分稿子，在日本帝国主义侵占北平、天津时被焚毁了。不然，我们将会看到吕振羽对近百年社会思想流派的评论，我们将会从中受到很多启发，更强烈地体会到吕振羽思想中的战斗火花。

在我们纪念吕振羽以及老一辈马克思主义历史学家的时候，我们是否可以说，老一辈学者在中国革命的长时段中，完成了他们所承担的任务。对于今天年轻的历史学者来说，如何结合今天的社会实践，运用马克思主义，运用唯物史观研究中国全部历史，就是今天我们这一代历史学者的任务。照我个人的想法，我们应该继承老一辈马克思主义史学家的传统，在坚持运用唯物史观研究中国历史的道路上继续前进，不要回头。至少，我们不应该否定老一辈马克思主义史学家在研究中国历史时作出的贡献，不能对历史采取历史虚无主义。我们在中国历代社会性质的认识方面，如何更科学一些，而不是否定我们在这方面已经取得的成就。有人否定中国存在奴隶社会，有人否定中国存在封建社会，有人否定经过革命实践和历史实践检验过的近代中国的半殖民地半封建社会性质，否定中国历史上存在着阶级和阶级斗争。这就把我们的前辈经过千辛万苦探索得到的历史认识，轻而易举地丢掉了。这恐怕不是历史主义的态度。

我们今天纪念吕振羽先生，回顾他在中国历史研究中所取得的马克思主义的、科学的认识，应该提出两个任务：一个是巩固我们前辈已经得到的认识，一个是发展这种认识，在新的时代条件下，加深我们的研究。

（2000 年 5 月 21 日）

追思胡绳同志在建树中国 近代史学科中的功绩[*]

胡绳同志于 11 月 5 日去世，是中国史学界的重大损失，近代史研究所的全体研究人员和我感到十分悲痛。他的逝世，不仅使我们失去了一位好的领导人，一位良师益友，对于近代史研究所和中国近代史学界来说，我们失去了一位学术上优秀的领路人。

胡绳同志与中国近代史学界，与近代史研究所，有着密切的关系。中国近代史研究作为一个学科，在中国历史学中是一个很年轻的学科，最多不过 100 年。马克思主义指导下的中国近代史研究，则不过 60 来年。胡绳同志、范文澜同志是用马克思主义的观点、方法指导中国近代史研究的先行者，是马克思主义的中国近代史学科的开拓者。范文澜 1943 年在延安发表《汉奸刽子手曾国藩的一生》，1945 年发表《太平天国革命运动》，1946 年在冀中根据地出版《中国近代史》上册，这是代表在革命根据

  *　这是在中国社会科学院举办的胡绳同志追思会上的发言，载于 2000 年 11 月 23 日《中国社会科学院院报》。收入《东厂论史录》。

地延安的马克思主义者对近代中国历史的探索。范文澜是老一辈学者，由于革命事业的需要，他从一个经学家转变为用马克思主义的观点和方法研究中国古代的历史，又进一步转变为近代中国历史的探索者。胡绳同志1937年发表《"五四"运动论》，1939年发表《论鸦片战争》，1948年在香港出版《帝国主义与中国政治》，代表了在革命根据地以外从事革命活动的马克思主义者对近代中国历史的探求。胡绳发表《"五四"运动论》时只有19岁，还是一个风华正茂的少年，出版《帝国主义与中国政治》，也不过30岁，他的这本著作在解放后长期被作为学习和研究中国近代史的青年的经典读物。范文澜的《中国近代史》上册在北方的根据地出版，胡绳的《帝国主义与中国政治》在南方的香港出版，标志着中国的马克思主义者研究和探索中国近代史的成功，为新中国成立以后中国近代史学科的建立和兴旺发展，奠定了扎实的基础。

　　新中国建立以后，胡绳同志要做很多重要的工作，但是他始终没有停止在中国近代史领域的探索。1954年，他在《历史研究》创刊号发表《中国近代历史的分期问题》的重要文章，引起了新中国建立初期中国近代史学者的强烈关注和热烈讨论。在讨论快要结束的时候，新华通讯社为此发表了专题报道。1957年，《历史研究》编辑部汇集了三年来学者讨论文章予以出版。这是中国近代史学界学习唯物史观、寻求在中国近代史研究领域建立马克思主义史学体系的宝贵记录。中国近代史如何分期，看起来是编写近代史教科书的一个具体问题。但是依据什么标准分期，却涉及历史观问题，涉及研究中国近代史的理论与方法问题，涉及叙述和研究中国近代史的主要任务是什么，以什么来做中国近代史的基本线索问题。胡绳依据马克思主义唯物史观，依据毛泽东有关中国近代史的说明，提出了"基本上用阶级斗争的表现来做划分时期的标准"的重要意见。他还特别指出，马克思主义对中国近代史研究的要求不是在于给各个事变、各个人物——简单地标上这个阶级或那个阶级、进步或革命的符号。如果在一本近代史著作中不过是复述资产阶级观点的书中的材料，只是多了这一些符号，那并不就是完成了马克思主义研究的任务。"要使历史研究真正渗透着马克思主义的思想力量，就要善于通过经济政治和文化现象而表明在中国近代历史舞台上的各种社会力量的面貌和实质，它们的来历，它们的相互关系和相互斗争，它们的发展趋势。"应该说，这是第一次向学术界提出了用马克思主义研究中国近代史的任务，从学术上提出了要使历史研究真正渗透马克思主义的思想力量的重要观点。依据这种观点，胡绳还提出了"中国近代史中的三次革命运动的高涨"（此后史学界一般称"三次革命高潮"）的概念，并对1840—1919年的中国近代史分期提出了自己的见解。这篇文章所引起的讨论，使一大批从旧中国走过来的近代史学者，和一大批刚刚走上学习和研究近代中国历史的青年，受到了马克思主义和唯物史观的训练，这无论对中国近代史的学科建设和人才的培养，都是极为重要的事情。尽管对中国近代史上一些理论和具体历史问题的看法，学者之间并不完全相同，但学术界基本上接受了胡绳关于研究近代中国历史的若干指导性意见。过了差不多半个世纪，中国近代史的研究有了很大的进展，有一些问题的研究结论，与半个世纪前，甚至与胡绳同志的研究，不尽相同。但是胡绳同志当年提出的要使历史研究渗透着马克思主义的思想力量的观点，仍在教育着今天年青一代的近代史学者。

此后，胡绳同志还在中国近代史领域发表了一系列学术论文，涉及太平天国、辛亥革命、孙中山研究、国民党历史以及抗日战争史，尤其是1981年出版的《从鸦片战争到五四运动》，不仅对近代史学科的建设，而且对广大人民群众的爱国主义教育起到了重要作用。

可以说，胡绳同志的中国近代史研究，在加强和巩固马克思主义的指导地位方面，在引导学术界沿着正确的轨道发展方面，他都起着先行者、开拓者、建设者的作用。我认为，在胡绳同志去世的时候，我们指出他在中国近代史领域的这些贡献，是非常客观的，是实事求是的。

战士型的学者　学者型的战士

——刘大年的学术生涯*

一

1998 年 11 月中旬，中国社会科学院中日历史研究中心专家委员会代表团访问日本，83 岁的中国社会科学院近代史研究所名誉所长刘大年同志率团前往。在会见日中友好会馆会长后藤田正晴先生（84 岁）的时候，在会见日中历史研究中心评议委员会座长隅谷三喜男先生（82 岁）的时候，在会见京都大学名誉教授井上清先生（85 岁）的时候，刘大年就中日关系中的一个重要问题，即历史认识问题发表讲话，引起了与会者的注意。此行另一个意外收获，是刘大年会见了半个多世纪前在八路军总部白求恩医院工作的日本医生山田乙郎。1943 年，刘大年从冀南去太行山抗日根据地，在山头与日军遭遇，跳悬崖脱险，但肺部受伤破裂，生命垂危。山田出主意，用中国的传统药物治疗，终于转危为安。山田乙郎是八路军的日本俘虏，东京大学医学部的

* 原载中国社会科学院学者文选《刘大年集》，中国社会科学出版社 2000 年版。

高才生。他在八路军中参加了中国共产党，抗战胜利后回国，转为日本共产党党员，在东京代代木医院当院长，更名为佐藤猛夫，今年已经 89 岁，头脑清楚。据陪同会见的日本友人在日中友好会馆的会见会上当众介绍，刘大年先生与日本的白求恩的会见场面是极为感动人的。刘大年对于这次能够见到战场上的日本朋友之一，在整个访问期间，都非常兴奋和愉悦。

刘大年于 1915 年 8 月出生于湖南华容县一个中小地主家庭。抗日战争前家境已经衰落。六岁入小学，大部分时间念私塾。1936 年肄业于长沙湖南国学专修学校。1937 年夏天，他为了寻找职业，正住在武昌粮道街一家学生公寓里。7 月 8 日傍晚，当报道发生卢沟桥事变的报纸"号外"在武昌蛇山传播时，他在蛇山和黄鹤楼一带看到了临时偶然聚集起来的大量人群，在那里议论卢沟桥和宛平城的战事。那些带着愤怒和兴奋情绪的人群的激昂议论，使他感受到了中国人的民族精神和爱国情怀。平津失陷，日寇深入国境，国家危在旦夕。抗日战争的时局大变动改变了国家的命运，也改变了周围的环境，他受爱国思想和求知欲驱使，决定去延安。1938 年从家乡到长沙八路军办事处，受到湖南知识青年尊崇的"徐先生"徐特立、老资格共产党人王凌波指点，8 月间到达陕北，进了陕北抗日军政大学，同年加入中国共产党。翌年抗日军政大学第五期毕业。抗大毕业后他被分配在冀西和冀南抗日根据地工作。以后长期生活、斗争在河北平原和太行山上。

1939 年起，他先后任冀西专区行政干部学校教导主任，冀南行政主任公署、晋冀鲁豫边区政府冀南行署宣传科长、教育科长，冀南抗战学院、政治学校教员，北方大学工学院副主任，北方大学、华北大学历史研究室副主任。1950 年 5 月中国科学院近代史研究所成立，担任研究员，兼中国科学院编译局副局长，并为科学院党组成员。1954年以后，任近代史研究所副所长、中国科学院哲学社会科学部学部委员。那时候，近代史研究所所长范文澜年事已高，经领导机关同意，专心于中国通史的写作，由刘大年主持所务。"文化大革命"中被作为走资派批判，下放劳动。1978年恢复工作，任中国社会科学院近代史研究所所长，社会科学院研究生院教授，博士生导师。1982年以后，他离开近代史研究所的实际领导岗位，任近代史研究所名誉所长，摆脱了繁杂的行政事务，他能够集中更多的时间和精力，来关注中国近代史的研究事业。

从小学至湖南国学专修学校肄业，刘大年大半受的是旧式传统教育。他把所谓"国学"看作根本学问，一意追求，很少接触社会政治现实。到陕北以后，读到的第一本马克思主义原著是《共产党宣言》。虽然似懂非懂，却在自己头脑里打开了一个前所未有的新天地。从此，只要是新书，不管是政治经济学的、哲学的、外国历史的，都如饥似渴地去读。从湖南到陕北的途中，他还提醒自己："国学"是我们祖宗立国的根本，不可忘记。读过那些有限的新书以后，仿佛大梦初醒。盲目崇拜孔学的观念，不知不觉烟消云散了。他从此确立起马克思主义的思想基础和献身革命的人生道路。那条道路，最现实的就是到烽火连天的抗日战争前线去，从事民族解放的斗争，经受锻炼和考验。这是那时许多有觉悟的青年知识分子共同走过的道路。中华人民共和国建国后各方面事业的干才，很多是这一代经受过抗日战争烽火洗礼的青年。

在抗日根据地里，他一直从事宣传教育工作，需要重视马克思主义理论学习；同时又在一些院校、训练班屡次讲授社会发展史、中国革命运动史等课程，更需要读有关的书，特别是读历史书。抗日根据地环境艰苦，谈不上多少文化设施，但也不是无书可读。李达的《社会学大纲》、郭沫若的《中国古代社会研究》、吕振羽的《史前期中国古代社会研究》、《殷周时代的中国社会》，以及苏联人、日本人讲中国社会历史的书，在少数人手里仍然能够找到。他就是在那时读到上面这些著作，并引起对哲学、历史学的重视的。抗日战争的八年，在一方面可以说是他为以后从事学术研究工作做准备的八年。

<h2 style="text-align:center">二</h2>

抗战胜利后，刘大年弃戎从学，开始从事学术工作。如果说，抗日战争的八年，刘大年是作为一名战士，经历战火的洗礼与考验，关注中国的命运的，那么，这时候，他开始尝试换一个角度，以学者的身份观察中国的历史与中国的命运。刘大年不是一个只坐在书斋里，钻进象牙之塔里做学问的学者。他像在前线作战的战士总是依据战线的实际而又迫切的需要，选取最重要的突破口那样，依据中国社会现实的急切需要以及从中国与世界关系发展的大局出发，提出课题，展开研究。他具有"国学"的良好根底，又运用马克思主义唯物史观作为解剖刀，分析历史资料，研究历史与现实的关系，他写出的一些研究论著，受到新兴的中国近代史学科的研究者重视。

刘大年写的头一本书是《美国侵华简史》。1947年，他生病离开工作休养，开始收集中美关系史资料。那时美国在抗日战争后期就确定下来了的扶蒋反共政策正在加紧实施，中国人民与美国统治集团的矛盾一天天激化。中美关系的历史怎样，很自然地成了人们关心的问题。在解放区，研究这个题目，苦于缺乏原始资料。北方大学校长、历史学家范文澜向他提到可以注意两部书，一部是李鸿章全集，一部是王芸生的《六十年来中国与日本》。《美国侵华简史》的有关部分就大量利用了这两部书的材料。为了收集资料，他经过当时中宣部副部长陈伯达介绍，访问了中共党内国际问题专家王炳南和柯伯年。文稿最后经过在中宣部工作的哲学家艾思奇审阅，认为可以出版。1949 年 8 月，《美国侵华简史》由华北大学出版，同时在《人民日报》上连载。不久经过修改、补充，于 1951、1954 年，以《美国侵华史》为书名，由人民出版社出第一版、第二版。苏联、朝鲜、捷克斯洛伐克和民主德国相继出版译本。苏联《大百科全书》第二版第 21 卷（中国卷）历史部分刊有记录。《美国侵华史》的出版适应当时的需要，在社会上产生了相当的影响。这是从革命根据地走出来的学者在观察、研究中美关系时写的第一本书，也是新中国建国初期出版的第一本有关中美关系的学术著作。半个世纪过去了，今天有关中美关系历史的研究已经大大前进了，但是人们仍然没有忘记刘大年这本给新中国献礼的书。对于作者来说，这是他研究中国近代史的开始，同时也奠定了他在中国近代史学界的地位。

1955 年至"文化大革命"以前，刘大年出版了《台湾历史概述》（与丁铭楠、余绳武合著）、《中国史稿》第四册（主持编写）、《中国近代史诸问题》等三本书。《台湾历史概述》可以说是《美国侵华史》的续篇。1950 年美国出兵台湾，派遣第七舰队进驻台湾海峡，引起了全体中国人民的严重抗议。《台湾历史概述》就是这种形势在学术界的反映。这本书简要通俗，出版后，得到过中国科学院学术奖金，70 年代曾印行第二版。

《中国史稿》第四册的编写与历史学界的百家争鸣直接相关。郭沫若与范文澜都用马克思主义研究历史，他们对于中国奴隶制与封建制的分期不同。以前各讲各的，到了北京以后，两人的著作都为自己的观点辩护，谁也没有基本上改变。1954 年中国科学院决定新设立两个研究所，连同原来的近代史所，称历史一、二、三所。郭沫若、陈垣、范文澜分别担任所长。目的是加强中国历史学研究，推进百家争鸣。经过酝酿，郭沫若准备主编一部中国通史，范文澜则继续写他的《中国通史简编》。郭编通史后来定名为《中国史稿》，古代部分由历史一、二所合并后的历史所承担，分为一、二、三册，尹达负责组织编写；近代、现代史分为第四、第五册，由刘大年、田家英主持编写。刘大年主持了《中国史稿》第四册的全部编写工作，从提出提纲到最后定稿；近代史研究所的部分学者为这本书的编写，贡献了心力。

　　以前讲中国近代史的书，包括拥有众多读者的范文澜著《中国近代史》，一般带有记事本末的特点，而且内容偏重于政治史。这在当时是有道理的，但是需要改进。《中国史稿》第四册作了改变。依照刘大年的看法，1840 年至 1919 年近代中国 80年的历史，明显地表现为鸦片战争至太平天国失败、1864 年至戊戌变法与义和团运动失败，以及 1901 年至五四运动爆发的三个不同时期。在那几个时期里，帝国主义、中国社会各阶级的相互关系、他们的矛盾斗争各有特点。其中社会经济状况、阶级斗争、意识形态是结合在一起的，统一的。因此，新的著作要求根据历史演变的时间顺序讲述事件：不只讲政治事件，也要讲经济基础、意识形态；不只讲汉族地区的历史，也要讲出国内各民族在斗争中与全国的联系和相互关系。《中国史稿》第四册这种写法，就是总结了新中国建立以来中国近代史学科的研究成果，加以概括和升华，给中国近代史搭起了一个新的架子，有些地方作出了可喜的概括。当时它是指定的高等学校教材，印数很多。1982 年全国近代史专家在承德举行学术讨论会，有的研究者评论说，60 年代最有影响的近代史著作是郭沫若主编、实际上是刘大年写的《中国史稿》第四册。这个评论指出了那本书在一段时间里流行的情形。此后，我国高等学校历史系编写或者使用的中国近代史教材，大体上也参照过这个框架。

《中国近代史诸问题》是一本论文集，1965 年出第一版，1978 年出第二版时改名为《中国近代史问题》。其中《回答日本历史学者的问题》、《亚洲历史评价问题》和《论康熙》三篇论文，引起过国内外的评论和争论。1963 年 12 月，刘大年参加中国访日学术代表团，在日本历史教育工作者协会大阪支部举行的欢迎会上演讲，事后根据日本《历史地理教育杂志》刊载的讲演记录稿写成《回答日本历史学者的问题》，发表在《人民日报》上。文章中有关于世界历史发展中心、如何评价历史人物等问题的论述。1965 年 4 月，毛泽东看了这篇文章，认为文中说的世界历史发展中心应该是世界人民革命斗争的主要潮流所在的地方，讲得很对；但对于如何评价历史人物提了一个问题：照这么讲，剥削阶级的历史人物还是没有什么作用啰？这说明那时史学论著上对剥削阶级的历史人物的研究和评价存有简单化偏向。刘大年的论述不免也蒙受其影响。1965 年 5 月，他应邀出席巴基斯坦第十五届历史学会，提供的论文叫《亚洲历史评价问题》，受到与会者欢迎。1965 年 7 月《人民日报》全文发表，同年 11 月和 1966 年 3 月，《北京周报》英、日文版和德、法文版先后刊载，表明论文提出了许多读者关心的问题。《论康熙》在《历史研究》发表后，在国内引起反应是很自然的，那时候史学界存在着"左"的偏向，高喊"史学革命"，主张打倒帝王将相，以为刘大年讲帝王将相，是想"反潮流"。事隔不久，又在国外引起了苏联方面的批判。苏联《历史问题》杂志 1963 年 10 月号上发表苏联科学院院士齐赫文斯基等人的文章，说那样评价康熙，"在刘大年以前，中国没有一个历史学家提出过"，并认为它所表现出的错误倾向是同中国离开国际共产主义运动的协调一致路线有密切关系的。《历史问题》开了头，以后苏联报刊多次举出《论康熙》加以批驳。刘大年在《中国近代史问题》一版、再版后记里也都简要予以回答。一个学术问题的争论变成了政治性的争论，它从一个局部、一个侧面反映出了历史的曲折。实际上，《论康熙》这篇文章，使用马克思主义唯物史观，观察和分析了康熙皇帝和清朝初期的历史，对康熙皇帝和清朝初期在中国历史上的地位，作出了客观的评价，至今仍被史学界看作是历史研究的一篇范文。我国清史专家戴逸教授最近还指出："《论康熙》这篇文章，一直是我们研究清史的人经常阅读的。"①

"文化大革命"以后，刘大年的研究工作，一是继续研究中国近代史，二是研究历史学理论问题。这以后，出版了《赤门谈史录》、《中国近代史稿》（第一、二、三册，主持编写）、《刘大年史学论文集》、《抗日战争时代》以及《中国复兴枢纽——抗日战争的八年》（主编）等几部著作。

《赤门谈史录》主要讨论辛亥革命的性质，列举经济基础、领导革命的社会力量、同盟会纲领、革命的主力军等四项根据，说明辛亥革命是资产阶级民主革命。在叙述中分别评价了国外同类著作上的代表性观点。关于辛亥革命的性质，海峡两岸研究者的评价截然不同。此岸学者认为辛亥革命是中国资产阶级性的革命，彼岸学者坚决不同意，认为是全民革命，或者国民革命。这种讨论在80年代初引起过广泛的注意，至今还在进行，可见分歧之大之深。台湾学者认为，领导革命的孙中山等人不是资产阶级，中国当时还没有资产阶级，即或有，也是大贫、小贫，怎么说辛亥革命是资产阶级性的革命呢！《赤门谈史录》在这次争论

---

① 戴逸：《刘大年同志与中国历史研究》，《近代史研究》1995年第5期。

前数年，就对辛亥革命是资产阶级民主革命进行了翔实的论证，卓有见地。《赤门谈史录》是多次讲演的结集，讲演的听众是日本学者。这是因为，1979年，作者由日本东京大学校长向坊隆聘请为东大研究生院特聘教授，讲授中国近代史，着重讲辛亥革命。《赤门谈史录》就是在那个讲稿基础上写出的。东京大学的校门为江户时代加贺藩"大名"前田家旧物，朱漆大门，称为"赤门"，本书命名的寓意在此。

"文化大革命"后期，郭沫若主编的《中国史稿》准备扩充篇幅，重新编写的任务提上日程。近代史部分仍由刘大年主持编写。他那时从设在河南农村的"干校"回到了北京，还没有"解放"。由于预计要写的字数较多，经郭沫若同意，把近代部分独立出来出版，定名为《中国近代史稿》。刘大年约集丁铭楠、钱宏、樊百川、张振鹍、龙盛运、刘仁达、金宗英等参加编写。他根据各位作者提供的初稿，从头加以改写、定稿。1978年出版第一册，1984年出版第二、三册。第一册付印时郭沫若去世，书上的署名是中国社会科学院近代史研究所。《中国史稿》第四册树立了中国近代史的一个框架，如有的评论者所说，"有骨头无肉"，《中国近代史稿》大体上采用了那个框架，加上往后的研究成果，大大丰富了各章节的内容，使某些主要部分的论证更有说服力，史料则大为充实了。每个时期各有总评，成一家之言。第三册讲完了义和团运动，后面尚待继续编写。这三册书出版后，也被定为高等学校教材，印制数量不少。

《刘大年史学论文选集》出版于1987年，讲史学理论的文章排在首位，占的篇幅也较多。刘大年认为中国历史学传统悠久，中国的和世界的历史学各有自己的科学成分，有了它们我们才能够认识以往的历史。但是历史学是否以及怎样成为一门科学，至今仍是一个争论问题。马克思主义的历史唯物主义给历史学奠定了科学基础，它并不能代替历史学理论。探讨历史研究如何成为科学，就是历史学理论最后要解决的问题。他讲历史学理论的文章不少，大部分收拢在《论文集》里面。这些文章是：《历史研究的指导思想问题》、《历史研究的对象问题》、《历史前进的动力问题》、《历史上的群众与领袖问题》、《历史研究的时代使命问题》、《历史学理论的建设问题》等。对于历史学理论的一些关键问题他都讲了自己的看法。本书出版以后，他还在继续思考马克思主义历史学理论问题。这些问题是：

（一）关于哲学指导思想问题。刘大年指出：科学，无论自然科学和社会科学研究，都离不开一定的指导思想。就像恩格斯说的那样，不管自然科学家采取什么样的态度，他们还是得受哲学的支配。问题只在于他们是愿意受某种坏的时髦哲学的支配，还是愿意受一种建立在通晓思维的历史和成就的基础上的理论思维的支配。有的历史研究者在对待指导思想问题上，喜欢标榜"无偏无党，浩然中立"，其实那不过是表示他拒绝某种思想，而选择另外的思想。马克思主义的历史唯物主义是科学思想中的最大成果。历史研究要成为科学，只有依靠马克思主义的哲学指导。这里是指它的思想体系，不是指个别的词句与某些哪怕是很重要的论点。马克思主义已经被人们"驳倒"了一千遍，一万遍。最新的反驳来自于苏联、东欧国家社会主义制度崩溃之后，一些预言家们站出来说，这是共产主义的"大失败"、"总危机"，断言马克思主义已经"过时"了。

在这样的历史背景下，要想讲清楚历史学的哲学指导思想问题，首先要讲清楚什么是马克思主义、什么是唯物史观。刘大年认为，马克思主义历史唯物主义作为一个科学理论体系，简单说起来，那就是它以人类社会任何共同生活里的基本事实，即生活资料的谋得方式为出发点。第一，它找到了人类社会存在和历史运动的物质存在、物质基础。人们依赖一定的生产力并结成相应关系进行解决衣食住行需要的物质资料生产，来开始自己对历史的创造。其他一切创造都起源于和最终依赖于这个创造的存在和继续。这是认定历史运动是独立于人的意志的客观过程的头一个也是决定性的根据。这个根据是推不倒的，所以历史唯物论是推不倒的。第二，它指出了社会生活中经济、政治、意识形态是不可分割的以及他们各自的作用和相互关系。人们的社会关系同时表现为经济、政治和意识形态的关系。它是一个统一的社会关系客观体系。人们按照自己的意志创造历史，但人们不能脱离物质生活环境条件，而必须受物质环境条件的约束从事创造。这就是说，人们以前总是从人的思想活动说明历史是飘浮无根的，只有从所生活的那个物质环境条件来说明历史，才能落到实处。第三，人们对于在社会生活中多种多样的活动，以前似乎是不可能加以任何系统化的，现在则被综合起来，归结为完全可以从物质上量化查考的社会经济结构系统了。这就是归结为物质生产体系结构中不同利益人群，即不同阶级可以量化查考的状况，以及由此而来的不同地位作用上。一定的质必定表现为一定的量，社会物质生活中不能以某种方式量化的事物，就很难确定其质的地位。

（二）关于历史研究的对象问题。刘大年认为：历史研究的对象为何物，一向众说纷纭。或者认为历史研究不存在一定的客观对象，或者认为凡过去的一切全部都是研究对象，或者认为历史上某些事物、某个领域的状况是研究的对象。以某些事物、某个领域为对象的，又有"人事"说、社会说、结构说、文化说、综合说、规律说等各种主张。从它们中间选择一种，或者对所有各种主张兼收并蓄，综合成为某种新说，都行不通，必须另寻出路。判别历史研究的对象，首先要找出它的客观根据。其根据应当是时间上连续性的事物，全面、集中体现出人创造历史的和客观实在的事物。依照这个根据，从社会关系及其运动考查历史研究的对象，我们就知道，原始社会、私有制时代和未来的共产主义社会都是建立在一定的社会关系之上，而又各有自己的特点的。私有制社会历史研究对象的本质，就是社会阶级、阶级矛盾斗争，它们相互关系的消长变迁，和以此为纽带的全部社会关系的客观体系及其运动。

（三）关于历史前进的动力问题。对于什么是人类历史前进的动力，同样存在各种各样的答案，有过无数的争论和辩难。在私有制社会，生产力与阶级矛盾斗争，其中只有一个是推动历史前进的动力，还是两个都是？如果只能有一个，它是生产力还是阶级矛盾斗争，如果两个都是，它们的关系到底怎样？对此我们需要有统一完整的理解。刘大年认为：生产力是最终起作用的，阶级矛盾斗争是直接起作用的。它们的关系不是一个排斥一个，一个代替一个。它们紧密相联结，又各立门户。生产力与生产关系的矛盾运动，生产方式的变化和发展，决定整个社会的变化和发展。在私有制历史上，这种变化和发展，是通过阶级矛盾与对抗，通过阶级间的斗争来实现的。因此，说阶级矛盾、斗争推动历史前进，是对问题的直接回答。这种观点不同于"历史是由个人创造的"那种空洞的观点，而是指出了个人活动是由一定社会关系、环境决定的，它会使人认识到社会历史过程，最终也是自然历史过程。

（四）历史发展规律问题。历史之所以成为一门科学，最后在于它是有规律可寻的。找不出规律的认识，就不能以科学相矜夸。以前人们有时拿历史唯物主义的一般规律、社会经济规律来说明历史运动。它们或者失于宽泛，或者失于狭窄。我们认定了社会阶级、它们间相互关系的消长变迁是历史研究的对象，我们就知道了它们运动演变的规律也就是历史前进的规律。规律要从事物的重复性表现出来。物质生产过程，产品交换分配，同一经济形态下的生产力与生产关系矛盾，不同范围不同形式的社会阶级、阶级矛盾斗争，一种社会制度代替另一种社会制度等等，论现象背后的本质，无不处在重复中。例如中国近代史中的帝国主义、封建阶级、人民大众的状况，每一次重大事变、社会变动的过程，就是它们间的斗争、它们的性格、相互关系重复表演与发展的过程。社会历史中的重复性就是常规性、规律性。与自然界的事物不同，历史运动规律要通过有思想意志的人的活动、斗争来实现。历史运动方向并不随着权力人物的意志愿望改变，这说明人们的意志只有在与重复性所表现出的客观规律性相适合才能起作用。写得比较好的近代史的书，就是写出了这种运动规律的书。

刘大年认为：历史唯心论与历史唯物论，面对的社会现象相同。由于立脚点相反，对事物、事件的看法处处分歧对立。唯心主义看到了社会现象的复杂性，但无法抓住本质的事务。因此，它的科学成分，只能停留在个体的、现象上的描述、分析；对于整个社会关系内在的联系，它们的演变，不得不出于臆想和猜测。先天的弱点，使那种研究不能真正成为现代科学。唯心论否认历史运动中存在不以人的意志为转移的客观规律性；有时也讲规律，但并非指对社会关系内在联系的认识，不过表示研究者的主观任意性。根据历史唯物主义观点，确认历史研究的对象是社会阶级、阶级矛盾斗争以及由此构成的社会关系客观体系及其运动，事情就截然不同了。它找到了历史研究如何成为科学的前提。

这就是刘大年对马克思主义唯物史观的阐述，是他对于马克思主义历史学理论的思考。在刘大年看来，"马克思主义是建立在近代社会生产力基础之上的，是资本主义生产力与生产关系存在、资本主义生产关系存在的产物。资本主义这个人类历史上的特殊阶段没有走完它的行程，马克思主义这个伟大的认识科学，就依然是人们认识社会、认识社会历史走向的科学思想体系"①。我们说，宇宙间一切事物都是变的，只有变是不变的。马克思主义是人类社会发展到资本主义阶段的产物。这个阶段正在蜕变中。研究对象的暂时性，决定了科学本身的暂时性。马克思主义论述资本主义社会矛盾的部分有一天是要过时的，但那是在世界资本主义生产关系消灭以后。

刘大年是在抗日战争的洪流中成长起来的。在他的晚年，他又把他的研究兴趣同抗日战争的历史研究自然地联系了起来。

1982 年，在我们的邻国日本发生了一件引人注意的事。日本文部省规定修改中学历史教科书，公然否认日本对中国的侵略。教科书的作者家永三郎教授起而抗议，同日本政府的文部省打起了官司。这一事件引起了中国、东南亚各国以及世界舆论的关注，也引起了刘大年的严重关注。这个抗日战争时期的八路军战士不能不把历史研究的眼光逐渐转移到抗日战争这一段历史上来。这一年，他第一次发表有关抗日战争历史的文章。1987 年，他在《近代史研究》第 5 期发表《抗日战争与中国历史》一文，表明他研究的深入。1989 年 2 月 20 日，刘大年作为全国人大常委在七届全国人大常委会第六次会议上，就日本当局在侵华战争性质问题上的倒退作了义正词严的发言，曾吸引国内外视听。日本报纸迅速转载这个发言，苏联、法国、美国报纸、通讯社纷纷发表评论，谴责日本当局的行径。此后几年里，刘大年撰写了好

---

① 刘大年：《历史学的变迁》，载《北京大学学报》（哲学社会科学版）1998年第 4 期。

多篇有关抗日战争史的论文。1996 年，他将这些论文结集出版，题名《抗日战争时代》。同时，他还用相当多的精力，组织并主持编写了《中国复兴枢纽——抗日战争的八年》这本学术著作。该书在抗日战争胜利 50 周年时由北京出版社出版，1997 年修订再版。

抗日战争的历史，国内学术界的认识，并不完全一致。刘大年认为："抗日战争的历史和整部中国历史一样必须成为科学的客观研究的对象。我们必须把抗日战争的研究建立在坚实的科学基础上，提高它的科学性。……对于叙述历史，我们主张客观的历史是怎么样，写出来的历史也必须是怎么样。"① 这就要求，在研究抗日战争历史时，一是必须以事实为根据，二是必须具体问题具体分析。实际上，有的研究者在人物评论中，看重人物的自我表白，胜过看重客观事实。有的史实评论中，看局部多，看全局少。顾虑把共产党的地位、作用降低了的，有之；顾虑把国民党的地位、作用降低了的，也有之。问题争论、讨论中不乏停留在表面的，没有解决的远远多于解决了的问题。按照胡乔木的说法，"对这段历史的认识还有许多不够深刻的地方"②。这些问题中，有两个特别重要，这就是正面战场和敌后战场的作用问题，国民党和共产党的领导作用问题。

刘大年认为，弄清这些问题，要认识抗日战争时期历史的特别复杂性。抗日战争时期的对日战争，首先是民族战争，同时也是人民战争；其间交叉着错综复杂的矛盾，既有民族矛盾，又有阶级矛盾；抗日战争既是一场民族解放战争，又是一场与国内民

---

① 刘大年：《照唯物论思考》，《抗日战争研究》1996 年第 2 期。引自《抗日战争时代》，第 142 页。

② 胡乔木：《致中国抗日战争史学会成立大会的信——代发刊辞》，《抗日战争研究》1991 年第 1 期。

主革命相结合、相伴随的战争。既有正面战场，又有敌后战场；既有国民党对正面战场的领导，又有共产党对敌后战场的领导。只有依据历史事实，看到抗日战争历史的复杂性，具体问题具体分析，才有可能把抗日战争历史研究中认识不够深刻的地方，进一步弄清楚。由此出发，刘大年对于抗日战争历史，有如下观点：

（一）中国抗日战争是在中国共产党倡导的抗日民族统一战线的旗帜下，以国共合作为基础，各阶级、各族人民团结起来进行的中华民族解放战争。当时国家权力掌握在蒋介石、国民党手中。抗日战争有蒋介石、国民党参加，才有了全民族的抗战。抗战期间，蒋介石虽然没有放弃反共，也没有放弃抗战。从全民族战争的角度看，蒋介石、国民党在抗战中的重要地位和作用，应当得到客观的、全面的理解。同样，中国共产党领导的人民力量的存在和发展，是这场民族解放战争胜利的基本条件之一，而且，这个基本条件所发生的作用，贯穿在抗战的全过程里。如果没有这个基本条件，全民族抗战是否能实现，或者一时实现了，能否坚持下去而不中途夭折，以及中国是否能取得抗战的最后胜利，就要打一个大问号。所以，人民力量的存在和发展这个基本条件的极大重要性，更加应该得到客观的、全面的理解。因此，抗日战争这场民族解放战争的胜利，是国民党、共产党和全国人民共同奋斗争取得来的。

（二）两个战场的存在是决定抗日战争面貌和结局的关键。抗日战争的特异之处是蒋介石政权控制的正面战场与共产党领导的敌后解放区战场并存。它们在战略上互相依托、互相配合，与强大的敌人角胜。两个战场是互存互补的关系，缺一不可。缺了一个，抗日战争的胜利都是难以想象的。有正面战场的坚持，又有敌后战场的强大存在，才有战争胜利的结局。两个战场的存在来自于国共合作，来自于抗日民族统一战线。在战争中日军由胜利推进转向失败，国民党和共产党的力量朝相反的方向运动这种复杂的过程，是从两个战场上开始和完成的。两个战场在战争中的不同表现，直接影响着全国的政治局势。因此，两个战场的地位和作用，客观地表现了国民党和共产党在抗战中的地位和作用。既不要看轻国民党的作用，更不要看轻共产党的作用。

（三）在抗日战争中，国民党、共产党两个领导中心并存。国民党与共产党在抗日战争中的领导权，是由抗战前两个敌对政治实体的关系嬗变而来的。说国民党、蒋政权发挥了领导作用，是因为它掌握着民族战争所必需的、国际国内承认的统一政权，它指挥 200 万军队，担负着正面战场的作战任务。它虽然积极反共，在抗日问题上严重动摇，但到底把抗日坚持下来了。说共产党发挥了领导作用，是因为它坚持了抗日统一战线，使民族战争所必需的国内团结能够维持下来，指挥八路军、新四军，担负着敌后战场的作战任务。它们所处的地位不同，能够起作用的方面不一样，也不表现为某种平衡，而又都是不可缺少的。在抗日战争这个整体大局中，国民党、共产党都起着领导作用。这个作用，都是全局性的，不是局部的、暂时的。双方这种都是全局性的领导作用，不是由于它们存在某种形式的共同领导或与之相反的分开领导来实现的，它们的领导作用是在又统一、又矛盾斗争中来实现的。在抗日统一战线内部又统一、又斗争的过程中，国共力量的消长发生着变化，总的趋势，是人民的力量、共产党的力量逐渐增强，并且历史性地改变了国内政治力量的对比。这是对抗日战争中国民党、共产党的领导地位和作用的最终的说明。

（四）抗日战争是中国近代历史发展的一个根本转变，是近代以来中国第一次取得的对外战争的全局胜利。这个胜利，改变了中国历史发展的航向。抗日战争中，军事上和国内政治关系上同时并存着两个过程、两种演变：一个是日本的力量由强变弱，由军事胜利到最后的彻底失败；另一个是国内两大政治势力的力量对比发生了重大变化。前一个演变关系到中国亡不亡国、民族能否独立的问题，后一个演变关系今后是新中国还是旧中国、中国能否打开通向近代化前途的问题。

以上可以看出，这些看法，可以说是抗日战争史研究的一次思想总结，他所提出的一系列看法，较之以前一些简单的说法，显得具有科学性了，更加实事求是了，更加符合历史真相了。这是一个八路军老战士，一个马克思主义的历史学家在他晚年的学术生涯中所达到的一个新的境界。

三

刘大年的历史学研究，有着非常明显的特点。除了始终坚持马克思主义历史唯物主义的指导外，他还非常注意历史研究与现实的关系，非常注意追踪中国近代史研究的前进步伐。

在历史学理论的研究中，刘大年曾提出历史与现实的关系进行讨论。他认为，讲过去的事，回答现在的问题，瞻望未来，是历史科学的基本特点，也是它与文学、经济学研究中结合现实需要所不同的地方。他说：中国马克思主义历史学一诞生，就明白宣告了自己负担的迥然有异于封建阶级、资产阶级历史学的崭新使命。它把过去与现在、未来的联系，完全不是看作外部的偶然的联系，而是看作内在历史运动客观规律的联系。他认为，从今天来说，从社会主义事业出发，古今中外的历史都需要研究。今天的现实生活要求历史解答的问题，不是减少，而是增加了；研究任务不是减轻，而是加重了。从宏观角度看，现实的研究任务是：第一，深入研究中国历史发展的全部客观过程，揭示中国的社会主义、共产主义长远前途，仍然是中国历史科学首要的和根本的任务。第二，中国今天是社会主义建设时期，社会主义建设需要各方面的知识。认识中国全部文明史，就是认识我们的先民是怎样对待、改造他们所处的环境、改造世界的，从中吸取和改造一切有价值的东西，来服务于今天的社会主义建设事业。第三，必须通过一个国家的具体历史的研究，找出与其他国家的共同点与不同点。我们今天需要从全世界历史的广度，从发达国家现代化的高度，进一步观察人类社会发展的前景，把我们对社会主义前途的科学认识，提高到一个新的水平上来。第四，中华人民共和国的历史，应当认真开展研究。中华人民共和国已经过去了差不多半个世纪，其间有顺利发展，也有重大曲折。顺利发展所取得的辉煌成就，证明社会主义制度是唯一合乎"国情"的最富有生命力的制度，而所遇到的重大曲折，并没有证明这个制度不具有强大生命力，只是证明它需要改革。历史的长河看不到尽头，社会生活中的改变、革新也就不会有尽头。总之，刘大年认为，一门中国近现代史，一门历史学理论，是历史学里面与现实关系密切的领域。他的研究工作的注意力主要放在这两个门类上。为什么研究历史，由此可以见出他的志趣所在。

　　刘大年的中国近代史研究，在研究课题的选择上，研究方法和学术观点的运用上，是开放的、进取的，不是一成不变的、故步自封的。在历史学理论和中国近代史研究上，他经常关注着国内外研究的进展。在他的论文中，经常引证国外某些著名学者的论点，描述国外研究的状况。他随时阅读国外报道，为了论证或者便于自己阐述某种观点，经常引用国外著名政治家、学者或者重要报章社论的最新见解，以及经济发展数字。前些年，有的青年学者引用国外的所谓"三论"，来驳斥他的观点，他也作文回答，用很专业的术语描述国外自然科学最新发展的情景来为自己辩护。在讨论中国近代史发展主线的时候，他在《中国史稿》、《中国近代史稿》以及有关论文中，有很鲜明的观点。但是，他并没有停止在这种思考上。

改革开放以来，中国近代史学界有人主张用近代化的观点重新改写中国近代史。这不失为一种应当思考的主张。1990 年，刘大年在中国社会科学院近代史研究所为建所 40 周年举办的国际学术讨论会上，就中国近代化的道路与世界的关系提出论文，指出，"适应世界潮流，走向近代化，是中国社会发展的必然趋势"，同时指出，"近代中国没有实现西方那样的近代化，但它凭自己的力量打开了走进近代化世界的大门"①。此后，他又进一步指出：在 110 年的中国近代史期间，"明显地多了一个帝国主义的侵略压迫，少了一个民族独立；多了一个帝国主义支持下的封建统治，少了一个社会工业化、近代化。因此，中国近代史上的基本问题是两个，第一，民族独立问题，第二，社会工业化、近代化问题"。至于这两个基本问题之间是什么关系，刘大年认为："没有民族独立，不能实现近代化；没有近代化，政治、经济、文化永远落后，不能实现真正的民族独立。中国人民百折不回追求民族独立，最终目的仍在追求国家的近代化。"②民族独立和近代化问题，两者的内容虽不相同，不能互相代替，但又息息相关，不能分离。

刘大年认为：中国近代史上存在着一个特殊的矛盾现象：在民族遭受压迫和民族工业出现上存在着虽不相等确是明显的两个走向、两条路线。一条是急剧的下降线，半殖民地半封建统治秩

---

① 刘大年：《中国近代化与世界的关系》，载中国社会科学院近代史研究所科研组织处编《走向近代世界的中国》，成都出版社 1992 年版，第 2、13 页。

② 刘大年：《抗日战争与中国近代史的基本问题》，载《抗日战争时代》，中央文献出版社 1996 年版，第 125、130 页。

序不断加深，中国最后被推到了接近亡国的险境。一条是曲折而微弱的上升线，上一个世纪六七十年代中国近代工业出现，本世纪初短暂地显现出一个小小的浪潮，直到日本发动全面侵华战争，民族工业也仍多少保持增长倾向。就是伴随着民族工业的产生，中国出现了新的社会力量，出现了民族资产阶级、工人阶级、近代知识分子。其中，工人阶级是近代工业的生产劳动者，最富于革命性、创造性，民族资产阶级、近代知识分子也各有特色。这些新的社会力量，各自凭着自己的作用，再加上占人口最大多数、深受压迫的农民群众，才构成了争取民族独立的最后支柱。了解了这些新生的社会力量与民族工业直接间接的关联，了解了中国近代史上民族压迫与近代工业同时存在的下降与上升两条线、两个走向的矛盾运动，也就可以对中国近代历史有更完整、更丰富、更深刻的认识了。

　　中国的现代化要走什么道路来实现？刘大年把他论述中国近代史的观点贯穿下来，反复讲，中国走社会主义道路来实现现代化，是历史的选择。对于社会主义，以前受传统束缚，在讨论邓小平社会主义初级阶段理论中，他认为现在中国是在社会主义的黎明。他说："社会主义初级阶段实际有两重意思，一是起点不高，二是前程远大。这好比从黑夜到白昼，必须经过黎明那一段。黎明也有两重意思，一是还处在晨光之熹微中，二是跨过这一段，前面就是天光大亮。照我看，社会主义初级阶段可以归结到一点：中国社会主义是在黎明，世界社会主义是在黎明。"①"黎明"是一种文学形象的说法，它讲了眼前，也讲了未来，可以认为是有科学性的形象说法。这里也指出了中国要实现现代化有很长的路要走。

---

① 刘大年：《邓小平理论与社会主义黎明》，《人民日报》1997 年 10 月 10 日。

四

新中国诞生后，中国历史学发展到了一个新的阶段。刘大年在这时与学术界的接触多起来。1953年秋天，中共中央设立历史问题研究委员会，中宣部提名委员会由陈伯达、郭沫若、范文澜、吴玉章、胡绳、杜国庠、吕振羽、翦伯赞、侯外庐、刘大年、尹达等11人组成。毛泽东批准了那个名单，并指定陈伯达为委员会主任。在委员会里，刘大年比大多数人都年轻，属于晚辈后学。委员会活动很少，有些工作是通过科学院去做的。刘大年因为担任中国科学院学术秘书（负责联系哲学社会科学），又在近代史所工作，有责任协助郭沫若院长，担负起有关的组织事务性事情。组织科学院研究人员思想改造工作，筹备成立历史一、二所（如西北大学校长侯外庐、上海顾颉刚调来历史二所分别担任副所长、研究员，都是刘大年经手的。中山大学历史系陈寅恪教授与中国科学院和《历史研究》杂志的联系也经由刘大年之手），筹备中国科学院哲学社会科学学部，遴选学部委员，制订12年科学发展远景规划等，他是始终参与者或日常事务的主持者。1958年范文澜经上面批准，集中时间写书，刘大年实际主持近代史所的工作。他回忆说，长时期在科学院工作，有很多机会向学术界前辈和同志学习，深受教益。但政治运动、行政工作又往往把作为研究员担任的科学研究变成了业余，计划经常不能实现。他的感受是：研究学问和从事革命事业中的任何其他工作一样，要取得相当成绩，环境当然有关，关键在人的追求、奋斗。环境影响人，人克服困难，在改造环境中前进。

刘大年与我国老一辈社会科学家、历史学家有密切联系。他与我国史学界著名的"五老"：郭沫若、范文澜、吕振羽、翦伯赞、侯外庐有很多工作关系。他经常对后学谈到"五老"的风范。当1987年"五老"中的最后一位侯老去世时,他曾经满怀感情地回忆并评价"五老"对创建我国马克思主义历史学的功绩。他说,他们那一代人为推动时代前进,付出了辛勤劳动,他们做完了时代交给的答卷。但那些答卷也只代表过去的时代。他认为,马克思主义历史学必须跟上时代步伐,不断发展前进。以往已经证明马克思主义历史学与中国革命实践相结合,表现了巨大生命力,"那么,现在和今后,按照新的条件,坚持这种结合的马克思主义历史学就是常青的"①。刘大年还与我国老一辈的自然科学家有密切联系。1946年他担任晋冀鲁豫边区北方大学工学院首任负责人,组建工学院,接触一些自然科学家,这使他至今仍是北京理工大学校友会名誉会长。他以后在中国科学院工作,同许多自然科学家交往。他与竺可桢、杨钟健、梁思成、贝时璋、华罗庚、钱三强等自然科学家都有很好的工作关系和个人关系。数学家华罗庚和被称为"西医先驱"的北京协和医院张孝骞老大夫去世后,他都写过悼念文章。

刘大年在对外学术交流中也非常活跃。他从1953年参加中国科学院访苏代表团,到最近一次访问日本,有许多次出国进行学术访问和政治性访问的机会,到过许多国家。1983年,在他的推动下,中国史学会加入国际史学会。1985年,他率中国历史学家代表团出席有4000人参加的第十六届世界历史科学大会,并在开幕式上讲话,表示中国史学家将与各国同仁一道,为繁荣国际历史科学而努力。按照惯例,国际历史科学大会开幕式除了东道国的贺词外,就是国际史学会秘书长的工作报告,特别安排

---

① 刘大年:《侯外庐与马克思主义历史学》,《历史研究》1998年第1期。

刘大年讲话，使中国史学家获得了荣誉。① 大会开幕式后，德国总统魏茨泽克举办招待会，邀请30余位学者出席，中国代表团团长刘大年和代表团顾问季羡林应邀出席。当德国总统与刘大年交谈时，苏联科学院院士齐赫文斯基教授主动代为翻译。齐赫文院士是苏联首届一指的汉学家，研究中国近代史的学者。40年来，刘大年与齐赫文之间有过许多的学术交流、争论，彼此参加过在各自国家召开的各种学术讨论会。近代史研究所与苏联科学院东方学研究所、远东研究所建立起来的学术交流关系，与他们两人之间的友谊有很大关系。1992年，齐赫文出版了他的回忆录《我的一生与中国》，记录了他从30—90年代与中国的交往。书的末尾，一一列举对他有过帮助的老师、教授的名字，说"是他们培养了我对中国及其勤劳的人民，对中国丰富的文化和悠久历史怀有深深的敬意"，同时又说："我还想在本书结束的时候，向我在生活道路上遇到的中国学者郭沫若、侯外庐、曹靖华、吴晗、刘大年、胡绳以及其他许多中国朋友深表谢意，是他们帮助我理解和正确评价我的邻国——中国的丰富文化遗产，促进了苏中两国人民之间相互理解和友谊的发展。"②

刘大年还与德国著名学者、老一代汉学家贝喜发教授、日本著名学者、诗人吉川幸次郎、井上清教授等，建立了学术交流关系。国外这些知名学者都成了中国人民真诚的朋友。中国十年内乱结束，1978年，吉川写给刘大年的诗上说，"今闻日月重开朗，蓬矢桑弧兴味除"③，是祝贺，也是赞扬。京都大学名誉教授井上清研究日本近代史、日本帝国主义史，著作富有科学性，

① 张椿年：《中国史学界的骄傲》，《近代史研究》1995年第5期。
② 齐赫文：《我的一生与中国》，陈之骅等译，社会科学文献出版社1994年版，第121页。
③ 引自刘大年《赤门谈史录》，第135页。

铁骨铮铮。1960 年井上清应刘大年邀请，访问近代史研究所，从这时候开始，刘大年与井上清结下了深厚的友谊。此后学术交流、思想交流，从未间断。1990 年，近代史研究所建所 40 周年，井上清专程前来祝贺，他对刘大年表示：近代史研究所是他学术活动的第二个"家"。前面提到过的刘大年 1979 年东京大学的讲学，那时的主持者是东京大学田中正俊教授。1986 年，已经是东京大学名誉教授的田中正俊写了一本小书，题为《战争·科学·人》。这本书，以他自己 21 岁被作为"学徒兵"驱赶上战场的亲身经历，揭露日本军国主义的罪恶。他在序言里说："谨以本书献给抗日民族解放战争的英勇战士，我们的老师刘大年先生。"① 短短一句话，不仅表明了作者追求真理的可贵品格，也代表了日本正直学者对中国学者，对刘大年——一位八路军出身的历史学家的尊重之情。

1964 年起，刘大年连续当选为第三届至第七届全国人大代表，第四届至第七届全国人大常委，是第六、七届全国人大教科文卫委员会委员。1980 年中国史学会重建，他当选为第二、第三届史学会主席团成员、执行主席。现在是中国社会科学院近代史研究所名誉所长、孙中山研究学会副会长和中国抗日战争史学会会长。

本文开头提到刘大年这次访问日本，遇到了抗战中在八路军中服务的日本友人的故事。与此同时，他还与一个未曾谋面的日本朋友互通音问。这位日本朋友就是昭和天皇的胞弟三笠宫崇仁亲王（现年 83 岁）。《抗日战争研究》1995 年第 2 期发表了原载日本《Thisis 读卖》杂志三笠宫的文章，那是 1943—1944 年，

---

① 田中正俊：《战争·科学·人》，韩一德译，黑龙江人民出版社 1990 年版，第 6 页。

三笠宫化名若杉参谋，广泛考察中国战场以后，对中国派遣军总司令部干部的一个讲话：《作为日本人对中国事变的内心反省》。他在这个讲话中列举日本自甲午战争以后侵略中国的事实，揭露日本军人的残暴行为，说日本对中国是"无所不取，掠夺殆尽"，特别指出共产党的军队"对民众的军纪也特别严明，决非日本军队所能企及"，在这种情况下，中共若不"猖獗"，那将成为世界七大奇迹中的第一大奇迹了吧。他还说："在我看来，这样的日本军队，是无法与中共对阵的。"这份讲话，当时作为"危险文书"被没收，近年被日本学者从档案中查找出来，经三笠宫肯定后予以发表。显然，无论是1944年，还是1994年，三笠宫都是讲了真话的，他是谴责日本对中国的侵略的。尽管他是昭和天皇的胞弟，是皇族，他的态度值得中国人民钦佩和尊敬。刘大年通过日本政治家后藤田正晴把一封亲笔信转送给三笠宫崇仁，正是表达了这种看法。刘大年在信中评价三笠宫的讲话说："先生以宏达坦荡襟怀，对待近代中日关系的历史，对待中日战争，我认为这是真正反映了日本民族的优异本色与勇敢精神，体现了日本众多国民的良知，是足以受到日本严肃的学术界公允评价，而载诸竹帛的。"几天以后，后藤田先生给刘大年先生回信，说后藤田亲手把这封信送呈三笠宫，"三笠宫殿下非常高兴，殿下说：'刘大年先生的大著我一定仔细拜读，先生处请代为多多致意。'"

　　他永远在前进，在追求。这就是刘大年：一个战士型的学者，一个学者型的战士。

（1998年11月28日草于东厂胡同一号，

12月19日修改，30日夜再改）

发扬马克思主义在史学领域的开拓精神*

——纪念范文澜诞辰 110 周年

范文澜先生诞辰 110 周年，我们今天集会来怀念他，缅怀他在学术研究事业上的功绩，是很有意义的。

范文澜的学术贡献是多方面的。他早年的学术成就主要是在经学和文学方面。1929 年出版的《文心雕龙注》以后多次再版，直到 1958 年还由人民文学出版社出版了校定本。这本书至今仍被文学史家看作是《文心雕龙》的权威注释本。1933 年出版的《群经概论》，是经过新文化运动洗礼后对传统经学所作的重要的学术研究。蔡美彪同志评论说，"范文澜不仅是新文化运动以前北大学习传统国学的最后一班学生，而且是当年北大国学的集其大成的继承人"①，就是针对《群经概论》而言。1940 年夏

---

* 本文是在中国社会科学院于 2003 年 12 月 29 日举办的纪念范文澜诞辰 110 周年学术研讨会上的发言，载于 2004 年 1 月 3 日《中国社会科学院院报》。收入《东厂论史录》，广东人民出版社 2005 年版。

① 见《中国社会科学院学术大师治学录》，中国社会科学出版社 1999 年版，第 146 页。

季，范文澜在延安新哲学年会作了三次经学史演讲，毛泽东听了两次。毛泽东在看了他的第三次演讲大纲后，特别给他写信，称赞他的经学史演讲"用马克思主义清算经学这是头一次"，指出当时反对大地主大资产阶级的复古反动是思想斗争领域的"第一任务"。这是刚到延安不久的范文澜，作为传统国学的集大成的继承人，对传统经学所作的马克思主义的批判，是对思想文化战线上的无产阶级斗争的重大贡献。

范文澜是著名的马克思主义历史学家，是史学领域著名的五老之一。郭沫若、范文澜、吕振羽、翦伯赞、侯外庐这五老，在中国近代学术史上各自为发展马克思主义史学作出了自己的贡献。范老不是用马克思主义研究中国历史的第一人，但却是用马克思主义观点指导撰写中国通史的最早的开拓者。1941—1942年延安出版的《中国通史简编》，是代表在延安的中国共产党人第一次说出对中华5000年文明历史的系统看法，是对前此各种有关中国历史的观点的系统批判，是用马克思主义唯物史观建立中国通史撰写框架的初步尝试。毛泽东对这部著作给予很高评价，据荣孟源同志回忆，毛泽东曾经说过："我们党在延安又做了一件大事。我们共产党人对于自己国家几千年的历史有了发言权，也拿出了科学的著作了。"① 尽管此后的历史研究者对中国历史的研究可能又有了新的发现和前进，对中国通史的撰写框架可能又有了更好的表达，但是范文澜对马克思主义史学的总体擘画之功是载诸史册、不可磨灭的。建立中国通史撰写的科学框架，我认为这是范文澜对中国马克思主义历史学的首先一个贡献。

范文澜对中国马克思主义历史学的第二个贡献，是用马克思

---

① 见《延安中央研究院回忆录》，中国社会科学出版社1984年版，第181页。

主义指导中国近代史研究。1947年在华北用本名以及随后在重庆、上海用笔名出版的《中国近代史》上编第一分册（50年代经过多次修订再版，再版时改名为《中国近代史》上册），40—60年代所发表的若干有关中国近代史研究的学术论文，开辟了中国近代史研究的马克思主义的学术体系。这个体系简单地说就是把1840—1949年的近代中国历史作为半殖民地半封建的历史，把这段历史划分为旧民主主义革命时期和新民主主义革命时期。这是建立在中国近代政治史基础上的划分，这个划分对于新中国的中国近代史学术体系起到了指导作用。尽管他自己对这个体系并不是很满意，尽管后来的研究者对他所建立的学术体系以及他的一些具体研究结论有不同见解，但是这个体系对确立中国近代史研究学科在中国历史学领域的学术地位，起到了指标的作用。

推动新中国的中国近代史学科的建立，范文澜起到了最重要的作用。可以举两个例子来说明这一点。一是近代史研究所的建立。近代史研究所的前身是华北大学历史研究室。范文澜作为华北大学副校长和历史研究室主任，在1949年4月带领历史研究室人员从河北正定迁到刚和平解放不久的北平，安顿在东厂胡同一号。1949年11月，政务院决定成立中国科学院，范文澜自己的古代史研究正在进行，他没有首先考虑在科学院建立历史研究所，而是率先将华北大学历史研究室归入科学院领导，改名为近代史研究所。这个举措对于新中国的学科布局，对于中国近代史学科的影响是深远的。很显然，在旧中国，近代史研究是很不受重视的。解放初，各大学纷纷开出中国近代史课程，纷纷设置中国近代史教研室，不少大学派出青年教师到近代史研究所进修，今天还活跃在近代史研究工作中的老一辈的研究者，有一些就是在近代史所进修过的。这个研究力量的培养和配置，对于形成后来近代史研究领域的庞大队伍是功不可没的。刘大年在10年前纪念范老诞辰 100 周年的时候说过："新中国研究近代历史的队伍，在很大程度上是在他的培养和影响下成长起来的。"① 再是中国近代史资料的系统编辑。早在新中国建立前夕，范老负责中国新史学研究会（中国史学会的前身）的成立，就开始筹备编辑《中国近代史资料丛刊》。这个丛刊的编辑委员会赫然列上了徐特立、范文澜、翦伯赞、陈垣、郑振铎、向达、胡绳、吕振羽、华岗、邵循正、白寿彝等人的名字。范老是实际的负责人和推动者。以无产阶级革命家徐特立为首，由马克思主义史学家为主并有当时最著名的历史学者组成的这个总编辑委员会，是迄今为止最高规格的历史资料编辑指导机构，反映了党和国家对中国近代史研究的重视。这套资料到 1961 年基本出齐，如果加上1979 年出版的《第二次鸦片战争》，总共出版了 11 种 66 册。这是新中国出版的最大的一部历史资料书，为推动中国近代史研究的开展起到了巨大的作用。此外，新中国史学领域几项大工程，如《资治通鉴》和二十四史的标点，中国历史地图的编绘，中国历史地震资料的编辑，都是和他的名字分不开的。

范老对中国历史学的第三个贡献，是在学术研究领域提倡、坚持、贯彻了百家争鸣的精神。最有名的例子当然是在历史分期问题上与郭老的争论。范老是"西周封建说"的最著名的代表人。历史分期问题的争鸣带动了 50 年代学习和运用马克思主义理论指导历史研究的热潮。再一个是汉民族形成问题的争论，他的争论对象是当时国际共产主义运动最重要的领导人斯大林。斯大林在《马克思主义与语言学问题》中提出，部族变成民族，是资本主义出现以后的事情。那么中国没有资本主义，汉民族是何时形成的呢？这是一个需要回答的问题。范老通过他对中国历

---

① 见《近代史研究》1994 年第 1 期。

史的深刻理解，认为秦汉时期的汉族已经符合斯大林所说民族形成的四个特征，已经形成为民族，并且是秦汉以来中国成为统一国家的主要原因。斯大林的观点不符合中国的历史实际。他提出并坚持这个论点，挑战当时最大的理论权威，是有压力和风险的，事实上也受到一些学者的严厉指责。这个问题在理论界引起热烈的讨论，推动了历史学和民族学理论的发展。范老敢于在学术上坚持自己的观点，不仅是因为学者的勇敢，主要是对历史要有深入地研究。他说过："学有专长而争鸣是好的，长于教条而争鸣那就很不好。"

这就提出了学风问题。所以，我认为范老对中国历史学的第四个贡献，是提倡并且力行实事求是的学风。范老认为，不肯下苦功夫，随意发表意见，或者抱着教条主义态度企图一鸣惊人式的争鸣，那叫做"潦岁蛙鸣"，好像雨后池塘里的青蛙鸣叫，噪声贯耳，与百家争鸣完全是两回事。只有真正进行了研究，作了深入思考，才能数年而一鸣，或毕生而一鸣，真正做到鸣，并不是容易的事。范老主张学习马克思主义，要在具体的历史研究中学会运用马克思主义的理论和方法，要"神似"，不要"形似"，不要教条主义。范老的书和文章很少照抄马克思主义的词句，但是我们可以从他的论述中体会到马克思主义的精神力量。范老经常强调要发扬"二冷"精神，即提倡坐冷板凳，吃冷猪头肉。这就是说，做学问，要埋头苦干，要不慕虚荣。做学问要有"等富贵如浮云"的精神。范老所提倡的这些学风，实在是留给我们的精神财富，我们要细加体会，认真实行。

范老去世已经过去了 34 年。现在历史学界的情况已经发生了非常深刻的变化。国家的全面开放，与国际学术界的广泛交流，带来了史学研究的深入发展，也带来了学术思想的多元化趋向。史学领域的非马克思主义倾向也在增长。学术研究中提出了许多需要运用马克思主义理论加以分析和解释的问题，由于非马克思主义倾向的增长，也在史学研究中提出了新的需要运用马克思主义理论和方法加以解释的问题。用马克思主义理论指导历史学研究，显然不是老一辈人做完了就万事大吉。在史学研究中，还需要运用马克思主义进行广泛的开拓。老一辈学者已经完成了他们的任务，下一代或者下几代还要在他们奋斗的基础上继续前进。用马克思主义指导社会现实的变革需要与时俱进，用马克思主义指导历史研究也同样需要与时俱进。纪念范文澜诞辰 110 周年，我们要学习范文澜先生运用马克思主义研究历史的方法，从"神似"中找出路，去发展我们的史学研究，去提高我们的史学研究，去繁荣我们的史学研究，为我们的社会主义服务，为我们的人民的文化需要服务。这是我的一点感想，与各位共勉。

（2003 年 12 月 12 日）

试论毛泽东的历史观[*]

　　毛泽东是伟大的马克思主义者，是中国无产阶级的伟大的革命家、政治家、理论家。描述毛泽东的革命事功、理论贡献、政治作为、思想演变的传记、著作，成百累千。但是专门分析毛泽东的历史观的研究著作却所见不多。在毛泽东诞辰 110 周年之际，尝试探讨毛泽东历史观的形成和发展，借以纪念这位历史伟人，并求教于方家。

　　所谓历史观，指人们对人类社会历史发展进程的一般看法，是指导人们观察社会历史的基本指导思想，也指观察和研究社会历史现象的基本的方法论。例如社会历史是否客观存在？历史发展是否有某种客观规律？推动历史前进的基本原因和基本动力是什么？等等。有什么样的世界观，大体上也就有什么样的历史观。毛泽东一生熟读中国历史，视野始终关注古今中外，他在思考和运筹革命和社会改造大计的时候，熟练运用历史知识之妙，

　　* 本文在中国社会科学院召开的"纪念毛泽东同志诞辰 110 周年学术讨论会"上宣读，摘要刊载于《中国社会科学院院报》2003 年 12 月 25 日。原载《中共党史研究》2004 年第 5 期。收入李慎明主编《马克思主义中国化与全面建设小康社会》，社科文献出版社 2005 年版；《东厂论史录》，广东人民出版社 2005 年版。

古今中外革命家所罕有。但是，除了专门研究、论述辩证唯物主义的哲学著作《实践论》和《矛盾论》，他没有专门写作过阐述历史观的文章和著作。毛泽东作为一个终身致力于认识中国社会、改造中国社会的伟大的革命家、政治家，我们应该怎样看待他的历史观呢？

从唯心史观到唯物史观的转变

在社会革命实践中学习并接受马克思主义以前，青年毛泽东是一个在近代中国历史巨变中追求进步，追寻新式知识的旧式知识分子。1917年，24岁的青年毛泽东在致密友的信函中描述自己的理想、信念的时候写道：

> 今之论人者，称袁世凯、孙文、康有为而三。孙、袁吾不论，独康似略有本源矣。然细观之，其本源究不能指其实在何处，徒为华言炫听，并无一干竖立、枝叶扶疏之妙。愚意所谓本源者，倡学而已矣。惟学如基础，今人无学，故基础不厚，时俱倾圮。愚于近人，独服曾文正，观其收拾洪杨一役，完满无缺。使以今人易其位，其能如彼之完满乎？天下亦大矣，社会之组织极复杂，而又有数千年之历史，民智污塞，开通为难。欲动天下者，当动天下之心，而不徒在显见之迹。动其心者，当具有大本大源。①

这一段话，典型地反映了那时读过一些新书的青年知识分子的心理状态。对于青年毛泽东来说，袁世凯、孙文、康有为虽然是前辈，但毕竟是同时代人；袁世凯因称帝遭到全国人民反对，

---

① 《致黎锦熙信》（1917年8月23日），《毛泽东早期文稿》，湖南出版社1990年版，第85页。

1916 年 6 月在护国战争的风云中气急而死，孙文和康有为都正活跃在政治舞台上。惟曾国藩（1811—1872）已死 45 年，是湖南先辈。曾国藩因组织湘军镇压太平天国造反有功，使得清朝统治免于被农民起义所倾覆，时人称他为"中兴重臣"，死后荣获"文正"谥号；又因他服膺程朱理学，有桐城派后期领袖之虚誉，颇得一般青年士子尤其是湖南青年的尊崇。毛泽东此处表示袁、孙、康不论，"独服曾文正"，正是当时一般青年的心理。"独服曾文正"什么？不仅服其"收拾洪杨一役，完满无缺"，而且服其"具有大本大源"。毛泽东具有宏大的志愿，希望"动天下之心"，即改变天下人的思想，而不在乎具体的事功，如议会、宪法、总统、内阁、军事、实业、教育等等，他认为，这一切都是枝节。只有得大本大源，才能动天下之心，根本改变世界。什么人具有大本大源？"民智污塞，开通为难"，显然普通老百姓不具备大本大源。他又说："圣人，既得大本者也；贤人，略得大本者也；愚人，不得大本者也。圣人通达天地，明贯过去现在未来，洞悉三界现象，如孔子之'百世可知'，孟子之'圣人复起，不易吾言'。孔孟对答弟子之问，曾不能难，愚者或震之为神奇，不知并无谬巧，惟在得一大本而已。"① 很清楚，只有孔孟才具有大本大源。只有孔孟思想才能治理天下。只有孔子才能明贯过去现在未来，"百世可知"。这完全是中国社会几千年流传下来的基本思想。有学者把毛泽东追求的大本大源解释为"显然是指历史发展的客观规律"②，恐怕是误解了毛泽东在这里所说大本大源的含义，不恰当地估计了青年毛泽东的思想高度。

---

① 《致黎锦熙信》（1917 年 8 月 23 日），《毛泽东早期文稿》，第 85 页。
② 王子今著：《毛泽东与中国史学》，中共中央党校出版社 1993 年版，第 36 页。

　　我们再看在这期间毛泽东所写的《〈伦理学原理〉批注》。《伦理学原理》是德国哲学家泡尔生（1846—1908）的著作《伦理学体系》中的一部分，日本人蟹江义丸把其中的一部分翻译成日文，以《伦理学原理》之名出版。蔡元培将日译本再译成中文出版。湖南省立第一师范教师杨昌济以这本书作为教材。毛泽东在学习中在书本上写下了大量批注。从这些批注中可以看出青年毛泽东的哲学观、历史观。其中一则批文说：

　　　　予谓人类只有精神之生活，无肉体之生活。试观精神时时有变化，肉体则万年无变化可以知也。

　　　　予谓理想之本体亦有深浅。

　　　　精神发展，理想分化。

　　　　观念造成文明，诚然，诚然。①

　　这里说的是精神和物质的关系。批注者认为，精神是第一性的，"观念造成文明"。

　　另一处批注又写道：

　　　　余曰：我即实在，实在即我。我有意识者也，即实在有意识者也，我有生活者也，即实在有生活者也。②

　　　　世界固有人有物，然皆因我而有，我眼一闭，故不见物也。③

　　这里是说我的意识决定了存在，没有我的意识就无所谓"实在"。无我则无物。

　　又一处批注写道：

　　　　是故治乱迭乘，平和与战伐相寻者，自然之例也。伊古

①　《〈伦理学原理〉批注》（1917—1918），《毛泽东早期文稿》，第168页。
②　同上书，第268页。
③　同上书，第148页。

以来，一治即有一乱，吾人恒厌乱而望治，殊不知乱亦历史生活之一过程，自亦有实际生活之价值。[①]

这里很明白地说出了历史循环论的传统看法。一治一乱，治乱迭乘，都是历史生活的正常的过程。自古以来，中国的知识分子都是用这种循环论的观点看待历史进程的。

毛泽东在 1915 年 9 月致友人的信中说道："历史者，观往迹制今宜者也，公理公例之求为急。一朝代之久，欲振其纲而挈其目，莫妙觅其巨夫伟人。巨夫伟人为一朝代之代表，将其前后当身之迹，一一求之至彻，于是而观一代，皆此代表人之附属品矣。"[②] 研究历史，说到底，最重要的是寻找到代表那个朝代的"巨夫伟人"，其他不过是其附属品而已。这是典型的英雄史观。

不难看出：青年毛泽东的历史观是什么了。所谓圣人创造历史（孔孟得大本大源，可知百世），老百姓是愚人，很难开通。观念造成文明，意识决定存在。治乱兴衰，历史循环发展。学习传统儒学，尤其是宋明理学、陆王心性之学，形成这样一种历史观是不难理解的。但是，要指出：这是陈旧的历史观，是唯心主义的历史观。

一般来说，毛泽东从唯心史观到唯物史观的转变，是 1920 年。毛泽东自己回忆说："1920 年冬天，我第一次从政治上把工人们组织了起来，在这项工作中马克思主义理论和俄国革命史的影响开始对我起指导作用。我第二次到北京期间，读了许多关于俄国所发生的事情的文章。我热切地搜寻当时所能找到的极少数共产主义文献的中文本。有三本书特别深刻地铭记在我的心中，

---

① 《〈伦理学原理〉批注》（1917—1918），《毛泽东早期文稿》，第 185—186 页。

② 《致萧子升信》（1915 年 9 月 6 日），《毛泽东早期文稿》，第 22 页。

使我树立起对马克思主义的信仰。我接受马克思主义、认为它是对历史的正确的解释，以后，就一直没有动摇过。这三本书是：陈望道译的《共产党宣言》，这是用中文出版的第一本马克思主义的书；考茨基著的《阶级斗争》，以及柯卡普著的《社会主义史》。到 1920 年夏天，我已经在理论上和在某种程度的行动上，成为一个马克思主义者，而且从此我也自认为是一个马克思主义者了。"① 1921 年 1 月 21 日毛泽东复信给在法国的蔡和森，开宗明义第一句话就是："唯物史观是吾党哲学的根据，这是事实，不像惟理观之不能证实而容易被人摇动。"② 唯物史观四个字第一次出现在毛泽东的文字中，这是表明毛泽东在初步学习了马克思主义的著作后出现的思想转变。

　　毛泽东思想上出现的这个重大转变，与 20 世纪初期中国社会的剧烈变化息息相关。长沙的抢米运动，保路运动，武昌起义，湖南独立，孙中山为首的南京临时政府难以支持下去，国家为清末的大官僚（直隶总督、内阁总理）袁世凯所控制，军阀当道，湖南亦为军阀所掌控，当时有社会责任感的爱国进步青年为帝国主义侵略下的国家前途操心如焚。面对国家和社会现状，在短短几年间，毛泽东饥不择食地读过了梁启超主办的改良派刊物《新民丛报》、革命派的《民报》和《民立报》，接着又读到了激进民主主义者创办的《新青年》，读到了马克思主义的书籍，接受了李大钊、陈独秀等早期马克思主义者的指导；他经历

---

　　① 吴黎平整理：《毛泽东 1936 年同斯诺的谈话》，人民出版社 1979 年版，第 39 页。1941 年 9 月在延安，毛泽东对中央妇委和中共中央西北局联合调查团的谈话中也讲到了这个意思。见《关于农村调查》，《毛泽东文集》，第 2 卷，人民出版社 1993 年版，第 378 页。

　　② 《致蔡和森》（1921 年 1 月 21 日），《毛泽东书信选集》，人民出版社 1983 年版，第 15 页。

了皇帝、总统、都督和督军，看到了社会的强烈动荡和民不聊生的种种情状；他和他的一班青年朋友日夜探讨和磋商国家的前途和民族的命运，进行了初步的社会调查，开始了切实认识中国国情的艰苦过程，组织了进步团体新民学会，创办了青年学生期刊《湘江评论》，发出了"民众的大联合"的呼号，推动了湖南的"驱张运动"，提出了"湖南共和国"的幼稚的政治口号，从事了改造中国与世界的初步的政治运动实践。正是在这种强烈社会动荡和初步政治实践的经验中，他的思想完成了从保皇派①、资产阶级改良派到革命派的转变②，又进一步实现了从唯心主义世界观到唯物主义世界观的转变，唯物史观开始成为他观察和分析社会、改造中国与世界的方法论与基本工具。

毛泽东历史观的基本内容

唯物主义历史观是人们对历史认识的一种最一般的观念。通俗地说，唯物史观认为，有史以来的人类历史，是客观存在的，不是主观形态的；历史现象虽然千姿百态、纷繁复杂，却不是虚无缥缈的，人们虽然不能像自然科学那样在实验室里重复制造历史过程，但在掌握了尽可能多的历史资料以后，是可以对过往的历史过程加以描述、加以认识，并获得对往史的较为近真的影像的；历史现象虽乱如丝麻，确是可以理出头绪的，并且显示了一

---

① 毛泽东后来回忆说，当宣统皇帝登基两年的时候，他还不是一个反对帝制的人。见《毛泽东1936年同斯诺的谈话》，第16页。

② 毛泽东回忆说，他在1911年到长沙进驻省中学读书，第一篇发表政见的作文，提出请孙中山担任总统，康有为任国务总理，梁启超任外交部长。但到1918年湖南省立第一师范毕业时，他已经抛弃了康、梁，而非常佩服胡适和陈独秀的文章了。《毛泽东1936年同斯诺的谈话》，第18、31页。

种由低级到高级的发展过程，人们从茹毛饮血到今天享受现代化的信息公路，很自然地说明了这个过程的一个重要方面，而马克思、恩格斯指出的五种社会发展形态，则是对这一过程的最一般的描绘；人类的经济生活是社会生存的基本方式，社会依生产力的发展、前进而发展、前进，生产力和生产关系的矛盾运动推动着社会的前进，决定着人们依赖其中的社会政治、经济、阶级关系和文化从属的基本面貌；物质生产和精神生产（科学实验是物质生产和精神生产的综合反映）是社会运行的主要内容，物质生产的状况决定了精神生产的状况，劳动者是物质生产的主体，是决定历史前进方向的终极力量；人们（包括劳动群众和社会精英）创造了一定的历史环境，一定的历史环境反过来又决定了生活其中的人们的面貌。在阶级社会中，生产力和生产关系的矛盾运动集中反映为阶级之间的斗争。我想，这就是唯物史观告诉我们的基本东西。它所概括出来的人类社会发展的基本规律虽未穷尽真理，却指示了社会发展的一般方向及其未来。同时也应该说，它只是提出了社会发展的一般方向和未来走向，丝毫没有给出各地区各国家历史发展的具体方向。各地区各国家的社会历史发展的具体途径，依各地区各国家具体的历史环境去决定。

毛泽东是共产主义者。马克思主义者用历史唯物主义观察人类历史的发展，必然得出共产主义是人类历史发展的美妙的将来的结论。人类社会是一个历史地发展的过程，随着物质生产的进步，社会由低级向高级发展。人类历史大体经历了原始社会、奴隶社会、封建社会、资本主义社会，还将发展到社会主义、共产主义社会去。毛泽东在1940年驳斥反共顽固派的时候说："共产主义是无产阶级的整个思想体系，同时又是一种新的社会制度。这种思想体系和社会制度，是区别于任何别的思想体系和任何别的社会制度的，是自有人类历史以来，最完全最进步最革命最合理的。封建主义的思想体系和社会制度，是进了历史博物馆的东西了。资本主义的思想体系和社会制度，已有一部分进了博物馆（在苏联）；其余部分，也已'日薄西山，气息奄奄，人命危浅，朝不虑夕'，快进博物馆了。惟独共产主义的思想体系和社会制度，正以排山倒海之势，雷霆万钧之力，磅礴于全世界，而葆其美妙之青春。"① 就是到了共产主义社会，也不是一成不变了。共产主义社会也要分成许多阶段。"由社会主义过渡到共产主义是一场斗争，是一个革命。进到共产主义时代了，又一定会有很多很多的发展阶段，从这个阶段到那个阶段的关系是一种从量变到质变的关系。"②

歌颂共产主义，并不是要把共产主义以前的社会历史阶段加以否定。"现在看来，奴隶制度、封建制度、资本主义制度都不好，其实它们在历史上都曾经比原始公社制度要进步。这些制度开始时是进步的，到后来就不行了，所以就有别的制度来代替了。"③ 这就是唯物主义历史观对待历史发展的辩证法。《共产党宣言》宣称共产主义制度一定要代替资本主义制度，但是称赞了资本主义制度创造了历史上空前的社会财富。一切反共的宣传家、理论家总是想尽一切办法诋毁、攻击共产主义的思想和社会制度。从这一点来说，马克思主义者比反共的宣传家要客观、冷静得多。

---

① 《新民主主义论》（1940 年 1 月），《毛泽东选集》第 2 卷，人民出版社 1991 年版，第 686 页。

② 《又红又专》（1958 年 1 月），《毛泽东著作选读》下册，人民出版社 1986 年版，第 804 页。

③ 《关于中华人民共和国宪法草案》（1954 年 6 月 14 日），见中共中央文献研究室编《建国以来毛泽东文稿》第四册，中央文献出版社 1990 年版，第 504 页。

毛泽东的历史唯物主义观点还表现在，他不像那些资本主义的辩护士那样声称资本主义是永恒的，阶级、国家、政党、无产阶级专政等等，都是一定历史发展阶段上的产物，在另一定历史发展阶段上，这些东西都是要消亡的。他说：

> 人到老年就要死亡，党也是这样。阶级消灭了，作为阶级斗争的工具的一切东西，政党和国家机器，将因其丧失作用，没有需要，逐步地衰亡下去，完结自己的历史使命，而走到更高级的人类社会。我们和资产阶级政党相反。他们怕说阶级的消灭，国家权力的消灭和党的消灭。我们则公开声明，恰是为着促使这些东西的消灭而创设条件，而努力奋斗。共产党的领导和人民专政的国家权力，就是这样的条件。不承认这一条真理，就不是共产主义者。没有读过马克思列宁主义的刚才进党的青年同志们，也许还不懂得这一条真理。他们必须懂得这一条真理，才有正确的宇宙观。他们必须懂得，消灭阶级，消灭国家权力，消灭党，全人类都要走这一条路的，问题只是时间和条件。全世界共产主义者比资产阶级高明，他们懂得事物的生存和发展的规律，他们懂得辩证法，他们看得远些。资产阶级所以不欢迎这一条真理，是因为他们不愿意被人们推翻。[1]

他又说：

> 共产党和民主党派都是历史上发生的。凡是历史上发生的东西，都要在历史上消灭。消灭就是那么不舒服？我看很舒服。共产党，无产阶级专政，哪一天不要了，我看实在好。我们的任务就是要促使它们消灭得早一点。这个道理，

---

[1] 《论人民民主专政》，《毛泽东选集》第 4 卷，人民出版社 1991 年版，第 1468 页。

过去我们已经说过多次了。

但是，无产阶级政党和无产阶级专政，现在非有不可。否则，不能镇压反革命，不能抵抗帝国主义，不能建设社会主义，建设起来也不能巩固。①

他还说：

按照辩证法，就像人总有一天要死一样，社会主义制度作为一种历史现象，总有一天要灭亡，要被共产主义制度所否定。如果说，社会主义制度是不会灭亡的，社会主义的生产关系和上层建筑是不会灭亡的，那还是什么马克思主义呢？那不是跟宗教教义一样，跟宣传上帝不灭亡的神学一样？②

阶级、国家、政党等历史上发生过的东西，将来在历史上都是要消灭的。现在的努力，是要为将来消灭这些东西创造条件。如果空谈消灭而不为它将来的消灭创造条件，也不是共产主义者，不是马克思主义者。正是从这种彻底的历史唯物主义的观点出发，毛泽东和中国共产党人在中国民主革命的关键时刻提出了新民主主义革命的完整理论。这个理论，概括来说就是：现时进行的革命是新民主主义革命，这个革命的实质是资产阶级民主主义革命，所要完成的任务是资产阶级民主主义革命的任务，但是这个革命的领导者不是资产阶级而是无产阶级，革命的前途是争取转变为社会主义革命。毛泽东下面两段话把这个问题说得很清楚：

这种新式的民主革命，虽然在一方面是替资本主义扫清

---

① 《论十大关系》（1956年4月25日），《毛泽东著作选读》下册，第734页。

② 《在省市自治区党委书记会议上的讲话》（1957年1月），《毛泽东选集》第5卷，人民出版社1977年版，第356页。

道路，但在另一方面又是替社会主义创造前提。中国现时的革命阶段，是为了终结殖民地、半殖民地、半封建社会和建立社会主义社会之间的一个过渡的阶段，是一个新民主主义的革命过程。这个过程是从第一次世界大战和俄国十月革命之后才发生的，在中国则是从 1919 年五四运动开始的。所谓新民主主义的革命，就是在无产阶级领导之下的人民大众的反帝反封建的革命。中国的社会必须经过这个革命，才能发展到社会主义的社会去，否则是不可能的。①

中国共产党领导的整个中国革命运动，是包括民主主义革命和社会主义革命两个阶段在内的全部革命运动；这是两个性质不同的革命过程，只有完成了前一个革命过程才有可能去完成后一个革命过程。民主主义革命是社会主义革命的必要准备，社会主义革命是民主主义革命的必然趋势。而一切共产主义者的最后目的，则是在于力争社会主义和共产主义社会的最后完成。只有认清民主主义革命和社会主义革命的区别，同时又认清二者的联系，才能正确地领导中国革命。②

完成新民主主义革命，就是要为资本主义的发展扫清障碍，为社会主义革命创造物质条件。革命是为了解放生产力，不仅社会主义革命是为了解放生产力、发展生产力，中国新民主主义革命（中国式的资产阶级民主革命）也是为了使帝国主义、封建势力束缚下的落后的生产力得到解放，"改变买办的封建的生产

---

① 《中国革命和中国共产党》（1939 年 12 月），《毛泽东选集》第 2 卷，第 647页。

② 《中国革命和中国共产党》，同上书，第 651—652 页。

关系，解放被束缚的生产力"①，使中国走上工业化的道路。但是由于中国经济的落后，新民主主义经济并不是一般地反对资本主义，而是反对殖民地、半殖民地、半封建的经济，容许资本主义经济（操纵国民生计的除外）有一定程度的发展。毛泽东说："有些人怀疑中国共产党人不赞成发展个性，不赞成发展私人资本主义，不赞成保护私有财产，其实是不对的。民族压迫和封建压迫残酷地束缚着中国人民的个性发展，束缚着私人资本主义的发展和破坏着广大人民的财产。我们主张的新民主主义制度的任务，则正是解除这些束缚和停止这种破坏，保障广大人民能够自由发展其在共同生活中的个性，能够自由发展那些不是'操纵国民生计'而是有益于国民生计的私人资本主义经济，保障一切正当的私有财产。"② 他解释说："有些人不了解共产党人为什么不但不怕资本主义，反而在一定的条件下提倡它的发展。我们的回答是这样简单：拿资本主义的某种发展去代替外国帝国主义和本国封建主义的压迫，不但是一个进步，而且是一个不可避免的过程。它不但有利于资产阶级，同时也有利于无产阶级，或者说更有利于无产阶级。现在的中国是多了一个外国的帝国主义和一个本国的封建主义，而不是多了一个本国的资本主义，相反地，我们的资本主义是太少了。"③ 这样的设计，正是根据马克思主义关于社会发展规律的认识，根据历史唯物主义的基本原理作指导的。

用唯物史观指导中国的革命，预言中国的未来，在毛泽东留

---

① 《目前形势和我们的任务》（1947 年 12 月 25 日），《毛泽东选集》第 4 卷，人民出版社 1991 年版，第 1254 页。

② 《论联合政府》（1945 年 4 月 24 日），《毛泽东选集》第 3 卷，人民出版社 1991 年版，第 1058 页。

③ 《论联合政府》，同上书，第 1060 页。

下的文字中比比皆是。这里再举一个例子，是延安时期毛泽东与秦邦宪通信，讨论中国农村家庭，并进而讨论革命的目的以及中国现代化道路的问题。毛泽东在给秦邦宪的信中说："……民主革命的中心目的就是从侵略者、地主、买办手下解放农民，建立近代工业社会。……农民的家庭是必然要破坏的，进军队进工厂就是一个大破坏，就是纷纷'走出家庭'。……所以，根本否定五四口号，根本反对走出家庭，是不应该也不可能的。""此外，新民主主义社会的基础是工厂（社会生产，公营的与私营的）与合作社（变工队在内），不是分散的个体经济。分散的个体经济——家庭农业与家庭手工业是封建社会的基础，不是民主社会（旧民主、新民主、社会主义，一概在内）的基础，这是马克思主义区别于民粹主义的地方。简单言之，新民主主义社会的基础是机器，不是手工。我们现在还没有获得机器，我们就永远不能胜利，我们就要灭亡。现在的农村是暂时的根据地，不是也不能是整个中国民主社会的主要基础。由农业基础到工业基础，正是我们革命的任务。"① 这样的讨论在正式的文件和论文中并不多见。但是这是非常重要的讨论。从唯物史观关于历史发展规律的观点出发，毛泽东和中国共产党人不仅提出了完整的新民主主义革命的理论和实施步骤，提出了社会主义革命的前途，而且明确认识到：我们现在的革命根据地在农村，这是暂时的现象，我们长远的根据地是在城市，是在工业化，是在现代化。小农经济作为封建经济的基础在革命的过程中，在争取社会主义前途的时候，是不能长久保存的，小农经济状态下的农村家庭是不能长期维持的。社会主义要以工业化和现代化作为自己经济的基础。任

---

① 《致秦邦宪》（1944 年 8 月 31 日），《毛泽东书信选集》，人民出版社 1983 年版，第 237—239 页。

何试图维持或者不破坏小农经济和小农经济状态下的农村家庭的想法，都是民粹主义的想法，与以工业化、现代化为基础的社会主义制度、体系不相容的。在《论联合政府》中，毛泽东还预言："将来还要有几千万农民进入城市，进入工厂。如果中国需要建设强大的民族工业，建设很多的近代的大城市，就要有一个变农村人口为城市人口的长过程。"① 1945 年，毛泽东在中国共产党第七次全国代表大会作关于《论联合政府》的报告，再次提出中国工业化道路问题："在新民主主义的政治条件获得之后，中国人民及其政府必须采取切实的步骤，在若干年内逐步地建立重工业和轻工业，使中国由农业国变为工业国。新民主主义的国家，如无巩固的经济做它的基础，如无进步的比较现时发达得多的农业，如无大规模的在全国经济比重上占极大优势的工业以及与此项适应的交通、贸易、金融等事业做它的基础，是不能巩固的。"② 这些关于中国现代化道路的十分准确的设计和对中国现代化前景的科学的预测，今天的中国正在经历着这样的过程，验证了这些预言的正确性。

对于发展中国的工业化，实现中国的现代化，就是发展中国的新生产力，不论是在新民主主义阶段，还是在社会主义阶段，毛泽东都是很清楚的。1944 年在延安，毛泽东就强调指出，"共产党是要努力于中国的工业化的"，他说："老百姓拥护共产党，是因为我们代表了民族与人民的要求。但是，如果我们不能解决经济问题，如果我们不能建立新式工业，如果我们不能发展生产力，老百姓就不一定拥护我们。"③ 这是把是否实现中国的工业

---

① 《论联合政府》，《毛泽东选集》第 3 卷，第 1077 页。

② 同上书，第 1081 页。

③ 《共产党是要努力于中国的工业化的》（1944 年 5 月 20 日），《毛泽东文集》第 3 卷，人民出版社 1996 年版，第 146、147 页。

化，作为老百姓拥护不拥护的政治问题提出来的。1954 年毛泽东号召："准备在几个五年计划之内，将我们现在这样一个经济上文化上落后的国家，建设成为一个工业化的具有高度现代文化程度的伟大的国家。"① 1956 年，毛泽东指出："社会主义革命的目的是为了解放生产力。农业和手工业由个体所有制变为社会主义的集体所有制，私营工商业由资本主义所有制变为社会主义所有制，必然使生产力大大地获得解放。这样就为大大地发展工业和农业的生产创造了社会条件。"② 1963 年毛泽东又说："我们必须打破常规，尽量采用先进技术，在一个不太长的历史时期内，把我国建设成为一个社会主义的现代化的强国。"③ 1954—1964 年所说的话，与 1944 年说的话，所处的历史背景不一样，时代条件不一样，但强调解放生产力，强调中国的工业化、现代化，是一样的，因为在历史发展规律的认识上，在唯物主义历史观的指导思想上是一致的。针对这一点，毛泽东特别指出："中国一切政党的政策及其实践在中国人民中所表现的作用的好坏、大小，归根结底，看它对于中国人民的生产力的发展是否有帮助及其帮助之大小，看它是束缚生产力的，还是解放生产力的。"④《论联合政府》一文不仅代表中国共产党向全国人民宣示了自己在历史新时期的思想理论和方针政策，而且是说给当时国内所有党派首先是中国国民党听的。它把是否帮助中国人民发展生产力当作衡量中国政治舞台上所有政党和政治派别作用的基本准则。

---

① 《为建设一个伟大的社会主义国家而奋斗》(1954 年 9 月 15 日)，《毛泽东著作选读》下册，第 715 页。

② 《社会主义革命的目的是解放生产力》(1956 年 1 月 25 日)，《毛泽东著作选读》下册，第 717 页。

③ 《把我国建设成为社会主义的现代化强国》(1964 年 12 月)，《毛泽东著作选读》下册，第 849 页。

④ 《毛泽东选集》第 3 卷，第 1079 页。

这是把唯物史观应用于中国政党作用的十分典型、十分贴切的分析。这是检验中国所有政党作用的试金石。这个论点至今仍未过时，在政党存在的年代里都不会过时。

毛泽东的历史观的主要内容当然不只这些。但是关于历史发展规律的认识是他的历史观的基础。以此为基础，关于生产力和生产关系的矛盾运动的观点，关于是英雄创造历史还是人民群众创造历史的观点，关于文化反映经济基础又反作用于经济基础的观点，等等，都可以详加论证。限于篇幅，就不细说了。

毛泽东历史观的基本支撑点

讨论毛泽东的历史观，必须进一步讨论支持毛泽东历史观的几个最基本的观点。我指的这几个最基本的观点，第一是阶级斗争史观，第二是人民史观。

毛泽东从接受唯物史观开始，就接受了阶级斗争的观点。他在1941年说过："记得我在1920年，第一次看见了考茨基的《阶级斗争》，陈望道翻译的《共产党宣言》，和一个英国人作的《社会主义史》，我才知道人类自有史以来就有阶级斗争，阶级斗争是社会发展的原动力，初步地得到认识问题的方法论。可是这些书上，并没有中国的湖南、湖北，也没有中国的蒋介石和陈独秀。我只取了它四个字'阶级斗争'，老老实实地来开始研究实际的阶级斗争。"[①] 从此以后，他在中国社会实际中用阶级斗争的理论和方法研究和分析社会现象，看出了中国历史和中国社会中一系列阶级存在和阶级斗争存在的现象，由此提出并制定一

---

① 《关于农村调查》，《毛泽东文集》第2卷，人民出版社1993年版，第378—379页。

系列推进中国革命的重大原则和方略。我把他的这种研究方法和观察中国社会的角度，称作"阶级斗争史观"。他用这种阶级斗争史观，或者阶级斗争的分析方法，分析了中国社会实际的阶级斗争，分析了中国历史上的阶级斗争，无往不证明阶级斗争理论的正确性，终生乐此不疲。在批判美国白皮书的时候，他写下了如下的名言："阶级斗争，一些阶级胜利了，一些阶级消灭了。这就是历史，这就是几千年的文明史。拿这个观点解释历史的就叫做历史的唯物主义，站在这个观点的反面的是历史的唯心主义。"① 就是这个阶级斗争史观，他在党内、人民群众中、历史研究者中大加倡导，着力推行。②

　　毛泽东的阶级斗争史观的分析方法，最精彩之笔是对新民主主义革命时期中国社会的分析。这种分析的精到独特及其所取得的成功，已经完全为标志着新民主主义革命胜利的历史过程所证明。毛泽东从中国所处的社会是殖民地、半殖民地、半封建的社会出发，从中国新民主主义革命（换一个说法是中国无产阶级通过中国共产党领导的资产阶级民主革命）的目的是推翻殖民地、半殖民地、半封建统治势力的需要出发，确定了革命的对象

---

　　① 《丢掉幻想，准备斗争》（1949 年 8 月），《毛泽东选集》第 4 卷，第 1487 页。

　　② 如他在写给章士钊的讨论章著《柳文指要》一书的信中指出："大问题是唯物史观问题，即主要是阶级斗争问题。但此事不能求之于世界观已经固定之老先生们，故不必改动。嗣后历史学者可能批评你这一点，请你要有精神准备，不怕人家批评。"见《致章士钊》（1965 年 7 月 18 日），《毛泽东书信选集》，第 602 页。1958 年在《为印发〈张鲁传〉写的批语》中说："中国从秦末陈涉大泽乡（徐州附近）群众暴动起，几乎没有停止过。同全世界一样，中国的历史，就是一部阶级斗争史。"这个《张鲁传》及其批语是印发给参加中共八届六中全会会议的人员的。见《为印发〈张鲁传〉写的批语》（1958 年 12 月 7 日、10 日），《建国以来毛泽东文稿》第 7 册，中央文献出版社 1992 年版，第 629—630 页。毛泽东关于中国历史是阶级斗争的历史的论述很多，此处不再引述。

和革命的动力。推翻殖民地、半殖民地、半封建统治势力的总任务在整个新民主主义革命时期是不变的，但是在革命的不同的历史阶段，革命的对象和革命的动力是不完全一样的。"在中国资产阶级民主革命过程中，有中国社会各被压迫阶级和帝国主义的矛盾，有人民大众和封建制度的矛盾，有无产阶级和资产阶级的矛盾，有农民及城市小资产阶级和资产阶级的矛盾，有各个反动的统治集团之间的矛盾等等，情形是非常复杂的。"① 这些矛盾是与他们在各自相联系的生产关系中的阶级地位决定的。在不同的历史阶段，如在国共合作反对军阀统治的阶段，在十年内战的历史阶段，在抗日民族统一战线的历史阶段，在第三次国内革命战争的阶段，由于阶级斗争形势的变化，民族矛盾和阶级矛盾的转换，主要矛盾和次要矛盾的不同，革命的对象和革命的动力时有变化，革命的策略时有不同。总的目标是壮大自己、孤立敌人。这就要根据"马克思主义的最本质的东西，马克思主义的活的灵魂""具体地分析具体的情况"②。在不同的历史阶段，针对不同的革命目标，如何处理农民阶级和地主阶级的矛盾，如何处理工人阶级和资产阶级的矛盾，如何处理农民、城市小资产阶级和民族资产阶级的矛盾，如何处理民族资产阶级和买办的大资产阶级的矛盾，如何处理不同的帝国主义支持的大资产阶级利益集团之间和统治阶级之间的矛盾，就有许多文章可做。只是在做好了这些文章后，革命才最终取得胜利。做好这些文章，基础的东西就是阶级分析，就是阶级斗争的理论。这些文章在马克思主义的本本上，是读不到的，他是马克思主义与中国革命实际相结

---

① 《矛盾论》，《毛泽东选集》第 1 卷，人民出版社 1991 年版，第 311—312 页。

② 同上书，第 312 页。

合的结果，是中国共产党人奋斗的结果，尤其是毛泽东运用阶级斗争的理论和阶级分析的方法所获得的创造性的结果。①

毛泽东的阶级斗争史观的哲学基础基于他的矛盾论学说，基于他的矛盾的普遍性和矛盾的特殊性。在阶级社会中，阶级矛盾既具有它的普遍性，又具有它的相对性和特殊性。阶级对抗、阶级斗争，是阶级社会矛盾运动的特殊表现。在新民主主义革命完成以后，在农业、手工业和资本主义工商业的社会主义改造完成以后的社会主义时期，在社会上的主要的剥削阶级已经不存在的情况下，在急风暴雨式的群众阶级斗争已经成为过去的情况下，在社会上和意识形态领域里还存在阶级斗争的情况下，如何看待和处理社会主义时期的阶级斗争问题？这是马克思主义的本本里没有讲过的，也是苏联经验未曾提供过的。毛泽东提出了两类不同性质矛盾的概念，提出了正确处理人民内部矛盾的学说，这是阶级斗争史观在新的历史时期的运用。他解释说："在我们国家里，工人阶级同民族资产阶级的矛盾属于人民内部的矛盾。工人阶级和民族资产阶级的阶级斗争一般地属于人民内部的阶级斗争，这是因为我国的民族资产阶级有两面性。在资产阶级民主革命时期，它有革命性的一面，又有妥协性的一面。在社会主义革命时期，它有剥削工人阶级取得利润的一面，又有拥护宪法、愿意接受社会主义改造的一面。民族资产阶级和帝国主义、地主阶级、官僚资产阶级不同。工人阶级和民族资产阶级之间存在着剥削和被剥削的矛盾，这本来是对抗性的矛盾。但是在我国的具体条件下，这两个阶级的对抗性的矛盾如果处理得当，可以转变为

① 关于毛泽东的阶级分析方法，有学者认为那是基于阶级分析方法的"敌我分析法"。参见李君如《毛泽东与当代中国》，福建人民出版社1991年版，第176—177页；王也扬《我们关心的历史》，中国社会科学出版社2003年版，第145页。

非对抗性的矛盾，可以用和平的方法解决这个矛盾。如果我们处理不当，不是对民族资产阶级采取团结、批评、教育的政策，或者民族资产阶级不接受我们的这个政策，那末工人阶级同民族资产阶级之间的矛盾就会变成敌我之间的矛盾。"① 由于国际国内、主观客观等各方面的原因，毛泽东对社会主义时期阶级矛盾的估计不够客观，由此产生的战略、策略措置失当，形成了阶级斗争扩大化、阶级斗争为纲的错误，但它基于矛盾论学说，提出的两类不同性质矛盾的概念以及正确处理人民内部矛盾的方针，在理论上是对马克思主义的创新，在实践上为整个社会主义时期处理人民内部矛盾问题提出了解决的指南针，也为我们认识社会主义时期的阶级斗争问题提出了非常重要的意见。

关于人民史观，还很少有人提出这个概念。李君如从人民与敌人的角度提出了人民概念问题，认为这是马克思不那么喜欢的一个概念，马克思从欧洲的情况出发，喜欢的是"阶级"，而不是"人民"②。这里提出人民史观，是从毛泽东的历史观的角度提出问题的。就是说，像阶级斗争这个概念一样，人民这个概念在毛泽东的历史观中具有同等的地位。阶级斗争和人民两个词汇，是毛泽东语言中运用最为广泛的词汇。人民、人民群众、人民利益、人民的逻辑、为人民服务、人民的生产力、人民战争、人民军队、人民解放军、人民共和国、人民政府、人民代表大会、人民民主专政、人民内部矛盾，等等，不一而足。在中华人民共和国的政治术语中，"人民"是一个使用频率最高的、最尊贵的词汇。共产党的纲领、主义、政策、奋斗，是否代表人民的利益，是否为人民所拥护，始终是毛泽东首先考虑的问题。不是

① 《关于正确处理人民内部矛盾的问题》（1957 年 2 月 27 日）。
② 参见李君如《毛泽东与当代中国》，第 177—179 页。

一时一事，而是始终从人民出发，研究、分析社会现象和历史，提出路线、纲领、主义、政策和策略。在天安门城楼上，面对游行群众、红卫兵"毛主席万岁"的呼声，他总是以"人民万岁""同志们万岁"来应对。这不是谦虚，不是虚应故事，而是他的历史观的真实表现。青年毛泽东的英雄创造历史的唯心史观，在这里连影子都看不到了。毛泽东通过一生的革命实践深信：

> 人民，只有人民，才是创造世界历史的动力。①

　　人民是创造世界历史的动力，这是唯物史观的根本观点，是毛泽东的历史观的根本着眼点。毛泽东在从唯心史观转变为唯物史观的过程中，在初步参加了社会政治实践的时候，就已经领悟到了这个重要观点。他首先从俄罗斯的十月革命中受到了启发："俄罗斯以民众的大联合，和贵族的大联合资本家的大联合相对抗，收了'社会改革'的胜利以来，各国如匈，如奥，如捷，如德，亦随之而起了许多的社会改革。虽其胜利尚未至于完满的程度，要必可以完满，并且可以普及于世界，是想得到的。"因此他大声呼唤："我们应该起而仿效，我们应该进行我们的大联合！"② 针对当时一般人（包括他自己）有关"民智污塞，开通为难"的唯心主义历史观，他认为："俄国的政治全是俄国的工人农人在那里办理。俄国的工人农人果都是学过政治法律的吗？大战尔后，政治易位，法律改观。从前的政治法律，现在一点都不中用。以后的政治法律，不装在穿长衣的先生们的脑子里，而装在工人们农人们的脑子里。他们对于政治，要怎么办就怎么

---

　　① 《论联合政府》，《毛泽东选集》第 3 卷，第 1031 页。毛泽东《在延安文艺座谈会上的讲话》中还指出："对于人民，这个人类世界历史的创造者，为什么不应该歌颂呢？"见《毛泽东选集》第 3 卷，第 873 页。
　　② 《民众的大联合（一）》（1979 年 7 月 21 日），《毛泽东早期文稿》，第 339、341 页。

办。他们对于法律，要怎么定就怎么定。"① 这种说法虽然过于
简单化，不那么准确，但是反映出它的思想的变化。他对时局的
评论，进一步说明了他的思想变化："中国之乱，连亘八九年
了。乱不足奇，乱而毫没有半点结果乃是大奇。社会的腐朽，民
族的颓败，非有绝大努力，给他个连根拔起，不足以言摧陷廓
清。这样的责任，乃全国人民的责任，不是少数官僚政客武人的
责任。"② 挽救国家的危难，是全国人民的责任，不是少数人的
责任，这与他民众的大联合的呼唤，是很切近了。

从此以后，人民史观作为毛泽东的历史观的基本核心地位就
建立起来了。在《论联合政府》一文中，毛泽东说："我们共产
党人区别于其他任何政党的有一个显著标志，就是和最广大的人
民群众取得最密切的联系。全心全意地为人民服务，一刻也不脱
离群众；一切从人民的利益出发，而不是从个人或小集团的利益
出发；向人民负责和向党的领导机关负责的一致性；这些就是我
们的出发点。"③ 为人民服务，从人民的利益出发，这是共产党
人的出发点，也是共产党人的落脚点。除此而外，共产党人还有
自己的利益吗？没有的。由此出发所制定的新民主主义革命的总
路线，发动抗日民族统一战线，组织和动员人民战争的汪洋大
海，制定新民主主义的政治纲领、经济纲领、文化纲领，建立人
民民主专政的国家，建设社会主义的四个现代化，等等，都是以
人民的利益为依归。

什么是人民？毛泽东在《关于正确处理人民内部矛盾的问
题》一文中有具体的说明。他说："人民这个概念在不同的国家

---

① 《释疑》（1920 年 9 月 27 日），《毛泽东早期文稿》，第 519 页。
② 《湖南人民的自决》（1920 年 6 月 18 日），《毛泽东早期文稿》，第 486 页。
③ 《论联合政府》，《毛泽东选集》第 3 卷，第 1094—1095 页。

和各个国家不同的历史时期，有着不同内容。拿我国的情况来说，在抗日战争时期，一切抗日的阶级、阶层和社会集团都属于人民的范围，日本帝国主义、汉奸、亲日派都是人民的敌人。在解放战争时期，美帝国主义和它的走狗即官僚资产阶级、地主阶级以及代表这些阶级的国民党反动派，都是人民的敌人；一切反对这些敌人的阶级、阶层和社会集团，都属于人民的范围。在现阶段，在建设社会主义时期，一切赞成、拥护和参加社会主义建设事业的阶级、阶层和社会集团，都属于人们的范围；一切反抗社会主义革命和敌视、破坏社会主义建设的社会势力和社会集团，都是人民的敌人。"① 显然，这个人民，实际上占了全部人口的90%以上。为占人口90%以上的人民服务，一切纲领、路线、政策、主义，都从他们的利益出发，都要取得他们的满意与拥护，什么事情不能办成呢！

　　一切从人民出发的人民史观，对中国共产党的影响是深远的。党的十六大通过把"三个代表"的重要思想与马克思列宁主义、毛泽东思想、邓小平理论一起作为党的指导思想，显然是人民史观在新的历史时期的延续。它与毛泽东思想是一脉相承的。

　　　　　　　　（2003 年 11 月 27 日 22：21 于东厂胡同一号）

---

　　① 《关于正确处理人民内部矛盾的问题》，《毛泽东著作选读》下册，第757—758 页。

试论胡绳的中国近代史研究[*]

2000 年 11 月，胡绳先生去世后的当月，中国社会科学院等单位召开追思会，张海鹏在会上作了简短发言，题为《追思胡绳同志在建树中国近代史学科中的功绩》。^① 谨此胡绳先生 90 冥诞之际，在上文的基础上，再作延伸，深入讨论胡绳先生的中国近代史研究，作为纪念。

投身新民主主义革命，以中国近代史作为以史论政的工具

1936 年 5 月 10 日，胡绳发表《〈中国近代史〉评介》一文时，年仅 18 岁。一年前，他从北京大学哲学系一年级肄业，回到上海刻苦自学。他已阅读了马克思主义的一些著作，初步接受了辩证唯物主义和历史唯物主义的基本观点，在上海从事中国共产党领导的文化活动和抗日救亡运动，为《读书生活》等刊物

---

* 本文与赵庆云合著，原载《历史研究》2008 年第 2 期。

① 此文收入张海鹏：《东厂论史录——中国近代史研究的评论与思考》，广东人民出版社 2005 年版，第 718—720 页。

撰稿，参加《新学识》的编辑工作，已然在思想界崭露头角。在这篇文章中，他尝试以唯物史观为准绳，来评价最早用马克思主义观点系统研究中国近代史的专著——李鼎声所著《中国近代史》。他指出，"这本书的作者是很正确地把握到现代中国社会发展的本质的，而且在他这本书中间是负起了应负的任务的"。在他看来，李著《中国近代史》相对于其他史学著作的优越之处在于：第一，处处顾及中国历史的世界背景。第二，对于中国近代史中间许多常被误解或歪曲的重要事变都有很有力的说明。同时，他也毫不客气地指出这本书的缺点：内容过于简略，尤其对于"国际资本主义侵入中国以来中国经济上的变化"解说得还欠周到；他认为，在解释历史事实时，不可"忘了当时的社会经济背景"。而且，"国际资本、中国民族资本、封建势力这几方面微妙的复杂的关系，是不能只用几句概念式的话就算表过的"。① 重视社会经济在社会发展中的决定作用，重视社会阶级势力消长的分析，这些都体现了青年胡绳已然接受了唯物史观的基本内核。

1937 年 5 月 5 日，抗战爆发前夕，胡绳发表《"五四"运动论》。他既充分肯定五四运动激烈的反帝反封建思想，又明确指出，五四时代思想的最大弱点是"只有热情的口号，只有杂乱的思想介绍，而没有对于宇宙、社会、人生全面的、一贯的、深刻的理解作理论基础"。正因为这些弱点始终不曾被克服，"于是在客观的形势稍一变动的时候，有些起初以英勇姿态而出现的战士便一败涂地向后退了，而且退得那样地迅速，那样地毫不迟疑"。五四运动对群众的发动极为有限，"它只唤醒了一小部分人的'人'的自觉，它仍然把大部分的在多重的压迫下挣扎生

---

① 《胡绳全书》第 7 卷，人民出版社 2003 年版，第 353、355 页。

存的人遗忘了"。胡绳指出，必须"要给民主与科学建立起与历史的发展过程配合，与当前的救亡运动的实践配合的坚实的理论基础"①，这个基础就是唯物论与辩证法。唯其如此，才能彻底肃清帝国主义、封建主义势力。撰写此文时，国共联合抗日局面已初步形成，全国上下一心，统一于抗日救亡的旗帜之下，中共和一些有识之士呼吁国民党实行民主，发动人民群众的力量，实行全面抗战。胡绳通过论述五四运动，吸取历史经验教训。他指出，救亡无疑需要民主和科学，但更为重要的是确立马克思主义唯物论与辩证法的指导地位，这才是解决问题的根本。

抗日战争爆发后，胡绳转至武汉，于1938年加入中国共产党。此后，他在武汉、襄樊、重庆等地参与党的文化领导机构和统一战线工作。由于投身中国共产党领导人民求解放的宏伟革命实践，他对五四运动的伟大历史意义看得更清楚了。解放战争胜利前夕，胡绳在1949年5月4日《进步青年》创刊号发表《五四运动的历史意义》。文章指出，五四以前，农民大众的"血虽然向外国侵略者表明了中国人民是不可轻侮的，但是他们究竟并不能对民族的新生有多少积极的贡献"；资产阶级和小资产阶级的革命热情"往往只表现为脱离广大群众的个人主义的搏斗。他们朦胧地想望着资本主义的中国，实际上却随时准备着与帝国主义者和封建势力的妥协"。五四后，"由于中国工人阶级之作为独立的、领导的政治力量的出现"，由于无产阶级政党——中国共产党的出现，中国人民的革命有了确定不移的目标，中国革命呈现出了焕然一新的面貌，"百年间中国人民所抗议和反对的旧中国就不能不一天天走向死亡，合于最大多数的人民大众意愿

---

① 《胡绳全书》第1卷（上），人民出版社1998年版，第40、41页。

的新中国也就一定能涌现到地平线上来"。① 文章的结论：五四运动成为中国近代历史的分水岭。在《帝国主义与中国政治》一书中，他这样评价五四运动：十月革命的影响，马克思主义思想在中国的传播，人民的进一步觉醒，巴黎和会外交的失败，终于引发了五四运动。五四运动在中国历史上具有划时代的意义，使帝国主义不得不承认"中国人民的团结和行动的力量，的确是一个相当重的砝码"。"从五四运动开始，我们可以看到，具有彻底地反帝国主义性质的人民爱国运动在无产阶级领导下展开了。"中国革命成为社会主义的世界革命的一部分，"中国人民的反帝国主义斗争就不能不展开新的面貌"。②

严格说来，写于 1939 年 12 月 25 日的《论鸦片战争——中国历史转变点的研究》是胡绳的第一篇关于中国近代史的学术论文。在这篇文章中，他运用马克思主义阶级分析方法，通过丰富的史料，展现了鸦片战争前中国社会矛盾日趋激化、下层民众的反抗斗争此起彼伏、清朝专制统治由兴盛而渐趋衰落的历史图景，对"在鸦片战争中各种社会力量的动态和鸦片战争的发生与结果在中国社会中引起了怎样的阶级关系的变化"作了具体、深刻的阐述。鸦片战争一方面加速了小农经济的解体，造成了封建社会的崩溃；另一方面，"在这腐烂的过程中生长出了在中国历史上从来未有过的新的对立阶级，新的斗争与发展"。在这篇长约两万字的文章中，胡绳充分体现了他高屋建瓴的理论思维、游刃有余的史料驾驭能力，作出了许多新颖而富有卓识的论述。比如，对于清王朝采取的闭关锁国政策，前人大多持否定态度。他通过辩证分析指出，"假如在 18 世纪，中国的锁国政策，还

---

① 《胡绳全书》第 2 卷，人民出版社 1998 年版，第 4、7 页。
② 《胡绳全书》第 5 卷，第 319、322 页。

是出发于封建社会中传统的自大心理与对任何外来新势力的畏惧
与排斥，那么到了 19 世纪初叶这一政策有了积极的自卫意义"。
清朝统治者的颟顸愚昧固然应该批判，但绝不能因之而为万恶的
鸦片贸易开脱罪责。胡绳通过雄辩的历史事实论证了鸦片贸易给
英帝国主义带来的巨大利益，给中国造成的深刻的社会灾难，
"英国在以大炮轰破中国的大门之前，已经靠着鸦片那种奇怪的
商品给予了闭关自守的中国比炮弹更要激烈的打击了"。① 闭关
只是清王朝在面对帝国主义入侵时的一种无奈的选择，如果对帝
国主义侵略与扩张的本质认识不清，对英帝国欲打开中国这个海
外市场，以挽救日益逼近的工业危机这个鸦片战争的内在根源视
而不见，而归咎于闭关锁国政策，则可以说是倒果为因、颠倒黑
白。应该注意到，此文写作时抗日战争已进入相持阶段，国民党
对日方针由初期的积极抵抗转向消极妥协。鸦片战争中的统治阶
级依违于和战之间，对于英国侵略者时而大张挞伐，时而委曲求
和，最终使局面不可收拾，这样的历史教训不啻是提供给国民党
当局的前车之鉴。

　　胡绳关于闭关的观点在 1949 年所写的《帝国主义掠夺中国
的前奏》一文中有了进一步的发挥。他通过翔实的史料证明，
"中国当时所拒绝的并不是什么和平的国际贸易。如果中国曾经
只能听任西方海盗商人自由行动，那就等不到鸦片战争，先来的
冒险家们早已会把中国蹂躏成和非洲、澳洲、印度、印度尼西亚
一样了。"胡绳进一步分析，"封建统治者企图关紧大门，永远
保持封建统治秩序"②，但他们所采用的这种单纯防御的方法，
也不能逃脱破产的历史命运。也有论者指责清廷不知利用国际关

---

① 《胡绳全书》第 1 卷（上），第 406、387、390 页。
② 《胡绳全书》第 2 卷，第 19、20 页。

系以制英，胡绳认为，"固然当时英美、英法的矛盾是可以利用的，但清廷即使能利用国际关系，而在国内矛盾日趋锐化的情形下，欲避免自身的危机也是不可能的。在国内执行着一切退步政策的封建统治者是领导不起来一个胜利的全民抗战的"。[①] 由于有辩证唯物主义作为有力的分析工具，胡绳的这些论述既迭出新意，又有理有据。在这几篇文章中所采用的分析方法和观点，对此后中国近代史研究有相当的影响。而且，他洗练流畅、雅俗共赏的行文风格也有助于吸引更多读者。

　　1942 年，胡绳从香港回到重庆，在新华日报编辑部工作。他在工作之余用大部分精力学习中国历史，阅读了许多历史书籍，并于 1944—1945 年间，根据学习笔记写了一本通俗读物《二千年间》，寄给叶圣陶编辑的《中学生》杂志发表。[②] 写作此书时，胡绳只是将它当作自己学习历史的笔记，并未想借此对现实有所讽喻。但作为一个有强烈历史责任感与时代使命感的热血青年，面对使人焦虑的国内政局，"由这些客观形势引起的感触不可能不流露到笔端上来"。[③] 这本书结构独特，从纵的方面写官僚机构、军队、农民革命、上层改革等。在第六节"大地下的撼动"中，胡绳对农民战争给予了极高的评价，农民起义虽然"无法违抗失败的命运"，然而"在这一次接一次的斗争中，毕竟是把封建社会推向前去"。尤其对最后一次最大规模的农民战争——太平天国，胡绳认为它"一面总结了封建时代的农民战争，一面又下启了近代的民族民主的革命斗争"。他进一步指出，"只有在现代的民族民主革命中，才能真正解决农民问

---

　　① 《胡绳全书》第 1 卷（上），第 401 页。

　　② 据胡绳回忆，1949 年前后，中学里没有历史教科书，就拿《二千年间》当教科书。《笔耕丰歉说当年》，《胡绳全书》第 7 卷，第 165 页。

　　③ 《第五卷引言》（1996），《胡绳全书》第 5 卷，第 2 页。

题，不会重蹈农民战争的历史覆辙"，但无论如何，中国革命必须发动农民才能获取成功，"表面上显得似乎是凝滞不动的广大农村中，有着无限的力量，一旦撼动起来，就能创造出一切奇迹"。① 对于戊戌变法，胡绳认为不能高估其历史意义，它不能算改革，而只是改良，是从统治者立场上提出的改良政策，"把对于下层人民的剥削方法和统治政策作某些改变，以求达到稳定既存的统治秩序，维持和巩固统治者地位的目的"。在内忧外患中，为了挽救危局，统治集团中自动提出的改革办法，最高限度"只是这种改良政策"。而且"纵使是这种改良政策，他们也不敢认真执行"。最后，统治阶级只能一切守旧，坐以待毙。尤为可贵的是，胡绳在此时已特别意识到反封建任务的艰巨性。他强调，"封建专制时代经历那样长的期间，积蓄了那样深厚的传统，要把它整个埋葬掉，并不是很容易的事。一个人死了，固然并不会有鬼魂，但一个历史时代死了，它的鬼魂却还会继续活着，给新的时代以骚扰破坏的。这'鬼魂'却并不是不可捉摸的精灵，而是实际社会中的存在。"② 直至今日，我们依然不能不佩服胡绳这些话里所蕴含的真知灼见。

1946 年解放战争爆发，中华民族面临着两种截然不同的命运的抉择。胡绳先是在上海，1947 年 3 月转赴香港，直至 1948 年 10 月。"这段时间在中国大地上发生了翻天覆地、惊心动魄的变化。革命胜利的形势排山倒海地到来，使人有应接不暇之感。"③ 这是胡绳写作最为丰产的时期，"写的数量大，当然是面临着千年不遇的变化，但也和身处香港有关"。④ 为了让民众认

---

① 《二千年间》，《胡绳全书》第 5 卷，第 90、91 页。
② 同上书，第 132、133、134、140 页。
③ 《香港杂忆》，《胡绳全书》第 7 卷，第 190 页。
④ 《笔耕丰歉说当年》，《胡绳全书》第 7 卷，第 170 页。

清蒋介石独裁统治的真面目，从而坚定地跟中共走上民主共和的道路，他在这个时期写了相当多的时政评论。由于国民党的文化专制日趋严酷，"起先大多用现实的政治题目，但这样的题目的文章渐渐地发表不出来了。于是就试用中国近代史的题材写一些文章以代替政论"。[①] 这些文章以史论政，"试图通过讲历史说服当时许多尚处于观望状态的知识分子与中国共产党合作，教育广大青年吸取历史教训投奔到革命洪流中去"。这些"史事评论"文章主要包括《辛亥革命前知识分子和群众的结合》（1946），《辛亥革命旧事》（1946—1947），《康有为与戊戌维新》（1948），《梁启超及其保皇自由主义》（1948），《洪秀全与冯云山》（1948），《马克思主义与近代中国社会思想发展概观》（1948），《太平天国和资本主义外国的关系》（1949）等。

　　对于辛亥革命倾覆清王朝的伟绩，胡绳认为，不能孤立地归功于一次次革命者孤注一掷的暗杀行动，一次次规模有限的军事起义，而更应该看到先进知识分子在群众中所做的长期宣传教育和组织工作，奠定了一定的群众基础，从而爆发出无比的革命伟力。他征引丰富的史料，雄辩地论证了"知识分子和群众结合的密切程度，是革命成熟程度的决定因素"。[②] 辛亥革命前群众运动并不充分，知识分子在主观上还没有真正把自己完全和群众打成一片的决心，这就决定了辛亥革命成果是很脆弱的。文章的现实指向性是很强的：观望中的知识分子，应该以史为鉴，为了新民主主义革命的胜利，积极投身到发动和组织群众的伟大事业中去。

---

　　① 《〈胡绳全书〉第六卷（上）序言》（1980），人民出版社1998年版，第23页。

　　② 《辛亥革命前知识分子和群众的结合》，《胡绳全书》第1卷（上），第417页。

在《康有为与戊戌维新》、《梁启超及其保皇自由主义》二文中，胡绳对改良主义进行了深入论述。他认为，戊戌维新不可逃脱失败的命运。首先，康有为等维新志士只想"从国主、贵臣、缙绅、士大夫中去找求保国的力量"，结果自然不堪反动势力的一击。虽然他们在从"上面"碰了钉子后，也曾想到过"下面"的"国民"，但"他们所能想到的国民，总究是脱不出官僚士绅的范围的"。康有为等对于下层人民革命的极端恐惧，决定了他们不可能真正发动广大民众起而抗争。其次，他们"只想通过统治集团来进行渐进的改革，对于既存的统治秩序从来不敢设想基本的变化"。在中国革命力量还未崭露头角时，他们是使守旧的专制者震动的改良主义者；但是后来随着革命形势的迅猛发展，他们的"政治思想也就失掉了改良主义的意义，而把反革命的实质极端地表现出来了"。① 应该看到，胡绳写作此文时，新民主主义革命已经即将迎来胜利的曙光，现实政治斗争中，改良主义的斗争锋芒并非指向旧势力，而是指向革命。毋庸讳言，这两篇文章中，胡绳对于康、梁的改良思想多所苛求，对于康、梁前期的维新思想与活动缺乏必要的肯定，评价偏低，这种趋向在他后来的著述中得到校正。

在《洪秀全和冯云山》、《太平天国和资本主义外国的关系》两文中，胡绳叙述了洪秀全等农民领袖对太平天国运动筚路蓝缕的开创之功，对洪秀全改造西方的天主教、向西方国家寻找真理给予了较高的评价。《劝世良言》仅仅是一本拙劣的基督教宣传品，但洪秀全在其间发现了革命的内容，从某种意义而言并非偶然，"因为在古罗马社会中，基督教最早建立的时候，奴隶大众

---

① 《康有为与戊戌维新》，《胡绳全书》第1卷（上），第436、433、438、442页。

正是拿这样的宗教思想当作他们的斗争武器的"。在洪秀全个人身上，"古代欧洲被压迫人民曾经用来宣泄他们的反抗情绪的宗教思想"，"和中国农民大众的革命要求结合起来了"，从而成为中国近代第一次巨大的人民革命运动的触媒。宗教信仰的一致，曾经让洪秀全等一度对帝国主义充满幻想，力图以避免冲突的方法争取到列强的友好态度，但是，"资产阶级侵略者，虽然满口人道博爱，但是他们的实际利益是和中国的代表最腐败落后的社会势力的专制统治者紧紧结合在一起的"①，中国革命的人民决不能和外国侵略者站在同一个"上帝"的下面。

《马克思主义与近代中国社会思想发展概观》是为纪念《共产党宣言》发表 100 周年而作。文章对近代以来中国社会思想的激烈变化作了系统梳理与论述。西方资本主义的大炮冲破了封建中国的藩篱，也惊醒了"天朝上国"的迷梦，鸦片这种精神麻醉剂反而成了中国农民大众中革命思想的触媒。洪秀全的空想社会主义思想，表现出封建压迫下农民大众求解放的朦胧希望，但它"给了预约，却不能实现"。对于洋务运动，胡绳认为不能将其视为近代中国民族的自我觉醒运动的一页，"因为这实际是封建的官僚统治集团争取买办化的一个运动"。洋务思想"是反动的，是在窒息了农民革命后继续起着阻止历史进步的作用的"。随之出现的地主阶级中的反对派的改良主义思想，则提出了政治改良的要求，他们"确是不自觉地为刚在萌芽的城市工商业者做了代言人"。他们已并不满足于甲午战前的改良派卑微的存在状态，企求取得政权力量来大行其志。戊戌维新是改良主义思想发展的最高点，但它"恰恰表现了改良主义思想的软弱性"，"戊戌维新的失败为这种改良主义思想的历史进步性敲起

---

① 《太平天国和资本主义外国的关系》，《胡绳全书》第 2 卷，第 27、37 页。

了丧钟"。在此以后，中国民族危机空前迫切，革命浪潮风起云涌，改良主义者就"已从官僚统治集团的反对派，变为人民革命力量的反对派"，他们的"历史进步性也就断绝了"。对于改良主义为革命前驱的功绩，胡绳并未忽视，他指出，正是从改良主义中分化出了革命主义。客观形势的发展"推进着人们的思想认识，不能不越出改良主义所划定的樊篱，而走向革命的水平"。① 胡绳在这里对改良主义的分析充满了辩证法的思想，同他晚年的论述并无本质的区别。美国著名学者费正清也认为，正是戊戌维新的失败，使得"没有别的事件能比这更有效地证明：通过自上而下逐步改良的办法来使中国现代化，是绝无希望的"。"从那时起，政治革命就和立宪维新形成两股齐头并进的力量了。"②

对于革命派思想的弱点，胡绳并未予以粉饰。他们狭隘的排满观念，对帝国主义不切实际的幻想，对革命艰巨性的盲目乐观，所谓"毕其功于一役"，实则把最为迫切的反封建问题，反而轻轻放过。这些都反映了资产阶级、小资产阶级思想的贫弱，不可能领导革命取得彻底胜利。辛亥革命后的六七年间，中国思想界混乱无主，资产阶级的革命理想日趋暗淡，这些思想都曾在一定历史时期起过进步作用，但"都在急速发展的历史舞台上被推向后面去了"，时代呼唤新的思想，这种思想"能够组织起追求进步与解放的群众，能够明确指明中国的前途和如何达到这前途的路径"。③ 事实上，只有马克思主义思想才能担负起这样的历史使命。

---

① 以上引文详见《胡绳全书》第 1 卷（上），第 480—490 页。
② 费正清：《美国与中国》，世界知识出版社 2002 年版，第 190 页。
③ 《胡绳全书》第 1 卷（上），第 495 页。

　　这篇文章通过梳理近代中国社会思想的演变脉络，有力地论证了中国人民接受马克思主义、走上社会主义道路的历史必然性，发挥了引导民众的巨大功用。此文写于解放战争即将胜利之际，当时不少属于中间势力的人们对于社会主义道路还心存疑虑，这篇文章无疑有助于这些人打消疑虑，认识到只有以马克思主义武装的共产党才能将中国引上一条光明之路，社会主义是中国历史的必然选择，从而坚定地拥护中国共产党的领导。

　　胡绳 1948 年 10 月写的两篇杂文，也带有以史论政的性质。在《当一个朝代覆灭时》一文中，他由清末史实总结出一条规律：一个专制王朝越到衰微时，就越是巴结、依靠帝国主义主义，以为可以永保尊荣。历史事实证明，"结与国之欢心"，而不顾人民的死活，也就预示着这个专制王朝无法逃避覆灭的命运。文章的现实针对性是非常鲜明的，垂死挣扎的蒋家王朝不就是腐朽清王朝的历史再版吗？在《中国非袁不可吗》一文中，更是将人们对袁世凯的衣钵传人蒋介石的幻想打得粉碎，中国不是"非蒋不可"，而是"非去蒋不可。"这两篇文章都采用历史类比的方法，简单的历史比附并非一种好的方法，但是我们联系当时的时代背景，以史论政是一种曲折委婉的时评，是一种不得已的选择，对于这些文章在现实中所发挥的巨大的战斗作用，无疑是应该予以肯定的。

走向系统阐述中国近代历史的代表作
《帝国主义与中国政治》

　　如果说上述以史论政的文章在学术性方面有所减损的话，胡绳第一本系统论述近代中国历史的代表作《帝国主义与中国政治》，则体现了革命性与学术性的结合。本书初稿 1947 年写于香港，当时的香港并非置身于时代漩涡之外，而是"沸腾的时代所引起的各种思潮集中反映的地方，既为政论作者提供了丰富资料，也不能不激起他们写作的激情"①，而且也为胡绳提供了比较从容地进行观察和思考的便利条件。胡绳后来说，《帝国主义与中国政治》讲述的虽然"是一百多年前到几十年前的帝国主义侵略中国的故事，但所要解答的问题，是同写书时的现实政治斗争密切相关的。它的初稿的一部分曾经交给当时坚持在上海工作的朋友们办的进步刊物，作为政论文章而发表。在国民党法西斯统治下的上海，这可能发表政论文章的惟一形式"。②

这本书缘起于现实中的一个关键问题，在推翻蒋介石统治的革命斗争很快就将取得胜利之时，美国"会采取什么手段来对付中国革命"。③ 从中国近代历史事实出发，说明"只有彻底地从帝国主义的统治和压迫下解放出来，只有彻底打倒作为帝国主义的工具的中国反动阶级，中国才能有真正的国家的统一、人民的民主和民族经济发展，为了警惕帝国主义会用这样那样的方法来破坏中国人民的革命，为了指出中国的民族独立只有依靠无产阶级的领导而不能依靠资产阶级的领导来实现"④，"反映出当时的中国政治生活中的一些根本的问题，企图表明在中国人民大众中反对帝国主义侵略的革命传统"⑤，这种强烈的政治动机"并不妨碍作者严格地从历史的真实出发来写自己的书"，相反，作

---

① 《笔耕丰歉说当年》，《胡绳全书》第 7 卷，第 170 页。

② 《〈帝国主义与中国政治〉北京六版序言》（1977），《胡绳全书》第 5 卷，第 147 页。

③ 《笔耕丰歉说当年》，《胡绳全书》第 7 卷，第 172 页。

④ 《〈帝国主义与中国政治〉北京六版序言》，《胡绳全书》第 5 卷，第 147、148 页。

⑤ 《〈帝国主义与中国政治〉北京四版序言》（1954），《胡绳全书》第 5 卷，第 149 页。

者坚信"越是深入揭露历史事实中的本质的、规律性的东西，越是能说明问题"①。作为一个马克思主义者，胡绳深信科学性和革命性并不冲突，而是能够内在地、不可分割地结合在一起的，正像马克思所说"科学愈是毫无顾忌和大公无私，它就愈加符合于工人的利益和愿望"。②

《帝国主义与中国政治》的研究对象是"近代中国政治史与革命史中的若干基本问题中的一个：从鸦片战争到1925—1927年的大革命的前夜的帝国主义列强与半殖民地中国之间的政治关系"。这本著作不是一般地叙述帝国主义影响、操纵中国政治的一件件事实，而是着重说明"帝国主义侵略者怎样在中国寻找和制造他们的政治工具，他们从中国统治者与中国人民中遇到了怎样不同待遇，以及一切政治改良主义者对于帝国主义者的幻想曾怎样地损害了中国人民的革命事业"。③ 从这一研究目的出发，胡绳所构建的是一个政治史的分析框架，贯穿全书的主线是毛泽东的"两个过程论"。胡绳指出："有许多研究中国近代史的著作有意无意地造成了一种错觉。他们把帝国主义侵略中国的政策描写得这样单纯，以致把清政权写成是不断地受着帝国主义国家欺凌侮辱的可怜的存在，这种描写是不合于历史事实的。"因此，胡绳在这部著作中详尽分析了帝国主义如何一步一步地与中国反动势力相勾结，中国反动势力又是如何由起初的排斥一步一步投降帝国主义，并最终沦为帝国主义的侵华工具；中国人民又如何由沉睡而惊醒，在反抗外来侵略中逐渐成长起来。因此，胡绳的研究视角可以视为

① 《〈帝国主义与中国政治〉北京六版序言》，《胡绳全书》第5卷，第148页。
② 《马克思恩格斯选集》第4卷，人民出版社1972年版，第254页。
③ 《〈帝国主义与中国政治〉香港初版序言》（1948年），《胡绳全书》第5卷，第151页。

一种广义的"冲击—反应"模式,中西畸形政治关系的演变是这本著作的主线。在这样一个研究框架的统摄之下,近代中国繁多的重大历史事件都变得清晰可解,一些被唯心主义史学家歪曲的历史认识得以澄清。

胡绳依据鸦片战争以来帝国主义与中国政治的关系演变进程,将全书分为六章,逐章展开,提出了自己的论点。

在第一章《新关系的建立》中,胡绳认为,在帝国主义侵略势力的打击下,清朝统治者由"排外"变为"媚外",并且与帝国主义建立"互相信托"的关系,形成了绞杀中国人民革命的军事合作。鸦片战争成为一个关键:帝国主义奴役中国人民以此为起点,人民与专制统治者的对立又增添了新的因素而加强。胡绳进一步对鸦片战争后官、民、夷三者之间的关系作了深入分析:清朝当局的原则是苟安目前,洋人的威胁迫在眉睫之时,即逆民而顺"夷";而"看到洋人似乎'安抚'下来,人民中的反抗情绪日渐高涨时,便又觉得为统治政权的利益打算,仍须多容纳一点民意,对洋人要求也就不能不违逆一点了"。因此,"官"是自居于"调停"立场,在"民""夷"之间操纵运用。事实证明,这种苟且企图也只是幼稚的幻想。这些分析,鞭辟入里,迭见新意,体现了马克思主义的思辨力量。

对于太平天国运动,西方列强最初持所谓"中立"态度,企图以此获得要价的筹码。等到发觉太平天国是争取中国人民自由平等的民族民主的革命斗争,"有着进步改革的趋向,为清政府所远不及",于是,他们对太平天国也就由拉变成打了。在清政府所谓"借师助剿"的名义下,中外反动势力进行了肮脏的合流,"使得从《南京条约》以来在中外关系上所形成的新的结合达到了最高峰"。① 1864 年，在列强的帮助下，太平天国革命运动终于被清廷绞杀。

胡绳指出：从 1840 年到 1864 年的历史表明，毛泽东所说"帝国主义侵略中国，反对中国独立，反对中国发展资本主义的历史，就是中国的近代史。历来中国革命的失败，都是被帝国主义绞杀的，无数革命的先烈，为此而抱终天之恨"。② 中国近代史中这样的主题已全部形成。

在第二章《"中兴"和媚外 (1864—1894)》中，胡绳分析了所谓的"同治中兴"。他指出，统治者内部分化为极端顽固的守旧派和以李鸿章为代表的洋务派。洋务官僚举办"洋务"，"不过是想以资本主义的皮毛来维持旧社会秩序、旧统治秩序的实质；他们只是在当时列强侵略者所允许、所给予的范围内学习资本主义的某些东西，只是尽着为侵略者开辟道路的任务而已"。中国的封建经济被破坏之后，必然要出现资本主义的因素，但帝国主义决不愿意看到中国的资本主义正常发展，不愿意看到中国成为强国。"帝国主义者又要求中国处在一个对外极端软弱无能而对内有力量'维持秩序'的政府的统治下面，从而使中国永不可能成为独立的国家。李鸿章这种'洋务'正是符合于帝国主义的要求，因而是为帝国主义所赞助的。"③ 所谓的"自强、求富"，则永远只是一句空话，"整个社会的封建生产关系既没有根本的改变，在腐败的专制主义、官僚主义的基础上面，一切发展工业的计划和建设近代国防军的计划都只能是沙上建塔一样而已"。在人民的觉醒和帝国主义贪欲的冲击下，"中

---

① 《胡绳全书》第 5 卷，第 189、164、167、184 页。

② 毛泽东：《新民主主义论》，《毛泽东选集》第 2 卷，人民出版社 1991 年版，第 679 页。

③ 《胡绳全书》第 5 卷，第 185、213、216、217 页。

兴"的泡影迅速幻灭。

在第三章《洋人的朝廷（1894—1911）》中，胡绳分析了甲午战争以后帝国主义与中国政治的关系，指出：列强在中国掀起了瓜分中国的狂潮，美国则借"门户开放"实现了"利益均沾"，实质无异于"列强互相保证共管中国"。1900 年，列强借庚子事变之机组成八国联军侵华，以"保全之名"使清政府"忠顺不贰地做列强的孝子贤孙"，实现"以华制华"的目的；列强成为"清政府的监护人"，各国使团"成为中国实际上的太上政府，凌驾于'禁城'中的朝廷之上"。清朝统治者在甲午战败后，更加仰赖列强，1898 年残酷镇压了戊戌变法，1900 年利用义和团以泄私愤，兵败后"结与国之欢心"，彻底沦为列强统治中国的工具。

在评价甲午战后上层士大夫的改良主义政治思潮的时候，胡绳对于戊戌变法作出了较高的评价，称之为"士大夫层中的救亡运动"，"强烈地表现着爱国主义的性质"，并形成"带有若干群众性的政治运动"。胡绳指出了戊戌变法的局限，"他们并不指望广大的人民力量。他们的政治主张在基本上没有超出改良主义的范围"。这些维新志士在当时对于民族危机是有着敏锐的感觉的，但是，他们的认识存在着相当的缺陷：第一，他们未能意识到，"中国的'弱昧'与'乱亡'是腐朽的专制统治机构所应负责的"。第二，"他们宣传着发奋自强而掩盖了帝国主义者的罪恶时，他们就同时在如何解脱帝国主义束缚的问题上跌入轻率的幻想"，由此出发，"他们的爱国思想并不能进而为反帝运动，反而成了为侵略者辩护，自动向帝国主义者缴械"。

1905 年以后，出现了资产阶级革命运动的高潮。由于清政府已完全沦为帝国主义的工具，所以这些"反对帝国主义侵略的爱国运动不能不发展为推翻清政府的民主革命运动"。孙中山领导的同盟会，以"推翻清政府，建立民主国家为纲领"，成为高涨起来的革命运动的统一组织。同盟会领导的革命运动的致命弱点，就是对帝国主义抱有不切实际的幻想。武昌起义，最后推翻了清王朝，结束了中国几千年的帝制统治，"证明了帝国主义者到底不能够任意地支配中国的命运"，觉醒的人民战胜了清朝统治者，也就是人民战胜了清政府背后的帝国主义者。

在第四章《"强"的人》（上）中，胡绳论证了辛亥革命后帝国主义与中国政治的关系。他指出，帝国主义利用革命者的幼稚，表面上宣告"中立"，实则支持新的代理人——袁世凯这个"强"的人，称"中国非袁不可"，逼迫清政府和革命者先后交权。为了获取更大的利益，他们支持袁世凯恢复帝制，最后发觉袁世凯也不是"强"的人，又放弃袁世凯，在中国寻找更"强"、更能卖国、能更好地为他们服务的人。袁世凯的崩溃，说明了"贯串在中国近代史中的一个基本规律是不会动摇的：——反动的统治者只能因外力的援助而显得一时的'强'，但在既暴露了卖国的原形之后，就必然遇到更高地觉悟了的人民的反抗，那么虽有帝国主义的援助也还是挽救不了他的生命"。

在第五章《"强"的人》（下）中，胡绳认为袁世凯垮台后，中国还缺乏一个"号召与团结广大人民明确地为反帝反封建的目标而奋斗的政党"，民族资产阶级已无力领导人民大众求解放的斗争，"而无产阶级也还没有壮大到足以形成独立的政治力量"。

袁世凯死后，帝国主义认为"在中国最'强'的人就是代表大地主大资产阶级的军阀头子，只要找到这样的强的人加以支持和支配，就可以为所欲为了"。[①] 因此他们在中国找了一个军

---

① 以上引文见《胡绳全书》第 5 卷，第 230—319 页。

阀又一个军阀作他们的工具，军阀也有心投靠帝国主义，出卖中国权益，并借无耻的政客作为民意的幌子。通过激烈的争夺，帝国主义势力发生了消长变化，日本和美国已成为中国最凶恶的敌人，它们倾尽全力对中国进行压迫、分割、独占。胡绳认为，日本的侵略最为赤裸裸，妄图独霸中国；而美国则更为隐蔽，巧妙地运用它欺骗的政治资本，"高唱'民族自决'的口号，以骗取东方人民的好感"，"又很致力于收买中国官僚政客中的所谓'自由分子'以传播亲美空气"。帝国主义培养各自老练的代理人，死死地压在中国人民的头上。"他们之间，或者是激烈地火并下去，或者是分赃式的相互协调，都一定是拿中华民族做牺牲品。"

在第六章《革命和反革命》中，胡绳阐明了五四运动"在接受了马克思列宁主义思想的先进知识分子的领导下，中国社会涌起了社会主义的思潮"。"在工人运动和社会主义思想相结合的基础上，在1921年成立了中国共产党，从此，中国人民在同强大的帝国主义及其在中国的一切走狗的斗争中，有了能够正确地指出前进的方向，并且不屈不挠地在人民前面坚决斗争的领导者。"中国共产党在1922年"二大"上第一次明确地向中国人民发出"反抗帝国主义，反对军阀"的战斗号召，"抓住了民族解放革命的这个特点，并且能够为进行反帝国主义的斗争而站在人民前面最坚决地行动起来，因此中国共产党就迅速地成为灾难深重的中国人民的救星，成为革命的工人阶级和广大人民的领导者"。中国共产党致力于联合其他社会阶层，帮助孙中山打破对帝国主义的幻想，改组国民党，建立民主革命的统一战线，为掀起民族民主革命高潮——1925—1927年的大革命创造条件。

在书的结尾，胡绳总结了帝国主义与中国革命关系的规律，比较了太平天国、辛亥革命、1925—1927年的大革命这三个各有特色的革命时期帝国主义对中国革命的态度。这三个时期，都是"革命与反革命、进步势力与倒退势力相对抗的时期"。"抱着侵略野心的帝国主义者在三个时期的基本立场都是破坏中国革命，阻止中国的进步，而扶持反革命的和倒退的势力。他们在每一时期的革命形势刚展开而获得优势时都会表示出伪装的'中立'，且向革命方面表示'好意'；而在'中立'和'好意'的烟幕之下进行其阴谋。阴谋的具体做法则又在每一个时期不同。"

帝国主义者的三次做法各有不同，"但其方向与目标是一致的，其狠毒与阴险也是一致的"。而"具体做法之所以不同是由于中国的革命力量与反动力量之对比形势的不同而来，也是由于中国人民的觉悟程度的不同而来"。"革命力量越占有利形势，人民的觉悟程度越高"，帝国主义者为达到其目标所用的手段也就愈加狠毒与阴险。但帝国主义的狠毒"更造成中国人民的敌意"，阴险"更锻炼了中国人民的辨识力"，它们必然面临着失败的命运。

《帝国主义与中国政治》出版于近代中国革命与反革命势力大决战之际，帝国主义又在重操历史故伎。这本书就是为了撕破帝国主义的面具，告诉人民应该怎么对待他们，历史呈现惊人的相似性，但历史的结局绝不会重演。胡绳坚信：中国人民将"推翻帝国主义在中国的统治，连根拔除一切为帝国主义侵略中国所利用的大地主大资产阶级统治势力"，从而达到"中国独立，中国人民解放和在此基础上的统一的目的"。①

《帝国主义与中国政治》始终珍视人民在各个历史时期所做出的革命伟业，充分贯彻了作者的人民史观。作者也并不讳言在

---

① 以上引文见《胡绳全书》第 5 卷，第 313—364 页。

革命斗争中人民认识和行动上的局限，体现了历史主义与阶级观点的紧密结合。这本书在写作之初，只是"大体上有个模糊的轮廓"，而非事先设定论点。在深入研究材料的过程中，逐渐接近历史发展的种种曲折复杂的现象，逐渐探寻并发现其中的本质规律，可以说是"论从史出"、"史论结合"的典范之作。这本书从帝国主义同中国的畸形政治关系中总结的经验教训，对于正在与卖国、内战、独裁的蒋介石反动政权及其主子美帝国主义进行殊死搏斗、争取最后胜利的革命人民来说，起到了很好的启迪和教育作用。胡绳的《帝国主义与中国政治》以其对历史规律的深入揭示，在近代中国政治转型的紧要关头，发挥了历史的战斗和借鉴作用，在一定意义上推动了近代中国的政治发展。

《帝国主义与中国政治》在中国近代史研究的学科发展史上具有重要的学术价值：它标志着中国近代史研究达到了新的阶段。胡绳在《帝国主义与中国政治》中表现了他从宏观上把握中国近代政治史的非凡能力，他把马克思主义普遍真理运用于研究近代中国，以唯物史观为指南，透过现象发掘本质，对近代中国重大的历史事件作深层次的分析，视角独特，语言清新流畅，使人耳目一新，赢得了众多读者的青睐与史学专家的好评。20世纪40年代中期，中国近代史研究的科学基础仍较薄弱，亟待开拓奠基，胡绳的《帝国主义与中国政治》与稍早出版的范文澜《中国近代史》上编第一分册，共同为马克思主义史学的进一步发展奠定了坚实的基础，开创了中国近代史研究的新局面。胡绳的中国近代史研究，"代表了在革命根据地以外从事革命活动的马克思主义者对近代中国历史的探求"，"范文澜的《中国近代史》上编第一分册在北方的根据地出版，胡绳的《帝国主义与中国政治》在南方的香港出版，标志着中国的马克思主义者研究和探索中国近代史的成功，为新中国成立以后中国近代史学科的建立和兴旺发展，奠定了扎实的基础"。①

毋庸讳言，《帝国主义与中国政治》也还存在一些不足之处。作者自己作过检讨。首先，本书缺乏中国近代经济状况的分析，对于帝国主义各国对中国的统治和中国社会各阶级与外国帝国主义之间的关系，没有能深入地从经济条件上给以说明，因而，有些部分的分析表现着概念化的缺点。其次，本书正面论述近代中国革命思想发展的梗概仍嫌不够清晰，"使近代史中的革命思想的主流不够突出"。② 第三，本书对洋务运动全部予以负面评价，未能辩证分析其客观的历史进步意义。一本 20 万字的书，不能解决所有问题，这是我们不能苛求于作者的。

这本书与范文澜《中国近代史》（上编第一分册），对新中国的中国近代史学科的建设产生了深远的影响，极大地推动了中国近代史研究的发展。在新中国建立初期，"大多数研究者认为，只有根据他们提示的研究方向和研究方法深入研究，才能得到科学的结论"。这本书"对近代历史事件的描绘和解释，后来成为许多研究者进一步研究的基础和依据"。③ 因此这两部著作初步奠定了中国近代史研究马克思主义学科体系的基本框架，开创了中国近代史研究新的学科范式。

在 1936—1949 年间，胡绳正值青年时代，在新民主主义革命的大潮流里，驰骋文坛，才华横溢，在中国近代史研究的领域里，已经卓然独立。他不是坐在书斋里做学问，不标榜为学术而学术，不将历史研究作为远离政治的避风港，而以浓厚的忧患意

---

① 张海鹏：《胡绳与近代史研究所》，见郑惠、姚鸿编《思慕集——怀念胡绳文集》，社会科学文献出版社 2003 年版，第 170、171 页。

② 戴文葆：《介绍〈帝国主义与中国政治〉》，《人民日报》1953 年 1 月 18 日。

③ 张亦工：《中国近代史研究的规范问题》，《历史研究》1988 年第 3 期，第 54 页。

识，高度的社会责任感，庄严的时代使命感，以宽阔的视界，以中国近代史的学术研究作为武器，积极介入现实的政治斗争，从而超越了纯学术研究的界限。这是近代中国一般革命者所走过的共同的道路。

有论者指出，史学研究应该追求纯粹的学术性，因而对胡绳等马克思主义史学家的经世取向加以质疑。应该看到，学术问题，实质上总是与经济、政治、社会诸问题相关联。它既是一个时期经济、政治、社会的反映，又反作用于一个时期的经济、政治和社会，"关心社会、关心政治正是我国文化学术的好传统"。① 纯学术当然是存在的，纯学术也不能孤立于社会之外，任何纯学术都不可避免地带有时代的烙印。相对同现实疏离的书斋学问自有其意义，但在国家民族危急存亡的紧要关头，经世致用无疑是更有价值的一种治学取向。胡绳对此有深刻的自我认识："我一生所写的文章，虽然有一些可以说有或多或少的学术性，但是总的来说，无一篇不是和当时的政治相关的（当然这里说的政治是在比较宽泛的意义上说的）。可说是'纯学术性'的文章几乎没有。对此我并不后悔。"胡绳认为，"若干年来，学术界确实存在着避开理论，避开政治，务求进入纯学术领域的风气"。"在纯学术领域取得成就是要花很大精力的，是很可贵的。我并不轻视、否定纯学术的研究工作，甚至我还羡慕、钦佩这种工作，但客观的环境和主观的意愿使我心甘情愿地走我所已经走过的路。"② 胡绳从青年时代即投身于革命事业，终生矢志不渝，近代史研究只是他所选的战斗武器。可以说，1949 年以前胡绳从事近代史研究，是对时代呼唤的热切回应，是以自己的

---

① 任继愈：《壮志未酬的一生》，郑惠、姚鸿编《思慕集》，第 107 页。
② 胡绳：《学术和政治并不绝对矛盾》，《光明日报》1999 年 1 月 11 日。

渊博学识服务于革命，他充分发挥了史学的现实战斗功用，求真与致用在他的史学作品中得到了较好的统一。

　　毋庸讳言，由于服从现实革命斗争的需要，胡绳以史论政的作品，不可能做到学术性、科学性毫无减损。他的研究也有它的时代局限性。首先，由于现实斗争主要为政治层面，因此，胡绳所作研究绝大多数都以近代重大政治事件为对象，对于经济、文化则相对忽视；而且，这些作品都侧重于宏观论述，殊少微观实证的研究。其次，胡绳所写的涉及近代史的文章往往比较零散，对于中国近代史的整体构架，他虽然通过《帝国主义与中国政治》提供了一个新颖的分析框架，但是还不够缜密与系统，对于中国近代史的理论框架的构想还未成熟。第三，由于当时的条件限制，这些著作在史料的运用上不能不略显粗简了一点，片断性的史料运用较多。第四，他在充分肯定农民的革命性的同时，对农民局限性分析仍显单薄，农民阶级并不代表新的生产力和生产关系，本质上仍属于前资本主义社会范畴内的社会关系，不是新生的阶级力量，它的革命性只有通过先进阶级的带领与引导才能爆发出来。而胡绳在对洪秀全等太平天国领袖的论述中，褒扬较多，对他们思想中落后的一面，即本质中封建性的东西未能作深刻的剖析。

开始着力于中国近代史学科体系的理论建构

　　1949 年 10 月，一个新的时代来临了。在学术领域里，中国近代史研究迎来了它的兴旺发达时期。"社会历史的大转折，提出了建设中国近代史学科、加强中国近代史研究的要求。"[①] 新

---

　　① 张海鹏：《中国近代史研究的回顾》，《追求集》，社会科学文献出版社 1998 年版，第 109 页。

民主主义革命的胜利是如何取得的？这就需要探索鸦片战争以来近代中国的历史演变。近代历史上的阶级斗争与现实的政治生活息息相关，通过对中国近代历史规律的阐释，为新中国的成立提供历史合法性，有助于人民在社会主义建设时期辨别方向，在社会主义道路上坚定不移的前进。以毛泽东为代表的中国共产党领导人对中国近代历史的解释，是在马克思主义理论与中国社会实际相结合的过程中，在极为复杂的革命和社会环境中形成的一些原则性的认识，要从史学的角度加以论证，就必须大力发展中国近代史研究。

现实需要为近代史学科发展提供了强大动力，史学领域厚古薄今的趋向得以纠正，中国近代史研究获得空前的发展，成为新中国的一门"显学"。1950 年 5 月，中国科学院首先成立近代史研究所，表明了社会的需要。

1949 年前，马克思主义史学家在中国近代史研究中只是处于学术边缘地位，还要受到相当的压制和排斥；1949 年以后，马克思主义史学在中国近代史研究中迅速居于主导地位，成为主流意识形态的组成部分。正是在这样的学术背景和历史背景下，如何改变旧的中国近代史学科结构模糊不清的状态，进一步建立和完善马克思主义中国近代史学的学科体系，便成为新中国史学工作者的首要课题。范文澜、翦伯赞、刘大年、胡绳等先生在形成马克思主义的中国近代史学科体系的过程中，作出了各自的贡献。

新中国建立以后，胡绳并未在专门的学术研究机构担任工作职务，只担任中国科学院哲学社会科学部学部委员、近代史研究所学术委员。但是，他却花费了许多时间和精力研究、思考中国近代史学科体系问题。他这个时期的代表作有《中国近代史提纲》、《中国近代历史的分期问题》、《从鸦片战争到五四运动》。

　　《中国近代史提纲》初稿写于 1953 年，是给中共中央高级党校的学员讲中国近代史准备的。这个提纲中，胡绳对中国近代史形成一些比较系统的看法，这些看法在《中国近代历史的分期问题》一文中进一步清晰起来。这个提纲可以说是 20 多年后《从鸦片战争到五四运动》一书的最初设计。在《中国近代史提纲》1960 年的修订本中，胡绳的"三次革命高涨"、近代史的分期标准与方法都得到了全面的贯彻，标志着胡绳对于中国近代史研究的理论框架已经基本成熟。

　　《中国近代史提纲》共四万字，分五章，史事叙述简略，主要是从宏观上把握中国近代史的进程，限于篇幅，不可能对历史进程作实证研究和微观剖析。

　　第一章为"外国资本主义势力开始侵入中国和太平天国农民革命运动"（1840—1864），首先对中国封建社会发展到资本主义的可能性及其困难作了分析，胡绳认为，这种可能性是存在的，但是障碍重重：一方面，"封建专制主义的统治严重妨害了独立的手工业和商业的发展"，另一方面，"城市中的手工业者、手工业工人、贫民，不能形成一种独立的政治力量"。然后，胡绳概述了 1840 年以前欧洲资本主义处心积虑地向中国扩张的情形，对中国走向它的近代史的背景作了一个铺垫。对于鸦片战争，胡绳认为，中国的自卫性与正义性自不待言，清政府的禁烟立场和广大人民的利益是一致的，但是清政府在战争中的立场是极其动摇的，"它时而主战，时而妥协求和，使战争形成'三落三起'的情况"。① 鸦片战争"不但加深了中国人民和外国侵略者的矛盾，也进一步加深了人民和封建统治势力的矛盾"，国内阶级矛盾日益尖锐，终于爆发了太平天国革命。太平天国对地主

① 《胡绳全书》第 5 卷，第 433、434、436 页。

阶级给予了沉重打击，但是，"无论在农村和城市，太平天国只能像一阵暴风雨一样给封建统治秩序以严重破坏，但不能保证建立一种真正符合于广大贫苦人民的长远利益的新秩序"。西方列强对太平天国采取的是一种利用时机、攫取利益的所谓"中立"政策，他们发现，"革命的农民虽然好像是采取了西方资产阶级传来的宗教，然而他们的骨头是硬的；而封建统治阶级虽然好像是自尊自大，然而他们对待外国侵略者远不像他们对待革命的人民那样坚决"。第二次鸦片战争之后，列强认为清政府已成为它们的驯服的工具，而新订条约中"许多条文的实施，特别是关于长江沿岸各口的开放，必须以消灭太平天国为前提。联合进攻太平天国的时机成熟了"。欧洲的资产阶级在东方世界中是以人民进步事业的绞杀者而出场，它同中国腐朽的封建统治势力"结成了反革命的同盟"。

　　第二章论述半殖民地半封建统治秩序的形成过程（1864—1895）。以李鸿章为代表的官僚与洋人密切合作，"一方面力求保存封建的统治秩序，一方面开始发展了对资本主义的崇拜心理，不仅崇拜欧洲的'物质文明'，而且赞美帝国主义统治世界的秩序"。"他们实际上是努力把衰朽的封建统治制度按照外国资本主义侵略者的要求而纳入殖民地、半殖民地的模式里去。"自1873年起，中国开始出现了民用性质的企业，中国的社会经济由此而发生了重要变化：一部分官僚逐渐向资产阶级转化，产业工人数目逐渐增加。中国陷入了资本帝国主义的世界市场中，"中国广大人民（其中主要是农民）的生命已被这个世界市场所支配"。侵略者控制了中国的海关，再加上贷款，这就使得"封建政权在经济上逐渐地成为依赖外国资本主义而生存了"。在民族危机日益加深的时代，知识分子中渐次酝酿着一种改良主义思潮，胡绳认为，这些改良主义的知识分子，"和兴办洋务的买办官僚的界限不是很清楚的，他们对于封建制度不是站在根本对立的地位"。

第三章题为资产阶级改良主义运动和失败了的农民反侵略斗争（1895—1901）。甲午战后，帝国主义侵略的压力激发了广大人民的反抗，农民暴动此伏彼起，革命形势步步高涨。代表资产阶级要求的戊戌变法被顽固势力扼杀，改良主义的失败昭示着革命的暴风雨的来临。义和团运动从朴素的反侵略思想出发，进行自发的反帝斗争，"封建顽固势力竭力煽动其单纯排外的情绪以麻痹其反封建的意识"。没有先进阶级的领导，义和团就只能仍是属于旧式的单纯农民革命运动的范畴。

第四章论述资产阶级领导的革命运动及其失败（1901—1912），革命派未能摆脱对帝国主义的幻想，又不能把信心寄托在广大人民的力量上，同时，他们又自认为"是全体人民的利益的代表者，自信能掌握局势"，而且"他们又以主观的社会主义空想来使自己相信可以避免下一步的阶级分裂"。他们纲领上的历史局限性决定了辛亥革命不可能完成它的历史使命，袁世凯利用革命者的软弱，在帝国主义支持下，夺取了革命果实，这样，"就只有一纸《临时约法》，作为资产阶级的软弱的民主革命理想的表现而在风雨飘摇中残存着，并成为对这个理想的一种讽刺"。①

第五章题为资产阶级革命的幻灭，帝国主义大战和俄国十月革命时期的中国，五四运动（1912—1919）。在反袁斗争中，"地方军阀和政客官僚照抄辛亥革命时的老文章，利用人民中的反袁情绪来谋自己的权力"。"在各个帝国主义国家的操纵指使

---

① 以上引文见《胡绳全书》第5卷，第444—496页。

下，中国形成了北洋军阀统治并在各派军阀间互相火并的局面。"① 中国民族资本主义在一战期间得到了迅猛发展，工人阶级数量激增。俄国十月革命促进了马克思主义的传播，无产阶级在五四运动中第一次登上政治舞台，近代史由此终结，一个新的革命时代来临了。

胡绳的这个提纲虽然较为简略，但是里面包含着他对于中国近代史的基本认识和后来他对中国近代史学科体系的基本构想。《中国近代史提纲》和《中国近代历史的分期问题》共同确立的基本框架成为后来中国近代史教科书的一个依据和典范。

几乎与《中国近代史提纲》写作同时，胡绳在1954年《历史研究》创刊号上发表了《中国近代历史的分期问题》一文。此文的发表，在历史学界引发了一场关于如何用马克思主义观点观察和研究中国近代历史的大讨论。1957年，《历史研究》编辑部汇集了三年间学者讨论文章予以出版，题名《中国近代史分期问题讨论集》。这次讨论，对于中国近代史学界学习马克思主义基本理论，学习唯物史观，认识近代中国历史的基本线索问题，起到了有力的推动作用。②

应该看到，胡绳对中国近代历史进行分期的想法同当时的学术背景密切相关，苏联历史学界在《历史问题》杂志上展开的"苏联历史分期问题"的讨论，也给了胡绳以启示。胡绳在文章中首先界定中国近代史的分期问题，即指"从鸦片战争到五四运动约80年间的历史应该如何细分为若干阶段、若干时期的问题"。讨论这个问题意义何在呢？在他看来，"正确地解决了分

---

① 《胡绳全书》第5卷，第501页。
② 参见张海鹏《中国近代史研究的理论和方法》，曾业英主编《五十年来的中国近代史研究》，上海书店出版社2000年版。

期问题，就是从中国近代历史的复杂的事实中找到了一条线索，循此线索即可按照发展程序把各方面的历史现象根据其本身的逻辑而串连起来。因此分期问题可以看作是解决结构问题的关键"。胡绳对以往近代史研究的著作进行分析，认为这些著作由于缺乏对近代史基本线索的把握，未能科学分期，因而存在着相当的欠缺。1949 年前资产阶级学者要么放弃分期，要么仅仅看到历史发展中的某一片面，从历史的表象去分期，而不能反映出"历史发展中的本质的东西"。比如孟世杰的《中国最近世史》，把鸦片战争到戊戌维新前称为"积弱时期"，把戊戌维新到辛亥革命称为"变政时期"，而把辛亥革命以后称为"共和时期"。由于浮于历史表象，这样的分期并无意义。早期用马克思主义研究中国近代史的学者，虽然企图以阶级分析方法来说明中国近代历史，但是在实际中放弃了分期的办法，而采用类似于"纪事本末体"的叙述方法，因而"往往会错乱了各个历史事件的先后次序，拆散了许多本来是互相关联的历史现象，并使历史发展中的基本线索模糊不清"，而且易造成"眼前只看见某一些政治事件"，① 忽视社会生活、经济生活和文化生活。所以，中国近代史分期问题不仅是一个时间划分的问题，而且关系着中国近代史的理论框架能否建立的问题，也涉及中国近代史研究中的一系列基本理论和方法问题。

要解决分期的问题，必须先确定分期的标准，"这也就要确定，我们在叙述中国近代史时，主要的任务是说明什么，以什么来做基本的线索"，实际上涉及对于中国近代史基本内涵的理解。胡绳对以往近代史著作中的两种分期标准提出了批评：以帝国主义的侵略形态做划分时期的标准，则"只看到侵略的一面，

① 《胡绳全书》第 2 卷，第 153—156 页。

而看不到或不重视对侵略的反应这一面”，这正是“历来资产阶级观点的近代史著作中的主要缺点之一”，胡绳强调对侵略的反应这一方面，体现了他对历史本质的深刻洞见；单纯以社会经济生活的变化来作为划分时期的标准，也并不妥当，因为“上层建筑的变化，并不是亦步亦趋地随着经济基础的变化。特别是因为半殖民地半封建社会是一种过渡性的社会，上层建筑的某些方面的变化要比经济基础的变化更为激烈一些，因而如果我们不是全面地考察当时社会的基础与上层建筑，我们就不可能恰当地进行分期”。[①] 因而，“把历史分期建基在纯经济性的现象上，便必然会走到经济唯物论的立场上去”。[②] 在分析以往分期方法的利弊得失之后，胡绳提出，“我们可以在基本上用阶级斗争的表现来做划分时期标志”，他认为，“中国近代史著作的基本任务就是要通过具体历史事实的分析来说明在外国帝国主义侵略中国的条件下，中国社会内部怎样产生了新的阶级，各个阶级间的关系发生了些什么变化，阶级斗争的形势是怎样地发展的”。胡绳从阶级斗争的视角去考察中国近代史，反映了在中国近代史研究中运用唯物史观的努力。他进一步指出，阶级分析法并不在于将各个事变、各个人物简单地贴上阶级标签，这种做法恰恰背离了马克思主义阶级分析法的实质，是将阶级分析法庸俗化、概念化的做法。真正的阶级分析法应该是“使历史研究真正渗透着马克思主义的思想力量”，并“善于通过经济、政治和文化现象而表明在中国近代历史舞台上的各种社会力量的面貌和实质，它们的来历，它们的相互关系和相互斗争，它们的发展趋势”。[③] 胡绳

---

①　《胡绳全书》第 2 卷，第 156 页。
②　石父辑译：《苏联历史分期问题讨论》，中华书局 1952 年版，第 8 页。
③　《胡绳全书》第 2 卷，第 158、159 页。

的上述观点，"应该说，这是第一次向学术界提出了用马克思主义研究中国近代史的任务，从学术上提出了要使历史研究真正渗透马克思主义思想的力量的重要观点"。[①]

在确立以阶级斗争的表现作为中国近代史的分期标准的基础上，胡绳力图构建一个完善的中国近代史的理论框架。他认为，"中国革命中的阶级力量的配备到了十月革命和五四运动后起了一个大的变化，无产阶级作为一个独立的自觉的力量登上历史舞台并成为革命的领导力量，这就给中国革命打开了一个新的局面，从此开始了新民主主义革命的时期"。"把中国现代史和中国近代史划分开来，就是以这点为根据。我们对现代史中的分期也是以在无产阶级领导下的新民主主义革命的各个阶段为根据的。"[②] 胡绳从革命史的角度，将中国近代史界定为中国旧民主主义革命时期，属于资产阶级革命的范畴。根据毛泽东的论述，中国民族民主革命以五四运动为界，以前为旧民主主义革命时期，以后为新民主主义革命时期。决定这一变化的关键因素在于革命领导力量的变化。毛泽东的这一论断成为中国近代史学界的理论基础，是通过胡绳的阐述和学术界的讨论，得到中国近代史学者的广泛认同的。

胡绳在文中提出了中国近代史存在"三个革命运动高涨的时期"，也就是"社会力量的新的配备通过激烈的阶级斗争而充分地表露出来的时期"。1851—1864 年的太平天国革命运动，是第一次革命运动的高涨，此时"中国社会内部还没有形成资本主义的生产关系，所以历史的推动力量仍只能是农民这一个阶

---

① 张海鹏：《中国近代史研究的理论和方法》，《五十年来的中国近代史研究》，第 3 页。

② 《胡绳全书》第 2 卷，第 163 页。

级"。甲午战争以后出现了中国近代史第二次革命运动的高涨，以戊戌维新和义和团运动为标志。农民革命与资本主义思想在第二次革命高涨期间虽然并存，但是彼此隔膜，互不相关。1905年开始了第三次革命运动的高涨，最终归结为辛亥革命。资产阶级革命派虽然"一般地缺乏彻底的反帝国主义、反封建主义的纲领，表现了它的先天的软弱性，但它当时不但提出了资本主义的革命理想，而且为实行革命，在一定程度内进行了对工人、农民力量的发动。因此，历史发展的动力在这时期是集中到了资产阶级革命派手里"。但最终结局是，"小资产阶级革命分子给自由资产阶级牵着走，自由资产阶级又让自己为资产阶级化的地主阶级所同化，而后者则把革命带到了向大地主大资产阶级及其后台——外国帝国主义投降的路上去"。① 胡绳的三次革命运动高涨概念成为中国近代史学科体系的核心概念。"三次革命高潮是中国近代政治史中一个统率全局的重要概念。它表明作者是采用马克思主义的阶级观点和阶级分析的方法来处理史料，来看待近代中国的历史进程的。在中国近代史的研究上，它是马克思主义的史学家区别于解放前资产阶级的、封建阶级的史学家最重要之处。我国史学界虽然在这个概念的具体内涵的表述上，或者在某次革命高潮的评价，与胡绳有不尽相同的认识，但大体上，大家是接受这个概念的。这反映在大学的讲堂上，也反映在有关中国近代史的主要出版物中"，"从政治史或者革命史的角度来观察，这个概念的提出，是反映历史实际的。固然，从经济史、思想史、文化史或者从近代化史的角度观察中国近代史，可以从各相关专业的需要出发提出不同的、反映各相关专业历史实际的某些概念，但是，从中国近代史的全局衡量，恐怕都要考虑三个革命

---

① 《胡绳全书》第 2 卷，第 159、161、162 页。

高潮概念的统率、制衡作用"。[1]

　　胡绳的这篇文章提出的问题,事关如何运用马克思主义指导中国近代史研究的根本方向问题,文章甫经发表,就引起了近代史学界的热烈反响。论辩的焦点在于分期的标准,胡绳提出的以阶级斗争作为分期标准的观点,得到戴逸、章开沅、荣孟源、王仁忱等的赞同,戴逸和章开沅还指出了胡绳的表述中不尽完善之处。戴逸认为,广义概念的"阶级斗争"应该包含斗争锋芒对内对外的区别,在分期时应予以考虑;章开沅则对于阶级斗争表现的具体理解同胡绳存在着某些分歧。范文澜也就中国近代史分期问题发表了自己的看法,他认为,"帝国主义及其走狗的经济政治压迫和中国人民的民族民主革命,成为贯穿这一历史时期的根本矛盾,也就成为贯穿各个事件的一条线索",[2] 从而提出以中国近代社会的主要矛盾为分期的标准。这与胡绳的观点并无根本的区别,因为他们所依据的都是毛泽东的"两个过程论",只是理解的角度与表述的方式的差异。金冲及主张"分期的标准应该是将社会经济(生产方式)的表征和阶级斗争结合起来考察,以找出中国近代历史发展各个阶段中的特点"。[3] 实际上,这种意见也只是胡绳观点的补充,因为阶级分析法必然要结合对社会经济的考察,阶级本身就是一个经济概念,阶级斗争的本质,指的是代表不同利益的社会集团在政治上的斗争。

　　这次引发中国近代史分期问题的讨论,是 1949 年后中国近

---

　　① 张海鹏:《中国近代史的分期及其"沉沦"与"上升"诸问题》,《近代史研究》1998 年第 2 期。

　　② 范文澜:《中国近代史的分期问题》,《范文澜集》,中国社会科学出版社 2001 年版,第 136 页。

　　③ 金冲及:《对于中国近代历史分期问题的意见》,《中国近代史分期问题讨论集》,第 44 页。

代史学界在学习和运用唯物史观研究中国近代史的一次重要尝试。这次讨论推动了中国近代史学科的建设，奠定了中国近代史研究学科的发展基础。由于政治环境相对宽松，论辩各方坦陈己见，体现了百家争鸣的良好学术风气。胡绳构建的中国近代史解释体系得到了学术界的基本认同，近代史学者普遍接受"阶级斗争是划分中国近代历史时期的标准"，近代中国人民反帝反封建斗争的发展是近代中国历史发展的主要脉络和基本线索。通过讨论，中国史学界大致达成一个共识：对于像近代中国这样阶级矛盾错综复杂、阶级变动频繁的阶级社会，只有用阶级分析法才能抓住近代中国的特质，把握近代中国发展的主线，揭示出历史真相；否则只会局限于描述历史表象，无法揭示历史发展的规律。马克思主义指导下的中国近代史学科体系，至此开始趋于明晰、完备和成熟，并且被全国高等学校历史系中国近代史教学大纲所采纳，得到强有力的政治支持。胡绳提出的"'三次革命高潮'的提法根据革命形势的涨落把握近代历史发展变化的脉络，体现了传统规范的精神而又简约明了，对于推动传统规范指导下的常规研究发生过重要作用"。① 胡绳的这篇文章，在中国近代史学科发展史上，无疑具有里程碑式的意义。

这次讨论的主题是中国近代历史的分期问题。所谓中国近代史，胡绳非常明确地局限在 1840—1919 年之间，这次讨论把中国近代史的时限范围，限制为 1840—1919 年间的历史。从这时开始，中国历史学界出现了中国近代史和中国现代史的明确分界，分界线就是 1919 年发生的五四运动。此后，学术界往往把 1919 年五四运动以后的历史称作中国现代史，而把 1919 年上溯

---

① 张亦工：《中国近代史研究的规范问题》，《历史研究》1988 年第 3 期，第54 页。

到 1840 年鸦片战争的历史称作中国近代史。有关中国近代史的出版物，包括学术著作和教科书以及通俗读物，大多数也都以 1919 年五四运动为下限；有关中国现代史的出版物，绝大多数以 1919 年为上限。换一句话说，把旧民主主义革命时期的历史称作中国近代史，而把新民主主义革命时期的历史称作中国现代史。在这样的认识氛围下，范文澜在 1955 年出版的《中国近代史》"九版说明"中特别指出："《中国近代史》上册，是 1945 年我在延安时写的，当时原想把旧民主主义革命时代和新民主主义革命时代的历史一气写下来，将旧民主主义革命时代划归上编，新民主主义革命时代划归下编，本书则是上编的第一分册。现在因为近代史与现代史已有明确的分期，故将此书改称为《中国近代史》上册。"① 这一次改动，对以后中国近代史书的编纂影响甚大，中国近代史的时限概念几乎就定在 1840—1919 年。

尽管如此，许多研究者并不赞成中国近代史的下限定在 1919 年。如林敦奎 1956 年 6 月 4 日在中国人民大学第六次科学讨论会上提出，中国近代史的下限应延长至 1949 年；荣孟源在 1956 年第 8 期《科学通报》发表《关于中国近代史分期问题的讨论》文章，主张中国近代史断限在 1949 年 9 月；范文澜在 1956 年 7 月为政协全国委员会中国近代史讲座所作的报告，也主张中国近代史的下限在 1949 年；刘大年 1959 年在《中国近代史研究中的几个问题》② 一文中以及 1964 年在向外国历史学者介绍新中国的历史科学时，也持这种观点。

把中国近代史的下限定在 1919 年，显然是对半殖民地半封

---

① 范文澜：《中国近代史》上册，人民出版社 1955 年版，"九版说明"。

② 刘大年：《中国近代史研究中的几个问题》，《历史研究》1959 年第 10 期，转引自《刘大年史学论文选集》，人民出版社 1987 年版，第 247 页。

建社会的割裂，不利于对整个半殖民地半封建社会历史进程、历史特点的把握和认识，在一定的意义上可以说限制了对整个近代中国历史的完整了解。

《从鸦片战争到五四运动》是一部脍炙人口、影响深远的近代史著作，该书"充满了一个深深参与、密切关注现实政治生活而又研究中国近代史的大学者、大专家的聪慧和眼力。他处理复杂的近代史料，往往居高临下，给人以驾轻就熟、游刃有余的印象"①，因而"条分缕析，议论恢弘，在一定程度上体现了作者刻意追求的马克思主义的思想力量，对教学和研究工作以及对广大群众的爱国主义教育产生重大影响"。②

这部著作虽于1981年初版，实际上是他在1954年所写的《中国近代历史的分期问题》所提出的"三次革命高潮"概念下论述1840—1919年间80年的中国历史的一部书，也是他在50年代提出的《中国近代史提纲》的写作实践。在具体的历史分期问题上，胡绳对50年代提出的方法有所修正，他"把每次革命高潮时期和在它以前的准备时期合并起来"，从而将中国近代史分为四个时期：一、从鸦片战争到太平天国失败（1840—1864）；二、从太平天国失败后到义和团运动（1864—1901）；三、从义和团运动失败后到辛亥革命（1901—1912）；四、从辛亥革命失败后到五四运动（1912—1919）。③

胡绳提出的"三次革命高潮"概念虽然被大多数学者所接受，但也有人对第二次革命高潮提出疑义，认为义和团不能算作

---

① 张海鹏：《评胡绳著〈从鸦片战争到五四运动〉再版》，《追求集——近代中国历史进程的探索》，第423页。
② 张海鹏：《中国近代史研究的回顾》，同上书，第116、117页。
③ 《从鸦片战争到五四运动·序言》（1980年），《胡绳全书》第6卷（上），人民出版社1998年版，第26、27页。

一次革命高潮。胡绳在《从鸦片战争到五四运动》的原版序言中再次重申了他 50 年代的意见，即第二次革命高潮是包含戊戌维新和义和团运动二者在内的，他强调指出，"在充分估计义和团运动的反帝斗争的意义的时候，必须看到它具有的严重弱点；同时，也不能因为在当时的历史条件下，义和团运动不可能发展为一个健康的反帝斗争，就把它的历史地位抹煞掉"。"义和团虽然是传统的农民斗争形式的继续，但是把打击的矛头直接指向帝国主义侵略势力，而且义和团运动时期已经有了资产阶级倾向的政治力量"，因此，将戊戌维新和义和团运动纳入第二次革命高潮是毋庸置疑的。也有学者提出，洋务运动开启了中国的现代化，也应被视为中国的进步潮流，应给予更高的评价。胡绳在初版前言中提出，"本书不认为有理由按照'洋务运动——戊戌维新——辛亥革命'的线索来论述这个时期的进步潮流"[1]，从而全面坚持了三个革命高潮的观点。

　　1995 年 11 月到 12 月间，胡绳已年近八旬，他以抱病之躯，再次通读了这部著作，并作了修改，于 1997 年再版。比照两个版本，可以充分感受到胡绳治学严谨、精益求精的精神。他及时吸收近代史研究的新成果，订正了一些史实。在力求避免初版的缺失的同时，对于初版的基本论点和总体体系，胡绳认为"现在还不觉得有修改的必要"，从而全面坚持了初版著作的核心的价值取向。通过作者的精心修订，再版比初版又有了改进。我们的分析主要是基于 1997 年的再版。

　　1840—1919 年间 80 年的历史，饱含着中国人民备受帝国主义和封建统治者摧残的血和泪，也充满了中国人民英勇反抗中外反动势力的剑与火，其风云激荡、瞬息变幻可谓亘古未有。作者

---

[1]　《从鸦片战争到五四运动·序言》，《胡绳全书》第 6 卷（上），第 25 页。

深入于浩如烟海的史料之中，从历史事实出发，创造性地运用马克思主义历史观点和方法，通过归纳、提炼，整理出典型的史料，论述帝国主义如何步步加深对中国的侵略，将中国变为他们的殖民地、半殖民地，在这种侵略下，中国社会经济形态发生了什么变化，新的阶级力量、新的社会思潮又是如何产生和发展，中国的社会阶级矛盾和民族矛盾是如何糅合在一起展现着复杂的形态；面临深重的民族危机，中国人民是如何从沉睡中觉醒，逐步提高觉悟，进行由自发到自觉的反帝反封建的革命斗争，挽救民族危亡。从而揭露了外国侵略势力的凶残和封建统治者的腐朽，讴歌中国人民艰苦卓绝的反抗斗争和一代又一代志士仁人寻求救国救民真理的艰辛探索，真实地再现了近代中国波澜壮阔的历史画面，反映了中国由黑暗走向光明的艰难历程。胡绳的贡献不仅在于他提出"三次革命高涨"的概念，也不仅在于他以"三次革命高涨"概念为骨架结构全篇，铺陈成这部煌煌巨著，更在于他在这部书中，通过对80年间中国社会阶级力量的发展、演变的论述，阐明了这三次革命高涨的各自特点和承继关系，说明前一高涨发展到后一高涨的根本原因及历史必然性。第一次革命高涨的太平天国运动，动摇了封建社会的旧秩序，农民是革命的唯一动力，他们不能得到任何别的阶级的赞助；第二次革命高涨由民族资产阶级上层领导的戊戌维新运动和农民阶级发起的义和团运动构成，二者产生于同样的历史背景之下，却彼此互相隔膜，革命的失败不可避免；继之而起的代表民族资本中下层的资产阶级革命派在政治上和思想上领导了辛亥革命，形成了第三次革命高涨，资产阶级革命派在一定程度上实现了与以农民为主体的下层民众的结合，从而达到旧民主主义革命的最高峰。作者指出，在无产阶级独立登上历史舞台之前，中国革命的主要动力来自于农民阶级和资产阶级，这两个阶级的分离和结合，形成了三次革命高潮环环相扣而又各具特色的历史景观。作者通过分析三次革命高涨的历史背景与阶级力量配备的变化，论述从单纯的农民战争到资产阶级领导的革命运动的发展过程，揭示了它们之间的内在的逻辑关系。

范文澜的《中国近代史》上册有前驱先路的功绩，但由于是初创，限于当时的条件，尚有一些不尽令人满意的地方，胡绳的《从鸦片战争到五四运动》又有了新的超越，堪称是一部集大成的巨著。一方面，它是胡绳对近代中国历史总体认识的一个完整体现，是胡绳用阶级分析法的武器解剖中国近代史的结晶，也是胡绳构建其宏大的中国近代史理论解释体系的一个典范；另一方面，这部书又是集各家研究之大成的著作，作者虚怀若谷，对于近代史学界的各项研究成果兼收并蓄，及时吸纳，力图体现最高的学术水平。概而言之，这部著作在宏观把握上高屋建瓴，气势恢弘；在微观剖析上细致入微，条分缕析。纷繁复杂的历史现象在书中都给予了科学的阐释，从杂乱的历史事件中寻绎出的历史发展的规律能够落到实处。

1949 年以后，为适应时代的需要，胡绳主要致力于中国近代史研究宏观解释体系的建构，他所提出的"三次革命高涨"概念和关于近代史分期的理论，得到近代史学界的普遍认同，并进而形成较为系统完善的近代史研究的学科体系。新的学科体系的建立不仅为这一时期的近代史研究提供了理论框架前提，也为研究者提供了交流对话的平台，同时其自身的形成、发展也构成了这一时期全部中国近代史研究成果中最深刻、最本质之所在。胡绳作为这一学科体系的最主要的创立者，他的功绩无疑是里程碑式的。与此同时，胡绳在他所构建的理论缜密、逻辑谨严的解释体系的基础上，以生产力和生产关系、经济基础和上层建筑的辩证关系为底色，高屋建瓴地对近代史进行宏观把握，融合自己数十年的研究之功，吸纳其他学者的先进研究成果，完成了中国近代史典范性的巨著《从鸦片战争到五四运动》。这部著作在当时可算是一部反潮流的作品，是作者"对'文化大革命'所造成的一种很有害的学风和文风多少表现了一点抵制"。[①] 相对于1949年以前的著作，其科学性、学术性进一步增强了，其基本观点、价值取向对中国近代史研究的影响延续至今。

胡绳所构建的理论框架以革命史为中国近代史的主干，以阶级斗争作为主线，显示了其理论的卓越之处，抓住了中国近代史最为本质核心的东西。但毋庸讳言，这个框架当然无法涵盖近代中国的所有内容，它对后来研究者的学术创新的制约也是存在的，虽然这决非初创者的本意。主要表现在：由于过分强调从政治角度来铺叙中国近代史，对社会、经济、文化等方面则相对忽视；由于过分强调阶级斗争是历史发展的动力，势必会忽视生产力和其他社会力量对历史发展所起的作用，"结果是多元发展的历史成了一元化的线性公式"。[②]

应该承认，历史学家笔下的历史都具有时代精神和个人风貌特征的，胡绳所构建的理论框架在新的时代，要不断迎接新的挑战，也是一种历史的必然。

胡绳晚年的中国近代史研究：变与不变的辩证法

1978年，胡绳年过60岁。他的中国近代史研究也进入了新的阶段。除了繁重的领导工作和社会活动（1985年他担任中国社会科学院院长，又兼任中共中央党史研究室主任，还任全国政

---

① 《漫谈〈八十自寿铭〉》，《胡绳全书》第7卷，第184页。
② 沈渭滨：《蒋廷黻〈中国近代史〉导读》，第46页。

协副主席）以及理论撰述外，他还在从事中国近代史的研究。从 1979 年到 1990 年，他发表的涉及中国近代史的论文和文章，有 13 篇之多。1991 年，他还领导并主持编撰、出版了《中国共产党的七十年》一书。这些论著表现了胡绳晚年的研究仍生气勃勃，屡有新见。《论孙中山的社会主义思想》尤其显出作者的睿智，学者曾给予评论。① 《中国共产党的七十年》至今仍被认为是最权威的一本中共党史。1949 年前的中共党史，也是中国近代历史的内容之一，但本书所写中共党史的时限已超出了 1949 年，加上中共党史已成为单一学科，不在本文论述的范围。

胡绳晚年对中国近代史学科的思考之一是对中国近代史时限的反思。

1950 年代确立的中国近代史是 1840—1919 年的中国历史，主要是胡绳的意见。通过学术界的讨论，大部分学者接受了这一见解。但是，这样的分期法割裂了 1840—1949 年近代中国这个整体，因为这个 110 年是一个特殊的历史社会形态，"即在封建社会崩溃中被卷入资本主义世界的半殖民地半封建社会"。因此这种研究体系不利于了解和把握中国历史发展的全过程，不利于总结近代中国历史发展规律。② 诚然，我们应该看到，当时把

---

①　参见张海鹏《孙中山社会主义思想研究评说》，文章指出："胡绳《论孙中山的社会主义思想》一文，不仅详细分析了孙中山社会主义思想的发展过程，尤其透彻地分析了'孙中山的主观社会主义中的某些弱点，也是中国共产党人曾经有过，通过实践才逐步加以克服，甚至现在还在克服着的。孙中山和中国共产党人同样生活在中国现代的社会历史条件下，因而某些想法有共同性'，如关于实行社会主义很容易的观点，不仅孙中山身上存在，共产党人身上也存在（直到今天是否已完全克服了？），是对研究者一个重要提示。胡绳是用马克思主义研究中国近代史的大家，他研究孙中山的社会主义思想，与共产党人的社会主义事业联系起来考虑，体现出作者睿智的目光，给人以深刻启迪。"载《追求集——近代中国历史进程的探索》，第 280、281 页。

②　陈旭麓：《关于中国近代史线索的思考》，《历史研究》1988 年第 3 期。

1919 年作为中国近代史的下限，有其历史合理性。但是，随着时代前进，这一界定的局限愈发显现。解铃还须系铃人，胡绳在反思中曾多次建议打通 1840—1949 年，作为完整的中国近代史。早在 1981 年《从鸦片战争到五四运动·序言》中，胡绳就提出，"在中华人民共和国成立已经超过 30 周年的时候，按社会性质来划分中国近代史和中国现代史，看来是更加适当的"。① 1983 年《谈党史研究工作》的谈话中，他也指出"中国近代史是指半殖民地半封建时期的中国历史"。② 1997 年在为《近代史研究》创刊 100 期表示祝贺时，他重提这个建议："把 1919 年以前的 80 年和这以后的 30 年，视为一个整体，总称之为'中国近代史'，是比较合适的。这样，中国近代史就成为一部完整的半殖民地半封建中国的历史，有头有尾。1949 年中华人民共和国成立以后的历史可以称为'中国现代史'，不需要在说到 1840—1949 年的历史时称之为'中国近现代史'。"③ 胡绳以他的声望，登高一呼，再加上学者的及时跟进，做出进一步的论证，④ 无疑有助于统一史学界在这一问题的认识。

　　胡绳在完成《从鸦片战争到五四运动》后，曾规划续写《从五四运动到人民共和国成立》，就是要实施他的这一建议。1995 年初，胡绳约丁伟志、徐宗勉两位先生谈及续写中国近代史的构想，请丁、徐二人协助组成课题组，承担起草的具体事务。此后，胡绳就写作这一中国近代史续编的一些设想，与课题

---

　　① 胡绳：《从鸦片战争到五四运动·序言》，人民出版社 1981 年版，第 1 页。

　　② 《谈党史研究工作》，《胡绳全书》第 3 卷（下），人民出版社 1998 年版，第 544 页。

　　③ 胡绳题词见《近代史研究》1997 年第 4 期（100 期纪念号）。

　　④ 1998 年张海鹏曾在《光明日报》和《近代史研究》先后发表有关中国近代史的分期的文章，呼应胡绳的分期主张。参见《中国近代史的分期即"沉沦"与"上升"诸问题》，载《追求集——近代中国历史进程的探索》。

组成员作过 10 次谈话。胡绳的谈话记录被收入《胡绳全书》第
7 卷。这 10 次谈话，对五四以后 30 年的历史事件、历史人物做
了扼要而精辟的论述，视角独到，见解新颖，发人所未发。其中
有些论述澄清了以往人们的种种模糊认识，纠正了以往的一些谬
误说法，因而具有极高的思想价值。可惜天不假年，他的续写中
国近代史的宏愿未能实现。

　　"20 世纪中国近代史研究取向的变化，折射着 20 世纪中国
社会历史本身的变迁，尤其是折射着 100 年来中国社会政治思潮
的起伏涨落。"① 改革开放以后，学术界对中国近代史研究进行
了深刻的反思，部分研究者不满足于中国近代史学科体系的固有
模式，要求突破并探索更能反映中国近代史全局的新模式，所谓
"现代化史观"迅速崛起，并对所谓"革命史观"构成了挑战。

　　为了回应时代的挑战，胡绳在深入思考的基础上，对自己的
原来理论框架做了一定的调整，颇有新见，引起反响。可见，胡
绳并不是一个固步自封的学者。有论者极力夸大胡绳晚年思想之
"新"之"变"，似乎晚年的胡绳全面否定了此前的自我，乃至
于脱胎换骨了。这种夸大无疑是对胡绳晚年思想变化的曲解。其
实，胡绳历史观的"变"，只是对原来理论构架的修正与完善，
对于贯穿于中国近代史研究中的唯物史观的核心价值，胡绳是一
以贯之、毫不松动的。他以一位洞察历史的老人的智慧，执著地
坚持着自己探索到的真理，而绝不盲从于潮流。相反，在一些趋
新好异的违背基本历史事实的所谓"新潮"前面，胡绳是力挽
狂澜的中流砥柱。

　　胡绳晚年的中国近代史研究，充满了变与不变的辩证法。

---

　　① 　张海鹏：《中国近代史研究理论方法的探索与评论》，《东厂论史录》，广东
人民出版社 2005 年版，第 21 页。

　　关于现代化问题的讨论。改革开放以来，"现代化事业成为国家和人民共同关注和进行的主要事业，这很自然影响到中国近代史研究者的视线"①，有学者提出以现代化为主题重写近代史的主张。对近代中国的现代化问题，胡绳在晚年进行了深入思考，并且阐发了一些新的观点。在《从鸦片战争到五四运动》1997年的再版序言中，胡绳对于此时学界较为热衷的现代化问题作了系统论述。他认为，"在中国近代史中，现代化也就是工业化和与工业化相伴随着的经济、政治和文化等各方面的变化。从19世纪后期到20世纪初期的中国，现代化就是资本主义化"②。胡绳明确指出，以现代化为主题来叙述中国近代历史不失为一种可行的思路，而且很有意义。③

　　胡绳这些话曾被有的学者解读为对革命史观的否定，对所谓"现代化史观"的全盘接纳，④并被那些力主以是否有利于现代化为标准来臧否一切历史事件与人物的学者引为理论支援。这种看法颇有断章取义之嫌，毋宁是对胡绳思想的误读。胡绳的本意是将从现代化视角来解读中国近代史作为一种有价值的尝试，作为革命史视角的一种有意义的、必要的补充，而绝不是主张仅仅以现代化视角、用现代化理论来揭示整个中国近代史。

　　胡绳在阐明这个问题时，还有一些更为重要的论述往往被人忽略。他明确指出："以现代化为中国近代史的主题并不妨碍使用阶级分析的观点方法。相反的，如果不用阶级分析的观点和方

　　① 张海鹏：《中国近代史研究理论探索与评论》，《东厂论史录》，第22页。
　　② 《〈从鸦片战争到五四运动〉再版序言》（1995年），《胡绳全书》第6卷（上），第9页。
　　③ 同上书，第8页。
　　④ 徐晓旭：《胡绳晚年历史观的变化》，《南通工学院学报》2004年第2期，第12页。

法，在中国近代史中有关现代化的许多复杂的问题恐怕是很难以
解释和解决的。"因为，要分析近代中国的现代化问题，就要分
析"从 1840 年鸦片战争以后，几代中国人为实现现代化做过些
什么努力，经历过怎样的过程，遇到过什么艰难，有过什么分
歧、什么争论"。这些都是中国近代史中的重要题目。胡绳指
出，在帝国主义侵略的压力下，"中国近代史中的现代化问题不
可能不出现两种倾向。一种倾向是帝国主义允许的范围内的现代
化，这就是，并不要根本改变封建主义的社会经济制度及其政治
和意识形态的上层建筑，而只是在某些方面在极有限的程度内进
行向资本主义制度靠拢的改变。另一种倾向是突破帝国主义所允
许的范围，争取实现民族的独立自主，从而实现现代化。这两种
倾向在中国近代史中虽然泾渭分明，但有时是难以分辨的"。他
认为，要澄清对于近代中国的现代化问题的模糊认识，必须对这
两种截然不同的"现代化"加以区分，而"要说清楚这两种倾
向的区别和其他种种有关现代化的问题，在我看来都不可能离开
马克思主义的阶级观点和阶级分析"。① 事实上，力主"以现代
化为纲"来改铸中国近代史的学者，正是否定以阶级斗争为主
线来解释中国近代史，混淆了历史与现实的界限，将现实中搞的
现代化，与近代史上的半殖民地半封建社会范围内的畸形现代化
混为一谈。

　　胡绳认为，前一种倾向实际上不可能实现真正意义上的现代
化，洋务运动是这一倾向的代表，它的根本目的并不是发展资本
主义，并不是追求真正意义上的现代化，而是维护封建专制统
治，它的宗旨与现代化的目标是背道而驰的。正如费正清指出：
"19 世纪 60 年代中国对外部世界和内部叛乱的双重威胁所做的

---

　　①　《胡绳全书》第 6 卷（上），第 8—10 页。

基本反应，就是重新确立或'中兴'旧的儒家制度，而不是使之现代化。"① 学术界不少学者提出应该从促进现代化的角度对洋务运动全面肯定，极力拔高洋务运动的历史地位，胡绳明确表示不能认同。

胡绳特别强调，近代中国的两大课题是民族独立和现代化，"现代化必须和民族独立问题连在一起，中国现代化不能离开独立的问题"，② 民族独立是真正意义上的现代化的必要前提。以首先解决现代化为突破口来解除近代中国的恶性循环被证明只是一种不切实际的空想，"只有先争取民族的解放和国家的独立，才能谈得到近代化的政治、经济、文化的建设"。③ 某些人居然说中国如果当过几十年殖民地，就会实现现代化"，胡绳愤怒地斥之为"极端无知的昏话"。④

因此，在胡绳晚年的历史观中，为回应时代挑战，他将现代化视角融入他所构建的宏大而缜密的唯物史观理论体系，从而使其理论体系更为完善，具有更强的解释力。胡绳没有简单地否定现代化史观，而是从唯物史观的高度阐明如何看待中国近代历史上的现代化问题。

关于中间势力的讨论。胡绳晚年提出中国近代历史上的中间势力问题，并且作了充分的论述，见解新颖，醒人耳目。

胡绳认为，在新民主主义革命历史上，国共两党当然是矛盾

① 费正清、赖肖尔：《中国：传统与变革》，陈仲丹等译，江苏人民出版社1992年版，第318页。
② 《关于撰写〈从五四运动到人民共和国成立〉一书的谈话》，《胡绳全书》第7卷，第74页。
③ 《关于近代中国与世界几个问题》（1990），《胡绳全书》第3卷（上），第77页。
④ 《〈从鸦片战争到五四运动〉再版序言》，《胡绳全书》第6卷（上），第9页。

斗争的两极，一个是大地主大资产阶级，一个是无产阶级。这两极之间，还存在相当多数的中间势力，他们最后的选择决定了人心向背，进而奠定了革命胜利的基础。但是以往的历史书对中间势力的重要性有所忽视，因而着意淡化处理，从而难免有将复杂丰富的历史简单化的趋向。

胡绳对中间势力的界定有异于我们以往的认识，也有异于他在 1946 年的论述。在 40 年代写的时评中，他指出中国不是一个高度成熟的资本主义国家，因而也并非把一切政治矛盾都集中在资产阶级与无产阶级的对立上，"小资产阶级、职员、小商人、民族资产阶级，甚至经济地位与社会地位摇摇欲倒的中小地主……这样许多成分的人构成了这个庞大的中间阶级"①，而工农是革命的依靠、基础。20 世纪 90 年代，胡绳认为"实际上工农、小资产阶级只是革命的可能的基础。就阶级说，它们是革命的；就具体的人说，它们当中大多数在政治上是处于中间状态，不可能一开始就都自动跟共产党走"。"这一部分人可以走社会主义道路，也可以走资本主义道路"。胡绳在这里将作为阶级整体的工农与具体个人的工农分子加以区分，这一种区分是颇具洞见的，它大大扩充了中间势力的外延。胡绳视野中的中间势力，在职业上实际上涵盖了工人、农民、知识分子和工商界人士。那么，真正处于对垒两极的只居于少数，中间势力才是大多数。

如果没有更为先进阶级的引导，"中间的力量自发顺着的是走资本主义道路"，对此应该如何评价呢？胡绳认为，在五四以前，"中国惟一进步的道路就是资本主义"；五四以后，发展资本主义仍是进步的主张。"要使资本主义有所发展，就必须推翻帝国主义和封建主义的统治"，在当时的历史条件下，"现实的

---

① 《论"第三方面"》(1946)，《胡绳全书》第 1 卷，第 632 页。

问题不是要资本主义还是社会主义的问题，而是要不要反帝反封建的问题"。因此，虽然中间势力并不赞成革命，他们的主张也并不具备实现的可能，但他们"要求发展资本主义，不满于军阀官僚、国民党那样的办工业，甚至要求抵制帝国主义的侵略"，[①] 其主张客观上是有利于中国的工业化、现代化的，也是带有一定程度的革命性的。我们"不能认为凡是不同意马克思主义，不赞成当时搞社会主义的就都是反动的"，因而，"我们对于国民党统治22年间那些要走资本主义道路或总的倾向于资本主义的人，就可以重新做出估价"。例如历史被视为反动阵营的中坚分子的胡适，胡绳认为也可以将他纳入中间势力的范围，属于"不革命的民主派"。因为胡适这一类人"要走资本主义道路而反对国民党专制独裁，我们党就应当团结而不该排斥他们"。[②] 对于那些并没有明确革命意识的民族资本家，他们在一定程度上维护了民族利益，表现出民族独立意识，也应该给予中肯的积极评价。

胡绳指出，事实上，"在'五四'以后，马克思主义者、共产党和基本上属于资产阶级民主主义的中间势力之间，不是完全对立的关系，而是有批评、有联合的关系"。应该看到，中国共产党的统一战线政策对于争取中间势力发挥了极大的作用，正是中间势力的支持改变了政治力量的对比，决定了人心向背。胡绳甚至认为，"没有中间力量同封建主义、法西斯势力斗争，单靠共产党孤军作战，革命恐怕是不能成功的"。

胡绳重点阐述了中间势力的分化。他指出，中间势力"可

---

　① 《关于撰写〈从五四运动到人民共和国成立〉一书的谈话》，《胡绳全书》第7卷，第46—52页。

　② 同上书，第47—70页。

以是新民主主义的后备军，也可以成为旧民主主义的力量"①，其分化的决定因素主要有两个：一是民族主义，抗日战争期间，国民党消极抗日，而共产党坚持抗战，赢得了人心；二是发展经济，国民党上台后，疏于抓经济，不关心人民疾苦，使许多原来跟随它或对它抱有希望的人深感失望，最终投向人民革命阵营。

胡绳关于"中间势力"的论述，给思想界、史学界留下了深深的思考，某些具体论述也还可以展开讨论，总起来讲是很新颖的观点，丰富了他的中国近代史理论体系。这些观点对研究中国近代史，尤其是五四后30年历史有深刻的启发意义。胡绳经过修正和完善后的理论体系，去除了原有体系一定程度上简单化、僵硬化的弊端，具有更强的解释力，对新时代的中国近代史研究做出了新的开拓。以这个丰富了的理论体系来考察中国近代史，就更能反映历史的真实、历史的全貌，也更能体现中国近代史的复杂性与曲折性。

与此同时，我们应该注意到，胡绳历史观的核心部分是终生坚守不渝的，并未随时代潮流而发生改变：

关于历史研究中的阶级分析法。阶级观点是马克思主义史学区别于其他史学流派的基本特征，也是胡绳历史观中的核心价值。1950年代由胡绳等确立的中国近代史学科体系，明确地将阶级斗争作为中国近代史分期的标准，作为叙述中国近代史的一条主线，将阶级分析法作为基本的史学方法。1997年，胡绳在《从鸦片战争到五四运动·再版序言》中说："我写这本书是使用阶级分析的观点和方法。其所以使用这种观点和方法并不是因为必须遵守马克思主义，而是因为只有用马克思主义阶级分析的

---

① 《关于撰写〈从五四运动到人民共和国成立〉一书的谈话》，《胡绳全书》第7卷，第57—58页。

观点和方法，才能说清楚在这里我所处理的历史问题。"① 因为近代中国社会政治发生了前所未有的激烈的动荡，"这些动荡和变化从根本上和总体上说来是表现为旧的阶级虽然衰落，但仍然存在，新的阶级虽然已经兴起，但尚未取得胜利；旧时期的阶级斗争仍然残存，而新时期的阶级斗争已经开始兴起。外国帝国主义势力的侵入更使中国国内的阶级矛盾和阶级斗争复杂化"。② 阶级斗争在近代中国程度如此激烈，形式如此复杂，离开阶级分析法，就只能止于对历史现象的描述，而不能说明清楚任何问题。因此，胡绳设想："如果我不是写一部政治史，而是写一部通史，我也不可能脱离这种观点和方法。"③

事实上，在辛亥革命前，各派政治家在为解答中国革命问题而发表议论时，往往已经初步认识到阶级斗争问题。他们使用"上等社会"、"中等社会"、"下等社会"这些概念虽然失之模糊不清，但也由此可见，"马克思主义的阶级斗争学说在开始传入中国时，虽然是完全新的学说，但它所要解答的问题并不是在中国的思想界和实际生活中没有提出来的问题"，这些问题正是通过阶级斗争学说才获得科学的解释。

改革开放以后，国家现实生活坚持以经济建设为中心，当然不能再"以阶级斗争为纲"，有些学者因此认为阶级分析法过时了，研究近代史也不必再用阶级分析法了。胡绳强调指出："在社会主义社会不能以阶级斗争为纲，这和用阶级观点分析阶级对立社会的历史问题是两回事。在以阶级对立、阶级剥削为基础的

---

① 《〈从鸦片战争到五四运动〉再版序言》，《胡绳全书》第6卷（上），第4页。

② 同上书，第4、5页。

③ 《关于撰写〈从五四运动到人民共和国成立〉一书的谈话》，《胡绳全书》第7卷，第5页。

社会中，阶级斗争是社会发展的动力。研究革命的历史，不用阶级分析方法是不行的。"如果因为新时期我们可以而且必须有一个和平安定的环境来发展生产力，就否定阶级社会中阶级斗争对社会发展的决定作用，"这不是联系实际，而不过是影射史学的另一种形式的表现"。①

由于以往一些学者在研究过程中，片面、机械地运用阶级分析法，也不可避免地造成一些弊端，因而，在改革开放以后，阶级分析法受到部分学者的贬损和诟病。胡绳批评将阶级分析法庸俗化，他明确指出："当然不应当把任何社会现象都用，或者只是用阶级根源来解释，不应当把任何社会矛盾都说成是敌对阶级之间，或这个阶级和那个阶级之间的矛盾。把马克思主义阶级分析的观点简单化、公式化是我们所不取的。"② 在胡绳的理论体系中，现代化视角与阶级分析法应该并不矛盾，而是相得益彰的。

关于中国近代史上的改良与革命。新时期的"时代精神"已由大规模地急风暴雨似的阶级斗争转向现代化追求，要求社会稳定成为社会经济发展的前提，改革成为时代的主旋律。有学者将对现实的认识反观于近代中国，从而出现了一味地歌颂改良、否定革命的思潮。

胡绳对改良与革命进行了辩证地分析，全面坚持了他原来的观点。对于改良的历史进步性，胡绳从促进中国现代化的角度予以有限的肯定和承认。他指出，渐进的点滴改良的思路在中国近代以来从来没有断绝过，"洋务派是第一代讲现代化的人"，他

---

① 《谈党史研究工作》，《胡绳全书》第 3 卷（下），第 549 页。
② 《〈从鸦片战争到五四运动〉再版序言》，《胡绳全书》第 6 卷（上），第 5 页。

们企图通过"中体西用"式的改良迈上现代化之路，但没有民族独立，只是在"适应帝国主义的要求的范围内进行"，它的标志"也只是有限度的现代化"；① 维新派是资产阶级改良派，他们提出了独立的问题，甚至有了政治变革的要求，他们倡导的戊戌变法虽然被顽固势力扼杀，但却在客观上为后起的革命开辟了道路；新民主主义革命时期，中间势力致力于"工业救国"、"卫生救国"、"教育救国"，在客观上有助于改变中国落后、愚昧的状态，但最终避免不了失败的命运。正是这一次次改良运动的失败，雄辩地证明了革命的必要性。胡绳明确指出，对于改良的历史作用不能一笔抹杀，应该看到改良主义在和旧势力斗争中的积极意义；但是更不能一味对改良加以歌颂和揄扬，因为，"在中国近代历史上改良主义常常是有两面性的。在革命的形势已经出现的时候，在革命的烽火已经兴起的时候，改良主义的立场如果不有所改变，它的斗争锋芒就不是指向旧势力，而是指向革命"，而且"旧势力也会利用改良主义来抗拒革命"，② 因而显示出它的反动性。

胡绳认为，革命不是可以随心所欲制造的，而是社会矛盾不可调和的产物。恩格斯说："把革命的发生归咎于少数煽动者的恶意那种迷信的时代，是早已过去了。"③ 中国近代史的基调无疑应该是革命，这是不以人的意志为转移的。腐朽的国内封建专制统治者、贪婪凶横的帝国主义、动荡不安的社会现实，这一切决定了近代中国不可能为改良提供最起码的条件。革命肯定有破

---

① 《关于撰写〈从五四运动到人民共和国成立〉一书的谈话》，《胡绳全书》第 7 卷，第 76 页。

② 《〈从鸦片战争到五四运动〉再版序言》，《胡绳全书》第 6 卷（上），第 6 页。

③ 《马克思恩格斯选集》第 1 卷，人民出版社 1995 年版，第 483 页。

坏，甚至难免带来社会的阵痛，但这是历史发展必然付出的代价。胡绳指出，"即使是有严重缺点的、不成熟的、有许多负作用的、一时没有得到完全成功的革命，如果这是适应于阶级斗争向前发展的形势而发生的，它就不能不被认为是必要的，是推进社会历史进步的"。①

胡绳针对新时期某些学者否定农民革命的观点，进行了阐述。诚然，在以往的研究工作中，对农民革命和农民斗争的评价有"拔高"的倾向。实质上，农民作为小生产者，不能不带有种种弱点，而且，"中国社会各阶级都生活在长期的封建传统和小生产者经济的汪洋大海之中，因此，表现在农民身上的弱点也不能不影响于社会各阶级"。但我们并不能因这些弱点而否定农民革命的积极作用。胡绳认为，我们不能脱离具体的生产关系来谈生产力的发展，农民革命打破的是生产关系对生产力发展的桎梏，从而使社会生产力获得解放。"从所代表的生产关系上说，资产阶级是比农民先进的阶级，但从反帝反封建斗争的积极性上说，农民群众远远超过资产阶级。"② 因此，在科学分析农民的阶级局限的同时，我们应该看到，农民无疑是近代中国反帝反封建最为坚定的依靠力量，历史作用不容抹杀。而且，从近代中国革命的延续性来考察，太平天国革命、义和团运动诚然是农民在没有先进阶级领导时所进行的自发的、低级的反帝反封建的斗争，但它们同时也是近代中国革命的历史链条中必不可少的环节。胡绳的这些论述，抓住了近代中国农民斗争进步作用的主流，全面坚持了对农民革命的肯定评价。

---

　① 《〈从鸦片战争到五四运动〉再版序言》，《胡绳全书》第 6 卷（上），第 5 页。

　② 《关于中国近代史研究的若干问题》，《胡绳全书》第 3 卷（下），第 514、515 页。

至于"革命"与"改良"何者更可取，胡绳认为"不能脱离具体的历史条件而作抽象地价值评估"。[1] 对于社会历史的前进运动来说，革命和改良都是可供选择的手段。事实上，"改良是常态，革命是变态。每一个国家，每一个时代，总是经常处在改良的状态中，否则，那个社会就停滞了，不前进了"。当阶级矛盾不到激化的程度，就可以通过阶级调和、社会改良的办法不断促进社会的发展；如果要推翻旧制度，建立新制度，社会改良则是无能为力的。因此，"革命虽不是社会发展的唯一推动力，却是社会历史发展的根本动力"，"否定这一点，无原则地歌颂社会改良，显然是一种反历史主义的态度"。[2]

有学者顶礼膜拜英美的渐进改良，提出"告别革命"，这是一种"错置历史具体感的谬误"，中国近代史上改良主义的历史命运已然雄辩地证明了其荒谬。"帝国主义的侵略使中国人民蒙受了耻辱，正是这种耻辱唤起了中国的民族主义并激发了二十世纪的中国革命"，"革命是近代中国的基调"，[3] 这绝不会因为今天社会发展的主题是改革而发生变化。

综观胡绳晚年历史观的"变"与"不变"，无不深深体现了作为马克思主义历史学家的胡绳对真理毕生的执著追求：一方面，他与时俱进，勇于创新，不断完善自己的理论体系，迎接时代的挑战；同时，他绝不诡随流俗，坚守着马克思主义基本原则和方法、坚持他所探索到的中国近代史的发展规律毫不松懈，并对某些学者的一味趋新好异提出了批评，从而为新时期中国近代

---

[1] 《〈从鸦片战争到五四运动〉再版序言》，《胡绳全书》第6卷（上），第6页。

[2] 张海鹏：《"戊戌维新的再思考"的再思考》，《东厂论史录》，第107、108页。

[3] 费正清：《观察中国》，四川人民出版社1992年版，第13、96页。

史研究指明了一条健康发展之路。

结　语

　　胡绳是中国马克思主义史学的拓荒者，是用马克思主义开拓中国近代史研究的前锋。他的一生，是中国知识分子将自我融进时代，而最终确认了自身价值并实现其历史使命的缩影。他既有高深的理论修养，又有厚重的史学功底，且毕生以相当多的精力致力于最有挑战性的中国近代史研究，视界宏阔，史识精到，著述等身，硕果累累，为我们留下了极为宝贵的史学遗产，他的中国近代史研究成果是中国近代史学界的一块丰碑。正如有论者指出，在胡绳的著述中，"理论与实际相结合，历史同现实相贯通，旁征博引，条分缕析，特别具有说服力。他的政论文章具有凝重的历史感，他的历史著作又具有强烈的现实性"。[①] 这在同时代的其他学者中是鲜有其匹的。

　　在三个不同的历史时期，胡绳的中国近代史研究的思想和著作涌动着时代的脉搏，体现了与时俱进的精神。作为马克思主义理论家和近代史学家，胡绳的理论思辨能力是高超的，前卫的，他总是能够在马克思主义的指导下，通过自己独立的思考和探索，不株守成说，敢于对中国近代史做出独到而新颖的论述。他对于中国近代史的深刻洞察，"对历史进程的透彻观察，对历史脉络的准确把握，对历史细节与时代特征、深层社会背景的周密关照"，[②] 都体现了一代大家的风范；同时，我们应该看到，马克思主义唯物史观始终是胡绳为我们铺设的近代中国历史画卷的

[①]　逄先知：《高深的理论修养　厚重的史学功底》，《思慕集》，第 244 页。
[②]　庞松：《忆思胡绳：史识·史德·治学精神》，《思慕集》，第 224 页。

底色，正是由于对马克思主义毕生坚定的信仰，他才能够面对种种横风逆潮而岿然不动，他的研究成果也因而具有超越具体时代的恒久价值，传世而弥新。

胡绳对于中国近代史研究的主要功绩可以作如下概括：

第一，对中国近代史学前驱先路的奠基之功。《帝国主义与中国政治》，代表了在革命根据地以外从事革命活动的马克思主义者对近代中国历史的探求，在 1949 年后长期被作为学习和研究中国近代史的青年的经典读物，标志着中国的马克思主义研究者研究探索中国近代史的成功，为新中国成立以后中国近代史学科的建立和兴旺发展，奠定了扎实的基础。《中国近代历史的分期问题》，引发了一场影响深远的近代史分期问题的讨论，建构了一个规模宏大、理论缜密的中国近代史的理论体系，为学者进一步研究提供了一个分析框架与交流对话的平台，大大促进了中国近代史学科的发展与成熟。

第二，对马克思主义指导下中国近代研究的学科体系的形成有着巨大的推动。以《中国近代历史的分期问题》为代表的关于中国近代史的基本主张，对于中国近代史学科体系的形成关系巨大；以"三次革命高涨"为总体构架的巨著《从鸦片战争到五四运动》，是"一部很好体现了马克思主义理论的科学著作"[1]，是一部经得起历史检验的里程碑式的著作。这部通史体例的政治史著作积胡绳数十年研究探索之功，并集中国近代史研究之大成，全面吸纳了学术界的研究成果，并以作者自身的理论体系为灵魂，标志着马克思主义中国近代史研究在当时历史条件下的最高水平。

---

① 刘大年：《评戊戌变法》，《刘大年史学论文选集》，人民出版社 1987 年版，第 279 页。

　　第三，胡绳丰富的史学思想为我们留下了宝贵的精神遗产。

　　胡绳指出，历史是必须不断被重新认识的领域，历史研究应该与时俱进，才能获取其自身不息的生命力。历史学的问题意识来源于现实生活，只有在对历史和现实的连贯的考察中，才能建立起对历史的深刻认识。但是，这不是否定历史研究的客观性，并非根据现实的需要剪裁历史、比附历史。研究历史必须贯彻历史主义的观点，要把历史问题放置于其原有的历史范围之内，历史地去看待它，这样才能真正探寻历史发展的规律。他的这些思想，从历史哲学的高度为一般学者的研究指明了方向。

　　胡绳治学极为严谨，足为后人楷模。他鄙视和排斥那种空疏浅薄的学风。他的宏观历史理论体系，是建立于微观领域的深入细致的研究的基础之上的，因而能够尽可能的还原历史的真实。胡绳才华横溢，博览群书，他的近代史著作，力求做到言之有据，信而有征。在他的具体的研究结论上，或许有学者持有异议，但都不能不重视他的研究成果，从他的著作中汲取养料；对于他的这种严谨朴实、精益求精的治学精神，也都是不能不佩服的。

　　"文苑风高激浪斜，当年征战笔生花"，胡绳发表《〈中国近代史〉评介》时只有18岁，还是一个风华正茂的翩翩少年，出版《帝国主义与中国政治》名动天下，亦不过30岁。大器早成，并且毕生如一地对中国近代史的真理进行执著探索，有卓越的理论建树和辉煌的研究实绩，说他是近代史研究的一代宗师绝非过誉之辞。他的一些具体观点、论述内容或存在缺陷，他的探索也不可能穷尽所有的历史认识，他构建的理论体系、研究规范也会被发展、突破，但是，他作为中国近代史学术史上里程碑的地位是毋庸置疑的。

论牟安世先生的中国近代史研究[*]

　　牟安世先生（1924—2006）是当代著名历史学家，在海内外享有盛誉。先生学识宏博，执著于中国近代史研究领域凡50余载，成果丰硕。先后出版《鸦片战争》、《太平天国》、《洋务运动》、《中法战争》、《义和团抵抗列强瓜分史》等5部专著，发表论文近30篇，提出一系列在学界影响深远的学术观点，充分彰显出先生在中国当代学术史上的重要地位。

　　先生曾就读于北京大学史学系，获得了严谨规范的学术训练和广博丰厚的知识积累。1947年毕业后进入北方大学历史研究室、华北大学历史研究室，沐受一代史学宗师范文澜的濡染、教诲。1949年4月随华北大学历史研究室进入北平东厂胡同一号。华大历史研究室于1950年5月改称中国科学院近代史研究所。这个研究所是中国科学院系列里最早成立的一个研究所，所长正是范文澜。在这里，先生选择了以万象杂陈、风云变幻的中国近代史为治学的主攻方向。这种治学领域选择的背后隐含着一种

　　* 本文与赵庆云合著。原载《牟安世先生逝世周年纪念文集》，中华书局2008年版。

"以史经世"的现实关怀。20 世纪 50 年代初，先生曾奉调到中国科学院党委工作，结束工作后，他到了中国科学院历史研究所，仍旧埋头于中国近代史研究。纵观他的史学著作，坚持唯物史观的指导，方面广博，论述谨严，既有对具体问题体察精微的考证，也不乏对近代中国宏观发展历程的沉潜思辨。引史抉义，阐幽发微，力求理清历史进程的脉络，再现近代中国丰富斑斓的历史画卷。在先生辞世一周年之际，撰写本文，试图对他的治史成就、治学精神作一探讨，以纪念先生。

一

范文澜先生 1946 年出版的《中国近代史》（上编第一分册）奠定了中国近代史学科体系的基本格局，经过 1954 年的分期问题讨论，一系列关于中国近代史研究的理论、原则基本确立，学科体系得到进一步完善。然而，任何一种理论体系或者研究范式都需要切实的研究成果的支撑才能葆有其生命力。应该承认，新中国建立初期的中国近代史研究仍然非常薄弱，范文澜、胡绳等先生的著作以宏观把握百年风云见长，对具体事件的挖掘却不够深入，许多研究领域尚有待开拓。牟安世先生正是从政治史研究切入，扎根于几个重要的专题领域辛勤耕耘，以他坚实的 5 部专著及多篇独具见识的论文，大大充实了唯物史观派的中国近代史学科体系，推动了中国近代史研究的进展。

如所周知，胡绳当年提出"三次革命高潮论"得到绝大多数史家的认同，并有力地开拓了人们的研究视野，促进了中国近代史研究的繁荣与发展。毋庸讳言，在大多数史家将目光聚焦于"三次革命高潮"的同时，不属于此"三次高潮"的史事却被有意无意地淡化。而且由于当时片面强调人民的革命斗争，"洋务

运动"等被人们视为禁脔而基本上无人涉足，甚至对帝国主义
侵华史的研究也受到批判。① 在这样的学术背景和政治环境下，
先生于1955年出版《中法战争》，1956年出版《洋务运动》，具
有在某种程度上填补空白的意义，体现了超出同侪的学术眼光与
学术胆识。《中法战争》虽然只是不到10万字的小册子，却通
过较为丰富的材料分析和论述，以历史唯物主义为分析武器，对
中法战争的起源、经过及其影响作出了科学的解释，精辟分析了
向垄断资本过渡的法国在每一时期侵略政策的变化，揭示了清朝
统治集团内部的矛盾及其投降政策最后怎样断送了胜利成果，并
有力地说明了以刘永福、冯子材为代表的中国人民在援助越南、
反抗侵略中进行的不屈不挠的斗争。作者坚定的无产阶级立场，
使这部著作脱离了资产阶级史学观点的影响；作者饱含的爱国热
情，使此书成为爱国主义教育的优秀教材。科学性与革命性、求
真与致用在此得到了很好的统一。唯其如此，此书出版后即引起
较大反响，并得以大量发行，至1961年已重版6次，使研究中
国近代史的学者们大为鼓舞。② 此书在一些具体问题上多能运思
于成说之外，言人所未言。例如，中法战争的起点并无定说，是
著认为黑旗军可以代表中国抗法，因此将1883年8—9月黑旗军
与法军展开的怀德之战和丹凤之战看成中法战争爆发的标志。李
鸿章与法国方面签订《李福协定》是否违旨，史学界历来存在
争议。是著对此作了深入分析：清朝政府之所以提出这些条件，
无非是为了装饰门面，敷衍抵抗派，原来也并没有坚持命令李鸿
章必需把这些条件加以贯彻执行的意思。③ 当然，限于当时的研

---

① 张振鹍：《回忆范老与帝国主义侵华史研究》，《近代史研究》1994年第1期。
② 沈奕钜：《评牟安世〈中法战争〉——和牟安世先生商榷中法战争的几个问
题》，《学术月刊》1961年第6期。
③ 牟安世：《中法战争》，上海人民出版社1956年版，第65页。

究条件及篇幅，此书也不可避免地存在着一些瑕疵，最大的缺陷可能在于对侵略者阴险狡诈揭露得不够深刻，对于中法战争中各帝国主义国家之间的矛盾予以勾销，有复杂问题简单化之嫌。但小疵大醇，不宜苛责，此书在中法战争研究领域的开拓之功已为诸多学者所肯定。

范文澜先生的《中国近代史》和胡绳先生的《帝国主义与中国政治》出版于解放前，成为中国近代史研究的典范之作，二书都将洋务运动置于中国近代两条政治路线的对立与斗争中去考察而加以全面否定。新中国建立后，洋务运动却鲜有人问津。先生敏锐地意识到，洋务运动时期是中国近代史上一个相当重要的时期，"在这个时期中，开始出现了中国的近代工业，发生了一系列对中国社会带有根本性质的关键问题，其中一些问题在某种意义上我们可以说是决定了中国近代历史发展的方向"。因而转入洋务运动研究，所撰《洋务运动》成为 1949—1959 年间关于洋务运动的唯一专著。在洋务运动的总体认识上，他基本承继了范文澜、胡绳的观点，在导言中即开宗明义地指出："所谓洋务运动（或称'同光新政'），乃是清朝统治者在汉族地主官僚和外国侵略者的支持下，用出卖中国人民利益的办法，换取外洋枪炮船只来武装自己，血腥地镇压中国人民起义，借以保存封建政权的残骸为目的的运动。毫无疑问，这是一个反动的、卖国的、并以军事为中心的运动。"① 此书的最大价值在于以翔实的史料，对洋务运动的产生、发展及其给中国社会带来的后果进行了全面探讨。大量引用外文资料和统计数字，增强了著作的说服力。作者将洋务运动分为三个阶段：1860—1872 年，建立军事工业阶段；1872—1885 年，围绕军事工业建立其他企业阶段；

---

① 牟安世：《洋务运动》，上海人民出版社 1956 年版，第 230、231 页。

1885—1894 年，北洋海军成军和建立炼铁厂阶段。这种划分为此后的研究奠定了基本框架。1962 年，先生撰文进一步阐明了自己的观点，他强调，洋务运动所实行的经济垄断政策和官督商办方针，促进的是官僚买办资本的发展，对于早期民族资本主义却只能起阻碍作用。① 改革开放以后，一些学者将洋务运动视为近代中国历史前进脉络的基本标志之一，全面肯定其意义。先生以与时俱进的精神，对自己的观点作了调整和补充。他坦言：自己原来在《洋务运动》一书中对洋务运动的评价"缺乏客观上的不以人的主观意志为转移的另一方面，即清政府通过这一运动，建立了机器局，使用机器进行生产，出现了'一个完全的技术变革'，并且产生了无产阶级，在一定程度上显示了中国资本主义的发生和发展，因而在中国近代史当时的现代化问题上迈出了第一步；尽管还存在着许多缺点和弊病，但却是中国近代史上的一个崭新事物，发生了深远的影响和作用，它毕竟是充当了历史的不自觉的工具"。与此同时，他不为潮流所动，仍坚持自己从具体研究中得出的一些基本看法："就洋务运动本身的实践来看，它基本上是阻碍了中国资本主义的正常发展，促进了中国资本主义的畸形发展，它是在资本主义列强侵略中国和中国封建主义摧残下的一个受封建性和买办性控制的畸形发展的资本主义婴儿。"② 关于洋务运动如今史学界仍然难有定论，观点的多元与争鸣正是学术繁荣的标志，先生积数十年研究之功，自然成为一派观点的代表。

太平天国史是新中国建立后史学研究的热点，先生在 1959

---

① 牟安世：《关于洋务运动对中国早期民族资本的作用问题》，《文汇报》1962 年 5 月 17 日。

② 牟安世：《关于洋务运动的几个问题》，《吉林大学社会科学学报》1981 年第 3 期。

年出版的专著《太平天国》，以政治史的视角为主，同时兼顾社会经济生活，在对太平天国运动进行科学分期的基础上，采用编年与纪事本末相结合的方法撰述。牟著以其资料翔实、考订谨严而在众多太平天国史著中为人所瞩目。此书1972年翻译成日文，由日本新人物往来社出版，享有超越国界的声誉。在吸收史学界新成果的基础上，作者对此书作了较大幅度的增订，于1979年由上海人民出版社出版。增订后的《太平天国》征引史料百余种，并引用了大量外文史料，成为一部达40余万字的相当厚重的著作。作者充分展示了开阔的视野与娴熟的史料驾驭能力，将宏观把握与微观考辨紧密地结合起来。是著以丰富确凿的史实，极力状写太平天国革命运动兴起、发展、衰亡的演进历程的丰富内容和波澜曲折，状写英勇与悲壮交织的多彩多姿的历史场景，力图多层面地反映历史的真实，因此显得血肉丰盈。其中对于大小30多场战役的叙述尤为绘声绘色，引人入胜。同时，作者高明的史识也值得称道，是著对于太平天国革命前夕的国际形势、国内经济状况与阶级关系均作了精辟分析，深刻把握了革命爆发的根本原因。对于太平天国领导者的政治、经济与军事决策之利弊得失也作了深入剖析，提出了不少独到见解。例如，作者明确指出，太平天国占领天京后应立刻全力北伐，直捣北京，才能引导当时迅猛发展的革命形势，给清朝统治者以致命一击。而定都天京的保守战略使太平天国错过了千载一时的良机。① 至于各次具体战役的得失分析也颇有见地，例如：作者认为太平军从湘潭到田家镇之所以连连失利，主要应归咎于杨秀清军事领导所犯的错误，未能做到知人善任，赏罚严明，"既不应该在未克南昌之

---

① 牟安世：《太平天国》，上海人民出版社1979年版，第142—148页。

前将赖汉英调回，也不应派林绍璋去湘潭，派石凤魁守武昌"。①
这种具体而微的分析是以往著作中不多见的。不管你对作者观点
认同与否，也不得不承认这些论说持之有故，言之成理。先生特
别钟情于太平天国史研究，此书出版后，又陆续发表了8篇关于
太平天国的文章，并于1978年加入北京太平天国史研究会。他
的早期研究无疑偏重于政治、军事事件，这也是当时的学术大背
景使然。改革开放以来，他将重心转向了太平天国时期的社会、
经济与文化领域。1981年发表的《跋邓拓先生所存太平天国文
物（兼论太平天国后期苏浙部分地区社会经济的某些问题)》一
文是经济史研究的力作，由几件珍贵的文物材料出发，分析太平
天国农民把"租田概作自产"的现象，提出太平天国政府在某
种程度上实行了耕者有其田的政策这一新颖观点。② 1985年，他
又撰文呼吁学界重视太平天国经济史研究。③ 1986年发表的《洪
秀全早期基督教思想》是其思想史研究的代表作，深刻剖析了
洪秀全革命思想的真正来源。④ 在1991年发表的《论太平天国
革命与中国近代化》一文中，他引入近代化视角来分析太平天
国运动在中国近代化历程中的重要意义，指出反帝反封建与向西
方学习相结合是中国特色的近代化模式，而《资政新编》则是
一个比较全面的中国近代化纲领。⑤ 先生不遗余力地开掘新史
源，变换研究视角，有关太平天国的众多著述在学界影响甚巨，
充实了新中国的史学园地。

---

① 牟安世：《太平天国》，上海人民出版社1979年版，第175页。

② 见《北方论丛》1981年第1期。

③ 牟安世：《要重视太平天国经济史的研究——读〈太平天国经济制度〉》，
《光明日报》1985年第5期。

④ 见《学术论坛》1986年第2期。

⑤ 见《学术研究》1991年第6期。

　　孟子云："观水有术，必观其澜"，历史研究须能把握历史的大转折处，鸦片战争作为中国近代史的开端，无疑是中国历史上的关节点。先生涉足鸦片战争研究领域较早，20世纪60年代已经发表了两篇论文：《中国人民反帝斗争的前奏——鸦片战争中舟山一带人民的反侵略斗争》（《新建设》1964年1月号），站在人民的立场，充分论述了人民群众反帝斗争的伟力；《从鸦片战争的胜败看决胜的是人不是武器》（《人民日报》1965年10月11日）通过对鸦片战争实际进程的具体分析，雄辩论证了鸦片战争失败的根本原因不在武器精劣，而在于清政府的反动和腐朽。此文在今天依然有不可抹杀的意义。1982年出版的专著《鸦片战争》是先生多年心血的结晶，是著广泛而充分地运用了中外文史料，全面考察了鸦片输入、禁烟斗争、战争过程，比较完整地还原了鸦片战争的全貌。作者热情讴歌了以林则徐为代表的爱国志士和中国人民反抗侵略的英勇斗争，用相当长的篇幅状写虎门销烟、三元里人民抗英斗争以及各地军民可歌可泣的战斗场景。作者笔端饱含着爱国主义热情，使此书超越了单纯学术著作的意义，成为激动人心的爱国主义优秀教材。尤为可贵的是，作者在结合政治与军事的基础上，考订基本史实，对战争的具体进程作了详尽、系统的考察，甚至于每一场战斗交战双方的主客观条件及在战略战术上的成败得失都做了相当深入的探讨，提出了一些发人深省的洞见。这些都是此前鸦片战争研究中被忽视或语焉不详的，在近代军事史的研究方面具有开拓意义。在叙述了第二次穿鼻之战后，作者总结了中方失败的三条原因，然后进一步指出这一切归根结底全因琦善的妥协投降政策所致。[①] 将每一次战役失败的具体原因与深层次的根本原因结合起来加以分析，

---

　　① 牟安世：《鸦片战争》，上海人民出版社1982年版，第201—207页。

由小中见大，能够给读者真正的启迪。此外，作者力求客观中允，不掩恶不溢美，严格从历史事实及时代脉络出发而立论，去除了以往研究将历史人物脸谱化的弊病。例如，是著对林则徐并未止于颂扬，不讳言他在虎门失陷中的战略疏忽和错误；① 对于琦善也并非骂倒了事，而是缜密考订，澄清了一些不属于琦善的罪责，如作者指出，琦善对《穿鼻草约》只是面允，并未签字，也并未盖用关防。② 这种对基本史实的辨伪考信无疑增强了著作的学术价值。此书的不足之处是未能对鸦片战争给中国社会带来的经济与思想文化的变化加以剖析，因此一定程度上限制了著作的深度开拓。完成这部专著后，先生没有终止对鸦片战争的探索，他接续撰文将鸦片战争与中国近代化联系起来加以考察，较充分地论述了鸦片战争前后社会经济、思想文化方面的变化，一定程度弥补了《鸦片战争》的不足。③

义和团运动作为"三大革命高潮"之一曾备受研究者青睐。值得注意的是，在新中国建立初众多史家争趋义和团研究这个热点时，先生正遨游于其他学术领域。他转向义和团研究是在义和团运动已经受到学界冷落和质疑的80年代中期，而契机则是李时岳先生的一篇文章《中国近代史基本线索及其标志之我见》。④先生撰写《中国人民反对外国教会侵略的斗争和中国近代史的主要线索》一文提出商榷意见。⑤ 具体论争内容详见后文，此处不赘。1997年，先生出版了《义和团抵抗列强瓜分史》（经济管

---

① 牟安世：《鸦片战争》，上海人民出版社1982年版，第214页。
② 同上书，第206—207页。
③ 牟安世：《鸦片战争与中国近代化》，见中国社会科学院历史研究所编《古史文存·明清卷》（下），社会科学文献出版社2004年版，第901—917页。
④ 见《历史研究》1984年第2期。
⑤ 见《社会科学研究》1985年第4期。

理出版社1997年版），这部长达47万字的厚重专著迥异于以往义和团研究著作，其最大特点是延伸了历史的视界，大大拓展了义和团研究的范围，上溯到中日甲午战争中国面临的瓜分危机开始，下迄景廷宾起义，把1895—1902年的史事网罗在一起加以论述，谋篇布局独具匠心。作者在书前的《几点说明》中坦言："义和团运动是中国近代史上一个争论较多的专题，它是否在中国近代史上起到了阻止帝国主义列强瓜分中国的作用也是有争议的"，事实上，改革开放以来，对义和团的评价成为史学界争论的焦点，对义和团反帝作用的质疑声不绝于耳。是著有着非常显明的现实指向，即以扎实可靠的历史事实，对种种质疑做出旗帜鲜明的回应，着重实事求是地论述"我国人民怎样面临了帝国主义列强的三次瓜分危机和义和团运动、爱国官兵展开的英勇斗争，又是怎样通过瓜分危机的三次缓解从而阻止了他们对中国的瓜分的"。① 先生在开掘史源、搜集考订史料方面下了相当大的功夫，很多史料在以往的义和团论著中都未曾得见。尤为可贵的是，先生充分运用了大量外文资料，以侵略者自己的记载与看法来说明义和团运动的正义性质及正面作用，体现了作者运用史料的高明之处。对一些具体史实的考订常能做到不囿于成说，而自出机杼。如山东冠县梨园屯起义的时间，历来众说纷纭，先生却于别人习焉不察处敏锐地发现：在1899年1月16日的咨总署文中，东抚张汝梅称拳民于1898年10月26日起事。对照当年日历，这一天恰为星期三，故赵席珍日记中的"二十五日（星期三）"应为二十六日之误。② 总体说来，是著以具体详赡见长，坚实地史实考订使之成为后来的义和团研究者难以绕越的著作。

---

① 牟安世：《义和团抵抗列强瓜分史》，经济管理出版社1997年版，第2页。

② 同上书，第174—175页。

先生不务虚名，心无旁骛，继承了范文澜先生的"二冷"精神（坐冷板凳、吃冷猪头肉），埋首斗室，十年磨一剑，在5个专题领域都做出了卓著成绩，在同时代史家中殊不多见。

<h1 style="text-align:center">二</h1>

百家争鸣是学术繁荣的必由之途，不同观点在相互切磋砥砺中求同存异，凝聚共识，才能推动历史研究的前进。先生对学术争鸣的意义有深刻的理论认识，他指出：历史研究"在主观动机上虽力求实事求是，但在客观效果上却未必不大有径庭"；[1]"我们在对具体的历史事件进行具体研究、具体分析以后，它们都可以表现为同我们有关系的某种有意义的东西，仁者见仁，智者见智，从而激起我们赞成和反对的热忱，出现了各种不同的观点和看法。这既是研究工作中十分正常的现象，也是推动和发展科学研究事业的必由之路。沉默着的历史事实通过这样的争鸣而富有生气具有意义，活跃在人们的头脑之中，万古长青。这些不同的观点和看法最足以破除人们的隔见株守、胶柱鼓瑟；也最足以使人开动脑筋，启人心智"。[2] 学术争鸣不能急功近利，必须建立在深入扎实研究的基础上。范文澜先生曾说："谁能对大的或较小的问题长期不倦地下苦功夫，谁就有可能经过数年而一鸣，或毕一生而一鸣，或师徒相传而一鸣，或集体合力而一鸣。这就是说，想在学术上一鸣，并不是什么容易事。"[3] 而不肯下苦功，轻率发表意见，或者抱着教条主义态度企图一鸣惊人式的

① 牟安世：《太平天国·后记》，上海人民出版社1979年版，第567页。
② 牟安世：《汇粹争鸣第一书：黄振南编〈中法战争史热点问题聚集〉》，《广西社会科学》1993年第5期。
③ 范文澜：《"百家争鸣"和史学》，《学习》1956年7月号。

"争鸣"，只能是"潦岁蛙鸣"，反映的是学风的浮躁与浅薄，与百家争鸣不可同日而语。牟安世先生是范老提倡的学有专长的争鸣的忠实践行者，他厚积而薄发，在一些关键问题上都鸣出了自己的声音，而且鸣得赫赫有生气。

在《太平天国》一书中，先生提出建都天京是一大战略失误，在学界引起强烈反响。茅家琦、方之光诸先生撰文商榷，认为从全国敌我力量对比来看，正确的战略方针应该是建都天京，据长江之险，分攻东南，徐图北伐。① 先生撰文回应，进一步阐述了自己的观点。他指出，茅家琦等人过于着重从军事方面去分析，回避了当时尖锐的阶级斗争和政治、经济情况，因而对当时的革命形势做出了与历史实际不相符合的判断。建都天京不但贻误戎机，而且直接导致北伐失败，在后期天京成为太平天国的一个沉重包袱。② 20世纪80年代后，学术界再次就此展开讨论，虽然仍未取得共识，但多数学者倾向于认为牟安世的论述较有说服力。

鸦片战争时期"弛禁派"的利益归属问题，史学界历来存在争议：胡思庸先生等认为，"弛禁派"代表的是最腐朽的大官僚、大地主商人的利益。③ 陈旭麓先生提出，"弛禁派"反映的是贵族、官僚、地主、商人中与鸦片贸易直接有关的受贿集团、烟贩子和瘾君子的利益。④ 先生则认为："弛禁就是解禁和开禁，而这正是鸦片贩子们多少年来想尽一切办法梦寐以求也不曾得到

---

① 茅家琦、方之光：《太平天国建都天京是战略上的重大错误吗——与牟安世先生商榷》，《文汇报》1963年7月9日。

② 牟安世：《论太平天国建都天京》，《文汇报》1963年7月25日。

③ 苑书义、胡思庸：《中国近代史新编》，人民出版社1981年版。

④ 陈旭麓：《近代中国八十年》，上海人民出版社1983年版。

的，因此弛禁论本质正是代表中外鸦片贩子利益的言论。"① 他进而对"弛禁论"的来源、后果等做了深入剖析，其观点得到了有力的理论和事实支撑。

先生非常重视人民群众在反帝斗争中的作用，他发表的《论黑旗军援越抗法战争的历史功绩》发展了《中法战争》中的见解，进一步提高了黑旗军抗法的地位。他指出，黑旗军高举起抵抗帝国主义侵略的旗帜，以游击战争的方式打败了法军，推迟了越南的殖民地化，也推迟了帝国主义瓜分中国的狂潮。② 郭维勇撰文与之商榷，③ 先生又撰写了《论中法战争与云南及黑旗军的关系》一文申述己说，他认为 1873 年 12 月 21 日黑旗军击败法军的第一次纸桥之战（又称罗池之战）在很大程度上规定着中法战争的进程和格局，应该看作中法战争的起点。④

先生不仅在这些具体问题上独立思考，新见迭出，率多见称于学界。而且，他对中国近代史研究体系的理论问题也进行了不懈的探索。20 世纪 70 年代末期，史学界在对"文化大革命"拨乱反正的旗帜下，涌现了"思想解放"的潮流，但也不可避免地产生了一些矫枉过正的观点。有论者强调农民起义不能变革旧的生产方式，建立新的生产方式，据此认为农民起义，包括太平天国起义，"不能称为革命，只能叫农民运动"。⑤ 先生撰文商榷，认为，从普遍的、约定俗成的含义来说，"革命"通过暴力夺取政权，而以能否变更生产方式来定义"革命"是不全面的，

---

① 牟安世：《鸦片战争》，上海人民出版社 1982 年版，第 105 页。

② 牟安世：《论黑旗军援越抗法战争的历史功绩》，《学术论坛》1983 年第 3 期。

③ 郭维勇：《也论黑旗军在中法战争中的地位和作用——与牟安世先生商榷》，《暨南大学研究生学报》1986 年第 2 期。

④ 见《浙江学刊》1987 年第 5 期。这是对《中法战争》中观点的修正。

⑤ 《历史研究必须提倡真实性和科学性》，《光明日报》1979 年 10 月 27 日。

"因为它遗漏了在阶级社会中，作为革命根本问题的政权问题和根本办法——使用暴力、武装斗争的方法"，而变革旧的生产方式、建立新的生产方式"也是革命的结果，而不是革命的本身"。他在文章最后说："在学术研究中，每个同志都应该解放思想，有充分的自由，根据他自己的科学体系，对他所研究的对象作出新的定义或提出新的原则，而不必也不应照抄旧有的东西或照录权威的意见"，并称自己的意见"未必有当"，[①] 这种虚怀若谷的胸怀、心平气和的论争态度，令人钦佩。

中国近代史的上限问题，关系到近代史学科的研究对象及学科体系的建构，中国近代史始于鸦片战争已基本上得到史学界公认，但鸦片战争始于何时却难有定说。先生在《鸦片战争》一书中即提出，鸦片战争应该以1839年的九龙之战为起点，有学者撰文质疑，认为九龙之战属于一定偶发性的局部武装冲突，不应视为鸦片战争的起点，而应以英国派遣军舰队抵华时间即1840年6月为开端。[②] 先生于1987年发表《试析中国近代史的开端及其上限》，对近代史上限问题进行了深入分析，明确提出应以1839年作为鸦片战争的起点及中国近代史的上限。[③] 李少军在1990年撰文与之商榷，[④] 牟安世此说在学界虽然尚存争议，但这些观点的提出及争鸣无疑丰富了人民对于近代史上限问题的认识与探讨。

---

① 牟安世：《论太平天国运动能否称为革命》，《社会科学研究》1981年第1期。

② 李少军、杨卫东：《读牟安世著〈鸦片战争〉》，《福建论坛》1983年第6期。

③ 牟安世：《试析中国近代史上的开端及其上限》，《学术月刊》1987年第2期。

④ 李少军：《关于鸦片战争的开端问题：与牟安世先生商榷》，《社会科学动态》1990年第8期。

中国近代史的基本线索问题更是关系到整个中国近代史学科体系的理论构架的重要问题。改革开放以来，以李时岳先生为代表的学者对以"三次革命高潮"为标志的传统学科体系提出质疑，再次兴起关于中国近代史基本线索的讨论。先生针对李时岳的《中国近代史主要线索及其标志之我见》撰写了《中国人民反对外国教会侵略的斗争和中国近代史主要线索》，就反洋教斗争和义和团运动的性质、作用以及它们在中国近代的历史地位等问题加以商榷。先生认为，反洋教运动既具有反侵略性质，也具有农民革命的性质，作为反洋教运动发展的最高阶段的义和团运动也是一场农民革命运动。由此出发，他对中国近代史线索进行了深入探讨，指出：义和团运动不能排除在标志中国近代史基本线索的历史事件之外，因为"皮之不存，毛将焉附"，"帝国主义列强瓜分中国的罪行如果没有义和团运动的阻止，那么近代中国人民所面临的各种重要问题，诸如民主主义革命，现代化工业的建设以及国家的富强等等，都是无从谈起的"。此文发表后，李时岳又撰《反洋教斗争的性质及其他——答牟安世先生》予以回应，否定义和团运动的农民革命性质，并认为"义和团运动阻止了帝国主义对中国的瓜分"的说法是夸大其词。先生发表《再论中国人民反对外国教会侵略的斗争和中国近代史的主要线索》对李文论点一一加以辩驳，他认为不能用"民、教争殴"的表象"去掩饰和抹杀包括觉悟了的教民在内的中国人民反洋教运动的本质"，并进一步论证义和团运动阻止列强瓜分中国的历史作用，由此生发出对中国近代史基本线索的论述。笔者以为，牟安世先生之所以在晚年不遗余力撰写《义和团抵抗列强瓜分史》，此次争鸣实肇其端。

牟安世先生商榷争鸣的著述量多面广，以上所举仅其荦荦大者。正是在这种以追求真理为唯一旨归的相互辩难砥砺中，他不但由争鸣的对手方吸取有价值的成分而使自己的思考论述更加完善，同时，争鸣也激发了他研究的灵感和著述欲。若就其大者而言之，他作为百家争鸣方针的积极倡议者和践行者，推动了史学界良好学术氛围的形成，促进了中国近代史学科的繁荣与发展。

三

20 世纪中国史学界群星灿烂，高峰并起。牟安世先生勤学精思，形成了他独特的学术风格，足以跻身当代一流史学大家行列。他的治学精神，笔者以为有如下几点值得特别重视。

一、不慕名位，潜心治学。先生 50 余年如一日，心无旁骛，学术成为其生命的出发点和归宿，体现出一个学者超然无求的精神境界。他曾经奉调担任中国科学院党委宣传部副部长，却因入仕之心不切，问学之心弥笃，而放弃职位，埋首于故纸堆中终生不悔，脱离了名缰利锁的羁绊，始终保持着学者本色。新中国建立后前 17 年，政治运动此起彼伏，当相当一部分学者沉湎于政治运动的激情中时，先生却仍能全神贯注于学术。《中法战争》、《洋务运动》、《太平天国》三部专著皆诞生于 50 年代，且面世后即成为专题领域的开拓之作。史无前例的"文化大革命"开始后，真正意义的史学已无容身之地，但先生仍在默默积蓄能量，1982 年出版的《鸦片战争》中的一些资料即搜集于这段艰难岁月。① 在政治风潮席卷一切的年代，先生固守一隅的学术研究空间，与政治运动始终保持了某

----

① 牟安世：《我写〈鸦片战争〉》，《书林》1983 年第 5 期。

种程度的疏离。他没有留下一篇批判文章，所撰写的学术著作也基本上没有沾染那个时代常见的批判文风，这在同时代学者中殊为罕见。若做一横向比较，我们对他的勤勉与专注当会看得更加清楚。改革开放以后，商品经济大潮汹涌，相当一部分学者卷进了市场，学问成了偶一为之的副业和点缀，学术界弥漫的是浮躁的学风。牟安世先生仍我自岿然不为所动，甘守寂寞与清贫。且老而弥笃，于73岁出版厚重专著《义和团抵抗列强瓜分史》，铸就了晚年的学术辉煌。

二、博与专、宏观与微观的结合。先生治学植根乎博，专务于精，能将"博"与"专"很好地结合起来。他学识广博，视野宏大，且对唯物史观也能得其神髓，对中国近代史的全局有系统的把握与认识，是谓"博"；一生治史不出中法战争、洋务运动、太平天国、鸦片战争、义和团五个专题领域，且每一时期均全力以赴某一专题，并形成专著，是谓"专"。他对一些具体问题的论述常富于洞见，这种洞见即来自于通识的眼光。罗尔纲先生曾提出：做学问"要大处着眼，小处下手"，实乃不易之论。先生治学很好地践行了罗先生的原则，将宏观思辨与微观论证结合无间。他的著作，既有对近代中国总体理论构架的宏观思索，更不乏对具体历史事实的缜密考证。在他看来，只有在确凿的历史细节的基础上，才能建立起既有鲜明轮廓而又可窥其堂奥的历史大厦；同时，如果仅仅满足于过程叙述和细节探讨，而没有作者透析历史的深邃眼光，则无异于抽掉了历史的灵魂。因此，他治学不避饾饤琐碎，但由于能从大处着眼，而不致流于繁琐考据；他的专著都有对宏大的历史事件的总体论述，但由于有坚实的史料支撑而不显空泛，他对于近代中国百年历程的宏观论述，也因为对丰富复杂的近代史事有深入研究而显得格外有力。刘大年曾提出："是否"诚然重要，但历史研究重点还应放在"如何"与"怎样"上，真乃精辟之论。① 牟安世先生的著述，正是着力于还原历史细节的复杂性，在弄清"如何"与"怎样"的基础上评判千秋功罪。有学者将 20 世纪的史家分为"史料派"与"史观派"，其实，真正的马克思唯物主义史家，应该是"史料"、"史观"并重的，牟安世先生身上就真切地体现了这一点。

三、深切的现实关怀。诚然，历史学家应该能够静居斗室潜心向学，却决不能在精神上游离于现实之外，而应有自身对时代精神的体悟，并以研究获得的历史智慧与时代需要进行平等交换。一个学者若缺少现实关怀，他就不可能有深刻的历史洞察力；一个学科如果不能满足社会需要，就只有走向衰亡一途。先生是一个有着强烈时代使命感的学者，他的著作无不饱含着爱国主义情愫，充满着对国家民族命运的深切关切。《中法战争》、《太平天国》、《鸦片战争》、《义和团抵抗列强瓜分史》，既是严谨的学术著作，又是雅俗共赏的爱国主义教材。同时应该看到，历史与现实毕竟又有严格的界线，而不能混为一谈，如果以历史来为现实作注，则易流于随意俯仰历史，丧失史学固有的真义。毋庸讳言，新中国建立后学术日益政治化，政治运动挤压着学者独立思考的空间，一些史学家在对变化无定的政策的跟随中进退失据、无所适从。笔者以为，牟安世先生的高明之处在于，他在历史研究与现实政治之间实现了某种程度的超越。一方面，他对现实政治功利、政治运作持一定的疏离态度，尽量保持自己的学术空间；另一方面，他牢牢把握了时代前进的主流和精神，其学术研究着眼的是国家人民的长远利益，这使他的著作具有超越时

---

① 刘大年：《致姜涛及复函》，《刘大年来往书信选》（下），中央文献出版社 2006 年版，第 479 页。

代的价值。学术究竟应如何为现实服务，牟安世先生学术人生是具有启示意义的。

四、牟安世先生在中国近代史研究中，始终坚持了马克思主义、唯物史观理论的宏观指导，运用阶级分析的方法解剖纷纭的历史现象，得出科学的认识，往往发人所未发。先生在近代史研究的某些具体问题上的认识，学者们可能会有讨论，但是，先生在坚持唯物史观指导上，他的执著精神是令后人钦佩的。今天纪念先生，坚持唯物史观的指导，尤有意义。

四
中国近代史:中日关系

反省近百年中日关系的历史教训*

    第四届近百年中日关系史国际研讨会是在中日建交 25 周年的时候召开的。我对这次会议在东京顺利召开，表示衷心祝贺！

    有历史记载的中日关系已超过了两千年。从两千年的长程来看，中日关系的发展总起来看，是友好的。近代以前，由于封建时代的中华汉文化发展到相当高的程度，日本人在政治、经济、文化、宗教各方面，从汉文化中借鉴、吸收了多种养分。那时候，中国社会发展的总水平高于日本，中国仍然以平等的态度对待日本。鉴真和尚等高僧冒着生命危险去日本传授汉文化，阿倍仲麻吕等遣唐使、留学生和学问僧冒着生命危险来中国学习汉文化。中日之间的文化交流体现出了一种高尚神圣的品格。日本的

    * 近百年中日关系学术研讨会是由旅美华裔学者吴天威教授和香港人士杜学魁先生发起的，1990 年 8 月在香港召开了第一次会议，1993 年 1 月在北京召开了第二次会议（由我出面代表近代史研究所和中国抗日战争史学会组织），1995 年 1 月在台北召开了第三次会议，1997 年 12 月在东京是第四次。东京会议筹委会主任委员是东京大学名誉教授、亚细亚大学校长卫藤沈吉。作者作为中国学者代表团团长出席了会议。本文在闭幕会上宣读。原载《抗日战争研究》1998 年第 1 期，转载于人民大学报刊复印资料《中国外交》1998 年第 5 期。收入卫藤瀋吉编《共生から敵對へ》，日本东方书店，2000 年 8 月 30 日；《东厂论史录》，广东人民出版社 2005 年版。

史书上有元寇的记载，中国的史书上有倭寇的记载。这当然是令人不快的。但是，无论元寇、倭寇，在历史上存在的时间都不很长，而且事隔数百年，今天的中日两国人民都很难对它承担责任。进入近代，中日两国都曾遭遇西方列强的侵略。但是由于所施加的压力不同，中日两国的文化背景不同，由此引起的中日两国统治者反应不同，中日两国走上了不同的发展道路。日本迅速吸纳西方文化，在明治维新以后发展起来，不仅超过了中国，逐渐赶上并达到了西方的水平。这时候，中日两国关系就变成了一个"沉重的题目"，干戈刀兵，腥风血雨，侵略反侵略，绵延了70 余年。

今年是中日恢复邦交 25 周年，也是甲午战争结束 102 周年，八国联军侵华战争结束 96 周年，日俄战争结束 92 周年，"二十一条"提出 82 周年，"九一八事变"发生 66 周年，"七七事变"和南京大屠杀发生 60 周年，中国抗日战争胜利、日本无条件投降 52 周年。如果从 1868 年算起，近代以来的中日关系迄今已 130 年，以上所列各大事都包容其中。拿这 130 年划分若干段落，可以分为：1868—1885 年，是日本侵略中国的准备期；1885—1895 年，是日本蓄意发动甲午战争的时期；1896—1901 年，是日本伙同列强侵略中国的时期；1902—1928 年，是日本进一步侵略中国的时期；1928—1937 年，是日本准备全面侵略中国的时期；1937—1945 年，是日本全面侵略中国并终于导致失败的时期；1946—1971 年，是中日无国交时期；1972—1997 年，是中日复交并在政治、经济、文化各方面全面交往的时期。

130 年中，中日两国之间，经常笼罩着不祥的战争阴云。远的不说，从 1894 年甲午战争起到 1945 年 8 月日本战败投降止，就有：1894 年 7 月至 1895 年 4 月的第一次中日战争；1895 年 6 月至 10 月的日本占领台湾的战争；1900 年 6 月至 1901 年 4 月日本参加八国联军之役，《辛丑条约》签订后，日本取得了在中国的驻兵权；1904 年 2 月至 1905 年 9 月日俄两国在中国土地上进行的战争；1914 年 9 月至 11 月日本出兵占领山东并在其后提出灭亡中国的"二十一条"，日军占领青岛直到 1922 年；1928 年 4 月至 1929 年 5 月日军再次出兵山东占领济南、青岛；1931 年 9 月 18 日日军在沈阳挑起事变，旋即占领东北全境，继后日军越过长城，陈兵丰台，终于在 1937 年 7 月 7 日发动卢沟桥事变，开始了长达八年的全面侵华战争。从 1894 年到 1945 年的半个世纪中，日本对中国刀兵相见的日子，多于和平安静的日子。从这里不难看出，近代日本和中国之间，存在着侵略与被侵略的关系。明治维新以后，日本"脱亚入欧"，逐渐发展成为与西方资本主义国家齐名的资本主义、军事帝国主义国家，中国却沦入半殖民地半封建国家。日本强大了，中国衰落了，日本却对中国进行了长期的侵略。这与近代以前中日之间的情况正好相反。这是值得人们深思的。

应该说，近代中日之间，不仅只是血与火的关系。日本在被西方侵略以后自图发展并终于崛起的经验，给中国人民以启迪。甲午战败后，尤其是日俄战争以后，许多中国人到日本去留学，他们要看一看，日本人是怎样自强起来的，清政府甚至派政府要员去日本考察政治，从日本聘请专家来华厘定法律等等，这与盛唐时期日本派出"遣唐使"到中国来学习文化、考察政治时的情况正好相反。中国留日学生中，出现了一大批革命分子，也出了一批技术专家和人文学者。一些日本友人还给孙中山和黄兴等人的革命活动提供过帮助。正是这批在日本接受教育和得到帮助的青年人，成了改变中国社会的重要力量。西方资本主义社会中产生的大量社会科学方面的著作，包括马克思主义的著作，社会主义、共产主义的理想和观念，大多是通过留日学生介绍到中国来。在中日无国交时期，许多日本友好人士竭力推动了中日之间经贸、文化往来，发展了两国民间友好关系。由此可见，近代中日关系中，两国人民之间的确存在着友好情谊。这些，中国人民是不会忘记的。较之日本军国主义者长期发动对华侵略和战争给中国和中国人民造成的损失和灾难来说，我们尤其感受到中日两国人民间的这种友好情谊的可贵。

1945 年日本无条件投降后，中日之间长期没有正式国交关系。在当时的特殊背景下，日本作为美国国际战略包围中国和社会主义国家的一部分，担负着反华反共的任务，虽有民间友好关系，国家关系却是冷冰冰的、敌对的。因此，两国关系不能正常地展开。

可以说，近代中日两国关系史，只有 1972 年复交以来的 25 年是在平等的基础上互利互惠交往的历史。25 年来，两国领导人频繁互访。中日两国外交当局间、两国政府间建立了交换意见的正常渠道。中日民间友好人士的交流活跃。中日友好 21 世纪委员会定期会议分别在北京、东京轮流召开。今年 9 月桥本龙太郎首相访问中国，李鹏总理刻下正在回访日本，继续商讨改善中日国交的大计，引起国际注目。两国领导人频繁互访，大大改善了两国的政治关系，从而带来了经济、文化交流的热络。1972 年两国贸易额为 11 亿美元，1996 年便大大超过了 600 亿美元，就是明显的证明。产业、科技、环境方面的交流蓬勃发展。文化艺术、体育界往来频繁。学术、教育界访问不断。与 20 世纪初的留学热潮相似，复交以后中国学生再次掀起留日热潮。日本学生到中国留学，最近几年更有增加趋势。两国建交以后，在政治、经济、文化方面往来密切，对中国有好处，对日本也有好处。两国人民更加了解了，两国的经济文化发展获得了有力的推动。尽管这 25 年中，两国由于政治制度的不同，经济发展水平的不同，历史文化背景的不同，以及国际因素等区别，两国关系中存在着摩擦、争吵，有几届日本内阁大臣就中日历史关系发出不和谐的声音，干扰了中日两国关系发展的大方向，但是总起来说，这25年中日关系是在和平共处五项原则和《中日联合声明》、《中日和平友好条约》的基础上得到发展的，主流是好的，大方向是正确的。我们应该十分珍惜这段历史，推动它向着更健康的方向发展。

国与国之间存在摩擦、争吵，是不难理解的。中日两国之间有些摩擦也是很自然的。我以为，中日两国之间如果解决了两国关系历史的认识问题，解决了日本对台湾的关系问题，其他的摩擦是不难解决的。

桥本首相今年9月访华时与中国国家主席江泽民会谈时指出，只有正确对待历史，才能真正迎接未来。他在访问沈阳"九一八事变"博物馆，接受记者采访时特别表示："我们无论怎样健忘，也不能忘记历史。我们可以学习历史，但不能改变历史。我们必须承受起历史的重负。我本人就是怀着正视历史的愿望来到这里的。我们应该在这个基础上，加强日中关系，并面向未来。"桥本首相的这个讲话非常值得重视。他正确地指出，我们可以学习历史，但是不能忘记历史，不能改变历史。这句话，可以说是解决历史认识问题的一把钥匙。解决了近百年中日关系历史的认识问题，中日关系发展的许多问题都好解决了。

对于近百年中日关系中日本侵略中国这个历史事实，所有的历史学者和各国人士包括日本所有正直的历史学者和人士都不认为是一个问题。为什么日本政界有那么多大臣不承认这个事实呢？为什么有那么多日本政界人士要在"八一五"那一天去朝拜供奉在靖国神社里的日本战犯呢？为什么日本国会在日本投降50周年时勉勉强强通过了那样一个徒引世人嘲笑的所谓"不战决议"呢？为什么日本文部省要修改中学教科书有关日本侵略的表述呢？这恐怕在相当程度上与某些日本政界和社会人士的日本观、他们的中国观或者中日关系观有关。

明治维新以后，日本确立了"脱亚入欧"、"开疆拓土，布国威于四方"和大陆政策的发展方向。甲午之战，八国联军之役，日俄之战，日本不仅全师而返，而且从中国取得了差不多3亿两白银的赔款和巨大权益，还从俄国手中夺取了它在华的部分巨大权益。日本迅速发展成为一个资本—帝国主义国家。从此以后，日本改变了它在历史上曾经师从中国的态度，转而轻视、蔑视中国和中国人，以为可以从中国予取予求，完全不在乎中国人的反应。以至于"卢沟桥事变"一发动，日本军政方面便认为可以在两三个月之内灭亡中国，其狂妄自大、不可一世，活灵活现地刻画出日本自19世纪70年代以来不断轻易从中国勒索巨大权益而极大地小视中国那样一种心态。这种心态，今天，在某些有错误历史观的日本人中是否还存在呢？这是一个疑问。我想，这部分日本人士，应该对明治维新以来的日本历史，对"脱亚入欧"、"开疆拓土，布国威于四方"和大陆政策的实施后果，对长期侵略中国、侵略朝鲜以及太平洋战争中日本和盟国作战的历史，加以反省。某些日本人记住了原子弹加给日本的损害，却忘记了日本加给它的邻国那么多、那么大、那么长久的损害。反省不够可能有客观原因。1945年以前的日本近代历史，发展那么顺畅，那么咄咄逼人，没有给日本人反省自己的机会。1945年日本投降以后，虽然失败不能不说是创深痛剧，但由于国际形势的巨大变化，某些日本人仍然没有抓住反省自己的机会。据日本新闻媒体最近报道，同25年前中日建交相比，日本国民对中国的看法很冷淡，或者说，日本人的对华感情恶化。因为中国人抓住历史问题不放，老是迫使日本人实行"道歉外交"或"谢罪外交"。我不知道日本新闻媒体作这种报道的根据如何,我想也可以举出相反的证据,说明许多日本国民仍然保有对中国的高度热情。但是,说中国人迫使日本实行"道歉外交"或"谢罪外交",是不符合事实的。日本政府的"道歉外交",其根源在于没有真正解决对侵略战争的历史认识问题。否认侵略,不仅伤害了中国人民的感情,伤害了东亚及东南亚各国人民的感情,也伤害了有正义感的日本人民的感情。中国人不仅关注历史,更关注现在和未来。我们真诚希望中日两国有一个和谐共处、努力推动彼此经济文化发展的现在和未来。

中国著名的革命家章太炎 1906 年出狱后访问日本,看出了日本社会发展中的问题,不久后写下如下诗句:"天骄岂能久?愁苦来无沂。"明治维新以后日本社会上形成的那样一种"天骄"情态,章太炎在 20 世纪初就感受到了,日本人至今是否觉察到了呢?

台湾以及台湾海峡目前存在的状况,纯粹是中国的内政。不久前还有日本人士明确地指出,日本不要染指台湾。我们常常读到这样的报道,日本人有一种所谓"台湾情结"。应该说,有"台湾情结"的也只是部分日本人。这当然是由一定的历史原因造成的。对甲午割台及日本统治台湾 50 年如何评价,学者们可以根据史料作出判断。不过,当甲午战争 100 周年的时候,有的日本人跑到台湾去,说什么日本不是从中国手里割取台湾,而是从清国手里割取台湾,为主张"台独"的人撑腰打气。还有日本人公开发表文章,指责中国维护国家主权、统一台湾是"得陇望蜀",说什么从日本来看,"中国必须分裂"。这种论调,不啻军国主义的狂热症发作。这样的"台湾情结"就应该批判。日本还有日美安全合作范围包括台湾海峡的说法,不能不引起中国政府的关注。绝大多数中国人,包括生活在台湾岛的大多数中国人，都认为中国只有一个，台湾是中国的一部分，中国应该统一，台湾应该回归祖国。日本某些人鼓吹的"中国必须分裂"，"台湾独立"，以及歌颂军国主义日本对台湾的殖民统治的论调，是会伤害中国人的感情的。

日本人经常感叹中国缺少"知日派"，希望中国留日学生中多一些知日派，中国领导人中有知日派。有的日本对华友好人士批评日本社会不能热情接待中国留日学生，所以多数中国留学生希望去美国和欧洲。这使我回想起 20 世纪初中国学生大批留日时的情况。1918 年 3 月 20 日，国会议员高桥本吉在日本第四十届国会上发言说："假如有所谓为日本的利益而教育中国人，中国人是不会为此感谢的。我相信只有为中国人的利益而教育，才真正有利于东洋和平。"这种意见，在当时是真知灼见，也是空谷足音，可惜不为日本社会所接纳。1920 年日本第四十三届国会中，清水留三郎等向政府提出质询谓："来日之中华民国留学生归国之后，多成为排日论者，而留学美国之归国者却多成为亲美论者，政府将采何种方针？"此后，日本议会和政府曾设想给中国留日学生提供多种经济上的援助，简化入学手续，增加招生名额，改变学校对中国学生的冷漠态度，改善一般日本人对中国学生的轻慢侮辱态度，国会甚至还通过了退还部分庚款以发展对华文化事业的决议，等等。这些如果都能实行，未尝不能产生某些好的效果，但尽管如此，也只能是隔靴搔痒，难以从根本上改变中国留学生对日本的感情。日本长期轻侮中国、侵略中国，怎么能使中国留学生对日本产生好感情呢。大批留学生不领日本政府的情，拒绝庚款资助。1931 年"九一八事变"一发生，留学生纷纷回国参加抗日活动。如果日本国民不对中国留学生的留学史和日本政府的对华政策加以反省，怎么能希望中国留日学生中大量产生真正的"知日派"呢！

必须指出，许多正直的日本历史学者本着历史良知，在正确对待中日关系历史方面作了许多值得赞许的工作。以家永三郎教授为例。十多年来，为了忠实于历史事实，他坚持在教科书中正确反映日本侵略中国和亚洲国家的历史，同要修改教科书的行为进行了长期的斗争。他不惜用十多年的时间打官司，为尊重历史事实作了可贵的不懈努力，赢得了广泛的支持和同情。8月31日《朝日新闻》社论《家永诉讼的战后史意义》指出："作为一个学者，家永之所以常年坚持上诉，用他自己的话说，就是要表明自己在战争时期没有进行反战的'责任'。他说，战后著书的目的是为了用'为什么没有防止战争'这一深刻的思想意识来验证历史。"家永教授的自省意识及其为此所做的长期奋斗，令人肃然敬佩。在正确认识近代日本历史、认识近代中日关系历史方面，还有许多正直的日本学者在尊重基本历史事实的基础上，撰写了大量的历史著作，在历史研究上取得了很大成效。但是，我也常常看到有的日本青年反映，他们的教科书，他们的长辈，没有教给他们日中关系历史的真相。因此，我向在座各位，尤其是向在座各位日本历史学者呼吁，应该本着人类良知，把你们所知道的真实的日中关系历史真相教给日本青年，也教给中国青年。这样，在你们的可贵的努力下，就可以培养出能正确处理历史问题，也能正确处理现实问题的下一代国民。这样培养出来的真正的"知华派"或"知日派"，就能在21世纪把中日关系推进到更令人满意的新时代。

在反省历史方面，中国人作得比日本人要好些。鸦片战争以后，中国人一直在进行自我反省。甲午战争以后，中国人更加强了自我反省。此后，才有康、梁的戊戌维新，才有义和团的"扶清灭洋"，才有革命派和改良派的种种改造社会的主张，才有孙中山领导的辛亥革命和中华民国的成立，才有社会主义和共产主义运动的发生，才有毛泽东领导的新民主主义革命的胜利和中华人民共和国的诞生，才有 1978 年以后邓小平的有中国特色社会主义理论的提出。中国人正是反省了中日两国近百年关系史，才认识到只有抓住日本侵略中国这个中日关系历史的基本线索，才能展开今后的中日关系。在反省中日关系历史（包括反省中国和西方列强的关系）的过程中，中国人认识到，中国政府的腐败，经济发展的停滞，科技的落后，中国人对外部世界的无知或少知，是中国沦为半殖民地半封建社会、主权不完整、独立难保证、国家贫穷落后的内部原因。落后就要挨打，是一个形象的概括。帝国主义（包括日本帝国主义）侵略中国，就是利用了中国的落后。中国人终于认识到，只有争取到国家的独立，摆脱半殖民地半封建状态，中国才有可能发展经济。只有经济发展了，中国才有可能免除贫穷落后。只有国家强大了，中国才有可能同世界各大国发生平等国交。只有这时，在外国可能觊觎中国时，才能顶住列强的封锁、制裁，发展自己；在外国愿意与中国交往时，才能在五项原则的基础上，与之发生互利互惠的平等交往，而不至于丧失国家的立场和利益，才能使中华民族立于世界民族之林。本着这样的认识，中国正在邓小平理论的指导下，集中力量建设有中国特色的社会主义，并且已经取得了初步的成效，在实现我们的先辈提出的国富民强的理想上迈出了扎实的步伐。这时候，忽然有所谓"中国威胁论"跑了出来，在美国、日本的报刊上广为宣传。这是以小人之心度君子之腹，是霸权主义理论的曲折反映。中国虽然有了进步，但国民经济总产值较诸大国还差很多，人均产值还排在世界人均数之后，何来威胁之有？百余年来，中国受各霸权大国欺凌的痛苦经验载在史册，我们不会忘记。早在 20 世纪 60 年代，中国领导人在坚持反霸权主义的同时，一再表示不称霸，并且以此教育我们的干部和人民。

我相信，就是将来中国真正强大起来了，中国也不会在世界上称霸。

反省近百年的中日关系，不是要抓住历史不放，而是要从历史中总结经验教训，使后人变得聪明起来，从而更好地开拓未来。学习历史是为了面向未来。我想这应该是我们这次研讨会的目的。不久前，我曾到1894年9月大东沟海战战场寻访史迹，不经意间，在大东沟（今东港市）附近的大孤山上发现一块刻着"安部仲麿之遗迹"（安部仲麿即阿倍仲麻吕）的石碑，此碑已甚斑驳，显然设置已很久远。我猜想，这或者是安部游历之地，或者是他航行落难之地。回顾中日交往历史，我多么希望，此后中日之间多一些安部遗迹，不再有战场遗迹啊！

（1997年11月2日作于东厂胡同一号

11月5—6日修改）

全球化与中日关系

——历史的回顾与现实的观照[*]

　　全球化是一个大题目，是一个无边无际的话题，是一个流行于世界各地而又摸不着、说不明白的"神圣的理想"。政治家在谈论全球化，工商实业家在谈论全球化，金融家在谈论全球化，自然科学家在谈论全球化，社会科学家也在谈论全球化，传教士在谈论全球化，其实各有各的憧憬，各有各的意涵。大家所谈的未必是一个共同的全球化。美国布什总统宣布退出1997年在日本京都签订的《京都议定书》，欧盟各国坚持《京都议定书》，这证明向大气排放二氧化碳问题已经成为国际关系的重要议题。俄国和美国在核禁试的废除和NMD的部署上，各有所思；世界贸易组织在展开新一轮谈判时困难重重，各大国的经济贸易利益难以协调；甚至在反恐怖问题上，在阿富汗政权重建上，各相关

　　* 本文是作者2001年12月在日本东京国际文化会馆举办的一次国际学术讨论会上的演讲。那次会议是中国留日学人的学术团体中国社会科学研究会主持的，讨论会的主题是"全球化与21世纪的中国"。原载《东厂论史录》，广东人民出版社2005年版。

国家也各有所想，比较能体现全球化利益的联合国能有多大作为呢！

在上述这些问题上，全球化就各有化法，难有共同的概念。

我们看到，响彻全球的声音是经济全球化。许多国家都在设法利用经济全球化给自己带来的利益，而限制其不利于自己的方面。这是很自然的。但是，我们必须看到，西方发达国家主导的经济全球化的根本规则是世界范围的贸易自由化，是生产要素在世界范围的自由配置。世界范围的贸易自由化，生产要素在世界范围的自由配置，是经济强国和经济大国所追求的目标。据有人统计，中国企业 500 强的年销售额总和约等于美国通用汽车公司的年销售额，而它的平均销售额为世界 500 强平均销售额总和的 2%。中国企业如何才能成为全球化下自由贸易的赢家呢？2001 年 6 月发行的《世界财富报告 2001》中指出，2000 年，全球共有 720 万名个人属于"净财富高收入者"（High Net Worth Individuals）。净财富高收入，指个人所拥有的可投资股市的资产，不包括不动产，至少达到 100 万美元；也不包括很多拥有可用于投资的财富略低但收入和总资产超过 100 万美元者。今年 10 月，马来西亚总理马哈蒂尔在上海经合组织 CEO 峰会上说："自 1986 年以来，那些'净财富高收入者'的财富总和翻了 3 倍，增长率达到 375%。在 1999 年这样经济好的年份里，根据《世界财富报告》，那些'净财富高收入者'的财富增加了 18%，增加可用于投资的财富 4 万亿美元。这意味着他们增加的财富比中国国民生产总值还高了 4 倍，也就是说这 700 万的富人聚敛的财富超过了 12 亿中国人在 1999 年全年创造的价值。"马哈蒂尔还指出了跨国公司是全球化的鼓吹者。他说，目前世界上 100 个最大的经济实体，有 51 个是跨国公司，49 个是主权国家的。全世界排名在前 200 家大公司的总销售额，超过了 182 个主权国家的国民生产总值之和。而这些跨国公司的雇员仅仅 1800 多万人，占全球劳工总数的 0.75% 还不到。正如马哈蒂尔所说："到目前为止，所有人都非常清楚：全球化最大的赢家都是那些非常富裕和强大者（也是那些竞争力很强者），而最大的输家则永远都是那些非常贫穷和弱小者，他们根本没有力量去和那些超级强者竞争。"所谓"华盛顿共识"，所谓经济自由化，是发达资本主义势力给落后国家开出的药方，也是诱使落后国家追随发达国家的食饵。

我们看到，各大跨国公司在相互兼并，各大区域经济贸易体在纷纷成立。这是在走向经济全球化呢，还是在经济区域化呢，还是在显示经济大国的实力呢？我以为，这里存在着全球化和化全球的矛盾。从实力争夺来看，全球化是其表，化全球是其里。某些有力者高喊全球化，实际上是为了达到以自己的经济贸易优势统一全球。现在看来，把全球化设想为一种普世的生产方式或者生活方式，无疑只是部分人的想法，并不代表世界各个地区、各国人民的意愿。正像有恐怖主义就有反恐怖主义一样，有全球化就有反全球化。即使在西方世界，反全球化的声浪也是此起彼伏的。在西雅图，在意大利，我们都可以看到这种表现。因此，化全球是难以做到的。无论是资本主义的化全球，还是共产主义的化全球，我们在可以预见的将来都看不到这种前景。发达国家的经济贸易自由化，与发展中国家的经济贸易行为的主权化，是 19 世纪资本主义逐渐繁荣起来至今，世界经济运动复杂的矛盾过程。研究并且揭示这种过程，是学者的责任。

是否可以谈论政治全球化呢？苏联解体以后，两极世界不存在了，美国在追求单极化，其他大国主张多极化。似乎尚无人要求全球化。也有人谈论文化全球化。但是大多数人追求的是文化的区域性特点，如果全世界只有一种文化，全世界的人们生活在那种单调的文化氛围中，这种情形之可以忍受，那是难以想象的！

尽管我不认为全球化是当前世界唯一面临的紧迫话题，但是，还是要回到会议的主题上来，我们还是要讨论全球化下的中日关系。我想从历史回顾的角度着手这一话题。

近年来日本社会的走向以及中日关系的走向，颇引起人们的关注。20 世纪 80 年代中后期以来，日本内阁要员多次发表否认日本军国主义侵略罪行的谈话。2000 年初，日本大阪府国际会议中心召开了否认日军南京大屠杀等侵略罪行的群众集会。这次会议引起舆论重视，是因为我们看到，这种否认战争罪行的言论和行动，有从中央政府向下转移到地方政府的趋势。首先是东京都，石原慎太郎刚当选知事，就发表否认侵略、否认南京大屠杀的言论；现在大阪府、大阪市又批准右翼势力在堂而皇之的国际会议中心召开否认南京大屠杀的集会。日本一都两府中的东京都和大阪府如此动向，这对其他地方政府的影响非常值得警惕。必须指出，右翼势力的所谓"大东亚圣战论"、"自由主义史观论"正在日本社会基层发酵，正在争夺和影响战后出生的一代一代青年。1996 年 10 月我在日本神户访问，路过一个不大的须磨车站，站台上还有人举着自由主义史观研究会招募人才的大旗。这说明右翼势力活动何等深入。在日本特有的政治气氛下，年青一代不愿对前辈的战争罪行承担责任，也是右翼势力发酵的一种表征。

今年，中日关系又面临一些重要指标。4 月 3 日，日本文部科学省宣布，经过文部科学省审定，由右翼学者团体"新历史教科书编撰会"编写的，2002 年使用的初中历史教科书为合格。我国外交部发言人当即代表中国政府发表谈话，谴责了这种行为。我想在这里指出，进入 20 世纪 80 年代以来，日本政府一再批准右翼团体修改反映日本帝国主义侵略中国和亚洲历史的教科书，是日本社会日益走向右倾化的一种社会指标，值得中国和亚洲各国人民严重警惕。就在日本政府批准新历史教科书的前几天，也就是 3 月 30 日，日本首相森喜朗对来访的《人民日报》代表团谈到历史教科书问题，还说过对日本过去侵略亚洲各国，给各国人民造成的巨大损害表示反省和道歉。不过几天，日本政府就正式批准否认侵略、歪曲历史事实的教科书合格。可见日本首相完全是在掩耳盗铃、欺骗舆论。日本右翼团体牵着日本政府的鼻子走，日本政府的态度又推动着右翼团体向前走。两者交相为用，形成今日日本社会右倾化的危险局面。日本的这种动向，亚洲各国都在密切关注着。

4 月 28 日来自东京的消息，日本日中友好协会机关报《日本与中国》最新一期发表日本前首相村山富市的文章，指出日本"新历史教科书编纂会"主导下编写的初中历史教科书歪曲历史，闭眼不看历史事实，企图使殖民地统治和侵略正当化，完全无视政府审定教科书的"近邻国家条款"，从根本上否定了迄今建立起来的国家间的信赖关系，日本的信誉在国际上也被动摇，他认为，日中两国只有坦率地认识和正确理解过去的历史事实，才能开辟睦邻友好的未来。这是日本负责任的政治家对修改历史教科书的看法。但是日本今天当政的主流政治家是否接收这样的认识呢？事实已经作出了否定的回答。

我们看到，今天日本国家的领导人对这场战争的侵略性质还没有深刻的认识。在抗日战争胜利 56 周年前两天，日本首相小泉纯一郎不顾国际舆论和国内各方面反对，以内阁总理大臣的身份前往参拜了靖国神社。小泉在参拜靖国神社后发表了讲话，声称："在过去的一个时期，日本根据错误的国策对亚洲邻近各国进行了殖民地统治和侵略，强加给这些国家以无法估量的灾难与痛苦。"表示要对此进行深刻的反省。但是，作为内阁总理大臣到靖国神社向发动侵略战争的战争罪犯致敬这件事本身，否定了他的反省。作为首相这样重要的政治家，这是严重的言行不一的行为。在国际关系上这是严重不负责任的行为。小泉的行为，在国内遭到了广泛的批评，在国际，受到亚洲国家的严正抗议。这种行为，不能不影响日本的国际形象，造成日本与周边国家关系的紧张。以至中国新任驻日大使表示中日关系已陷入邦交正常化30年来最困难的局面，中日关系中两个最敏感的问题——历史问题和台湾问题今年都全面突出，经贸关系也出现问题，日本应该为解决问题营造气氛。

今天的日本不是战前的日本，今天的中国也不是战前的中国。因此今天的中日关系已经不是战前的中日关系。站在21世纪的开头，怎么样引导中日两国的青年，既回头看历史，又要抬头看未来，面对今天全球化浪潮的冲击，创造中日两国共同发展的双赢局面，这是今天一个值得每个人思考的大课题。

从全球化的角度回顾中日历史关系，能有什么新的启示呢？前面说过，全球化和反全球化，实际上是自19世纪资本主义兴盛以来有着复杂历史的运动。日本在明治维新中提出"脱亚入欧"、"开疆拓土，布国威于四方"的基本国策和发展方向，便是那个时候的全球化思想。1927年日本东方会议的基调是先征服满蒙，再征服中国，然后征服世界，也是那个时候的全球化主张。长期在日本流行的东亚共荣圈、大亚细亚主义，不也是那个时候的全球化思想吗？日本军国主义发动的长期侵华战争和太平洋战争，是那个时代背景下的全球化实践。所以我认为，所谓全球化，长期以来以不同的思想形态存在过、流行过。我并不一般地反对全球化，而是反对某些特殊的政治集团和经济势力把自己的意志强加于世界那样一种以势压人、不公平的做法。

我们应该从历史上的中日关系中引出一些必要的历史教训。

在我看来，第一个历史教训，与中国的落后有关。1894 年爆发了第一次中日战争，"九一八事变"和"卢沟桥事变"引发了第二次中日战争，这些战争，在一定意义上与近代中国其他对外战争的发生有着共同的基本原因。从 19 世纪 40 年代到 20 世纪 30 年代，中国多次遭受资本主义列强的武装侵略，造成这种状况的外部原因很多，但从内部讲，最基本的一条就是，中国是一个社会生产力非常落后，社会政治制度非常落后的国家。鸦片战争以前，一直上溯到隋唐时代，不可想象日本要进攻中国；1949 年以后，日本也没有想到要进攻中国。因为中国的社会状况和国力都不同了。落后就要挨打，这是中华民族近代以来在遭受巨大伤害之后，得出的一条屈辱而又真实的历史教训。只有在中华民族自立于世界民族之林的时候，才能有平等的中日关系，也才能有平等的中外关系。吸取这条教训，中国人今天在国家发展中，要抓住经济建设不放，要极大地发展先进的社会生产力，要极大地充实自己的综合国力，要实现近代以来中国人的民富国强的梦。但是即使国家强大了，也不是要去称霸，不是要去欺负比自己弱小的国家。在目前以及将来，中日之间多些诚敬互信，少些尔虞我诈、以势压人，以共同开发福利两国人民，应对全球化的汹涌浪潮，这才是一种健康的邻国相处之道。

第二个历史教训，与日本对近代的发展道路和战争经历的反省不够有关。首先，我要指出，明治维新以来，"脱亚入欧"、"开疆拓土，布国威于四方"以及大陆政策的发展道路，固然是在那时的时代条件下形成的，并且给日本带来了几代人的发展与繁荣，但是这条发展道路给日本带来了何种的危机，是否阻塞了日本未来发展的机遇，日本人似乎缺乏应有的反省。明治维新以来的发展太顺利，日本人也不屑于去做这种反省。

其次，日本社会自明治维新以来形成并逐渐强化的对亚洲各国人民的民族歧视心理，尽管经过战争的挫折，并没有得到彻底的清除。战争期间狂妄的领导"大东亚共荣圈"的信念，在战后仍然不时地表露出来。近年来，特别是海湾战争之后，日本社会上出现了一股强调日本在国际上作贡献的思潮，有的人头脑发热了，一方面以为日本对国际社会的贡献巨大，多年来为之努力的政治军事大国的目标已经实现，而抱怨国际社会仍然对日本的国际贡献视而不见，日本没有得到相应的报答，包括没有得到在联合国中更加重要的位置和发言权；另一方面，又认为"如果不关心自己的国防，就等于引诱对方的国家来侵略自己"。这两方面的要求促使日本社会的民族主义情绪的高涨，编纂会的新编历史教科书反映了这种高涨中的民族主义情绪。

再次，日本战后关于战争责任问题的追究不彻底。这既与国际社会有关，也与日本社会自身有关。众所周知，战后对日本的战争犯罪的审判有许多遗留问题：没有追究天皇的战争责任；没有追究日本违背国际公约进行细菌战和化学战的责任；没有追究日本对亚洲各国的违反人道的犯罪责任（包括从军慰安妇、强征劳工等）等。战后很长一段时间里，由于东京审判的资料没有公开，对这些问题被免除战争责任的原因和内幕难以进行深入的追究。由于这一原因，加上右翼和保守势力的活动，日本国民的普遍的战争责任意识并没有建立起来。随着冷战的开始，大量的战争罪犯不仅被释放，而且摇身一变而成为新的政治家。本来，多数的日本人就满足于从自己的战争被害的立场上进行和平运动和反对战争，而极少思考日本对亚洲各国的战争加害，很少有从加害立场上的反省。而对侵略战争负有不可推卸责任的人被免除责任，更使日本不仅不能认真地思考侵略战争的责任，也不能彻底清除自明治时代起就深入地渗透到日本社会各层面的神国观念、皇国史观，相反，那种曾经上升为国家的主导意识的天皇制观念和军国主义观念得到日本国家统治阶层的深深的认同，并对日本社会以极大的影响。

第三个历史教训，与中日关系有关。侵略与反侵略，是近代中日关系的基本特征。两次中日战争，最具典型意义地表现出了这种特征。造成近代中日关系这种基本特征的原因又是什么呢？除了中国落后于日本这个客观原因外，日本在明治维新以后很快走上军国主义的道路，则是一个最根本的原因。近代日本对中国和亚洲各国的侵略战争，都是在军国主义国策指导下实施的。事实上，早在19世纪，日本军国主义统治者就已经提出了以侵略中国和朝鲜为首要目标的大陆政策，而"九一八事变"，则是对1927年东方会议制订的新大陆政策的具体实施。此后，1937年发动全面侵华战争，1941年发动的太平洋战争，在军国主义国策指导下，日本的战争机器疯狂地转动，已经到了欲罢不能的地步。战火所到之处，给中国人民和亚洲人民带来了空前灾难。最终，日本军国主义并没有达到它所预期的目标，日本人民也同样遭受了战争灾难带给自己的痛苦。从中可以得出结论，军国主义是中国人民的大敌、是亚洲人民的大敌，同时也是日本人民的大敌。这又是一条应该记取的历史教训。

研究、认识历史教训，是为了吸取教训，面向未来，开辟未来。中日两国的学术界，中日两国的人民和政府，都应该认真研究并吸取历史教训。但是，特别引起我们注意的是，由于日本文部科学省在早些时候，审议通过了严重歪曲历史事实和恶意解说历史的右翼教科书，小泉首相以日本政府内阁总理大臣名义参拜供奉着战争罪犯的靖国神社，我们所说的这个"以史为鉴"，现在正面临着比以往更加严峻的考验。日本社会的右倾化，明显的反映着日本国家的部分国民包括当政者，缺乏对历史的反省精神。对于被害国家的历史学家来说，这一点是特别引起警惕的。我觉得，历史学者，尤其是中日两国的历史学者应该站在维护历史真实斗争的前列。这是因为，历史研究本身就是探求历史真实和在此基础之上解说历史规律的学问。一切违反历史真实的谎言，在科学的、理性的研究中，最终都会被揭露出来。

我们今天谈全球化，谈全球化下的中日关系，如果不注意研究这些历史教训，不研究阻碍中日两国关系顺利发展的历史与现实问题，而是一味地谈论全球化的美丽的神话，是于事无补的。今天，中日两国贸易总额已经达到并且超过950亿美元的高度，这种经济贸易关系还要发展，还要朝前走。这是全球化的趋势给我们带来的好处。但是两国贸易中还不断有摩擦，两国政治关系中也常有障碍。利用全球化带来的好处，避免全球化可能产生的坏处，是全球化下的中日关系需要慎重选择的。

21世纪的中日两国怎样以理性去认识两国过去战争的悲剧，共同携手创造和平友好的未来，我以为首先需要认真总结以往中日关系的历史道路，认真总结两国关系历史的经验教训。否则，重蹈覆辙的可能是存在的。当然，那将是新的悲剧，而不是喜剧。

（2001年11月29日）

试论当代中日关系中的历史认识问题

——兼评《中日接近和"外交革命"》发表引起的"外交新思考"问题[*]

引　言

马立诚先生在《战略与管理》发表《对日关系新思维——中日民间之忧》的文章后，时殷弘教授接续在《战略与管理》发表《中日接近和"外交革命"》一文，在中日两国引起了广泛的反响，议论纷纭。在日本，支持者多；在中国，反对者多。这种现象至少说明，中日关系的现实不能令人满意，中日关系的未来走向需要思考。从这一点来说，这是有积极意义的。

《中日接近和"外交革命"》有三个基本论点。其一：近年来中日关系正在走向恶化，列举了民意调查的资料，80%的中国

*　本文是作者 2004 年 1—2 月在日本岛根县立大学担任客座教授期间，在综合几次演讲的基础上写成的，曾在岛根县立大学第 10 回东北亚学研究恳谈会上发表。原载《抗日战争研究》2004 年第 1 期。收入汝信、赵士林主编《中国学术年鉴（人文社会科学版）》上卷，中国社会科学出版社 2004 年版；《东厂论史录》，广东人民出版社 2005 年版。

回应者将"历史认识"列为影响中日关系的头号负面因素，40%的日本回应者认为这样的因素是"缺乏相互了解"和"政治制度不同"。其二：要实行战略集中原则，实现中日接近，"以便中国能够主要在中长期安全意义上尽可能集中应对美国实在和潜在的对华防范、压力与威胁，连同集中致力于台湾问题上的阻独促统重任"。其三：为了实行中日接近，集中应对美国这样一个战略集中原则，中国要将"历史问题"争端大致撤出一个较长时间内的对日外交要事议程，也相应地撤出官方和准官方宣传。时殷弘教授在岛根县立大学的演讲中提出："可以大致地搁置历史问题，留到以后去真正解决，以便绕过更连贯、更有效地实行国家大战略的障碍。"① 这三个论点相互连接，逻辑严密，不能不说是近年对中日关系的思考。

　　但是这个新思考在很大程度上停留在思考的阶段，难免书生之见的讥评。已有的讨论尚停留在表面，本文试图围绕这三个论点展开讨论。

中日关系的发展现状

　　对中日关系发展现状的估计，是我们思考对日关系的基本根据。我的基本看法是：从近代中日关系的全部历史来看，1972年9月中日恢复邦交以来的30年，是1871年《中日修好条规》签订以来最好的30年。

　　如果从1871年算起，近代以来中日发生直接交涉关系迄今

---

　　① 时殷弘：《对待中日关系的战略性新思考》（2003年12月17日），见岛根县立大学东北亚研究中心主办《中国の変動と〈新思考外交〉の可能性》会议手册，第3页。

已超过 130 年。130 多年中，中日两国之间，经常笼罩着战争的阴云。远的不说，从 1894 年甲午战争起到 1945 年 8 月日本战败投降止，就有：1894 年 7 月至 1895 年 4 月的第一次中日战争，这次战争因《马关条约》的签订而结束，日本从中国取得了 2.3 亿两白银的赔款和台湾、澎湖列岛的割让以及其他特权；1900 年 6 月至 1901 年 4 月日本参加八国联军之役，《辛丑条约》签订后，日本取得了在中国的驻兵权，以及大量的战争赔款；1904 年 2 月至 1905 年 9 月日俄两国在中国土地上进行的战争，这次战争因《朴茨茅斯条约》的签订而结束，俄罗斯把战争失败的损失转移到中国，日本从中国取得了大量特权；1914 年 9 月至 11 月日本借口参加第一次世界大战，出兵占领中国山东并在其后提出灭亡中国的二十一条，日军占领青岛直到 1922 年；1928 年 4 月至 1929 年 5 月日本借口中国南方革命政府北伐，再次出兵山东占领济南、青岛；1931 年 9 月 18 日日军在沈阳挑起事变，旋即占领东北全境，继后日军越过长城，陈兵丰台，终于在 1937 年 7 月 7 日发动"卢沟桥事变"，开始了长达八年的全面侵华战争。从 1894 年到 1945 年的半个世纪中，日本对中国刀兵相见的日子，多于和平安静的日子。从这里不难看出，近代日本和中国之间，存在着侵略与被侵略的关系。这些基本的史实，已经记载在中日两国的历史书上，也记载在中日两国的人民心上。

1949 年 10 月中华人民共和国建立以后，中日两国之间没有外交关系。日本作为美国的外交附庸，成为美国对中国实施包围而形成的反华反共半月形包围圈的中坚一环。这个时期，中日之间的民间商贸关系在艰难中有所发展，但国家关系却是冷冰冰的、敌对的。因此，两国关系不能正常的展开。

我们是否可以说，1871 年到 1971 年的整整 100 年间，中日之间的关系是以战争、对抗和敌视为基调的呢？我看可以这样说。

　　非常清楚，近代中日两国关系史，只有 1972 年复交以来的 30 年是在平等的基础上互利互惠交往的历史。30 年来，两国领导人频繁互访。① 中日两国外交当局间、两国政府间建立了交换意见的正常渠道。② 中日民间友好人士的交流活跃。中日友好 21 世纪委员会定期会议分别在北京、东京轮流召开。两国领导人频繁互访，大大改善了两国的政治关系，从而带来了经济、文化交流的热络。1972 年两国贸易额为 11 亿美元，1984 年达到 131 亿美元，1996 年便超过了 600 亿美元，再过 6 年即 2002 年，两国贸易额达到 1019 亿美元，2003 年更是高达 1335 亿美元，③ 就是明显的证明。产业、科技、环境方面的交流蓬勃发展。文化艺

---

　　①　据不完全统计，1972 年至 2002 年 9 月，两国部长以上高官（中日政府成员互相在对方首都召开会议未计算在内）互访有 100 多次，其中日方出访 54 次，中方出访 48 次。

　　②　据不完全统计，除部长以上高层官员互访交换意见外，这些渠道包括中日政府成员会议、中日外长定期会议、中日外交当局定期协商会、中日长期贸易协商定期会议、中日产业合作会议、中日贸易混合委员会、日本通产省和中国外经贸部副部长级定期磋商会议、中日双方投资促进机构、中日能源圆桌会议、中日政府间科技合作委员会、中日环境会议、中日防务当局磋商会议、中日安全磋商会议、中日领事磋商会议，等等。

　　③　2003 年估计可达到 1200 亿美元。根据报道：据中国海关统计，2003 年中日间的贸易总额比上年增加了 31.1%，达到 1335.8 亿美元。日本连续 11 年成为中国最大的贸易对象国。又据《日本经济新闻》报道，日本对中国大陆、香港、台湾的出口急剧增长，2003 年对上述地区的出口贸易额比上年增加 20%，首次超过了对美国的出口数额。中国是日本最大的进口贸易国，现在又成为日本最大的出口贸易国。见中国青年报记者裴军报道，引自 japan. people. com. cn 2004. 1. 19. 1972 年以来中日两国贸易总额历年递升情况如下：1972 年 10.38 亿美元，1973 年 20 亿美元，1978 年 50 亿美元，1980 年 89.1 亿美元，1981 年超过 100 亿美元，1984 年 131 亿美元，1991 年 228 亿美元，1992 年 289 亿美元，1993 年 390 亿美元，1994 年 478.9 亿美元，1995 年 578 亿美元，1996 年 624 亿美元，1997 年 608 亿美元，1998 年 579 亿美元，1999 年 661.67 亿美元，2000 年 831.6 亿美元，2001 年 877.2 亿美元，2002 年 1019.05 亿美元，2003 年 1335.8 亿美元。

术、体育界往来频繁。学术、教育界访问不断。与 20 世纪初的留学热潮相似，复交以后中国学生再次掀起留日热潮。日本学生到中国留学，最近几年更有增加趋势。两国建交以后，在政治、经济、文化方面往来密切，对中国有好处，对日本也有好处。两国人民更加了解了，两国的经济文化发展获得了有力的推动。强调一点：1335 亿美元的贸易额，从世界的眼光看，也绝不是一个小数字，在全世界国与国间贸易额中占前几位。这个巨大的贸易额，是在中国经济巨大发展的推动下实现的，对日本十年来停滞的经济是巨大的推动。最近，日本发行量最大的报纸《读卖新闻》发表文章说，中国经济的发展是日本经济复苏的主要支撑力之一，中国经济的发展动向将成为日本经济能否朝着全面复苏方向发展的重要因素。① 从这个角度说，中国经济的发展对日本绝对不是威胁，而是推进器。② 中日两国的经济联系，无论从纵向、横向的角度分析，都是无与伦比的。这种联系实际上构成了中日两国国交的稳定器。尽管这 30 年中，由于两国政治制度、经济发展水平、历史文化背景的不同，以及国际因素等原因，两国关系中存在着摩擦、争吵，有几届日本内阁大臣就中日历史关系发出不和谐的声音，干扰了中日两国关系发展的大方向，但是总起来说，这 30 年中日关系是在和平共处五项原则和《中日联合声明》、《中日和平友好条约》和《中日关于建立致力于和平与发展的友好合作伙伴关系的联合宣言》的基础上得到发展的，主流是好的，大方向是正确的。我要再说一遍：这 30 年的中日关系，从近代中国的历史发展来看，从近代以来中日关系的历史

---

① 《贸易黑字10兆円台3年ぶり中国向け输出入最大》，《读卖新闻》2004 年 1 月 27 日，经济版（12 版）。

② 小泉纯一郎首相 2002 年 4 月访华时说过："我认为中国经济发展不是对日本的威胁。"

进程来看，不管从哪个角度说，都是最好的时期。甚至与同一时期中国与其他大国的关系相比，也是最好的或者比较好的。我们应该十分珍惜这段历史，推动它向着更健康的方向发展。

因此，对中日关系的现状评价过低，不能反映它的实际状况，同时也会对中日关系发展的未来状况发生不正确的判断。

关于战略集中原则的讨论

战略集中原则作为处理国际关系问题的一个指导原则，不是任何时候都可以适用的。它需要有适当的国际环境。第二次世界大战时期反法西斯战线的成立，是战略集中原则的实施，其时，德国在 1939 年在欧洲挑起战争，早前两年日本发动全面侵略中国的战争，由于大国利益的不同，绥靖政策长期推行。只是到太平洋战争爆发，美国、英国的利益和安全受到直接威胁，才有反法西斯战线的成立，美国、英国、苏联、中国等不同政治制度和意识形态的诸大国，才在反对法西斯侵略的共同利益和愿望之下，实施了对德、意、日的战略集中原则。在战略利益一致的前提下，才可能有开罗会议、德黑兰会议、波茨坦会议、雅尔塔会议，并最终形成了关于战争结局和战后安排的雅尔塔体系。这可以说是战略集中原则的典型案例。

战略集中原则的运用，还可以举出另一个典型案例。这就是 20 世纪 70 年代的中美和解和中日建交、中美建交。苏共和中共因为国际共产主义的主张和意识形态的分歧，引起了苏联和中国两国关系的紧张。苏联在紧邻中国北部边疆部署了百万大军，加上苏联作为世界两大超级大国之一所具备的强大军事实力，而且正准备对中国进行"外科手术似的核打击"，以及在中国之西控制着阿富汗，与印度有着亲密的关系，中国国家感受到了极大的安全危机。与此同时，中国还面临东南以美国为首部署的半月形包围圈，这个包围圈由韩国、日本、台湾、菲律宾等国家和地区构成，在中国南疆，美国还发动侵略越南的战争，把矛头指向了中国。中国在这样的国际环境中，要想寻求国家的安全和主权的独立，就需要改变"一边倒"的外交方向，寻求周边关系和国际关系的出路。

另一方面，第二次世界大战结束后，形成了美苏两个超级大国并立争夺世界霸权的冷战大格局。这个格局最初是以社会主义阵营和资本主义阵营相对立而存在的，后来演变为美苏争夺世界霸权。美苏争夺世界霸权的矛盾是当时国际关系中的主要矛盾，难以调和。中国如果继续站在苏联一边，可以增强苏联势力，抗衡美国，但是中苏站在一起的前提已经失去了。中国如果改善与美国的关系，就可以减轻东南半月形包围圈的压力，突破重围，形成新的外交格局。美国也发现，如果改善与中国的关系，对苏争霸就会减轻压力。从客观上分析，中美之间在同时考虑同一个问题。中国认为，中苏矛盾和中美矛盾相比，中苏矛盾更突出；美国认为，美苏矛盾和美中矛盾相比，美苏矛盾更突出。1970年2月18日，美国总统尼克松在国会提出对外政策报告，专门针对中国说了一段话："中国人民是伟大的生气勃勃的民族，不应该继续孤立于国际社会之外"，美国"无意与任何一个大国联合起来主宰世界或结成敌对性的联盟来反对两个共产党大国中的一个"。① 很明显，这是向中国释放了希望接近的信息。此后的中美接近，产生了中日建交和中美建交的大收获，完全缓解了中国的外交压力，为中国的国际环境找到了新的出路。这就是战略集中原则在新的国际环境下的运用。这个运用显然是成功的。它

---

① 基辛格：《白宫岁月》第 2 册，世界知识出版社，第 339 页。

可以称之为改变世界格局的"外交革命"。

现在还存在实施战略集中原则的国际环境吗？答案是否定的。首先，中日关系虽然存在一些问题，但总体还是好的，尤其是与近代以来的中日关系相比较，可以说是很好的，用中日接近不能反映今天中日关系的真实情况。所谓"接近"，是与"敌对"相比较的。30 年来中日两国部长以上的领导人互访已经超过了 100 次，1998 年以来的 5 年，两国部长以上领导人互访也有 22 次，这难道还不是很接近吗？今天的中日关系已经不是接近不接近的问题，而是努力消除存在的困难，如何使得中日关系更为密切的问题。其次，中美关系也是好的，中美两国领导人互访也很频繁，中美两国虽然有不少矛盾和冲突，特别在台湾问题上，美国还在实质上阻碍中国的统一事业，甚至是和平统一的事业，美国甚至希望海峡两岸永远不要改变现状，但是在国际战略上存在着相互配合的情况，在国际反恐事业上具有大致相同的利益。虽然对于国际恐怖活动形成的原因以及对付国际恐怖活动的手段和思路，认识不一定很一致，但是在国际上要进行反对恐怖活动则是没有分歧的。此外，在朝鲜半岛无核化问题上，中美两国的看法大致上也是一致的。同时，中美两国还存在着极为大量的、频繁的经济文化联系和人员交往。在这种外交背景下，要中国联合日本，集中对付美国，是现实可能的吗？此种想法，莫过于书生之见而已矣。再说日美之间的关系，远比中日、中美关系更紧密，我们怎么能够设想在日美关系中打上一根楔子呢。最重要的是，中日美三国之间，当然不是等边三角关系，但也是一种三角关系，其间虽然充满各种矛盾，却在一些重大问题上有着共同的利益。在这种国际关系背景下，这三角中，不存在联合一个对付另一个的那种利益驱动原则。就是说，在这种情况下，实行战略集中原则，是无的放矢！

"搁置历史"不是解决中日关系的良策

上面讨论了中日关系的现状，说明它是近代以来中日关系最好的时期；又讨论了所谓战略集中原则，说明了运用战略集中原则需要相应的国际环境，现在缺乏这种环境，在当前的国际背景下，提出所谓战略集中原则是无的放矢。下面再来讨论有关"搁置历史"问题。照"新思维"论者的意见，中日关系已经恶化，为了挽救这种危机，必须运用战略集中原则。而要运用战略集中原则，就必须"搁置历史"。这是一种逻辑关系。如果中日关系并没有出现什么危机，而运用战略集中原则又缺乏必需的国际环境，那么所谓"搁置历史"显然不是一个好主意。这又是一种逻辑关系。

我说中日关系是近代以来中日关系历史上最好的时期，当然不是说，今天的中日关系一片莺歌燕舞，形势一片大好。形势固然很好，但是潜伏着危机。构成危机的主要因素，是横亘在中日关系之间的历史认识问题。

历史认识问题，人们也许只是看作历史观问题，没有给它应有的重视，以为那不过是对历史问题的看法，并不影响现实。这种看法是把现实和历史问题完全割裂开来了，是一种机械论的观点。下面的例子说明，历史和现实并不是那样简单地可以机械地割裂开的。

第一个例子：2004 年元旦，日本国首相小泉纯一郎在总理内阁大臣任上第四次参拜靖国神社，中国外交部发言人立即表示抗议。这次行动还引起了日本国内许多政党和正直人士的批评和忧虑。日本社民党干事长又市征治认为，小泉参拜供奉有甲级战犯牌位的靖国神社，而不承认日本的侵略事实，这是作为日本首相不应有的行为。日中友好协会理事长村冈久平说：实现日中两国首脑的互访对发展日中关系是非常重要的，但数年来这一互访未能实现的原因就是小泉一再参拜靖国神社。① 这些发言说出了事情的严重所在。实际上，2002 年是中日恢复邦交 30 周年，这年 9 月 22 日北京人民大会堂举行了盛大的友好交流大会，中国国家主席江泽民在大会上讲话，国家副主席胡锦涛出席会议。可是小泉纯一郎首相因为在 4 月参拜了靖国神社，未能出席。2004 年如果没有特殊情况，小泉首相未必能够实现对中国的首脑访问。这是令人遗憾的。

　　小泉首相上任以来每一次参拜靖国神社，每一次都引起中国外交部的抗议。小泉上任的第一年就参拜了靖国神社。这年 10 月 8 日，江泽民在中南海会见了来华做工作访问的小泉首相，江泽民对小泉说：靖国神社里供奉着日本军国主义战犯的牌位，如果日本领导人去参拜，就会构成严重问题。② 2002 年 10 月 27 日，在出席墨西哥洛斯卡沃斯举行的亚太经合组织第 10 次领导人非正式会议时，江泽民会见小泉纯一郎，当面谈过参拜靖国神社问题。参拜靖国神社问题引起两国外交当局的交涉，两国领导人当面讨论参拜靖国神社问题，请问这是什么问题？ 你可以回答说这是中日两国现实的外交政治问题。我可以回答说这是因为历史认识问题引起的外交政治问题。本来日本领导人参拜靖国神社，是日本国内问题，他国无由说三道四；但是由于靖国神社自1978 年起供奉了东条英机等 14 名东京审判中判定的甲级战争罪犯，引起了中国和东亚国家的抗议。这种抗议，表示了这些国家

---

　　① 新华网东京 1 月 1 日电，记者张焕利报道：日中友好团体及在野党谴责小泉再次参拜靖国神社，见 japan. people. com. cn 2004. 1. 2.
　　② 江泽民会见小泉纯一郎，强调以史为鉴面向未来，中国日报网站报道，2001年 10 月 8 日 23：18；又见 2001 年 10 月 9 日新加坡《联合早报》。

对日本复活军国主义的隐忧。这是因历史问题引起现实政治交涉的极好例子，历史认识问题与现实外交关系紧密地交织在一起，无法加以机械地分开。

第二个例子：日本国文部省批准修改历史教科书问题。自1982年以来，这个问题引起包括中国在内的亚洲各国的关注和交涉，成为国际关系上引人注意的事件。1982年日本在处理这个问题的时候，提出所谓"邻国条款"，就是说，日本处理历史教科书要注意邻国的反应。文部大臣小川平二在东京召开记者招待会，重申尊重《日中联合声明》，要求学校教育方面注意贯彻与近邻亚洲国家以及其他外国之间的国际理解和协调的精神。所谓修改历史教科书，就是把原来正确的一些历史知识作了"模糊战争责任"的修改，比如，把"侵略"改为"进出"，把"南京大屠杀"改为"南京事件"甚至干脆删掉，等等。如果说1982年历史教科书风波中，日本政府还作出了注意邻国反应的政治决定，那么到2001年历史教科书风波再起，森喜郎首相虽然表示要根据前首相村山富市在1995年向亚洲各国表示谢罪和反省的精神审定教科书，[①]但是主管教科书审定的文部省仍然在这年4月3日批准了包括右翼学者团体"新历史教科书编纂会"编写的八本历史教科书为合格。这件事情引起了中国的强烈反应。中国驻日本大使在东京召开记者招待会，中国外交部长约见日本驻华大使，中国外交部、教育部，全国人大和全国政协外委会分别发表谈话，纷纷表明了对歪曲事实、美化侵略战争的历史教科书的愤慨之情。最终，日本政府没有接受中国和韩国等各国的反应，正式拒绝了两国的要求。2001年10月，江泽民会见小泉首相时说过，如何对待历史，是中日关系的政治基础，也是面向未来的出发点。他说："我

---

① 参见徐之光主编《中日关系三十年》，时事出版社2002年版，第495页。

一直强调要'以史为鉴，面向未来'。中日关系的发展历程不断有起伏。关系好的时候，各方面的交往很密切，在遇到困难时，总是与教科书和靖国神社这类历史问题有关。"① 历史教科书问题看起来纯粹是一个编撰者的历史认识问题，但经过政府主管部门批准，就变成指导国民历史认识的标准答案，这就使邻国有理由怀疑，现在的日本政府对当年日本军国主义发动的侵略战争是否承认的问题，由此引起国际交涉，又变成为一个现实国际关系问题。历史认识与现实外交交涉再次交织在一起了。

第三个例子：关于化学武器亦即毒气弹的处理问题，引起了中日两国政府的许多交涉。2003 年齐齐哈尔的"八·四"事件以及石家庄的事件，不久前刚刚处理完毕。温家宝与小泉会面还谈到毒气弹的处理问题。显然这是两国外交中的现实问题。但是它是由日本部队在战时遗弃在中国的，又是一个历史问题。今天处理这个问题，还涉及许多技术问题，如何销毁，在哪里销毁，以及受害人的赔偿等。我们甚至难以说清这究竟是处理现实问题呢？还是处理历史问题？

第四个例子：关于"慰安妇"问题。日本政府一开始不承认，后来迫于舆论和事实勉强承认。1995 年日本成立民间的基金会，准备给予受害妇女以赔偿，但为受害妇女所拒绝，理由是它不是国家赔偿。村山富市首相曾经发表谈话，对受害妇女"深表歉意"。官房长官五十岚还表示要把有首相署名的道歉信送到每位受害者手中，要整理保存有关慰安妇的历史资料，传诸后世。在这里，现实与历史已经难以分开了。

第五个例子：1995 年日本国会通过的"不战决议"。村山富

① 江泽民会见小泉纯一郎，强调以史为鉴面向未来，中国日报网站报道，2001年10月8日23：18；又见 2001 年 10 月 9 日新加坡《联合早报》。

市做了首相以后，面临 1995 年日本所谓"终战"50 年的到来以及有关各国的压力，希望有一个说法。通过内部各种争论，终于在国会通过了一个名为《以历史为教训，重申和平决心之决议》的所谓"不战决议"。这个决议以它对战争性质的含糊其辞遭到了国内外的广泛批评。但是从形式上看，它是以"历史"为切入点。决议的通过当然是现实政治的需要，决议所要处理的首要问题却是历史认识问题。在这个问题上，我们又一次看到了历史问题与现实问题在处理上的交织。在讨论过程中，本来是要以"不战决议"命名的，结果却放弃了"不战"字样。没有不战内容的所谓和平决议，平添了国内外人们的广泛疑虑。在现实政治中，对历史认识问题的处理，其正确与谬误，反过来是会影响现实政治的。类似于"不战决议"这样的问题，看起来是国内问题，但影响所及，远远超出了国内。

我看举这五个例子就足够说明问题了。其他还有台湾问题、钓鱼岛问题、修改和平宪法问题、海外派兵问题，等等，限于篇幅，就不一一提出来分析了。

请问：我们以什么方法来观察历史认识问题的重要性呢？我看，就要看人们在处理现实问题的时候，这个现实问题中究竟包含了多少历史的积淀。现实问题中所包含的历史积淀越多，说明它所要处理的历史认识问题越多。这样的现实问题处理好了，有关历史的疮疤可能就抚平了，相关的历史认识问题可能就解决了。反之，这样的现实问题处理得不好，说明相关的历史认识问题没有解决，甚至可能因历史问题激发新的现实问题。

通过这个研究，我们似乎可以得出这样的结论：历史与现实是有距离的，但是现实是历史的继续。现实不等于历史，但历史影响着现实。现实之中总可以看到历史的影子，忘却历史不是现实的要求。有时候，处理现实问题就是为了抚平历史的疮疤；有时候，处理历史问题，就是为了发展现实；只有处理好了历史问题，现实才能向前迈进一步。这是历史与现实的辩证法，不独中日关系是如此。处理国内问题的道理也是这样。

那么，这样说起来，"搁置历史"是否可能呢？从以上事实来看，是难以搁置的。从中日两国关系发展的历史看，中方是希望把历史问题说清楚后就"搁置"起来，重点是向前看，重点是处理好现实问题。但是，挑起历史问题，不让"搁置"历史问题的恰恰是日方。为了说明这个问题，提出我的两点根据如下。

第一个根据：1972年中日邦交正常化"联合声明"的签署。原则上说，中日邦交正常化，是在当时国际背景下中日两国的政治决定。周恩来在邦交谈判的第一次首脑会谈中说过：同意从政治上解决问题，一些历史方面的问题不要拘泥于法律条文。邦交恢复后，中日两国人民要世世代代友好下去。日本侵华战争虽然给中国人民带来了巨大的灾难，但是中国主张把军国主义与日本人民分开。结束战争状态，恢复邦交，不仅符合两国人民的利益，而且对缓和亚洲紧张局势和世界和平作出贡献。为了日本人民的利益，中国主动提出了放弃战争赔款的要求。① 在《联合声明》中，关于历史认识问题只写了一句："日本方面痛感日本国过去由于战争给中国人民造成的重大损害的责任，表示深刻的反省。"② 这里并没有在战争二字前加上"侵略"字样。所有这些都体现了"前事不忘，后事之师"，结束过去朝前看的精神。所谓结束过去就是搁置历史的意思。

第二个根据：迄今为止，每一次出现历史认识问题的争执，

---

① 参见徐之光主编《中日关系三十年》，第40—63页。

② 《中华人民共和国政府和日本国政府联合声明》，引自徐之光主编《中日关系三十年》，第518页。

都是日本政府挑起来的，中国政府只是被迫作出反应。邦交正常化以后十年无问题。第一次问题出在 1982 年，日本文部省提出了中学历史教科书审定问题。此后，1985、1986、1989 年，都有历史教科书审定问题。在这时候，日本政府大致上还能约束自己。但是 2001 年的教科书审定事件，风波甚大，日本政府拒绝邻国的要求，在教科书审定问题上表现了不能约束自己的态度。显然，在教科书审定问题所反映的历史认识问题上，日本政府没有能把自己约束到中日《联合声明》的立场上。不是中国不愿意搁置历史问题，而是日本政府不愿意搁置历史问题。

从 1983 年开始，还有首相参拜靖国神社问题出现。中曾根康弘首相开了头。现将我收集到的有关日本政治领导人参拜靖国神社的资料附于下（不完全）：

• 1983 年 8 月 15 日，中曾根康弘首相参拜靖国神社，还有 15 名内阁成员和 100 多名国会议员也参拜了靖国神社。

• 1985 年 8 月 15 日，日本首相中曾根康弘及 18 名阁僚正式参拜靖国神社。这是战后 40 年来第一位现职首相以公职身份参拜靖国神社。中国外交部表示遗憾。

• 1991 年 8 月 15 日，日本 12 名阁僚和 81 名国会议员参拜靖国神社。

• 1994 年 8 月 15 日，日本联合内阁中 7 名阁僚参拜靖国神社。

• 1995 年 8 月 15 日，9 名内阁大臣参拜靖国神社。

• 1996 年 4 月，120 名议员和三名阁僚参拜靖国神社。

• 1996 年 7 月 29 日，桥本龙太郎以"内阁总理大臣"身份参拜靖国神社。8 月 15 日，6 名内阁大臣参拜靖国神社。

• 1997 年 4 月 150 名国会议员参拜靖国神社。

• 1997 年 8 月 15 日，部分内阁成员两院议员及其代表 190

人参拜靖国神社。

* 1998 年 8 月 15 日，小渊内阁中先后有 13 人参拜靖国神社。

* 1999 年 8 月 14—15 日，日本 9 名内阁成员参拜靖国神社。

* 2000 年 4 月，日本 100 多名国会议员集体参拜靖国神社。

* 2000 年 8 月 15 日，10 名内阁成员和 78 名国会议员正式参拜靖国神社。

* 2001 年 8 月 4 日，日本经济财政大臣竹中平藏参拜靖国神社。8 月 13 日，小泉纯一郎首相参拜靖国神社。8 月 15 日，又有 5 名阁僚和 85 名国会议员参拜靖国神社。

* 2002 年 4 月 21 日，小泉纯一郎首相参拜靖国神社。随后 190 名国会议员和议员代表集体参拜靖国神社。

* 2002 年 8 月 15 日，防卫厅长官中谷元等数位内阁大臣参拜靖国神社。

* 2003 年 1 月 14 日，小泉纯一郎首相参拜靖国神社。

* 2004 年 1 月 1 日，小泉纯一郎首相参拜靖国神社。

从以上列举的事实看出，中曾根首相参拜靖国神社后，顾虑到邻国的反应，日本首相曾经约束过自己的行为。1996 年再有桥本龙太郎以首相名义参拜靖国神社。隔了几年，隔了几届内阁，没有首相参拜。但是 2001 年起，小泉纯一郎组阁后，当年就以首相名义参拜，2002 年参拜一次，2003 年参拜一次，2004 年元旦又参拜一次。从小泉任首相开始，中日关系的问题就比较严重了。小泉参拜还提出了自己的理由。2001 年 5 月，小泉纯一郎首相在国会宣称要以总理大臣身份参拜靖国神社，他说："我并不认为参拜靖国神社是违反宪法的。"他在接见美国记者时说："认为参拜靖国神社就会导致战争，这是错误的，这种观点是建立在误解和偏见基础上的。"① 参拜靖国神社是否违反宪法，这要由日本国内的宪法专家去解释。但是从国际法的角度看，因为参拜靖国神社，就等于参拜了对侵略战争负有责任的14名甲级战争罪犯，这是违反了中日《联合声明》和中日《和平友好条约》的精神的。说参拜靖国神社就会导致战争，当然是言重了。战争的发生是由十分复杂的因素组合而成的，中日之间现在还没有出现这样的复杂因素，因此也不可能发生战争。但是，参拜行为表示对过去发动战争的军国主义者的怀念，这又包含着孕育新的战争行为的可能性，不能不令人警惕！

可见，"搁置历史"，如果是针对中国说的，它本身缺乏针对性；实际上，提出这个论点的学者正是针对中国政府说话的。日本政府领导人不愿意"搁置历史"，我们怎么办呢！

对最近30年中日关系的动态分析

中日邦交正常化的时间已经超过了30年。前面已经论证过，这30年的中日关系是1871年以来中日关系历史中最好的时期。这是一个总的评价，一个静态的观察。如果对这30年的中日关系再作一个动态的分析，我们可以看出一些情况来。

把1972年复交以后的30年分成三个时期，1972—1982年是第一个时期，1983—1993年是第二个时期，1994年以后是第三个时期。

1972年田中内阁成立，中日邦交恢复，到1982年中曾根内阁成立。这10年中的大部分时间，中国的政治局势不是很稳定，但中日双方仍在努力维护和发展中日关系，有人称这10年是中日两国的蜜

① 参见徐之光主编《中日关系三十年》，第497页。

月时期。两国部长以上的领导人互访共有 22 次，其中日方 10 次，中方 12 次。两国政治关系很好，没有人提出历史认识问题。两国经贸关系从小到大，迅速发展。贸易额从 1972 年建交时的 10.38 亿美元，发展到 1982 年超过 100 亿美元，扩大了 10 倍。[①]

1983—1993 年的第二个 10 年，是中曾根内阁到细川内阁的时期。中国处在改革开放的关键时期，经济和政治的发展都受到冲击，学潮频发，又发生了天安门风波。日本国内经历了六届内阁。中日两国部长以上领导人互访了 38 人次，其中日方 20 次，中方 18 次。两国贸易额从 100 多亿美元提高到 390 亿美元，扩大了不到 3 倍。这个时期中日关系的发展大体上是正常的，经济关系是好的，政治关系虽有一些波动，但很快就解决了。但是这个时期出现了历史认识问题，出现了首相和内阁成员参拜靖国神社的情况。但在中国和韩国的反应之下，政府领导人作了自我约束。六届内阁的首相在对待历史认识的表态上，大体上都是好的，对于错误的言论，能够自制。如国土厅长官奥野诚亮发表了否定侵略的不利于中日关系的言论，受到批评，而且被迫辞职。中山太郎外相还对原运输大臣石原慎太郎否定南京大屠杀的言论提出了批评。这都是照顾中日关系大局的表现。

1994 年以后的 10 年，是羽田内阁到小泉内阁的时期。这个时期在中国是邓小平南巡讲话以后，中国确定社会主义市场经济原则、经济发展高速前进的时期，也大体上是日本经济泡沫破裂以后处在低成长或者徘徊不前的时期。中日两国部长以上领导人互访 39 人次，其中日方 22 人次，中方 17 人次。[②] 两国贸易额飞

---

① 我没有找到 1982 年的两国贸易额的数字，从 1980 年 89.1 亿美元，1981 年超过 100 亿美元，1984 年的 131 亿美元，可以判断，1982 年应该超过 100 亿美元。

② 我的统计只进行到 2002 年 9 月，2002 年 10 月至 2003 年的互访情况未能统计出来。

跃成长，从 1994 年的 478.9 亿美元，到 2003 年的 1335.8 亿美元，接近 3 倍。日本连续 11 年成为中国最大的贸易对象国，中国不仅是日本最大的进口贸易国，现在又成为日本最大的出口贸易国。据今年 1 月 17 日《日本经济新闻》报道称，日本对中国大陆、香港、台湾的出口急剧增长，2003 年对上述地区的出口贸易额比 2002 年增加约 20%，首次超过了对美出口的数额，两国间经贸关系更趋紧密。① 但是，1998 年江泽民访问日本后签署的《建立致力于和平与发展的友好合作伙伴关系的联合宣言》中确认的两国领导人每年交替互访没能实现。1998 年中国国家主席访日后未能再次访日，2000 年中国国务院总理访日后未能再次访日。日本首相 2002—2003 年未能正式访华。这就是人们经常评论的"政冷经热"现象。②

---

① 中国青年报记者裴军报道，见 japan. people. com. cn 2004—1—19。

② 对 2003 年的中日关系以及首脑互访，近日有中国学者发表评论说：在对日关系方面，2003 年中国政府也作出了很大努力。在《中日和平友好条约》签订 25 周年这个值得纪念的一年里，尽管中日首脑未能实现互访，但两国领导人在第三国进行了三次会晤，特别是去年 5 月胡锦涛主席与小泉首相在圣彼得堡进行了会晤，一致表示两国要"以史为鉴，面向未来"。此外，日本防务厅长官的访华，使一度中断的中日两国军事交流得以重新启动。中日部长级会晤大多得到恢复。去年 9 月中国开始单方面免除日本游客的短期旅行签证。去年 10 月中日韩领导人在印尼巴厘岛举行了第五次会晤。去年 11 月中国驻日本使馆领事部下设的警务组已正式启动。特别值得提到的还有中国以负责任大国的姿态主动发起有关朝核问题的"六方会谈"，在解决朝鲜核危机的过程中，中国也与日本进行了协调与合作。从日本方面说，在去年发生"非典"期间，日本向中国提供了最多的援助。去年小泉首相多次强调中国的发展对日本不是威胁，作为一个近邻大国的首相表明这样态度自然具有更大说服力。去年年底日本政府郑重表示对陈水扁关于实施"公民投票"及"制定新宪法"的言论使两岸关系产生紧张而感到忧虑，对此中国外交部表示欢迎。但是，日本在对华外交方面做出上述积极动作的同时，也有不少负面的动作，这包括最近日本前首相森喜朗赴台湾访问，小泉首相在新年伊始作为内阁总理大臣第四次参拜靖国神社等。总之，日本方面的负面外交动作对本来就很不够的积极外交动作起到了抵消作用。见冯昭奎《中日"冷政治"》，《瞭望周刊》2004 年 1 月 20 日。

为什么出现这种现象？显然与小泉内阁成立后的两件事情有关。一件是修改历史教科书，一件是参拜靖国神社。小泉内阁在2001年4月成立，7月日本政府就回绝了中韩两国政府有关修改历史教科书的要求。2001年5月，小泉在国会宣布要以总理大臣名义参拜，而且上任以来已经有四次参拜。这一行动被日本国内外评论为蔑视亚洲国家的感情。这两件事都与历史认识问题有关。

可见第三个10年的中日关系，并不是所有方面都不好。2001年以后，日本方面的历史认识问题突出起来了，特别表现在历史认识问题上不考虑国内外的反应，不能从中日关系的大局出发约束自己，表现在处理邻国关系、在处理亚洲大局和国际大局方面战略上的摇摆和波动。

未来中日关系的展望

所以展望未来的中日关系，我认为还是要从历史认识上着手。

有日本学者指出，考虑这个问题，要注意日本的政治结构，注意日本的选举政治。这个提醒是有道理的，但是不能完全说服人。日本的政治结构和选举政治30年来并没有改变。为什么第一个十年没有历史认识问题呢，为什么第二个十年出现了历史认识问题，日本政治领导人能够约束自己呢？政治领导人引导民意的责任是不能忽视的。中国的党和政府领导人在努力引导民意从中日关系的大局着眼，不要作出过度的反应；而日本领导人在推动、怂恿民意朝着不利于中日关系大局行动。例如，1985年中曾根首相参拜过靖国神社后，反华的右翼活动明显增强。反华右翼活动的增强又推动着政治家的历史认识向倒退方向发展。

有中国学者指出，只有"搁置"历史，绕过这个"死结"，前途就光明了。本文已经分析了，这个想法只是一偏之见，不是展望中日关系前景的真知灼见。因为中国政府并没有打历史牌，并没有处处拿历史认识问题刁难日本。只是在日本政治领导人提出历史认识问题的时候被迫作出反应而已。有关中日关系的三个文件都明确阐明了处理历史认识问题的原则观点。为什么日本领导人要挑战这些观点呢？如果中国领导人不被迫作出反应，而是绕过去，会有什么后果呢？我想即使愚者也不难作出结论。那样做，决不是中日关系之福。

有学者认为，从国际关系的角度看，两国之间"经热政冷"的现象是不正常的。我的看法是，不能简单看待中日之间的"经热政冷"。中日之间经济热是 30 年来的最大成果之一，这是好现象。这种经济热决不是长期政治冷的结果。如果两国政治关系长期恶劣，绝不可能出现两国经济关系如此发达的局面。目前暂时的政治冷，只是有限的，不是无限的。有限的冷，只是表现在一定的范围内，并不是所有的方面都冷。如果这种冷是绝对的，一定会影响经济关系的发展。"经热政冷"现象长期继续下去，一定会影响经济关系的发展。所以我们要克服当前这种有限的冷，防止它可能成为长期的全面的冷，推动中日关系进一步向前发展。反过来说，如果中日两国的经济关系进一步密切，中国经济持续高速增长，会带动日本经济的复苏和增长，也会改变两国关系中的"政冷"现象。日本《每日新闻》编辑委员石乡冈建最近注意到 2003 年日本向中国经济圈的出口总额达到 13.7 万亿日元，首次超过了对美出口的 13.4 万亿日元，从而判定：2003 年也许是日本的出口结构由美国偏向中国的一个历史性的转折点。中国的经济增长没有停滞，中国的经济规模将越来越庞大。这样中日经济联系也将越来越庞大，到时候，日本"不能无视对美出口"的声音有可能变成"不能无视对华出口"。石乡冈建推测："这种潮流不会停留在经济领域。也就是说，日本外交将由'追随美国'转为'重视中国'。"① 当然，石乡的推测还有待证实。但是，这样的推测是有一定根据的。如果这种推测得到证实，那它一定首先从历史认识上着手。

　　在这种推测得到证实之前，首先有一个如何对待中国经济的高速增长，如何对待中国崛起的问题？这是当前摆在日本政治家面前的难以决定的选择。小泉内阁组成后，小泉首相的咨询机构"对外关系工作小组"提交了一份外交政策报告，就充分暴露了这个难题。② 这份报告一方面指出不要把中国的发展视为"威胁"，一方面又认为中国的竞争带来了日本高速增长诸条件的丧失；同时认为"中国军事力量的增强，从中长期看可能对日本构成严重威胁"。这个估计形成了日本的外交战略：要以日韩为中心，与美国相连接，再向东亚和大洋洲扩展，形成一个应对中国的"网络"，要使东盟成为"日本对华外交的盟友和对中国的平衡者"，要强化日、加、澳三个发达国家间关系，称印度是一个"可与中国相抗衡的国家"，甚至认为对俄罗斯来说"如能改善与日本的关系，把日本引进西伯利亚，就能平衡中国势力"，甚至还提议要强化日台交流协会。③

　　这是一个以中国为假想敌，为此不惜组成以美国为首的统一战线，从中国的周围包围中国的国际关系战略。这个所谓基本战略，是用一种陈旧的反华思想为武装的过了时的战略。用这个战

---

　　① 石乡冈建：《日本外交将走向"重视中国"的历史性转折点》，《每日新闻》2004 年 2 月 16 日。

　　② 对这份报告的分析，参见金熙德《面临崛起的中国　日本尚未摆脱"战略贫困"——解读〈21 世纪日本外交基本战略〉》，《环球时报》2003 年 1 月 20 日。

　　③ 同上。

略应对中国经济的高速发展和中国的崛起，在今天的国际关系背景下，它本身是充满矛盾的，是无法实现的，是又一种无的放矢。首先，中国致力于发展自己，要努力争取长时期的国际和平环境和良好的周边环境，以中国共产党十六大所规定的"加强睦邻友好，坚持与邻为善，以邻为伴"的外交方针，与全世界交朋友。中国正在努力改善对美关系，努力改善周边关系，努力巩固与欧洲各国和欧盟的关系，进一步加强与亚洲、非洲、拉丁美洲各国的关系，种种外交努力已经取得成效。因此组成以美国为首的反华统一战线，谈何容易！第二，中国的崛起，是和平的崛起。中国的发展是中国自己的努力，也得到了全世界各国朋友的帮助，中国的高速经济发展是和平的保障，是全世界经济发展的推进器。在经济全球化的过程中，中国经济的发展开始显示自己的作用。中国发展了，世界大家庭都会得到好处，事实上日本正在从中国的发展中获得好处。这样的反华统一战线怎么可能建立起来呢！

从国际大战略出发，从建立新的战略思维来说，日本应该淡化或者放弃"脱亚入欧"路线，回到亚洲。日本社会在19世纪80年代形成的"脱亚入欧"思想，与明治维新的国策相结合，曾经造成了日本社会文明的新局面，把日本带入了物质文明和精神文明的新境界。在"脱亚入欧"思想和明治维新的国策指导下，无论是"脱亚"或者"兴亚"，都带有"侵亚"的目的。① 今天的时代不同了。还坚持福泽谕吉当年提出的把中国和朝鲜当作日本"不幸的近邻"和"恶友"② 的思想应该说是大大落伍

---

① 这个"侵亚"目的，已故的东京大学教授田中正俊早已指出过。见田中正俊《清仏戦争と日本帝政黨系新聞の論調》，转引自石晓军《中日两国相互认识的变迁》，台湾商务印书馆1992年版，第243页。

② 见福泽谕吉《脱亚论》，转引自石晓军著上引书，第242—243页。

了。我建议，日本社会应该反省明治维新以来的发展史，反省1945 年战败的历史，改变"脱亚入欧"的思想路线，约束长期形成的对亚洲、对中国的蔑视甚至敌视政策，学会与亚洲各国和平共处，在亚洲形成共存共荣的局面，这样亚洲各国才能更好地发展起来，亚洲才能在世界上有更大的发言权。其实这样做，对日本不难。日本只要放弃在历史认识问题上的固执态度，体会中国、韩国以及亚洲各国人民的感情，就会与中国、韩国以及东盟各国和睦相处，就能够造成新的局面，造成亚洲各国稳定、和平发展的局面。日本放弃在历史认识上的固执态度，对日本有什么损失呢？我看是没有的。因为这个固执态度本来是应该放弃的，不放弃它，背上这个包袱，日本很难以前进，很难以缓和与亚洲各国的关系。如果说有损失，只是损失了长期背在身上的历史包袱。放弃这个包袱，将获得亚洲各国的原谅、同情和理解，获得停滞不前的经济的复苏，获得国际关系的大改善。以最小的损失，换取最大的收获，这还不是大战略吗？

至于由于贸易关系的进一步扩大，发生种种贸易争端与摩擦，我认为通过 WTO 的协商框架，通过市场原则，通过两国政府解决贸易争端的真诚努力，是容易解决的。

（2004 年 1 月 28 日夜完稿于日本岛根县滨田市津茂谷旅馆
1 月 31 日，修改于京都大学清风会馆）

走向民族复兴的重要标志

——论抗日战争胜利的历史意义 *

　　世界反法西斯战争暨抗日战争胜利 60 周年纪念正在世界各地展开。俄罗斯、法国和英国都举行了隆重的纪念仪式。中国也正在热烈纪念并庆祝这个值得纪念和庆祝的日子。这说明对这个胜利的纪念，不仅具有重大的历史意义，而且具有现实意义。

　　世界各地的人们每过 10 年都要纪念这个重要的日子。今年的纪念与 10 年前不大相同。作为第二次世界大战反法西斯胜利的一个结果就是联合国的成立。今年联合国正在讨论机构改革问题，各国议论纷纷。恐怖主义所引起的国际关注在一定程度上正在影响着国际关系的走向。世界多极化的局势正在形成。中日关系因为小泉内阁的历史认识问题（当前突出反映在参拜靖国神社和历史教科书问题上）出现了中日关系中空前的"政冷经热"现象，东海资源问题和钓鱼岛领土归属问题加剧了中日关系的紧张。在这样的国际关系背景下，我们来纪念抗日战争胜利 60 周年，回顾抗日战争的艰苦历程，讨论抗日战争的历史意义，抚今

---

　　* 本文原载《抗日战争研究》2005 年第 3 期。

追昔，使我们对中华民族的复兴更加充满了信心。

抗日战争的胜利完成了近代中国从"沉沦"到"上升"的转变

　　观察抗日战争的历史意义，不能仅就抗日战争谈抗日战争，需要从鸦片战争以来的近代中国的历史演变来考察。先后发生的两次鸦片战争，老大的中华帝国迭次败北，中国被拘束在西方殖民主义强加的不平等条约体系之中。这时的中国有两个不利条件。一个是中国进入了封建社会的末期，在度过了郑和下西洋的辉煌时代以后，中国在世界生产力发展水平上开始落伍了。当乾隆皇帝把前来寻求贸易机会的英国使团贡献的方物当作"奇技淫巧"的时候，他看不到这种"奇技淫巧"背后的生产力发展水平。不过过了40年，英国人再次前来叩关，蒸汽机驱动的轮船和鸦片飞剪船带来的已经不是一般的商品了。第二个不利条件是，在封建社会末期的中国统治者，正处在清朝统治的晚期。统治者不了解外部世界，以致签订了不平等条约，还不知道英国在何方向、道里远近，当然更不知道失败的原因何在了。处在封建社会末期的封建王朝，对于上升时期的资本主义列强，完全丧失了应对的本领。就是在不平等条约体系的约束中，中国"沉沦"到了半殖民地半封建社会的"深渊"。又经过甲午战争的惨败，割地赔款，把洋务新政中积累的财富消耗殆尽，以至于造成列强瓜分中国的趋势。八国联军之役，《辛丑条约》的签订，标志着中国半殖民地半封建社会形态的确立。这是鸦片战争以后60年来，清政府腐败、落后挨打、备受列强欺凌的必然结局。这时候，外国军队驻扎于中国京畿的12处战略要地，并将北京至海边的炮台一律削平。这等于使中国解除了防务，由列强对中国实行了永久军事占领。中国首都产生一个中国人不得进入的武装使馆区，这是真正意义的"国中之国"，它在紫禁城旁，用枪口监督着中国中央政府的一举一动。中国人抵抗侵略的权利被完全剥夺，连民众加入反帝组织，也要被砍头，中国政府的官员则成了列强镇压人民的工具，否则就要被革职惩罚。一位美国历史学家评论道：中国此时"已经达到了一个国家地位非常低落的阶段，低到只是保护了独立主权国家的极少的属性的地步了"①。1901年以后，以慈禧为代表的清朝统治阶级，由传统意识维系的心理防线终于被彻底摧垮。谢罪，惩凶，立碑，停试，驻军，赔款，天朝上国的妄自尊大、盲目排外，一下子变成了乞命讨饶，奴颜婢膝。"量中华之物力，结与国之欢心"，成了社会"沉沦"到"谷底"时的真实写照。

国家地位如此，社会状况如此，这是帝国主义侵略的结果，这是统治集团腐败无能的结果。具有五千年悠久历史文化的中国人民不会在这种状况面前停止思考。尽管《辛丑条约》规定中国人民不得结成反帝组织从事反帝活动，但是面对列强侵略的加深，反帝活动日盛一日。1901年以后，迅速开展了拒俄运动、反美运动、收回利权运动、拒英运动、拒法运动以及反对日本提出二十一条以及反对签订"中日密约"的运动。1919年5—6月间更爆发了全国规模的学生和工人运动，反对日本侵占山东，抗议巴黎和会对中国的不公平待遇，迫使中国出席巴黎和会的代表拒绝在巴黎和会上签字。这是鸦片战争以来在中国民意基础上，中国政府代表第一次对国际条约说了"不"字。从此以后，由于中国社会出现新的生产力、新的阶级、新的思想和主义，中国社会在经济、政治、思想、文化各方面出现了新的积极向上的因

---

① 马士：《中华帝国对外关系史》第3卷，中译本，第383页。

素，出现了社会从"沉沦"转而"上升"的趋势。

正是中国人民伟大的八年抗日战争，从全面意义上完成了近代中国从"沉沦"到"上升"的转变。五四运动以来大幅前进的中华民族的复兴，在抗日战争中得到了全面提升。中华民族的民族复兴推动了这个转变，这个转变过程也进一步推动民族复兴。从鸦片战争以来的历史事实看，1937年7月开始的日本帝国主义全面侵华，是历次帝国主义侵华过程中最为严重的一次，时间最长（如果加上1931年"九一八事变"开始的局部侵略，应是15年之久），占领中国的领土最广大，造成中国国家和人民的损失最巨大，但是中国国家和人民却没有被打趴下，中国取得了抗日战争的最后胜利。这个胜利，是近代以来中国所取得的第一次对外战争的胜利。因为这个胜利，中国对第二次世界大战暨反法西斯战争作出了独特的、其他国家难以替代的贡献，中国作为东方战场的主战场，拖住了日本的主要兵力，使它不能实现在中东与德国军队的汇合，全力支持了美国、英国的太平洋战场，也全力支持了苏联、美国、英国在欧洲的战场，赢得了反法西斯各国的尊重，战时（1943）废除了列强加在中国头上的锁链《辛丑条约》和治外法权，战后，台湾回归了祖国，中国成为联合国的发起国和常任理事国。中国还是一个弱国，由于抗日战争的胜利，中国开始登上了大国活动的国际舞台。

历经八年的、艰苦卓绝的抗日战争，从民族复兴的思想高度上看，可以证明如下几点：第一，面对外国帝国主义的侵略，中国是应当抵抗，而且必须抵抗的；第二，入侵之敌虽然比我强大，我举全民族之力，经过长期的艰苦作战和牺牲，是可以最后战胜强敌的；第三，在外敌面前，中华民族面临生死存亡的时候，民族利益第一，阶级利益必须服从民族利益，必须组成民族统一战线，共同对敌；第四，在民族战争中，必须广泛争取有利于我的国际援助；第五，在中国这样一个广土众民、历史文化悠久的大国，确信入侵之敌是可以战胜的，中华民族的复兴是可期的。

争取抗日战争胜利的基本条件

中国抗日战争是中国人民抵抗日本帝国主义企图灭亡中国的战争，是保卫中国独立主权完整的战争，是中华民族为自己的生存而拼死奋斗的民族战争，因而是一场完全正义的战争。日本军国主义者以中国为目标，制定大陆政策，不管是北进还是南进，都是首先占领中国，进而东南亚，进而世界。所谓"大东亚共荣圈"，所谓"王道乐土"，是建立在"武运长久"基础上对东亚各国的统治圈。日本为此目的进行的是侵略战争，是不义的战争。中国抗战不仅是保卫中国主权的战争，也是反对世界法西斯、保卫世界和平的战争。中国抗战不仅是中国的，也是世界的。正义之战决定了中国进行战争的基本性质，也决定了战争前途的基本指向。

但是，中国历史和世界历史都证明，正义战争的一方不一定总能获得胜利。中国抗战要取得胜利，还需要国内和国际条件的支持与配合。

国内条件主要是对这场民族战争性质的认识。抗日战争时期，是日寇侵入大片国土，妄图灭亡中国的时期。日寇妄图灭亡中国，中华民族到了存亡绝续的关头，这个基本事实，决定了中华民族与日本侵略者的矛盾是基本的矛盾，是决定和影响中国国内其他矛盾首先是阶级矛盾的主要因素。因此，对待日本侵略者的态度，基本上可以决定一个人、一个团体、一个政党的态度，它是爱国的、不爱国的或者卖国的，用对待民族矛盾的态度一衡量，什么都清楚了。如果一个人、一个团体、一个政党在对待日本侵略者侵略中国的态度上正确了，我们就可以肯定他是一个爱国者、爱国团体、爱国政党，这就叫做大节不亏。这就是说，在民族危亡的时刻，中华民族的利益是第一位的，阶级的利益、政党的利益，都要服从民族利益。国民党也好，共产党也好，其他中间党派也好，如果都强调本党的利益，而不顾民族的利益，就要被人民淘汰，被历史淘汰。在日寇大举入侵的情况下，共产党呼吁联合起来抗日，把"反蒋抗日"转变为"逼蒋抗日"、"拥蒋抗日"，是认识到民族利益第一这种政治现实；国民党罔顾人民的呼声，坚持"攘外必先安内"，迫使张学良、杨虎城将军"剿共"，显然是以国民党一党的利益为重的表现。张、杨二将军面对民族压迫，不愿意"剿共"，他们冒着生命的风险，用"兵谏"的非常手段逼迫蒋介石答应联合共产党和红军一致抗日，表现了他们的民族大义！"兵谏"的结果，张将军虽然落得终身监禁，杨将军后来也身陷囹圄并终遭杀身之祸，但是推动了蒋介石、国民党走向抗日，推动了国民党、共产党抗日统一战线的建立，推动了全国全面抗战局面的到来，这样的历史功绩是不朽的！这个功绩，单靠国民党是不可能取得的，单靠共产党也是难以取得的。可见，民族大敌当前，"兄弟阋于墙外御其侮"，政党之间的恩恩怨怨是可以化解的。

在民族矛盾面前，谁抓住了民族矛盾这个牛鼻子，谁提出并且推动了抗日民族统一战线，谁就能赢得民心。"九一八事变"后，中共中央就提出停止内战，一致抗日，用民族革命战争把日本帝国主义驱逐出中国的主张。随着华北事变后民族危机的加深，中共中央发表著名的《八一宣言》，要求建立抗日民族统一战线，提出集中一切国力去为抗日而奋斗的主张。中共中央和红军到达陕北后，努力推动抗日民族统一战线的实现。"西安事变"的和平解决，是这种努力的具体表现。1936 年 12 月 13 日，《西北文化日报》报道"西安事变"消息，用的标题是："全国民众迫切要求，争取中华民族生存，张杨昨发动对蒋兵谏，通电全国发表救国主张八项，改组南京政府容纳各党各派，30 万民众欢腾鼓舞拥护民族解放运动。"① 可见争取中华民族生存，拥护民族解放运动已经成为时代的最强音。经过国共两党多次谈判，1937 年 9 月 22 日，国民党中央通讯社发表了《中共中央为公布国共合作宣言》的文件，次日蒋介石发表谈话，指出了团结御侮的必要，事实上承认了中国共产党在全国的合法地位。这表明国共两党捐弃前嫌，实现了两党第二次的合作。这也表明，国民党实际上接受了抗日民族统一战线的主张。

中国抗日战争是在中国共产党倡导的抗日民族统一战线的旗帜下，以国共合作为基础，各阶级、各民族人民团结起来进行的中华民族解放战争。当时国家权力掌握在蒋介石、国民党政府手中。抗日战争只有发动蒋介石、国民党参加，才可能利用国家政权的力量推动全国抗战的开展，才可能有全民族的抗战。没有蒋介石、国民党的参加，单凭共产党的力量，尽管它的抗日主张无疑是正确的，是符合中华民族的民族利益的，在当时的历史条件下，也是难以独立支撑全国抗战大局的。抗战期间，蒋介石虽然没有放弃反共，也没有放弃抗战。八年抗战，尽管蒋介石、国民党政府采取消极、片面的抗战路线，对日妥协退让，有时候也搞点"和平"谈判，但毕竟没有对日投降，总算把抗日的旗帜扛下来了。这与汪精卫之流有本质的区别。汪精卫也反共，他把反共的希望寄托在日本侵略者身上，在民族敌人面前，他挺不起腰

---

① 见中共中央党史研究室著《中国共产党历史》第 1 卷下册书影，中共党史出版社 2002 年版。

杆，做了日本侵略中国的鹰犬。从全民族战争的角度看，蒋介石、国民党在抗战中的重要地位和作用，应当得到客观的、全面的理解。同样，中国共产党领导的人民力量的存在和发展，是这场民族解放战争胜利的基本条件，如果没有这个基本条件，全民族抗战是否能实现，或者一时实现了，能否坚持下去而不中途夭折，以及中国是否能取得抗战的最后胜利，就要打一个大问号。从这个角度说，中国共产党及其领导的人民力量，是保证抗战胜利的中流砥柱。所以，人民力量的存在和发展这个基本条件的极大重要性，更加应该得到客观的、全面的理解。因此，抗日战争这场民族解放战争的胜利，是国民党、共产党和全国人民共同奋斗争取得来的。

需要指出，共产党推动蒋介石、国民党参加抗战，是提高了蒋介石、国民党的历史地位呢，还是贬低了蒋介石、国民党的历史地位呢？很明显，蒋介石成为抗战领袖，把蒋介石、国民党在中国历史上的地位提到了从未有过的高度。这也是由中华民族的整体利益决定的。但是抗战胜利后，在美国的扶持下，蒋介石、国民党一意孤行，肆意反共反人民，才从原有的历史地位上跌落了下来。这是怪不得共产党的。蒋介石一生几乎与近代中国同步，他给历史留下的东西，无非是在国民革命中追随孙中山，在抗战中坚持了抗战，退踞台湾后坚持了"一个中国"的立场，其他例如制造"四一二反革命政变"，以及事变后一贯坚持反共、"剿共"，"九一八事变"后坚持不抵抗，坚持攘外必先安内，在抗战中也不忘记反共，在抗战胜利后违背全国人民追求和平的意愿，彻底反共反人民，等等，都是不足道的，都是拉历史车轮倒退的。从历史唯物主义的观点看，从实事求是的观点看，从中华民族的民族利益看，蒋介石在抗战中尽管没有放弃反共，但还是把八年抗战坚持到底了。这一点是值得肯定的。

以上是从民族战争的性质看抗战。换一个角度，从军事看抗战，我们看到：中国抗日战争中，正面战场和敌后战场两个战场的存在是决定抗日战争面貌和结局的关键。抗日战争的特异之处是蒋介石政权控制的正面战场与共产党领导的敌后解放区战场并存。这种状况的两个战场并存，是第二次世界大战中中国战场所独有的。国民党政府掌握着国家军队，有国家提供的后勤支持，与敌人正面相抗衡。1938 年 10 月武汉失守以前，正面战场与日寇作战还是积极的。抗战进入相持阶段以后，正面战场作战就消极了。日寇大幅度进入中国，华北、华东、华中、华南均为敌人占领。中国共产党领导的八路军、新四军打进敌占区，建立抗日根据地，发动广大人民，依靠广大人民，开展大规模的游击战争。中共在上述敌占区先后建立了 19 块敌后抗日根据地。在敌占区除了城镇和铁路沿线，都是人民发动游击战争的战场。国民党攻击共产党"游而不击"，这是出于制造反共舆论的需要。在敌人鼻子底下，"游而不击"，它怎么生存下去呢？实际上，敌后战场吸引了在华日军大部分兵力。1944 年 3 月日军发动豫湘桂战役以前，敌后战场抗击日军 56 万人的 64.5%，正面战场抗击 35.5%。日伪军加在一起，敌后战场抗击敌人总数 134 万中的 110 万，即 80%。客观来说，敌后战场、正面战场，共同构成了中国抗日战场的全局。它们在战略上是互相依托、互相配合的，这种战略配合关系并没有高下之分，在抗战战略的意义上是同等重要的。正是因为敌后战场吸引了大部分日伪兵力，自然就减轻了正面战场的压力。两个战场互存互补，互相支持，缺一不可。缺了一个，抗日战争的胜利都是难以想象的。敌后战场的战略地位，当时美国的军事评论家威尔纳就指出过。他说，日本后方充满了中国的游击队，在第二次世界大战中，"没有一个地方的游击战能够担当游击战在中国将要而且能够担负的战略任务"①。正是有正面战场的坚持，又有敌后战场的强大存在，才使日寇招架不住，穷于应付，才有战争胜利的结局。

两个战场存在的政治基础是国共合作，是抗日民族统一战线。没有国共合作，没有抗日民族统一战线，这种在战略上配合的独特的对敌作战形式不可能存在。两个战场在战略意义上是同等重要的，但是两个战场在战争中的表现并不完全一样。敌后战场在十分艰苦的条件下，始终坚持游击战争，在渡过了 1941—1942 年最艰苦的阶段以后，敌后根据地获得了很大的发展。据统计，到 1945 年春，根据地总面积已达到 95 万平方公里，总人口 9550 万，八路军、新四军以及其他人民军队 91 万人，民兵 220 万人。② 正面战场在相持阶段中则比较消极，在 1941—1942 年日军发动的一些战役中，正面战场虽然进行了抵抗，有些战役由于指挥不当、作战不力，却打得不好。尤其是 1944 年 4 月以后日军发动的"一号作战"（即豫湘桂战役），国民党军队一溃千里，8 个月中，丢失河南、湖南、广东、广西、福建等省的广大地区约 20 万平方公里土地，146 座城市，6000 万同胞沦于侵略者的铁蹄下。在战争中的不同表现，直接影响着全国的政治局势。可以说，两个战场的地位和作用，客观地表现了国民党和共产党在抗战中的地位和作用，反映了它们各自的军事力量和政治影响。

我们再换一个角度，从民族战争的政治条件来看。我们看到，在抗日战争中，始终存在着国民党、共产党两个领导中心。对抗战中是否存在着两个领导中心，存在着明显的不同意见。其

　　① 威尔纳：《日本大陆战略危机》，《解放日报》1945 年 7 月 18 日。转引自中共中央党史研究室著《中国共产党历史》第 1 卷下册，第 735 页。
　　② 引自中共中央党史研究室著《中国共产党历史》第 1 卷下册，第 802 页。

实，不承认其中任何一个领导中心，都是不符合历史事实的。国
民党与共产党在抗日战争中的领导权，是由抗战前两个敌对政治
实体的关系嬗变而来的。说国民党、蒋政权发挥了领导作用，是
因为它掌握着民族战争所必需的、国际国内承认的统一政权，它
指挥200万人军队，担负着正面战场的作战任务。它虽然积极反
共，在抗日问题上严重动摇，但到底把抗日坚持下来了。说共产
党发挥了领导作用，是因为它倡导、推动并始终坚持了抗日民族
统一战线，使民族战争所必需的国内团结能够维持下来，指挥八
路军、新四军，担负着敌后战场的作战任务。它们所处的地位不
同，能够起作用的方面不一样，也不表现为某种平衡，而又都是
不可缺少的。不承认一个中心，或者取消一个中心，行不行呢？
显然是不行的。取消国民党、蒋政权这个中心，失去国家政权的
力量，全国抗战难以推动；取消共产党这个中心也不行，取消这
个中心，抗日民族统一战线就形成不了，还是继续"攘外必先
安内"，内战不止，如何形成全国抗战的局面？取消这个中心，
敌后战场谁来领导，广大敌后地区的人民群众谁来组织和发动？
取消这个中心，谁来制止国民党政权对日妥协退让的趋势？在抗
日战争这个整体大局中，国民党、共产党都起着领导作用。这个
作用，都是全局性的，不是局部的、暂时的。不承认其中任何一
个中心所发挥的领导作用，都不是实事求是的态度，都不是历史
主义的态度。双方这种都是全局性的领导作用，是各自通过自己
的领导能力来实现的，是在又统一、又矛盾的斗争中来实现的。
在抗日统一战线内部又统一、又斗争的过程中，国共力量的消长
发生着变化，总的趋势，是人民的力量、共产党的力量逐渐增
强，并且历史性地改变了国内政治力量的对比。这是对抗日战争
中国民党、共产党的领导地位和作用的最终的说明。

抗日战争中两种力量的相互消长

　　已故著名历史学家刘大年在研究抗战历史的时候，有一个重要的结论：抗日战争既是民族战争，又是人民战争。[①] 其实，这样的认识，当时身与其事的人已经感觉到了。亚洲问题专家、曾任蒋介石政治顾问的美国人拉铁摩尔在皖南事变后说过："对中国人民来说，这四年的历史既是争取民族解放的历史，又是国内革命的历史"，抗日战争是"争取民族独立和国内民主革命相结合的战争"。[②] 从这个观点出发，在八年抗战中，客观上存在着两种力量相互消长的过程。从民族战争这一面说，是日本侵略力量由盛转衰、中国抗战力量由弱转强的过程；从人民战争这一面说，是国民党政权的力量由盛转衰、中国共产党领导的人民力量由弱转强的过程。这两个过程是在八年抗战的历史进程中逐步展现出来的。

　　日本帝国主义错误地吸取了甲午战争、日俄战争、"九一八事变"和华北事变的经验，错误地执行了明治维新中决定的"开疆拓土"、"脱亚入欧"的决策，错误地把中国和朝鲜看成是"不幸的近邻"和"恶友"，[③] 以为一个月、三个月就可以完成侵略中国的战争，就可以建设"大东亚共荣圈"的"王道乐土"。这是日本帝国主义者大错特错的认识。他们没有看到，时代条件完全不同了，近代中国正在从"沉沦"走向"上升"的

---

　　① 参见刘大年《民族的胜利，人民的胜利》，《刘大年集》，中国社会科学出版社 2000 年版，第 149—161 页。
　　② 欧文·拉铁摩尔：《四年之后》，载《太平洋事务》第 14 卷第 2 期，转引自《刘大年集》，中国社会科学出版社 2000 年版，第 155 页。
　　③ 见福泽谕吉《脱亚论》。

过程中，中国共产党正成为中国政治生活中的重要因素，从19世纪末以来，特别是经历过辛亥革命和五四运动以来一系列群众运动的锻炼，中国人民对帝国主义侵略中国的历史已经逐渐从感性提高到理性的认识，人民群众的觉醒程度已经大大不同于往昔了。日本最大的错误是与全体中国人民为敌，与中华民族为敌，以为像甲午战争那样，像八国联军那样，轻易可以摧毁中国人民的意志。时势已经完全相反。中国建立了举国一致的抗日民族统一战线，以正面战场和敌后战场相结合的战略配置，采用毛泽东所规划的以时间换空间的持久战作战方针，中国共产党在敌后广泛发动了人民群众，使得日本侵略者深陷于人民战争的汪洋大海之中，不得自拔。无论是北进或是南进，无论是采用"和平"的谋略手段，或者开辟太平洋战场，都不能放松中国人民对于日本野心的警惕，它的大部分军力始终陷于中国战场的泥淖中。日本把它的国力拼在侵略中国的战场上，最终走向失败的可耻下场。

　　这是民族战争中中日双方力量消长的过程。在这个过程中，中华民族的民族意识空前觉醒了。还有一个过程同时展开，这就是人民战争中国民党、共产党力量消长的过程。国民党控制国家政权，可以调动全国军队，中共领导的武装力量与之不成比例。但是国民党主张片面抗战，不发动人民群众参加，武汉失守以后，正面战场作战由于指挥不力，打得很不好。在这种情况下，国民党、蒋介石还不放弃反共，一再制造反共高潮，意图在抗日民族战争中消灭共产党。1941年"皖南事变"，歼灭新四军军部连军长叶挺在内9000余人，一时在国内造成亲痛仇快、内战再起的局面。共产党本着政治从严、军事从宽的原则，进行了有理有利的斗争，保住了国共合作的大局。"皖南事变"在政治上给了国民党以打击。大后方的民主势力高涨，民主政团同盟的成立是一个标志，表示着中间势力对国民党政府的离心力增长了。1944年日军发动"一号作战"，造成正面战场豫湘桂大溃败，日军兵锋到达贵州独山，引起了整个大后方民心极大振荡。这时候，欧洲反法西斯战场已经取得决定性胜利，第二战线已经开辟；国内敌后战场不断扩大、声势蒸蒸日上，正面战场竟然一败涂地，全国人民，特别是大后方人民对国民党政府领导抗战到底的能力，发生了从来未有的怀疑。敌后抗日根据地政治民主，民心向上，国民党统治区独裁专制、贪污腐败横行，大后方的大学教授、工商界人士、民主党派的政治倾向发生了动摇。美国记者、大后方报纸记者，纷纷访问延安，乃至六参员延安之行，都大大增加了人民对国民党政府的不信任，而把新中国的希望、把中华民族复兴的希望寄托在延安，寄托在中国共产党身上。原来比较超脱、不大过问政治的大学教授和工商界人士，也都开始联系政治现实，发表政见。正是在这样的民意背景下，1944年9月，国民参政会参政员林伯渠代表中共在国民参政会上，提出了废除国民党一党专制、建立联合政府的主张。这个主张，出人意料地得到了中间势力的支持，得到了社会舆论的强烈反应。中国民主同盟公开发表声明，主张结束一党专政，建立各党派联合政权，实行民主政治。这是一个重要的政治动向。成立联合政府，一时成为国内政治舆论的最强音。毛泽东后来说，联合政府口号一提出，"重庆的同志如获至宝，人民如此广泛拥护，我是没有料到的"[1]。国内政治的天平明显地转向共产党。美国人谢伟思当时就看出了这一点。他写道："随着国民党失败越来越明显地暴露，中国国内的不满在迅速发展。党的威

---

[1] 《毛泽东在七大的报告和讲话集》，中央文献出版社1995年版，第101页。

信空前低落，蒋越来越失去作为领袖曾一度享有的尊敬。"① 国共两党力量在中国政治上的消长成为这时期转变中国命运的关键。著名历史学家金冲及说过："抗日战争时期大后方的人心变动发生在 1944 年豫湘桂大溃退后。它造成的强大冲击波，不仅影响抗战最后阶段的国内政治局势，而且延伸到战后，在相当程度上埋下了国民党政府失败的重要种子。"② 这就是为什么抗战胜利不久，在决定中国命运的时刻，只用了不过三四年时间，不论在前方后方，共产党都得到老百姓的全面支持，迅速取得全国政权的原因。

抗战胜利是中华民族复兴的重要标志。中华民族复兴的希望在哪里？在中国共产党领导的抗日根据地里，在中国共产党领导的武装力量里，在中国共产党及其领袖毛泽东的新民主主义理论所规划的中国社会发展的前景里。所谓中华民族的复兴指的是什么？指的是彻底粉碎日本帝国主义灭亡中国的企图，把日本帝国主义全面赶出中国，把国际帝国主义强加在中国头上的枷锁《辛丑条约》彻底废弃，中国成为一个主权完全独立的人民共和国。由于抗战胜利，日本从中国领土完全退出，包括从台湾和澎湖列岛退出，中国成为联合国发起国和常任理事国。这个目的基本上达到了。这是中华民族复兴的第一个含义。第二个含义是，废除独裁专制政府，建立民主联合政府，选择中国社会独立的发展道路，避免资本主义的前途。这一点，由于马克思列宁主义与中国实际在抗战时期的完美结合，诞生了毛泽东思想而基本上获得了解决。毛泽东在《中国革命和中国共产党》、《新民主主义

---

① 埃谢里克编著：《在中国失掉的机会》，国际文化出版公司 1989 年，第 164 页。

② 金冲及：《论 1944 年大后方的人心巨变和"联合政府"主张的提出》，见《转折年代——中国的 1947 年》，生活·读书·新知三联书店 2002 年版，第 491 页。

论》、《论联合政府》中提出了新民主主义革命的系统理论，为抗战胜利后中国社会发展道路描绘了蓝图。只要上述目的达到，中华民族复兴就有希望了，中国现代化的道路就通畅了。

以上所述，就是抗日战争胜利的基本历史意义。这也就是我们今天纪念抗日战争和反法西斯战争胜利的原因。

五
中国近代史:方法论思考

略谈外国侵略与近代中国的"开关"[*]

历史研究领域是一块永不衰竭的常青园地。现实政治、经济、文化运动的方式常常影响并启发人们重新思考历史上的许多重大问题，试图从中发现或获得历史对于现实的新的启示。今天我们在四化建设中实行对外开放政策，常常使人们联想起中国近代史上的"开关"问题，从而探讨清末闭关、开关的得失利弊。这是学术发展中的正常现象。但是，今天的开放政策，是在马克思主义指导下为建设具有中国特色社会主义而提出的，它同清末在资本—帝国主义侵略下，腐败的清政府被迫实行开关不能同日而语。因而在探讨近代史上的"开关"问题时，必须注意区分不同历史时期两种开关的不同出发点（或历史前提）和后果，不能有意无意地把它们混淆起来。

---

* 本文是作者 1986 年参加中国社会科学院近代史研究所一次座谈会后写成的，原载《红旗》杂志 1987 年第 6 期。收入中国社科院科研局编《在理论战线上坚持马克思主义》，中国社会科学出版社 1990 年版；沙健孙、龚书铎主编《走什么路?》，山东人民出版社 1997 年版；中国海关史学会编《中国海关史论文集》，1997 年版；《追求集》，社会科学文献出版社 1998 年版。

有一种意见说，鸦片战争打开了中国的大门，"资本主义终于打入了封建主义禁锢着的神圣王国"，是好事，应当大恨其晚，如果来得早一点，"我们中国就远不是如此的面貌了"。这种观点还认为："科学是无国界的，文明是无国籍的。难道为了'抗拒'外国，宁肯让我们中华民族退到刀耕火种不成？"它似乎要告诉人们：由于资本主义文明是先进的，资本主义列强侵略落后的封建中国时，中国只能敞开大门让其侵略，绝不能反抗，多出几个林则徐似的民族英雄也无济于事，不过延缓接收资本主义文明的时间罢了。这样提出问题，不仅涉及怎样看待资本帝国主义侵略对中国社会历史发展的作用，而且涉及中国人民要不要抵抗外国侵略的问题。这当然是一个极为严肃的问题。

提出上述观点的同志引证马克思《不列颠在印度的统治》中关于英国在印度造成的社会革命"充当了历史的不自觉的工具"的话来支持自己的论点。那么，应当如何认识马克思的上述说法呢？

对待马克思主义创始人说过的话，如同我们对待毛泽东思想的创始人说过的话一样，不能取其一点，以偏概全，而应完整地、准确地把握马克思主义的精神实质。在学术研究中，绝不能随意拈来马克思著作的只言片语，简单地往文章中一套，作为自己文章的标签。上述马克思的话，从历史发展的角度评价资本主义文明的客观进步作用，当然是正确的。马克思在那里强调的是"充当了历史的不自觉工具"（着重点为引者所加），并不是对资本主义侵略的全面评价，也不包含无视资本主义侵略罪行的意思。全面理解马克思关于英国在印度建立殖民地体系的历史作用问题，还应注意马克思说过的其他的话。马克思在谈到英国侵略印度的历史作用时，在同一篇文章里还说："印度失掉了它的旧世界而没有获得一个新世界"①。在《不列颠在印度统治的未来结果》的文章中，马克思还特别指出：英国人"在印度进行统治的历史，除破坏以外很难说还有别的什么内容"②。当然，为了掠夺更多的东西，英国在印度修了铁路，办了工业，发展了资本主义生产。马克思在肯定了这一切之后，又明确指出："印度人民是不会收到不列颠资产阶级在他们中间播下的新的社会因素所结的果实的"，因为这"不仅仅决定于生产力的发展，而且还决定于生产力是否归人民所有"③。这就说出了问题的实质所在。

列宁根据 19 世纪末 20 世纪初新的历史经验，即自由资本主义发展到垄断资本主义、殖民地半殖民地民族解放运动开始兴起等历史现象，提出了资本主义在全世界的胜利，必然导致两个历史趋向的理论。一方面，资本主义破坏了旧时经济体系的孤立和闭关自守的状态，把世界上所有的国家连接成统一的经济整体，体现了资本主义进步的历史作用；④ 另一方面，在为数无几的最富强的先进资本主义国家对世界绝大多数国家实行殖民奴役的条件下，殖民地半殖民地国家反对帝国主义的民主战争是不可避免的，进步的，革命的。⑤ 这就是说，为摆脱资本帝国主义殖民奴役的民族解放运动也是一个进步的历史潮流。这两个历史趋向是同一个历史过程的两个矛盾的方面。这个理论是我们理解资本帝国主义侵略殖民地半殖民地国家历史作用的关键。如果说发展中的资本主义国家不自觉地把资本主义推进到世界上的各个角落是起了进步的作用，那么它们用不平等的贸易关系，特别是用战争

---

① 《马克思恩格斯选集》第 1 卷，人民出版社 1995 年版，第 762 页。
② 同上书，第 768 页。
③ 同上书，第 771 页。
④ 参见《列宁选集》第 1 卷，人民出版社 1995 年版，第 192 页。
⑤ 参见《列宁选集》第 2 卷，人民出版社 1995 年版，第 694—696 页。

和暴力掠夺手段建立殖民地半殖民地体系，把那些国家变成自己的商品市场和原料供给地，以及为争夺和重新瓜分殖民地而爆发帝国主义战争，就是阻碍了世界上广大地区资本主义经济关系的建立和发展，所起的却是反动的作用。因此仅仅引证马克思关于英国侵略印度的那句话，并用来引申出英国侵略中国是为了向中国传播资本主义文明，由此引起的中国"开关"是进步的，是好事，似乎这样的"开关"早一点更好，那时中国的变化就更大了的观点，是曲解马克思主义的一种糊涂看法。

英国并不是为了传播资本主义文明而侵略中国的。英国要增强、充实自己资本主义的实力，就要开拓殖民地和寻找海外市场，中国就是一个最理想的对象。它为了攫取中国市场蓄谋已久，通过对华的正常贸易达不到目的，就用非法的鸦片和大炮强行打开中国的大门，以便进行野蛮的掠夺。这是中国被迫开关的直接原因。鸦片贸易是赤裸裸的掠夺，不带有任何传播资本主义文明的性质。西方有些学者把鸦片战争称之为"争取平等通商权利的战争"，而讳言鸦片对中国人民的毒害，是出于对殖民主义侵略的辩护，是对可耻的鸦片贸易的美化。所谓"开关"与"闭关"，指的是一国因商品生产发展水平仰赖国际贸易的程度而采取的进出口政策。一般来说，由于自给自足的封建农业经济的限制，商品生产发展水平不高，封建国家往往采取闭关自守的政策，但这并不意味着拒绝对外贸易。印度在沦为殖民地以前是一个闭关自守的封建国家，棉布出口贸易一直占重要地位。中国在清朝时代，丝茶出口贸易也很突出。鸦片战争前，清政府出于国防和国内政治、经济生活的需要，除了短暂的绝对闭关以外，1757 年以前海上开放了四个口岸对外贸易，此后虽把对外贸易港口集中于广州一地，贸易额却没有减少，而是有大幅度的增加。据有关统计资料，西方国家对中国的进出口贸易总额，从

18 世纪 60 年代初到 19 世纪 30 年代初，增加了大约三倍。可见，中国那时的"关"是并没有怎么关闭的，进出口贸易的增长情况与那时生产发展的水平是相适应的。鸦片战争打开了中国的大门，五口通商代替了一口贸易。"开关"给中国带来了什么后果呢？除了《南京条约》成为此后资本帝国主义侵略中国并与中国签订一系列不平等条约的范本，使中国走上半殖民地半封建的道路，因而从一个重要方面规定了此后中国历史发展的方向外，并没有立即给中国带来资本主义。资料表明，"开关"以后二三十年间，列强为了侵略的需要，虽在中国的开放口岸建立了若干加工工业和修造业，但都不是直接影响中国国计民生的大规模的资本主义企业。这些企业对中国封闭似的自给自足的小农经济的影响是微乎其微的。英国那时开始工业革命还不到一个世纪，它的经济实力还不允许它向中国大量输出资本主义的生产技术，所关心的主要是通过超经济的办法实现其对华掠夺。就贸易关系而言，这期间进口的棉布和棉纱较之鸦片战争前，有的只略有上升，有的甚至减少了。列强对华进行经济掠夺最得心应手的手段仍然是鸦片贸易。鸦片在中国的进口贸易中仍占第一位，由于从非法转到公开，进口数量成倍增长。后来中国兴起近代工业，当然与"开关"后西方资本主义的影响有直接关系，但主要决定于中国内部日益滋生着的实际需要。资本帝国主义的入侵，决不是要把落后的中国变成先进的中国，而是要变成它们的半殖民地或殖民地。中国资本主义是在封建主义和帝国主义的夹缝中艰难成长的。帝国主义不是要中国发展成为它的商品竞争对手，而是要中国成为它的原料供给地和商品市场。因此，它既要在中国适当发展资本主义，又要使中国基本上保持传统的生产方式。中国资本主义之不能迅速发展和自给自足的封建经济不能迅速解体，是与帝国主义在华的政治经济利益相合拍的。资本帝国主义的侵入，并没有给中国带来资本主义大发展的前景。它对中国资本主义的发展虽然起到了某些促进的作用，更主要的是起了阻碍作用。

是否中国早点"开关"情况就会好些呢？不能一概而论，要作具体分析。如果中国封建社会内部资本主义因素迅速增长，商品生产的发展势必冲破封建经济的牢笼，走向寻求海外市场；那时，"开关"是中国资本主义商品生产发展的客观需要，中国可能较早成为一个资本主义社会。但实际上历史不是这样发展的。如果"开关"是指资本帝国主义强行进入中国那种"开关"，则无论早晚，情形都差不多，甚至可能更坏一些。印度是最有力的例证。早在16—17世纪期间，印度的门户就被打开，在18世纪中叶，印度成为英国的殖民地，其开关可谓早矣。印度的面貌如何呢？是不是比中国的情形更好些，比中国少受一些屈辱？稍有历史知识的人都知道，印度的情形显然不是那样。在征服印度的过程中，以及变印度为殖民地的整个18世纪内，英国在印度进行了赤裸裸的暴力掠夺，其攫夺所得，大大超过了贸易所得。印度殖民地的存在，构成了18世纪英国原始积累的重要来源。不仅如此，在把印度变成自己的商品销售市场和原料产地的过程中，英国还有意保存和利用了当地的封建土地关系，野蛮地剥削和掠夺印度农民，使那里土地荒芜，农业衰落，饥荒频仍，尸骨枕藉。印度人民不仅没有享受资本主义文明带来的幸福，反而比以往受封建统治更痛苦，陷入更赤贫的境地。历史事实就是这样：在西欧与封建主义作过殊死搏斗的资本主义文明，到了亚洲又同落后的封建主义携起手来；欧洲文明的资产阶级在亚洲干出了很不文明的事情。英国侵略印度的结果，何曾给印度人民带来什么好处?! 还有，数百万印第安人被屠杀，成千万黑人奴隶被贩卖，成百万华人"猪仔"运往世界各地，这不都是欧洲资本原始积累时期、资本主义发展上升时期创造的"奇迹"吗？可见，主动开关与被动开关，情况是绝不相同的。主动开关，主权在我；被动开关，主权为人所制。事实上，近代以来，资本主义各国包括那些口称自由贸易的先进资本主义国家，都从本国的利益出发，实行着贸易保护政策，即时而开关，时而闭关，在一些贸易上开关，在另一些贸易上闭关的政策。中国在鸦片战争后被动开关，被迫协定关税，一个主权国家的起码的权利为人所夺，中国人甚至不能主持本国管理海关的行政机关。中国的"关"是开了，可是这个"关"丝毫不能起到保护中国工、农、商业的利益，中国能从这个开关中得到什么好处呢？还不说从《南京条约》开始，中国几乎被迫同当时所有帝国主义国家签订了一系列不平等条约，单是赔款一项，仅从《南京条约》、《北京条约》、《马关条约》、《辽南条约》、《辛丑条约》的字面规定上略加统计，就达 7.1 亿多万两白银；至于涉及政治、经济、军事、文化方面的所谓条约权利和领土的损失，就不是本文所能道其万一的了。我们评价中国近代开关的好与坏，绝不能撇开这些客观存在的历史事实，而凭着主观设想来发议论。

以资本主义文明先进为由，否定落后的封建国家抵抗资本主义国家的侵略，这种观点很难使人理解。以马克思主义为指导来研究历史，是不会得出这样荒唐的结论的。马克思、恩格斯虽然从历史发展的角度肯定了资本主义文明的进步作用，却丝毫也不意味着落后国家应当欢迎资本主义国家的侵略。在《不列颠在印度统治的未来结果》中，马克思期待印度人民强大到能够摆脱英国的枷锁，相信这个巨大而诱人的国家将复兴起来。马克思、恩格斯同时关注亚洲其他处于殖民地半殖民地状态的国家，对它们反对资本主义列强侵略的斗争给以高度评价。在 19 世纪 50 年代，即英国发动并导致中国"开关"的第一次鸦片战争结束后不久，马克思、恩格斯曾严厉谴责英国政府的非法的鸦片贸易政策，并密切注意当时正在进行的第二次鸦片战争的进程。马克思称这次由英国发动的战争是"极端不义的战争"；恩格斯说："英国政府的海盗政策造成了这一中国人普遍奋起反抗所有外国人的局面"，这一起义将使我们看到"整个亚洲新纪元的曙光"①。他们去世后，列宁根据帝国主义时代的新形势，又进一步抨击资本主义工业发展很快的国家向落后国家和地区实施战争、掠夺政策，抨击它们那种欧洲式"文明传播者使命"，提出应坚决支持中国及其他东方民族反抗帝国主义侵略、压迫的斗争。马克思主义的经典作家并没有因为中国是一个落后的封建帝国，就认为中国不应抵抗处于上升时期的资本主义强国（哪怕是第一强国）的侵略。

用马克思主义观点考察整个世界历史，我们任何时候都不能剥夺被侵略者反抗侵略的正当权利，不能承认所谓先进国家侵略落后国家具有进步性的辩辞。否则，我们将无法解释近代中国人民无数次反抗资本帝国主义侵略的悲壮史实，包括八年抗战那样全民族抵抗外敌入侵的壮举，无法解释百年来全世界殖民地半殖民地、被压迫的落后国家掀起的反抗新老殖民主义、帝国主义入侵，争取独立、自由、主权的伟大民族解放运动，无法解释世界历史的发展。

历史的矛盾运动是异常复杂的。资本主义的兴起、发展，一方面形成了把世界上所有的国家连接成统一的经济整体的进步趋势，另一方面又造成了全世界广大地域内的殖民地半殖民地国家，这些国家成为资本帝国主义掠夺的对象，它们的存在只是作了资本主义文化和文明的肥料（列宁语），因此帝国主义的侵略

① 《马克思恩格斯选集》第 1 卷，第 710、712 页。

又阻碍了这些落后国家资本主义的迅速发展，由此可见，殖民地半殖民地反抗资本帝国主义的侵略和掠夺政策的斗争乃是一种进步的历史趋势，而且是一种更重要的历史趋势。这一斗争的发展与胜利，就能促进本地区资本主义的生长与发展，促进人类的解放与进步。我们看到，历史上还没有一个国家不经过反抗就变成殖民地半殖民地的，也没有一个国家是在欢迎资本帝国主义侵略后迅速发展为资本主义国家的。印度在成为殖民地后，还在19世纪中叶爆发了一次规模巨大的全国反抗运动。中国在沦为半殖民地的过程中不断掀起全国规模的反抗运动，终于使中国避免了完全殖民地的命运。

抗拒外国侵略，就要使"中华民族倒退到刀耕火种"吗？把这样两个截然不同的命题摆在同一个天平上，显得太不合乎逻辑了。从理论上和历史实际上来说，19世纪以后的中国，任何人和任何势力都不可能使它倒退到比封建社会更落后的社会形态上去。只有前进，才是客观上的一种不可逆转的趋势，而这种前进的方向、速度和变化情况则不同。林则徐等人反抗侵略的斗争，只能推进这一历史趋势，而不会拉它的后腿。当时中国存在着既要抵抗资本帝国主义的侵略，又要学习西方资本主义文明这样复杂的历史运动。二者似乎很不协调，但历史就是这样昭示人们的。从客观上来说，抵抗侵略是为了保持中国的民族独立，摆脱半殖民地半封建社会道路；学习西方，是为了加速中国的近代化步伐。实际上只有民族独立以后，才有真正吸取西方文明为我所用的可能。从旧民主主义革命到中国共产党领导的新民主主义革命和社会主义革命一个多世纪的历史过程，清楚地说明了这一点。

打破近代中国闭关锁国的小生产状态，发展中国的资本主义，这是一个进步，应当肯定。但不能因此否定或低估中国人民

（在一定程度上也包括统治阶级中的某些有识之士）抵抗资本帝国主义的侵略以维护民族独立的积极意义。马克思主义没有给我们这样作的理论根据，历史发展过程也没有为我们提示这样的实例。因此在研究近代中国"开关"的历史过程时，我们不能对近代中国的"开关"不加分析地、简单地取歌颂态度，而应实事求是地分析造成这种"开关"的历史原因和后果。只有这样，才能使我们的史学研究更接近历史的本来面目，并从这种研究中对历史经验有所借鉴，从而真正有益于我们的民族，有益于我们今天的对外开放政策和四化建设，而不致迷入歧途。

近年来中国近代史研究中的
若干原则性争论[*]

    1840—1949 年间的近代中国历史，是中国历史上空前复杂、生动、始终变动不居的转折时期。中国从强盛的位置中衰落下来，以致落后挨打，成为弱不禁风的"东亚病夫"，几乎连半殖民地半封建的地位都保不住，几乎被帝国主义瓜分，几乎变成一个或多个帝国主义的殖民地。中国在自己优秀的历史文化传统支持下，在西方先进思想尤其是马克思主义、列宁主义思想指导下，在中国的先进阶级及其政党的奋斗中，在众多仁人志士、社会精英和人民群众的奋斗中，终于挽狂澜于既倒，不仅摆脱了即将沦入殖民地的不幸命运，也摆脱了半殖民地半封建社会的历史困境，把中国引向了独立自主的民主国家之坦途，引向了建设有

---

    * 本文原载《炎黄文化研究》1996 年第 3 期；《马克思主义研究》1997 年第 3 期。人大报刊复印资料《中国近代史》转载，1997 年第 8 期。收入沙健孙、龚书铎主编《走什么路？》，山东人民出版社 1997 年版；《追求集》，社会科学文献出版社 1998 年版；张岱年、敏泽主编《回读百年——20 世纪中国社会人文论争》第 5 卷，大象出版社 1999 年版；李文海、龚书铎、梁柱主编《近代中国是怎样走向共和的——大型电视剧〈走向共和〉引发的思考》，华龄出版社 2003 年版。

中国特色社会主义现代化的发展中国家之坦途。这样的社会历史变化：在短短的一个多世纪中，社会性质迭起变化，国家主体、政权主体、社会文化思想的主体迭起变化，在中国五千年的历史发展中，可能是仅见的。

对这一段错综复杂的历史的研究，很早就开始了。但在1949年前的旧中国，在那时"书不读三代以下"的学术氛围和政治氛围下，中国近代史研究是不受重视的。少数的中国近代史研究者，不管持何种观点，都可能被讥为"政治"，难以在学术界发展起来。新的人民的中国建立以后，这种现象迅速得到扭转。极有象征意义的是，以范文澜为首的、来自于延安和华北解放区的部分史学工作者，在1950年5月组建了中国科学院近代史研究所（今中国社科院近代史所的前身），几乎是新中国建立的第一个国家研究机构（连同自然科学在内）。社会历史的大转折，革命大潮的猛烈推动，要求人们去探求这种历史变化的深刻原因。这种原因当然可以从中古以前的中国历史中去寻找，那要间接得多了。于是中国近代史成为建立很晚但却发展很快且为社会关注的热门学科。因为现实的中国是直接从近代中国而来，中国近代史学科的建设，不仅有学术发展本身的需要，而且要受到现实需要的推动。这就是说，中国近代史学科建设，不仅要讲究科学性，而且要注意现实性、革命性。正确处理两者的结合，始终是中国近代史学科建设中应该注意的问题。

在中国近代史学科建设的将近半个世纪的时光里，成绩是众所周知的。一批又一批中国近代史学者成长起来，还发表了数以万计的学术论文，出版了数以千计的近代史著作。在以往的研究和讨论中，学者们尽管对中国近代史的学科体系有不尽相同的主张，对近代史上的若干问题有不尽相同的认识和解说，但在涉及中国近代史的若干重大原则性问题上，却相对取得了较为相同的认识。从事中国近代史研究的绝大多数学者热烈研读、努力熟悉马克思主义、毛泽东思想的基本理论，尝试、探索用历史唯物主义原理指导近代史的研究，在批判旧中国封建买办阶级史学关于中国近代史的体系、见解方面取得了重要进展，接受了基本上用马克思主义的阶级斗争观点分析、研究近代中国历史的理论。这就使中国近代史的研究获得了正确的方向，包括正确的政治方向和正确的学术方向。在这一方向指导下，中国近代史学界对近代中国社会的性质、对帝国主义侵略中国的性质、对帝国主义与中国封建统治者相结合反对、镇压人民革命的认识、对近代中国的历史发展道路、对国共两党从联合到对抗的力量消长变化和政权更迭的认识，大体都取得了共识。

当然，在学术研究的范围内，由于掌握史料的情况不同，研究者社会阅历的不同，对历史发展的辩证认识不同，对历史研究的目的认识不同，尤其是对唯物史观的领会差异，在研究过程中难免见仁见智，对一些重大问题产生不同认识。如对中国近代史发展的基本线索，对近代史上农民阶级、资产阶级作用的认识，对近代中国发展道路的认识，对民族独立与近代化发展关系的认识，等等方面，研究者的见解实际存在着差异。这些或许都是很难免的，尽可以继续研究，继续讨论。

近十年来，尤其是近数年来，近代史研究的各个学科都很活跃，新见迭出，不少研究领域取得了进展，也提出了一些值得思考的重要问题。其中有些涉及中国近代史研究中的原则性、方向性问题，不能不引起人们的关注。提出这些问题的人，有些是专门从事近代史研究的学者，有些也不尽然，反映了社会各方面对近代中国历史走向的关心。以下提出几个原则性问题来进行讨论。

一　关于近代中国的社会性质

　　近代中国社会是半殖民地半封建社会，这是我们以马克思主义为指导研究中国近代史的根本观点，或者说，正确认识近代中国社会的性质是研究中国近代史的出发点。中国的旧民主主义革命，不能取得成功，不能正确认识中国社会性质是原因之一。中国新民主主义革命的战略任务的提出和实现，就是建立在对近代中国社会性质的基本分析之上的。

　　关于中国的社会性质，早在 1912 年和 1919 年间，列宁曾在自己的文章中分别提到中国是半封建的国家和半殖民地国家，他是从过渡阶段的社会这样的角度分别提到这两个"半"的，但未作论证。中国人接受这样的观点，是在中国共产党成立之后。最近有人查考，中共中央在自己的文件中正式提出完整的半殖民地半封建概念是在 1929 年 2 月（《近代史研究》1996 年第 4 期陈金龙文），那是在中共六大以后。与此同时，中国的思想理论界还爆发了一场关于中国社会性质问题的大论战。中国共产党人在马克思列宁主义指导下，对中国社会性质和革命性质问题进行了严肃思考和理论创造。1939 年底和 1940 年初，毛泽东连续发表《中国革命和中国共产党》、《新民主主义论》等指导性论著，系统地、科学地、正确地解决了中国社会性质问题。他不止一次强调指出：只有认清中国社会的性质，才能认清中国革命的对象、中国革命的任务、中国革命的动力、中国革命的性质、中国革命的前途和转变。总之，认清中国社会性质问题，才能解决近代中国历史发展的基本规律问题。从此以后，中国共产党的理论工作者，以及在中国革命成功的推动下愿意接受马克思主义指导的史学工作者，在中国社会性质问题上，都认同了近代中国是半殖民地半封建社会的观点。

对这个认识，近年有人提出质疑和挑战。有的文章认为，帝国主义"破坏了中国的国家主权和领土完整，但没有也不可能改变中国的社会性质"，因而辛亥革命之前的中国仍是封建社会，辛亥革命以后的中国是半封建或半资本主义社会（也有文章认为是资本主义社会），辛亥革命之前和之后，无论如何都不是半殖民地半封建社会，因此要求对半殖民地半封建社会"这个说法究竟是否恰当，似有必要重新加以研究"。广州《学术研究》1988 年第 6 期开辟"中国近代社会性质讨论"专栏，发表该刊记者关于《中国近代社会性质的再认识》的报道，用的第一个标题就是"毛泽东'两半'论的权威面临挑战"，认为"两半论"是"失误"，"延误了我们反封建历史任务的完成"。报道指出，某研究员对"两半论"提出了直接的质疑和驳难。同期还发表该刊另一记者写的《关于近代中国社会性质问题答记者问》。其中有一段对话：记者问，"您的意思是不是说，应该否定'半殖民地半封建'这一理论概括，提出新的概括，以突破现存的近代史的框架，探索新的架构呢?"某答，"显然有这样的意图，确切地说，重新检讨'半殖民地半封建'这一提法，是要为设计新的近代史构架寻找理论基点"。这里已经把问题提到相当尖锐的程度了。

质疑者说"要为设计新的近代史构架寻找理论基点"。我们到底不知道，他要设计的新的近代史构架是什么，支持这一构架的理论基点找到了没有。但是，我们对论者所谓"半殖民地半封建"理论，"延误了""反封建历史任务的完成"却百思不得其解。前已指出在革命中，认清了中国社会的性质，就认清了中国革命的任务、革命的对象。中国革命的任务就是反帝反封建，这是由半殖民地半封建社会性质本身所规定了的。所谓"推翻三座大山"云云，不就是指完成了反帝反封建的革命任务吗？我们倒是要问，如果否定"半殖民地半封建"这一理论概括，在中国近代史研究中，能够正确坚持反帝反封建的观点吗？

以上质疑，在研究者中不是没有影响的。一篇题为《中国近代史需要理论的突破》的文章认为："以新民主主义的理论原原本本地指导通史性的近代史研究……值得推敲。"推敲之后，作者提出"半殖民地半封建的道路从本质上说是一条中国式的，或大体适合中国国情的资本主义道路"（文见《史学理论研究》1993 年第 1 期）。作者在这里把半殖民地半封建社会性质，改成为半殖民地半封建道路，把一种社会性质的事实认定，改成为"中国式的、大体适合中国国情的资本主义道路"这样一种带有感情色彩的价值判断。这样一来，这种所谓"半殖民地半封建道路"，又是中国式的，又是适合中国国情的，又是符合发展资本主义要求的，这不是很好吗？这里还能够引出反帝反封建的革命任务吗？我不知道，这是不是前述"失误"论者所要寻找的那样一种"理论基点"？

二　关于近代中国的反帝斗争

鸦片战争以后，资本帝国主义对中国的侵略，几乎写满了整个中国近代史。研究者分析了帝国主义侵华的大量史实，出版了不少研究帝国主义侵华历史的著作。帝国主义侵略中国的历史，似乎已经家喻户晓了。在这方面，似乎已经没有什么不同意见了。其实也不尽然。

1985 年，哈尔滨有一学术刊物发表文章，认为鸦片战争后"资本主义终于打入了封建主义禁锢着的神圣王国"，是好事，应当"大恨其晚"，如果再早一点，"我们中国就远不是如此的面貌了"。在该文作者看来，由于资本主义文明是先进的，资本主义列强侵略落后的封建中国时，中国只能敞开大门让其侵略，决不能反抗，多出几个林则徐式的民族英雄也无济于事，不过延缓接受资本主义文明的时间罢了。这是我所见第一篇对帝国主义侵略表示质疑的文章。我曾撰文商榷，该文发表于《红旗》杂志 1987 年第 6 期。但此后这种观点似乎并未收敛，且更加泛滥起来。鼓吹不要抵抗外国侵略的言论，时不时就会在报刊上出现。有人甚至认为，连抗日战争都不要抗才好。有人说，中国要富强康乐，先得被殖民 150 年。近年来，这种观点还有更多的散布。有人研究了鸦片战争的历史，得出结论说，明知打不赢，就不要抵抗。有人指出，"鸦片战争是在执行一种历史的使命"，"从某种意义上说，是鸦片战争一声炮响，给中国送来了近代文明"。有人写道："我曾开玩笑说过，如果中国当时执行一条'孙子'战略（不是《孙子兵法》的孙子，而是爷爷孙子的孙子），随便搭上哪一条顺风船，或许现在的中国会强盛得多。比如追随美国，可能今天我们就是日本。"

还有人将这种思考加以提升，提出"阶级斗争、反侵略"史观，"对中国社会的正常发展的确带来了很大的灾难"。有人说，应"按照价值论而非道德论法则去裁决和评价'世界走向中国'的历史问题"，认为按反帝史观，"只是更多地从'侵略反侵略'、'压迫与反压迫'、'奴役与被奴役'这个正义与非正义的道德立场出发去审视"历史，得出的结论是"消极的、片面的、情绪化的彻底否定"。

以上否定反帝斗争的意见，概括起来有两点糊涂认识。其一是，面对外国侵略，中国落后，肯定打不赢，打不赢就不要打，学习日本处理"黑船事件"的经验，与外国和平谈判，对中国的发展更有利；其二是，帝国主义侵略中国，是在强迫中国走向近代化，西方资本主义文明"构成了中国社会政治、经济、思想、文化等各方面实现变革的物质基础"，如果强调反帝斗争，强调反侵略史观，岂不就是反对中国的近代化，反对西方文明这个中国"实现变革的物质基础"吗？

这是需要辨析的。我在《也谈外国侵略与近代中国的"开关"》[①] 一文中，根据马克思《不列颠在印度的统治》和《不列颠在印度统治的未来结果》两文和列宁的有关论述，已经答复了上述问题，此处不再重复。这里只简略指出两点。第一，反帝斗争与外国侵略一样，都充满了近代中国史册。反帝斗争是近代中国社会进步的力量源泉之一，是近代历史留给中国人民的宝贵精神财富。中国的反帝斗争是随着鸦片战争的爆发而展开的。所谓反帝斗争，不仅包括实际的反帝运动、武装斗争，也包括思想家、理论家、政治家的反帝设计、反帝思想的提炼，还包括民族的实业家同帝国主义的经济侵略争夺经济平等权和争夺利权的斗争。这种反帝斗争，在初期是原始的、低级的，甚至是野蛮的（像义和团反帝那样），但它确是反帝斗争。随着经验的积累、理论的总结，中国人民的反帝斗争水准不断有所提高。假设中国停止反帝，或者如日本那样，对外国的侵略一开始就不反抗，情况可能如何呢？中国和日本不同。不仅历史背景不同，地理环境不同，而且所承受的帝国主义压力大为不同。假设中国的统治者与日本的统治者一样能够励精图治，振作自救，帝国主义是否能允许呢？有一个现实的例子。孙中山领导推翻清朝统治，按西方的模式建立中华民国，发布一系列建设资本主义的政策措施，却谋求西方各大国的支持而不可得。西方的老师不支持中国的学生。他们宁可支持代表腐朽落后势力的袁世凯，而不支持代表进

---

① 载《红旗》杂志 1987 年第 6 期。

步势力的孙中山。如果中国停止抵抗，中国绝对得不到日本那样的境遇，中国早就成了完全的殖民地了。中国成了殖民地，还能得到发展吗？抗日战争中中国不抵抗，日本不是早就灭亡中国了吗？

　　第二，走向近代化，是时代向中国提出的要求，也是近代中国的历史任务。《共产党宣言》在说到欧洲资产阶级的历史作用时，指出："它的商品的低廉价格，是它用来摧毁一切万里长城、征服野蛮人最顽强的仇恨心理的重炮。它迫使一切民族——如果它们不想灭亡的话——采用资产阶级的生产方式，它迫使它们在自己那里推行所谓文明制度，即变成资产者。一句话，它按照自己的面貌为自己创造出一个世界"。廉价的商品以及造成这种商品的资产阶级的生产方式，确是人类文明发展到那个时候的最重要的贡献。但是，当欧洲资产阶级向亚洲、向中国推销这一切的时候，它首先使用的是另一种特殊的商品——鸦片及大炮，是要屠人之城，灭人之国。马克思、恩格斯虽然从历史发展的角度肯定了资本主义文明的进步作用，并不表示他们肯定落后国家应当欢迎资本主义国家侵略，相反，他们高度评价亚洲殖民地半殖民地国家反对资本主义列强的侵略政策，支持中国人民反对英国发动的"极端不义的战争"。列宁则评价殖民地半殖民地国家反对帝国主义的民族战争是不可避免的，进步的，革命的。这种民族战争的胜利，不仅促成国家的独立、解放，也能促进本地区资本主义的生长、发展，促进本地区社会的进步。

　　因此，中国走向近代化，如果走进的是殖民地化，是畸形的近代化，那并不能给中国人带来幸福，不可能做到福国利民。中国要摆脱落后，的确要向西方学习，要走向近代化，这种近代化不是西方列强给中国人设置的近代化，而是中国人自己争取来的近代化。这只有在中国摆脱帝国主义侵略、国家独立以后才有可能实现。所谓独立富强，只有先独立，而后才可致富强。近代以来中国的历史发展轨迹就是这样昭示人们的。不加分析地说"世界走向中国"，并不能给今天的读者带来有关近代中国历史的真实知识。

三　关于近代中国的反封建斗争

同反帝斗争一样，反封建斗争始终是近代中国的基本问题之一。多少仁人志士为此抛头颅、洒热血；多少社会精英为争民主、反独裁而前赴后继，奋不顾身。他们是推动近代中国一步一步走向光明的大智大勇之士，是创建中华人民共和国的英雄豪杰。"俱往矣，数英雄人物，还看今朝。"今朝的英雄人物，是从历史中走过来的。他们的英雄业绩，理应得到后人的记忆与尊崇。

但是，在我们的一些历史论著中，这些英雄的业绩被贬斥，被否定，已经到很严重的程度了。1989 年，北京的书店里摆出了新版《中国哲学史新编》第 6 册。该册评论了太平天国历史，我以为这是解放后第一次彻底否定太平天国的反封建斗争。该书认为太平天国搞的是"神权政治"，退回到中世纪，闹了十几年只是"一个笑话"，没有任何进步意义，只有曾国藩镇压太平天国的战争才是进步的。同年《新观察》发表专访，谈新编第 6 册的特点，作者开宗明义就说"否定了太平天国，给曾国藩翻案"。中国社会科学院近代史所学者朱东安在 1990 年发表文章给予反驳，此后似无响应者。其实，贬太平天国、洪秀全，尊湘军、曾国藩，在 1949 年前的中国是占统治地位的，是流行观点，并不奇怪。今天，在史学家们用马克思主义观点作指导翻了太平天国、曾国藩的案以后，在部分著作中这个案再次被颠倒过来，作为新观点加以流传，倒是奇怪了。1994 年北京的一本同人刊物发表青年学者的文章《无本者竭，有本者昌》，对太平天国作了无情的鞭挞，对曾国藩及其率领的湘军作了高度赞扬，是上述观点影响青年研究者的明显例子。

爆发于 19 世纪 50 年代的太平天国起义，毋庸讳言，其本身有许多缺点，但它毕竟对腐朽的封建王朝发动了长达 14 年之久的猛烈冲击，加速了封建制度的崩溃，它无论在勇敢冲击清王朝方面，还是在对外来侵略者的斗争方面，都给后来的革命者提供了鼓舞力量的源泉。太平天国起义时及被镇压后，都被统治者咒为"发匪"、"长毛"，太平天国自身的历史文献几乎被焚毁殆尽，老百姓中有几个能知道"发匪"、"长毛"就是太平天国？与曾国藩不同，谭嗣同冲破禁网，赞扬了太平天国。孙中山在从事反清活动中常以"洪秀全第二"自命。蒋介石围剿红军，以曾国藩自况，而以石达开指红军。范文澜在延安编写《中国近代史》，则给了太平天国很高评价，而给曾国藩以严肃批判。这些说明，站在不同立场上的人，对太平天国有截然相反的评价。新中国建立以后，历史学者对太平天国的评价，一般说来较以前更符合历史真实一些。由于现实政治气氛的影响，有时评价高些，有时评价低些，都是可以理解的。"文化大革命"后史学界拨乱反正，对太平天国及其人物的研究，批评了"左"的倾向，更加实事求是了。但也有人着力研究太平天国政权的封建化问题，结论是太平天国农民政权与封建专制政权一样，这就为否定太平天国打下了基础。有人甚至由此联想到对中国历史上农民运动的看法，提出"试看历史上各种聚众造反的农民领袖哪一个提出过能推动生产力发展的先进思想，或有别于建立君主专制王朝的政治理想呢？"，表示"很难得出农民运动是推动历史前进的动力这个普遍意义的结论"。还有人专门著文，对解放后有关农民战争史的研究，从指导思想到研究方法到史料运用，全面加以否定，尤其不赞成用阶级观点分析封建社会的矛盾关系，否定"中国古代社会（即被称为封建社会——原作者注。引者按）中的主要矛盾是地主阶级对农民阶级的剥削和压迫"，提出"在中国古代社会里，社会的基本矛盾不能简单地归结为地主阶级和农民阶级的矛盾，而是皇帝官僚集团与该集团以外的全体社会成员的矛盾"。这就离马克思主义的基本常识太远了。

前面提到孙中山以"洪秀全第二"自任的故事。这表明孙中山在组织、推动辛亥革命的过程中，是以太平天国反对清朝专制统治的精神作为鼓舞力量的。孙中山发动辛亥革命，以三民主义相号召，其主要目标是反对封建专制，在这方面，国内外学者的意见，是无分轩轾的。令人惊异的是，近年来否定辛亥革命的言论多起来了。1992 年《求索》杂志发表《关于辛亥革命"避免论"的几点思考》，认为辛亥革命"给社会造成的破坏大于建设"，打断了"一个社会进行现代化建设的重要条件"，"当初如若避免这场革命，中国很可能已成为当今世界头号强国"。还有人认为，孙中山和革命党人"超越了社会发展所必然要经过的阶段，而陷入了一种理想主义的误区"，或者说"陷入了革命的误区"，"实际上开启了 20 世纪中国政治浪漫主义的先河"。以至于说，"人们有理由怀疑，资产阶级的共和革命是否合乎中国国情，资产阶级的民主政治在中国（是）否有其发展前途，中国的现代化发展在当时是否必然要推翻帝制？"如果共和革命不合乎中国国情，民主政治在中国没有发展前途，在中国发展现代化不必要推翻帝制，辛亥革命当然就是多余的了，反帝反封建当然是不必要的了。

用明确的语言否定辛亥革命的，是 1994 年《东方》发表的李泽厚、王德胜《关于文化现状、道德重建的对话》。在那个对话里，李泽厚说："辛亥革命是搞糟了，是激进主义思潮的结果……自辛亥革命以后，就是不断革命：'二次革命'，'护国、护法'，'大革命'，最后就是49年的革命，并且此后毛泽东还要不断革命"，"现在应该把这个观念明确地倒过来：'革命'在中国并不一定是好事情"。为此，李泽厚、刘再复在"回望二十世纪中国"的时候，1995年在香港出版了一本大字标题为《告别革命》的书。这里没有篇幅谈《告别革命》，只是指出，该书几乎否定了历史上的一切革命，当然也否定了近代中国的一切革命。这就不是理论的误区、学术方向的误区，而是作者们政治倾向的误区了。近代中国的革命，都是反帝反封建的革命。革命错了，反帝反封建当然要不得了。辛亥革命及辛亥以后的所有革命都搞糟了，中华人民共和国的成立还有什么合理性可言呢？亡其国必先亡其史，言之不虚也。区区此心，神明共鉴，我想这总不是乱打棍子吧。

四　关于近代历史人物的评价

承认中国近代史的基本内容是反帝反封建斗争的人，大抵上也会承认，是否反帝反封建，应视为评价近代中国历史人物的主要标准。随着对中国近代史发展的基本线索的认识不同，对历史人物的评价也有了差异。以往被正面称赞、肯定的历史人物，往往受到批评，从林则徐、洪秀全、孙中山到鲁迅、毛泽东；以往受到批评或基本否定的人物，现在则受到称赞、颂扬。这表明一些评论者观察问题的角度变了，史观变了。

曾国藩、左宗棠、胡林翼、李鸿章等以镇压太平天国起家，清末以后被主流誉论称颂为"中兴名臣"，直到蒋介石"剿共"，仍把曾左胡李治兵语录置于案头。新中国建立以后，史学家站在人民的立场上对他们展开了批判，也不都是一棍子打死，如对左宗棠，肯定了他从外国侵略下收复新疆的爱国正义行动。对这些人从事的洋务活动，除了对他们的主观意图有所分析外，对他们在客观上推进了中国的近代化事业，也给予了相当的肯定。应当说，对这些人的批判，大方向基本上正确的；对某些把握不准的地方，对某些过火的地方，给予纠正也是必要的。现在出现的情况是，对以往研究中过左的地方，反弹过分了，出现了整个翻案的情况。

对历史人物评价的翻案，集中在曾国藩身上。有的研究者说，曾国藩继承了"以天下为己任的爱国主义精神"，是"变革开路的人物之一"，"所谓曾氏是镇压革命力量的刽子手的罪名难以成立"；"曾国藩不但没有'卖国投降'，而且显示了不顾个人屈辱而为国宣劳的爱国情怀"。有人要求重新确立曾国藩的历史作用和地位，认为应把他划在近代进步和爱国人物之中，"其重要性，在中国近代历史前六十年里几乎无人可与之相比"。前已指出，有的著作开宗明义就标明为曾国藩翻案。湖南作家写了一部历史小说《曾国藩》，引起轰动，有人评价它是"从政必读的教科书"，说它的最重大意义"是中国文学敢于突破狭隘的阶级偏见，自觉走向理性、良知和责任的新里程碑"；有的评论小说作者写的有关曾国藩的文章，"发表在一些理论刊物上，如石破天惊，引起文史界的震动"，"如此观点鲜明地公开地为曾国藩罪名辩解，可能是建国以来第一人"。1995年11月在湖南双峰县（曾国藩家乡）举行了有关曾国藩的全国性学术讨论会，据说，有人在大会发言中要求"推翻范文澜加给曾国藩的诬蔑不实之词"。

马克思主义者也是可以批评的，马克思主义的史学家当然也是可以批评的。范文澜对曾国藩的研究、评价，不是不可以批评和讨论的，曾国藩的一生不是不可以重新认识和评价的。问题是站在什么立场和出发点上，要不要对历史人物作基本的阶级分析，要不要对人物所处的历史时代及其发挥的作用，作总体的把握。如果对此完全置之不顾，恐怕很难说是客观公正的了。

不仅对曾国藩是这种态度，对李鸿章也是这种态度。人们说，金无足赤，人无完人。可是有的研究者说，看完了李鸿章的全部材料，几乎找不到他的一条缺点。有人说，李鸿章"为中国近代化开的药方是切合中国实际的"，"是可以挽救中国的"。有人评论李鸿章的是是非非，为他的一生全面开脱，包括他签订对外条约，如中法《越南条款》、中日《马关条约》、《中俄同盟密约》和《辛丑和约》时的责任。签订屈辱的不平等条约，主要责任当然在腐朽的封建朝廷，在朝廷的最高执政者，但李鸿章作为对外交涉的首席（实际上的）大臣，就能脱掉干系吗？为什么驻俄公使杨儒宁死在莫斯科，也不在屈辱条约上签字呢？我们还记得1982年9月24日邓小平对英国首相撒切尔夫人谈话时，代表中国政府表达了收回香港主权的强烈愿望，他说："如果不收回，就意味着中国政府是晚清政府，中国领导人是李鸿章!"多么义正词严。查一查历史，代表清政府在涉及香港的第三个不平等条约《展拓香港界址专条》上签字的，正是李鸿章。我们当然要谴责清政府，如果因此而不谴责李鸿章，我们能对历史作出交代吗？

还有人为慈禧翻案，说"西太后的认识与主张并无大错"，"如果以此为共识，中国的未来与发展可能将是另外一个样子"；"西太后确曾真诚地主张进步与革新"。数十年来一直遭世人唾骂的袁世凯，现在也有人对他加以称颂。有的文章不仅大力表彰袁世凯一生的"丰功"和"业绩"，连"坚决抵制和反对二十一条"也成为他的功劳，甚至把陈独秀、李大钊、胡适、鲁迅、蔡元培等人的成功，把毛泽东、周恩来的成长都归功于"袁氏北洋政府政治上的宽松政策"。这恐怕是"劝进"袁世凯以来未曾见过的颂袁奇文！与颂袁相映衬的，是贬孙中山。有人指出过这种"扬袁抑孙"现象。扬袁："袁世凯推行的发展资本主义经济的政策，正反映了当时社会历史发展的趋势"；抑孙：孙中山的主张"根本与国情大相径庭"，孙中山应对"民初的社会动乱、高潮迭起"负责。有人甚至在讨论西南军阀陆荣廷时，也把陆荣廷孙中山相比较，陆荣廷那么高大，孙中山如此渺小。评论者的立场、感情何其鲜明。

对历史人物、历史事件的研究、讨论，当然应该提倡百家争鸣，应当由研究者根据事实自由地展开评论，不可以以行政手段加以打压或干预的。在研究过程中，即使不同意马克思主义，总也要秉持一种健康的、客观的态度，否则，你根据什么去臧否人物呢？对袁世凯、孙中山的评价，应该说都已盖棺论定了。在这上头做翻案文章，是故意猎奇，还是幼稚无知？抑或是另有所图？真是令人难以思议。

历史的中国发展成了现实的中国，现实的中国是从历史中不间断地走过来的。这一点不会有人有疑义。观察、研究历史中国，要用马克思主义的方法，观察、研究现实中国，也要用马克思主义的方法。这一点也不会有大疑义。同是马克思主义的方法作研究，从历史中国和现实中国中是否能得出共同的结论呢？回答是否定的。因为现实的中国毕竟不是历史的中国。两者已发生了质的不同。我们过去滥用阶级斗争方法，吃了苦头，我们批评"以阶级斗争为纲"是完全正确的。尽管我们不能说，今天观察社会现实，可以完全不用阶级分析方法，但应该说，基本上可以不必用阶级分析法。如果把这种认识放到历史的中国去，认为观察近代中国历史也不必用阶级分析方法，那就不对了。当然，观察近代中国历史，也不能以阶级斗争为纲，不能说时时、事事、处处都是阶级斗争，但是基本的方法还是阶级分析法。

在现实的中国，我们今天讲生产力标准，讲以发展经济为中心，这是完全必要的，是不能动摇的。把这种认识放到近代中国去，以为中国近代也要讲生产力标准，也要以发展经济为中心不动摇，那就不妥当了，因为近代中国还不具备这样做的条件，这个条件就是国家独立，人民作主人。那个时候不具备这个条件，就要争取，就要革命，就要斗争。当然那个时候也要吃饭，也要生产力，也要发展经济，但不能唯一，不能做中心。

在现实中国，我们今天讲稳定压倒一切，是要保证经济建设有一个安定的环境，才能使经济建设真正成为中心。如果把这个认识套到近代中国，认为那时候也应该是稳定压倒一切，是要保守主义，当然洪秀全、孙中山是捣乱了，要受批判了，而曾、胡、左、李等中兴名臣以及民国初年的袁世凯要受赞扬了。事实上，近代中国不能讲稳定，讲稳定，就是站到腐朽的封建朝廷一边，站在帝国主义所支持的落后势力一边，站到了革命的反面。

用马克思主义作指导研究中国近代史，就要从近代中国的国情出发，而不能从现实中国的国情出发。这是个浅显的道理。如果不注意领会这个浅显的道理，我们研究中国近代史，就可能发出不和谐的声音，就可能找不到历史的真谛。当然，我们研究中国近代史，也要看到，近代中国发展的结果，就是现实的中国。如果我们孤立地观察、研究近代中国，看不到近代中国往现实中国合乎逻辑的发展，我们的研究也可能发出不和谐的声音，也可能找不到历史的真谛。

中国近代史的研究还要继续进行，还要往前发展。中国近代史研究中若干原则性问题的不同意见还会不断出现。讨论是必要的，正常的。摆事实，讲道理，会把人们认识上的差异拉近一些。各种意见都讲出来，相互砥砺，相互切磋，相互问难，可能会使我们对中国近代史的研究，更加靠近真相，也更加接近真理，从而促进学术研究的发展。兹依据百家争鸣的精神，提出以上看法，仅是个人一孔之见，借供有兴趣的朋友们参酌。

"告别革命"说错在哪里?[*]

1995 年香港一家出版公司推出了一本小书,题名为《告别革命》。那本小书,其实是两个人平时的谈话,加以录音整理,居然成书。该书宣布要告别一切革命,不仅要告别法国大革命、十月革命,也要告别辛亥革命,以及辛亥革命以后的一切革命,而且还要告别 21 世纪的革命。

这本小书是谈话记录,谈不上什么理论依据,没有论证,不过是反映谈话者攻击革命历史、革命业绩的阴暗心理。《告别革命》的思想,其攻击中国近现代革命史的一些基本观点,早在 1994 年在国内的刊物上已经发表。这种荒谬的言论,早已引起思想界、学术界的注意。《求是》杂志已经连续发表评论,揭示了这种言论的荒谬。

对这种奇谈怪论,我们不可小视。1990—1991 年苏联历史学界攻击十月革命的势头,我们还记忆犹新。我们要问,攻击辛

* 本文原载《当代中国史研究》1996 年第 6 期;《中流》1997 年第 2 期转载。收入沙健孙、龚书铎主编《走什么路?》,山东人民出版社 1997 年版;《追求集》,社会科学文献出版社 1998 年版。

亥革命，攻击中国共产党领导的一系列革命，其用意何在呢？我们不能不作一些辨析。

按照"告别革命"论者的说法，社会历史发展过程中爆发的革命，似乎是可有可无的，如果改良搞得好，革命是可以避免的。显然，这是历史唯心主义者观察历史运动的看法，它完全无视历史发展是有规律可寻的客观历史运动。

事实上，革命作为历史发展过程中一种客观的历史运动，不是随心所欲可以制造出来的，也不是随心所欲可以制止的，更不是由什么人可以任意宣布否定就否定得了的。历史上发生过多次革命，尤其是 17 世纪以来，在欧洲、美洲、亚洲先后发生过的多次革命，都是社会矛盾不可调和的产物。统治者不能照旧统治下去，被统治者不能照旧生活下去。于是革命爆发了。旧的制度瓦解了，新的制度建立了，旧的统治秩序被打碎了，新的统治秩序形成了，旧的社会桎梏解除了，社会生产发展了，社会前进了。社会革命往往采用暴力的形式，不通过暴力革命，旧的统治者能退出历史舞台吗？不通过暴力革命，反抗新社会的旧势力可以压制下去吗？"暴力是每一个孕育着新社会的旧社会的助产婆。"马克思这句名言，形象地反映出了历史的真实。革命起来，如暴风骤雨，有人讨厌它，但是却不可以制止住它。社会生活在承平时期，社会阶级矛盾没有激化，如果有人登高一呼，召唤革命，有谁去响应呢？革命，是社会运动的一种形式，是社会进步的一种必要形式。不能说想革命就革命，也不能说不想革命便不革命。革命的发生，是有规律可循的。诅咒革命，诅咒暴力革命，只是反映了旧势力对革命的无奈，对旧社会的哀鸣而已。

"告别革命"论者说，改良比革命好，"解决阶级矛盾可以是阶级调和，协商互让，进行合作，即改良而非革命"。对改良的不加分析的肯定，实际是反对革命的同义语。

诚然，革命并不是社会历史前进的唯一推动力。革命的发生是有条件的，不是任意可以制造出来的。社会发展的经常形式是社会改良。在革命没有发生的时候，当阶级矛盾不到激化的程度，解决社会阶级利益的冲突，往往要靠阶级妥协与调和，那实际是阶级斗争的特殊形式；解决社会政治利益的冲突，往往要靠社会改良的种种办法。阶级调和的办法，社会改良的办法，也能促进社会的发展，但它只能在同一个社会制度内运行，如果要推翻旧制度，建立新制度，阶级调和、社会改良，是无能为力的，它只能让位于革命手段。革命发生，才能使社会发展产生质的变化。因此，革命虽不是社会发展的唯一推动力，却是社会历史发展的根本动力。否定这一点，无原则地歌颂社会改良，显然是一种反历史主义的态度。

有人还攻击说，"史笔只能歌颂农民革命，不能肯定改良，也不能肯定统治阶级的让步政策"。这是攻其一点，不及其余。所谓攻其一点，是只抓住了某些历史学者在不正常的政治气氛下所作出的过头的评论，而不顾我们党和用马克思主义作指导的历史学者对革命和改良的历史作用作出的合乎事实的客观分析。如对康梁领导的戊戌维新运动，一般总是给予高度评价的。1956年11月12日，在孙中山诞辰90周年的纪念大会上，林伯渠代表中共中央讲话说，资产阶级改良派的维新运动，"对中国人民的觉醒和进步，起了显著的作用"。著名的老革命家和历史学家吴玉章也说过："1898年戊戌变法以前，许多爱国的维新志士希望学习俄国彼得大帝的改革和日本明治天皇的维新，要求自上而下的实行变法。这在当时是一种进步的思潮。"著名历史学家范文澜在1958年纪念戊戌变法60周年学术讨论会上发言，高度评价戊戌变法的历史意义，他说："旧民主主义革命时期，中国资产阶级在政治上做了两件大事，一件是1898年的戊戌变法运动，即改良主义运动；更大的一件是1911年的辛亥革命运动。"他还指出，戊戌"变法运动代表着中国社会发展的趋势，赋有进步的意义"，"戊戌变法运动是思想的第一次解放"。著名的历史学家胡绳在他著的《从鸦片战争到五四运动》一书中说："维新运动是在中华民族和帝国主义的矛盾成为主要矛盾的条件下中国人民大众试图解决这个矛盾的斗争的反映。这次运动以中国民族资产阶级初次走上政治舞台为特征而成为中国资产阶级领导的民主革命的前奏。"马克思主义历史学家刘大年在他主持的《中国近代史稿》第3册（1984年版）里称赞戊戌变法掀起了"近代中国第一个思想解放的潮流"，指出，改良派发动维新运动，要求挽救民族危亡，明显地具有爱国主义性质。又说，资产阶级改良派要求在中国发展资本主义，使一个贫穷落后的中国变为富强先进的中国，这在当时的情况下，是顺应历史发展潮流的。这些，能说我们不能肯定改良吗？但是，当中国出现革命形势的时候，当中国革命派正在掀起革命运动的时候，改良派跳出来加以反对，坚持保皇立场，坚持认为只有改良是唯一正确的方法，就是错误的了，就是不能肯定的了。对历史过程的不同阶段采取不同的评价，这种分析的态度，是历史主义的态度；以社会发展规律为准绳，按照一定的时间、地点和条件，来观察、分析事件和人物的表现，是历史唯物主义的方法。对改良和革命，离开了具体的时间、地点和条件，妄作评议，正如范老所说，这是爱而欲其扬，恶而欲其抑，都不免徒劳而无益。

论者还说，他"赞成英国式的改良，不赞成法国式的暴风骤雨式的大革命"，还说什么，"虚君共和"，就是英国式的，用暴力打倒皇帝，就是法国式。作者常把英国式改良与法国式革命相比较，法国式革命如何残酷，英国式改良如何文明。稍为知道一点世界近代史的人都会看出，这是一种错误的历史比较。法国革命是革命，英国也同样搞了革命，而且是欧洲近代史上第一场最重要的资产阶级革命。法国革命打倒皇帝，让路易十六上了绞刑架，英国革命开始也打倒了皇帝，割掉了查理一世国王的头。英国革命处死国王后，克伦威尔宣布英国是共和政治。只是此后斯图亚特王朝复辟，在共和国垮台后 30 年间形成了"虚君共和"的局面。此后英国政治是在改良的道路上行进，但那已经是在资产阶级占统治地位的"君主立宪"体制内的改良。英国革命与法国革命是在不同的时代背景、不同的国情里发生的不同形式的革命。英国革命发生在 17 世纪 40 年代，延续到 80 年代。法国革命爆发在 18 世纪 80 年代，而延续到 19 世纪初。当英国在"君主立宪"的体制内进行社会改良的时候，法国革命还没有发生。因此，把所谓英国改良和法国革命相提并论，是不恰当的历史比附，是历史的错位，是对读者的误导，是把自己的立论建立在沙滩上。

《告别革命》作者经常强调辛亥革命搞糟了的观点。他说："20 世纪中国的第一场暴力革命，是孙中山领导的辛亥革命。当时中国可以有两种选择，一是康梁所主张的'君主立宪'之路；一是孙中山主张的暴力革命的道路。现在看来，中国当时如果选择康梁的改良主义道路会好得多，这就是说，辛亥革命是不必要的。这样，我就否定了孙中山最重要的革命业绩。"一个被其同气者称为哲学家和有"杰出的思维脑袋"的人，在这里显出了思维逻辑的极度混乱。20 世纪初的中国存在着两种选择，这是不错的。但是历史抛弃了康梁主张的"君主立宪"之路，选择了孙中山的暴力革命道路。20 世纪初的中国历史就是这样发展过来的。怎么可以得出"如果选择康梁的改良主义道路会好得多，这就是说，辛亥革命是不必要的"这样的结论呢？这句话中，前一个结论是带"如果"的虚拟语气，后一个结论是不带

"如果"的肯定语气。用一个虚拟的前提，来证明"辛亥革命"
这个肯定的事实之不必要，简直是荒唐的逻辑。在爱康梁、爱改
良者看来，如果那个"如果"实现，果然是好得多，但那个
"如果"却无情地被历史发展抛弃了，那个"好得多"，也只是
存在于虚无缥缈的无有之乡，只是证明它是不必要的；反过来，
历史对辛亥革命的选择却是必要的，而不是不必要的。我们的哲
学家不是不懂这个浅显的逻辑，而是故意造成一种逻辑混乱，误
导不经事者相信"改良比革命好"罢了，这真是爱而欲其扬，
恶而欲其抑的典型心理。

说者又谓：清朝的确是已经腐朽的王朝，但是这个形式存在
有很大意义，宁可慢慢来，通过当日立宪派所主张的改良来逼着
它迈上现代化的"救亡"的道路，而一下子把它搞掉，反而糟
了，必然军阀混战。又说：袁世凯称帝等现象乃是革命的后遗
症，是暴力革命这种方式本身带来的问题。这都是些经不起驳斥
的歪理。明知清朝已经腐朽，还要保留这个形式，还要逼它走上
现代化，这无异于痴人说梦。说到形式，英国的"虚君"是个
形式，但那是资产阶级革命后的形式，那个"虚君"至今差不
多 300 年，没有人不说英国是老牌资本主义国家。清朝的皇帝，
哪怕是由摄政王控制着的宣统小皇帝，也不是"虚君"，而是实
实在在的封建君主专制。在这个专制下，即使是慈禧太后派出的
出洋考察政治大臣，提出改革政治的建议，涉及军机处的存在，
立即被慈禧所否定。袁世凯贵为军机大臣、外务部尚书，因其掌
握北洋新军为摄政王所疑忌，一声令下，也只落得到洹上去养
"足疾"。直到 1911 年 5 月，军机处才被撤销，成立所谓责任内
阁，阁员 13 人中，满族 9 人，其中皇族 7 人，是谓皇族内阁。
换汤不换药，朝廷面貌依旧。预备立宪，朝野沸腾，立宪派掀起
三次全国性请愿，甚至宫门喋血，也只不过换来个到宣统五年

（1913）实行立宪，如此预备，连立宪派也对朝廷失望了。以至于武昌起义爆发，立宪派大多不站到清廷颁布的《宪法重大信条十九条》一边，而纷纷站到革命派一边了。

如此看来，腐朽的清王朝这个形式还能保留吗？还能够逼它走上现代化吗？康梁等人在国内甚至不能立足，其改良主张，也只能在海外徒呼奈何啊。而且，直到武昌起义，清王朝这个形式也绝非仅仅是形式。北洋六军仍是当时中国最现代化的部队，袁世凯卷土重来，攻下汉口，攻下汉阳，炮弹已经打到武昌的革命军都督府。如果革命派力量更强大，广泛发动工农站到自己一边，如果资产阶级的阶级基础更雄厚，就能使革命更彻底一些，那时北伐军直捣黄龙，犁庭扫穴，哪还有南北议和，哪还能容袁世凯耍弄逼宫把戏，哪还有此后袁世凯的称帝呢？说者要我们摆脱原来研究辛亥革命的思路，"不能老是毋庸置疑的一味歌颂，或老讲'太不彻底'那些话"。这是不能照办的。对辛亥革命还要歌颂，歌倾革命派发扬大无畏革命精神，敢于去推翻几千年的封建专制；也要批评，批评其"太不彻底"。这样做是符合中国历史发展事实的。反之，要歌颂立宪，歌颂保留腐朽的清王朝，恰恰反映了遗老遗少的声音，是违背历史发展方向的。

《告别革命》一书作者在序言中说："影响20世纪中国命运和决定其整体面貌的最重要的事件就是革命。我们所说的革命，是指以群众暴力等急剧方式推翻现有制度和现有权威的激烈行动（不包括反对侵略的所谓'民族革命'）。"作者宣称要"告别"的就是这些革命。谢天谢地，作者把"反对侵略的所谓民族革命"排除在外。难怪作者在否定法国革命、否定十月革命的时候，对美国的独立战争不置一词。独立战争恰恰是反对英国殖民侵略的民族革命。但是这样一来，作者自然又制造出一个悖论，制造了一个他们无法辩解的矛盾。作者怎么把民族革命从他们所

要反对的革命中分离出来呢？尽管作者巧舌如簧，事实上也难逃
反对民族革命的干系。20 世纪的中国，从旧民主主义革命到新
民主主义革命，哪一场革命是脱离了反对帝国主义侵略的民族革
命的性质的？整个中国近代史，都是反帝反封建嘛。

　　按照他们的定义，辛亥革命当然是推翻现有制度和现有权威
的激烈行动。辛亥革命为什么要推翻清王朝？如前所述，朝廷已
经腐朽了。腐朽的重要内容之一，就是它是"洋人的朝廷"。
"量中华之国力，结与国之欢心"，"宁赠友邦，勿与家奴"，是
这个朝廷对外屈辱的写照。革命派正是愤慨于这个"洋人的朝
廷"，所以要发动民族革命；愤慨于这个朝廷的对内专制，所以
要发动民权革命（民主革命）。辛亥革命是一身而二任的，它既
是民族的，又是民主的。也就是我们后来所说反帝反封建的。试
问，可以从这个革命中把民族革命的内容分离出来吗？正是因为
辛亥革命是反帝反封建的民族民主革命，孙中山为临时大总统的
中华民国临时政府就得不到帝国主义列强的承认，尽管孙中山是
真诚学习西方资产阶级民主制度的好学生。帝国主义不支持孙中
山，却要支持袁世凯。所以后来又有"二次革命"、"护法、护
国"乃至"大革命"。到国共合作的大革命，就明确喊出了反帝
反封建的口号。直到 1949 年，新民主主义革命取得胜利，其性
质也是反帝反封建的。支持国民党反动政府在中国打内战的，正
是美帝国主义。国民党政权垮台了，就是对其后台老板美帝国主
义在华利益的根本打击。谈中国近代史，谈近代中国的革命或改
良，而不谈帝国主义列强在中国的作用，如果不是无知，不是隔
靴搔痒，就是有意隐瞒事实真相。《告别革命》一书谈了近代中
国的政治、经济，革命、改良，历史、现实，理论与实践，哲学
与文学，应有尽有，就是不谈帝国主义对中国的侵略，不谈中国
社会各阶级对列强侵略的态度和行动，其理论之虚伪，明眼人是

不难指出的。由此可见，所谓不反对"民族革命"，也只是虚晃一枪而已。

为什么要提出"告别革命"说？反对法国大革命，是为了反对十月革命；反对辛亥革命，是为了反对中国共产党的新民主主义革命。他们要"反省整个中国近代史"，就是这个目的。他们要改变反共反社会主义的策略，于是"放弃激进的社会/政治批判话语，转而采取文化上的保守主义话语"，实际上是"隐喻了某种意识形态的企图"。这还说得不够明确。《告别革命》一书序言，把"告别革命"说的目的全盘托出。它说，"这套思想，恰恰是'解构'本世纪的革命理论和根深蒂固的正统意识形态最有效的方法和形式"。原来如此。把近代中国的革命历史都否定了，把本世纪的革命理论都"解构"了，所谓反帝反封建自然不成立了，中华人民共和国的成立自然就失去合理性了。如此，则所谓有中国特色的社会主义、社会主义的市场经济，岂不是都消解殆尽了么？

"告别革命"说错在哪里？所谓告别革命，实际上是要告别马克思主义，告别社会主义，告别近代中国人民的全部革命传统。理论的错误，掩盖了现实目的的错误。既然做了人家的讲座教授、客座教授，总要为人家"分化"、"西化"出点主意，为人家的"和平演变"出点主意。"和平演变"，不就是不要剧烈手段么？发明出一个能够"解构"革命的理论，以便"消解"中国人的革命的意识形态，便是最好的贡献了。

这种"解构"革命的理论，与前几年苏联出现的攻击、歪曲十月革命历史的情形，何其相似。"告别革命"说究竟错在哪里，读者当自会作出判断。

（1996 年 8 月 24 日）

"戊戌维新的再思考"的再思考[*]

人民日报 1998 年 6 月 27 日学术动态版，发表马洪林先生纪念戊戌变法 100 周年的文章，题为《戊戌维新的再思考》，对 20 年来国内学术界关于戊戌维新历史的研究，作了一番总结性的回顾。文中有许多见解，可以启发人们进一步思考，很有意义。其中，有的见解，我有同感；有的见解，则看法或许有些差异。因此，作再思考。

马洪林先生提到，戊戌维新时期的维新派，主张放手发展民间私营工商业，反对洋务官僚对工商业的垄断和控制，折射出在外国列强经济侵略面前，要求发展民族经济和民族资本主义的强烈愿望，具有明显的反洋务运动的性质。这个提法是很有见地的。主张发展民营工商业、发展民族资本主义，是戊戌维新时期的维新派与此前的洋务派最根本的区别。有了这个区别，就有了从器物层面到制度层面的不同主张。为什么洋务派只注意从器物

---

[*] 本文在 1998 年 8 月天津社科联和天津历史学会举办的纪念戊戌维新 100 周年学术座谈会发表。原载天津《理论与现代化》1998 年增 1 期。收入《东厂论史录》，广东人民出版社 2005 年版。

层面上学习、借鉴西方，而不愿从制度层面上学习、借鉴西方？为什么维新派不仅注意从器物层面上借鉴西方，尤其注意从制度层面上借鉴西方？不同的主张，代表了不同的阶级利益集团的基本要求，是根本原因。

作者在文中还提出，长期以来，对戊戌维新的历史产生了误读，即把它定为改良主义性质的政治运动，又认为在当时中国的特殊历史条件下具有进步的作用。作者说，为什么说本质上反动的改良主义运动会起进步作用，则又不能自圆其说，陷入史实与理论的矛盾之中。在这里，所谓长期以来是什么含义，作者没有明确指出。已经有学者指出，早在 1949 年前，就存在着抬革命派、贬立宪派的明显倾向。但是，用历史唯物主义作指导研究历史的学者，则从历史发展的角度，对康梁发动的戊戌维新有较高的评价。如，范文澜的《中国近代史》就是这样做的。这种偏向是在 50 年代开始纠正的。1956 年 11 月 12 日，在孙中山诞辰 90 周年的纪念大会上，林伯渠代表中共中央讲话说，资产阶级改良派的维新运动，"对中国人民的觉醒和进步，起了显著的作用"。著名的老革命家和历史学家吴玉章也说过："1898 年戊戌变法以前，许多爱国的维新志士希望学习俄国彼得大帝的改革和日本明治天皇的维新，要求自上而下的实行变法。这在当时是一种进步的思潮。"著名历史学家范文澜在 1958 年纪念戊戌变法 60 周年学术讨论会上发言，高度评价戊戌变法的历史意义，他说："旧民主主义革命时期，中国资产阶级在政治上做了两件大事，一件是 1898 年的戊戌变法运动，即改良主义运动；更大的一件是 1911 年的辛亥革命运动。"他还指出，戊戌"变法运动代表着中国社会发展的趋势，赋有进步的意义"，"戊戌变法运动是思想的第一次解放"。只是在 10 年"文化大革命"期间，在"左"的政治路线指导下，对维新派的批判才走过了头。拨乱反正以后，著名的历史学家胡绳在他著的《从鸦片战争到五四运动》一书中说："维新运动是在中华民族和帝国主义的矛盾成为主要矛盾的条件下中国人民大众试图解决这个矛盾的斗争的反映。这次运动以中国民族资产阶级初次走上政治舞台为特征而成为中国资产阶级领导的民主革命的前奏。"历史学家刘大年在他主持的《中国近代史稿》第3册（1984年版）里称赞戊戌变法掀起了"近代中国第一个思想解放的潮流"，指出，改良派发动维新运动，要求挽救民族危亡，明显地具有爱国主义性质。又说，资产阶级改良派要求在中国发展资本主义，使一个贫穷落后的中国变为富强先进的中国，这在当时的情况下，是顺应历史发展潮流的。我看，从50年代至80年代，除了"文化大革命"时期的特殊例外以外，我国政治界和学术界的领导人对戊戌变法的这种评价，基本上是正确的，是站得住的。对戊戌变法的误读是有的，总起来看，并不是主流。

这篇文章还有一个重要观点，说革命与改良，是推动近代中国历史前进的双轮。我觉得，这个观点需要加以讨论。何谓双轮？好比一辆车子，两个车轮同时向前滚动，才能带动车厢向前运动。革命与改良，是否是这样的两个轮子，同时推动着近代中国历史的前进呢？说影响正确评价戊戌维新的障碍主要是没有摆正革命与改良的关系，说在阐明革命的价值时，不能以否认改良和改革为代价，尤其不可以贬低改良以达到礼赞革命的目的。这样的说法，不能绝对。这还需要根据事实和理论作出具体的分析。

革命与改良的关系到底如何？我以为，对于社会历史的前进运动来说，革命和改良都是推动历史前进的动力。改良是常态，革命是变态。每一个国家，每一个时代，总是经常处在改良的状态中，否则，那个社会就停滞了，不前进了。所以改良是经常存在的。而革命则不然，社会革命不能经常存在，一个社会不能经常处在革命的状态中，如果是那样，这个社会就会是病态的。我在一篇评论"告别革命"的观点的文章中说过，事实上，革命作为历史发展过程中一种客观的历史运动，不是随心所欲可以制造出来的，也不是随心所欲可以制止的，更不是由什么人可以任意宣布否定就否定得了的。历史上发生过多次革命，尤其是 17 世纪以来，在欧洲、美洲、亚洲先后发生过的多次革命，都是社会矛盾不可调和的产物。统治者不能照旧统治下去，被统治者不能照旧生活下去。于是革命爆发了。旧的制度瓦解了，新的制度建立了，旧的统治秩序被打碎了，新的统治秩序形成了，旧的社会桎梏解除了，社会生产发展了，社会前进了。社会革命往往采用暴力的形式，不通过暴力革命，旧的统治者不能退出历史舞台。不通过暴力革命，反抗新社会的旧势力不可以压制下去。革命起来，如暴风骤雨，有人讨厌它，但是却不可以制止住它。社会生活在承平时期，社会阶级矛盾没有激化，如果有人登高一呼，召唤革命，有谁去响应呢？革命，是社会运动的一种形式，是社会进步的一种必要形式。不能说想革命就革命，也不能说不想革命便不革命。革命的发生，是有规律可循的。诅咒革命，诅咒暴力革命，只是反映了旧势力对革命的无奈，对旧社会的哀鸣而已。

诚然，革命并不是社会历史前进的唯一推动力。革命的发生是有条件的，不是任意可以制造出来的。社会发展的经常形式是社会改良。在革命没有发生的时候，当阶级矛盾不到激化的程度，解决社会阶级利益的冲突，往往要靠阶级妥协与调和，那实际是阶级斗争的特殊形式；解决社会政治利益的冲突，往往要靠社会改良的种种办法。阶级调和的办法，社会改良的办法，也能促进社会的发展，但它只能在同一个社会制度内运行，如果要推翻旧制度，建立新制度，阶级调和、社会改良，是无能为力的，它只能让位于革命手段。革命发生，才能使社会发展产生质的变化。因此，革命虽不是社会发展的唯一推动力，却是社会历史发展的根本动力。否定这一点，无原则地歌颂社会改良，显然是一种反历史主义的态度。

正因为革命是社会发展的根本动力，它能推动历史发展产生质的变化，而改良则不以推翻一个社会的制度为目的，改良是在社会制度允许的范围内进行，用今天的话来说，是在体制内进行。因此，一个真正的革命家并不拒绝改良，而一个真正的改良家则往往拒绝革命。也往往是这样的情况：一个社会的改良进行不下去的时候，或者那个社会不允许改良的时候，往往就可能爆发革命。从这个角度说，改良为革命准备着条件，改良为革命积聚着能量。在这种情况下，实行改良的人和实行革命的人，往往不是同一批人。

拿戊戌维新时期来说，康梁等维新派人士是这个时期推动历史前进的主要力量。孙中山为首的革命派虽然已经出现，并且在海外成立了兴中会这样的革命小团体，但是在国内不能立足，在国内外的影响都还不大。如果拿车轮打比方，这时候只有维新派一只车轮子。尽管维新派极力推动这只车轮前进，但是，维新派的努力却是在体制内进行，是依靠光绪皇帝"乾纲独断"，并不想推翻清朝廷的统治。而且，维新派的努力，在相当程度上是在防范革命派、防范乱党的成功。康有为一再警告清朝统治者，如果不及时变法，则"金田之役，将复起矣"，"陈涉辍耕于陇上，石勒倚啸于东门，所在而有，近边尤众"，在这种情况下，即使没有外国的侵凌，光是老百姓的"揭竿斩木"，就足够危险的了。可见，维新派是坚决反对革命的。尽管如此，我们还是应当说，这个时期推动历史前进的，是维新派的努力。同时也应该说，这个时期推动历史前进的，不是双轮，而是单轮。

如果我们把眼光往后移，看看辛亥革命时期的情况，就更明白了。辛亥革命时期，革命派和立宪派的力量都很强大。有些朋友的研究说，辛亥革命的成功，是革命派和立宪派共同努力的结果。这里似乎可以用得上双轮的观点了。其实也不然。辛亥革命的成功，固然与立宪派的努力有关，但主要是革命派武装斗争或者说暴力革命的结果。无论是康梁在海外的保皇，还是立宪派在国内发动的国会请愿运动，都限制在体制内。如果体制内的运作成功，无非是君主立宪，还能够把封建专制制度推翻吗？况且，在辛亥革命时期，革命派和立宪派是水火不相容的。革命派正是通过大辩论，克服了立宪派、保皇派不能革命、不敢革命、不许革命的思想，才坚持了暴力革命的道路。因此，在革命的条件成熟的时候，在没有革命就不能推动历史前进的时候，在不批判改良派、立宪派就不能推动革命的时候，难道能够迁就改良派而放弃革命的努力吗。在这种情况下，作为历史学者，在阐明辛亥革命的历史价值时，也不能以否定改良派为代价吗？我们可以说，在辛亥革命时期，起了推动历史前进作用的，主要是革命派这只轮子。显然，推动近代中国历史前进的双轮说，在这个时期也是不存在的。

从以上论证可以看出，改良和革命这两种形式，是在历史发展的不同时期分别起作用的。渐进的改良在既定的体制内运行，对推进社会进步会起到积极作用，当这个体制不允许它进行改良的时候，改良就要让位于革命。如果改良不愿意让位于革命，还要保存旧的体制，还要继续在旧体制内活动，从而反对推翻旧体制的革命，那么，这时候的改良，就是反动的了。我想，这就是革命和改良之间的关系。

（1998 年 6 月 28—29 日）

历史电视剧《走向共和》
宣扬什么历史观[*]

历史电视剧《走向共和》早已在中央电视台落下帷幕。由于在中央电视台第一频道的黄金时间播放，加上播放前、播放中的强力推荐，不仅吸引了大批观众，而且据说收视率是创纪录的。播放过程中，观众反映强烈。若干报纸上刊载了不同意见的评论。但是几家大报没有发表评论文章，显示了谨慎的沉默。网友评论如潮，意见颇为分歧。质疑与肯定，针锋相对，争论激烈。一些人评论，《走向共和》为慈禧、李鸿章翻案是创新，是历史观的决胜，没有拔高一个好人，没有贬低一个坏人，会让历史教科书尴尬，要重写历史教科书，甚至说《走向共和》剧砸了历史学家的饭碗。有人认为，在历史真实上，这部剧如同一部中国近代史的教科书，完全可以当作历史教材。有的评论认为，《走向共和》剧硬伤太多，是百般失真的历史记录，是在玩西方

　＊ 本文原载《马克思主义研究》2003 年第 5 期。收入李文海、龚书铎、梁柱主编《近代中国是怎样走向共和的——大型电视剧《走向共和》引发的思考》，华龄出版社 2003 年版；《东厂论史录》，广东人民出版社 2005 年版。

后现代主义中的"解构颠覆"拼接历史的"七巧板"，不忍卒睹。还有的网民指出：在廓清历史真相的旗帜下，灌输错误的历史知识，其负面影响比公开申明是"戏说"的肥皂剧更甚。有的认为该剧隐喻了中华民族的前途和命运，在于它的现实意义，是"前度《河殇》今又来"。有人建议停播，有人反对停播。有人认为该剧用现代化史观代替了革命史观；有人指出它是基于洋务立场的解读，与阶级斗争史观针锋相对。

面对观众的各种评论，《走向共和》的编导们也发表过一些意见。一位编剧说："如果这部电视剧定位是'一部带有崇高悲剧意味的英雄史诗'，那么我们的先辈就是史诗中的悲剧英雄！在中华民族走向共和的漫漫长途上，每一个探索者都值得我们永远尊敬和怀念。我在给主要人物如李鸿章、慈禧、光绪、张之洞、袁世凯、孙中山他们定位时，脑海里浮现的是一个个有血有肉的鲜活形象。"该剧的另一位编剧说："这部电视剧中所提到的中国经历的几大历史事件都是绝对真实的，毫无虚构。……所以这部电视剧才可以被人叫做历史正剧。最初策划这部电视剧时定的调子就是'找出路'，不论是在野的在朝的，当时的人无论出于什么目的，都是在为中国找出路。"该剧的总策划说："不仅仅是李鸿章，包括慈禧、袁世凯的定位，都是严肃的挑战。我们从一开始就要求自己，以历史唯物主义为指导，以史学成果为依据，特别重视近20年的新成果、新结论。"这位总策划还说，为什么要"走向共和"，实际上直到现在为止我们仍在大步走向共和。你问《走向共和》好在哪，我想第一，把这个戏的主题点出来了。第二，把戏的主线贯穿起来了。第三，它是"现在完成进行时"，我们一直走到现在，还在走，人们在读"走向共和"这四个字的时候，就是想我们现在是不是在走向共和。虽然我们不主张历史剧干预现实，实际上以史为鉴是有意义的。我把它叫做"探讨历史，观照现实"。导演坦言："《走向共和》是一部观点戏，为观众提供一种看历史的新的角度，观点抓住了，就一定引起争论。我们对那个时期主要历史人物新的诠释，对大的历史事件的重新评价都会带来冲击。但我们的理解都是有史料支撑的。"

因为一部电视剧开展了如此鲜明的争论，表现了当前思想的活跃，表现了人们对社会生活的关怀，是有意义的。万马齐喑不是好现象。我看过电视剧的一些片断。也从网上浏览了《走向共和》剧本的部分文字，看了若干网民的评论。这里说一些零星感想，也来参加一点争鸣。

首先，我们看看这部电视剧对历史人物的诠释、对大的历史事件的评价是否都有史料支持。

编导者和有的演员强调他们是以历史唯物主义为指导，演出的是真实的历史，历史就是他们演出的那个样子。看过这部片子而且多少有一点近代史知识的观众，都表示很惶惑。有的历史学者已经指出片中硬伤太多，有些情节不管时间和空间，只要编导者认为剧情需要，可以随意编造。这种情况每集都有，指不胜指。这里也指出几处硬伤，看看所谓史料根据。

影片一开始，李鸿章和张之洞都大谈澳大利亚出生的英国人莫理循（莫理循是 George Ernest Morrison 本人自定的中文名字，电视剧误为莫理逊），说他是《泰晤士报》的著名记者，都想邀请他写文章以攻击对方。张之洞的幕僚辜鸿铭说："莫理逊的一篇报道胜于十个给朝廷的奏折。"剧本还表现他揭露户部尚书翁同龢拨款 60 万两给不法奸商购南洋木材建颐和园，而拒绝拨款李鸿章为北洋水师购炮弹；他有关北洋水师的报道强化了日本天皇练兵侵华的决心；他关于《马关条约》签约内幕的评论轰动北京等等。莫理循确有其人，他成为《泰晤士报》驻北京记者是在甲午战争结束几年后的 1897 年 2 月，成为著名记者还要推后几年。李鸿章、张之洞怎么可能在甲午战争以前（大约 1890 年）讨论汉阳铁厂如何办的问题上提出莫理循其人呢？怎么可能在甲午战前的所谓北洋阅兵式上出现俄国驻华公使喀西尼与莫理循吹捧李鸿章的对话呢？怎么可能出现上面指出的那些报道呢？20 年前中国就出版了莫理循通讯集的中文译本，在那里是绝对找不到上述情节的。显然这都不是历史真实。电视剧抬出莫理循吹捧李鸿章是要刻意衬托李鸿章办理洋务的国际声望。

孙中山 1894 年夏游历天津，曾上书北洋大臣、直隶总督李鸿章，建议模仿西方国家，改良政治，发展工农业生产，认为这才是治国之大本，如果专搞"船坚炮利"，就是"舍本而图末"。孙中山希望通过清政府中最有权势的官僚，采取一些资本主义的改良措施，达到国家富强的目的。但是他根本不获李鸿章接见，他的建议也根本不为李鸿章理睬。通过这次上书的挫折，以及对北京官场政治腐败的观察，孙中山才理解了改良这条路是不能走的，才下了推翻清政府、根本改造社会的决心。1894 年 11 月在夏威夷创建了以推翻清政府为目的的中国早期资产阶级革命小团体兴中会。《兴中会章程》写道："中国积弱，非一日矣！⋯⋯方今强邻环列，虎视鹰瞵，久垂涎于中华五金之富，物产之饶。蚕食鲸吞，已效尤于接踵；瓜分豆剖，实堪虑于目前。"在这个章程里，孙中山第一次提出了"振兴中华"的口号。1895 年 2 月在香港成立兴中会总会，在会员誓词中明确提出"驱除鞑虏，恢复中华，创立合众政府"的主张，已经表明了革命的志向。电视剧却设计了李鸿章在家里接待孙中山并侃侃而谈革命的情节，以烘托孙中山与李鸿章共倡共和的气氛。这是在捏造事实，误导不了解这一段历史的观众。

1894 年 9 月 17 日的大东沟海战，在中午 12 时 50 分左右爆发，中日双方大战5小时，双方筋疲力尽，未分胜负，近黄昏时日舰先退，北洋舰队也撤出战斗。电视剧却通过伍廷芳的口说："今日上午十时左右，我北洋舰队主力，在黄海大东沟海域遭遇日本联合舰队，爆发激战……"置已有的历史记载而不顾，而捏造另外的情节，这是在告诉观众真实的历史吗？

电视剧表现义和团在廊坊抵抗八国联军的大捷，却用联军统帅瓦德西的名字代替了真实的指挥者英国将军西摩尔。实际上，义和团在廊坊的大捷发生在6月，八国联军大部队占领北京在8月中旬，瓦德西是在10月率领大批德国军队到的北京。张冠李戴，屡屡出现。电视剧安排了《辛丑条约》的签字仪式，让李鸿章发表大义凛然的演说，警告列强中国还将有义和团的再起，他还对庆亲王说："天下最难的，就是把自己的名字签到卖国条约上。你还年轻，还是我来担这个罪名吧！"历史上哪里有这样的故事呢？所谓辛丑议和，是一个既复杂又简单的过程，实际上，它不是在中国政府与各国政府间进行，而是在侵华的各国政府之间进行。清政府在1900年8月，就任命了议和全权大臣，但不为各国承认。李鸿章于10月中旬到达北京，旋即向各国驻华公使提出议和节略5款，各国均不屑于理睬。12月24日，各国公使向奕劻、李鸿章递交了他们经过3个月讨论一致同意的文件，即以联合照会名义出现的《议和大纲》，双方并按公法要求相互校阅了全权证书，才算是辛丑议和的正式开始。所谓复杂，绝不是帝国主义列强与清政府议和谈判复杂，而是列强之间纷纷嚷嚷，讨价还价，争持不休，争吵的目的，是各国如何保证在华的最大利益。所谓简单，一旦列强之间在某一项条件上取得了共识，便把清政府的所谓谈判大臣奕劻、李鸿章叫到公使团，由公使团团长宣读一下而已。公使团压迫奕劻、李鸿章，奕劻、李鸿章转报西安"行在"，请求定夺。"行在"复电，要求奕劻、李鸿章与列强多加磋磨，奕劻、李鸿章复电西安，晓以厉害，压迫慈禧太后接受，如此而已。所谓惩凶、赔款诸条款都是这样形成的。何曾有李鸿章在谈判席上的大义凛然！

1909 年皇族内阁成立后，袁世凯被逐出京城，在河南安阳洹上村养"足疾"，这是事实，但是电视剧设计了同盟会的重要干部宋教仁到洹上村拜访袁世凯，劝袁世凯反正革命，卿卿我我，感情甚笃，好像是过从甚密的老朋友，这是没有任何历史根据的。我们知道宋教仁长期在日本从事反清革命活动，大约1909 年回到东北调查所谓"间岛问题"，写出了有关"间岛问题"的长篇报告，送交清政府。此事曾不为内外所理解，革命派内部认为他为清政府服务，日本认为他是奸细。此后他又返回日本，直到 1911 年 1 月回到上海，建立同盟会中部总会，主持《民立报》，开展革命宣传活动。历史上不曾有过宋教仁到洹上去拜访袁世凯这样的事情。关于同盟会中部总会，所有历史文献都记载设在上海，电视剧却安排了孙中山、黄兴、宋教仁三人商量，孙中山说："那就设在湖北武昌吧。"等等。还有孙中山的许多情节，电视剧置已有的历史记载于不顾，另行编造，如孙中山剪辫、取名孙中山、在伦敦被清政府使馆人员捕捉以及 1911年 10 月在美国丹佛读到武昌起义的报道等等，尤其是编造孙中山、黄兴在美国住进华侨旅馆，被华侨老板娘当作骗子要报警，孙黄二人狼狈而逃的情节，最不忍睹。孙中山一生的重要活动之一是在南洋和美国华侨中募捐，所谓十次反清武装起义的费用，主要是依靠华侨捐献才得到的。电视剧却把孙中山的募捐当作行骗来刻画，美国华人华侨看了这样的情节编造会产生什么样的感想呢？人们会笑话你们数典忘祖，口称共和共和，连共和怎么来的都忘掉了。

《走向共和》还安排了一个情节：在《辛丑条约》签字后，

俄国公使到李鸿章的病榻前，逼迫李鸿章在"最大限度维护俄国在东三省利益的文件"上签字。李鸿章坚决拒绝了。历史事实如何呢?《辛丑条约》签字前后，确有类似的事件，但是拒绝签字的不是李鸿章，而是驻俄公使杨儒。八国联军入侵中国期间，俄国还单独以数路大军侵入我国东北，占领东北全境。由于东北地区人民的坚决反抗，俄国人认识到，由俄国人对中国东北进行统治的条件尚不成熟，便由旅大地区俄军军事长官出面，胁迫在他们劫持下的盛京将军增祺同意在 1900 年 11 月 30 日签署了一个所谓《奉天交地暂且章程》，以俄国在东北驻兵、俄国派员驻盛京与闻要公等条件，把东北交还中国。因为这只是一个地方当局签署的文件，俄国政府便诱逼清政府与俄国政府进行撤军、交地的谈判。清政府不知道还有这样一个《暂且章程》，便于 1901 年 1 月 2 日派驻俄公使杨儒为全权代表参加谈判。英国《泰晤士报》公布了《暂且章程》的全文，引起了列强强烈反应。杨儒把这个《暂且章程》报回国内，清政府宣布不承认这个暂且章程，命令杨儒与俄国谈判"废暂约，立正约"，"设法磋磨，不避其难"。俄国外交大臣、财政大臣向杨儒提交了新的条约文本，提出了在中国东北和蒙古、新疆的广泛的权利要求，达到了这些要求，俄国方可撤军。俄国还通过华俄道胜银行经理出面向李鸿章行贿，表示如果李鸿章促成条约签字，便可送他50 万卢布作为酬劳。这时候正是议和期间，各国均反对中国单独与外国签订有关让与土地和财产权利的条约，中国国内也强烈反对，上海爱国士绅在张园集会抗议，并向李鸿章发去了公电，各省民众表示支持。3 月，清政府无计可施，电令李鸿章"全权定计，朝廷实不能遥断"。李鸿章认为条约"刺目处均删除，照允后无患"，并指示杨儒"即酌量画押，勿误"。杨儒认为这不是朝廷的旨意，坚决拒绝签字。俄国虽然多次压迫杨儒签字，均遭杨儒拒绝。杨儒最后一次从俄国外交部回使馆，因天寒地滑，下车摔倒，从此一病不起，死于任所。杨儒在外交斗争中捍卫了国家利益，是值得称赞的；李鸿章不能获得这种荣誉。

这部电视剧违背历史事实的地方很多，这里只是指出部分事实。能够说这部电视剧是符合历史真实的吗！以上所指出的编造，它的史料根据何在？为了编导者们心中的历史，肆意编造和剪裁，哪里有一点历史唯物主义的影子呢？

也许编导者们会说，我们的剧本是艺术作品，不是历史教科书。艺术作品并不追求细节的真实。你们不是说你们演出的就是真实的历史吗，你们不是说你们是在探讨历史吗？离开了细节的真实，你们探讨什么历史的真实！从艺术作品说，艺术的真实是建立在生活真实的基础上的。反映历史内容的号称历史正剧的电视剧就应该尊重历史的真实。把真实的历史的各种重要的细节都抛弃了，能够反映怎样的历史真实呢！

其次，关于英雄史诗和"找出路"。

在半殖民地半封建社会的中国，帝国主义的侵略和封建制度所造成的腐败与落后，是中国社会难以进步的基本原因。这不仅是史学界的共识，也是整个社会的共识，这种共识尤其为旧民主主义革命到新民主主义革命的全部历程所证明。不是说实践是检验真理的唯一标准吗？这个共识已经得到了历史实践的检验。如果说近代中国走向共和是一部英雄史诗，那是对的，因为从旧民主主义革命到新民主主义革命，人民群众在先进阶级领导下反对帝国主义侵略，反对封建腐败统治的斗争历程的确是一部英雄史诗。不错，人人都在创造历史，不同社会阶级的人在创造不同的历史。历史发展的走向和总趋势，并不是每个正在创造历史的人都满意的。在阶级社会里，历史发展的总趋势是代表不同阶级利益的政治势力相互斗争的结果。在近代中国，人民群众、代表人民群众最大利益的政治势力创造的是走向共和的历史，帝国主义者、封建统治者创造的是维护半殖民地半封建秩序、反对共和的历史。这是两种不同性质的历史。换一个说法，近代中国不同的阶级和集团是在寻找不同的出路，而不是一个共同的出路。如果认为不论在野的在朝的都在为中国找出路，把"找出路"认为是所有的人都在寻找一个共同的出路，那是大错。《走向共和》电视剧就是在这样的指导思想下编导而成的，它用真实的人物形象，又借用编造的历史故事，意在引导今天的观众得出一个令他们满意的结论：似乎李鸿章、慈禧、袁世凯、孙中山都在寻找共和的出路。这不仅是看过电视剧后的客观效果，也是策划者的初衷。电视剧的总策划很明确地告诉观众：你问《走向共和》好在哪，我想第一，把这个戏的主题点出来了。第二，把戏的主线贯穿起来了。你看，很清楚，主题就是共和，贯穿电视剧的主线就是共和。所有的人，李鸿章、慈禧、袁世凯、孙中山都在内，国家和社会都在走向共和。这不是把共和当作全社会的共同出路吗？这是对历史发展完全错误的理解。实际上，代表中国资产阶级利益的孙中山等革命派寻找的是推翻专制、建立"共和"的出路；中国资产阶级的另一翼代表康、梁等寻找的是建立君主立宪那样的出路；封建统治者包括李鸿章、慈禧、光绪、袁世凯等人寻找的是如何维护统治又能有所改进那样的出路（即使在1905 年开始的所谓预备立宪，统治者追求的也是在"皇位永固"前提下的立宪）；帝国主义者并不同意在中国建立共和制度，实行资本主义制度，也不愿意中国继续在颟顸的统治者底下维持统治，而是在半殖民地半封建秩序下，允许资本主义生产力有一定引进，以满足帝国主义列强共同统治中国的需要。北洋军阀以及袁世凯的帝制行为是这种需要的反映。难道袁世凯的帝制自为与军阀混战和孙中山的护国、护法斗争都是在为中国寻找共同的出路吗？如果以这种逻辑推论，大革命失败后，中国的两大政党国民党和共产党寻找的都是共同的出路吗？不对的，他们寻找的是不同的出路。以蒋介石为代表的中国国民党所寻找的中国出路，绝对不是以毛泽东为代表的中国共产党所寻找的中国出路。这难道还有什么可以怀疑的吗？

策划者不仅把共和作为贯穿全剧的主线，而且认为共和是现在完成进行式，一直走到现在，我们还在走向共和。这就是说，我们现在还没有完成共和。这叫做"探讨历史，观照现实"。显然，这是把共和政治作为中国的唯一选择、唯一出路，也是中国唯一追求的政治方向。中国共产党在新民主主义革命时期形成了以毛泽东的名字命名的新民主主义革命理论。这个理论告诉我们，孙中山是中国革命的先行者，他所开创的是资产阶级的共和国。这在中国历史上是空前进步的。这个共和国虽然以"三民主义"、"五权宪法"相标榜，实际上遵循的仍旧是资产阶级的三权分立原则。新民主主义革命所追求的不是这个资产阶级共和国，这个共和国已经过时了。新民主主义共和国不同于资产阶级共和国，其前途是社会主义共和国。经过 50 多年，我国已经建立了以人民代表大会制度为根本标志的社会主义共和国，这个共和国的经济制度是社会主义市场经济。我们的经济制度还需要改革，我们的政治制度还需要完善，但是我们绝对不是在走向资产阶级的共和国。笼统地说我们今天还在走向共和，要用共和来观照现实，透露出仍旧在把资产阶级共和国作为理想，思想还停留在辛亥革命那个时代。如果这个分析是准确的，那么，编导者、策划者究竟要通过电视剧把观众引导到哪里去呢？究竟要观照什么样的现实呢？

第三，导演说这部电视剧是一部观点戏，为观众提供一个看历史的新的角度。

这个想法当然很好。但是需要明白，即使要通过电视剧表达某种历史观点，最基本的一条是要有正确的历史事实作为支撑。违背或者捏造历史事实来支持自己的观点，只能走向自己愿望的反面。设计孙中山拜访李鸿章、宋教仁拜访袁世凯这样的情节，是要表达什么样的观点呢？显然是要向观众表达孙中山、宋教仁这样的革命派与李鸿章、袁世凯这样的统治集团的重要官员共谋走向共和的大计。如果历史事实是这种情形，电视剧这样表现当然无可非议。但是捏造事实作这样的表现，我们只能理解为伪造历史，伪造革命派与清朝官员共谋共和这样的事实，模糊那个时期的阶级阵线，也模糊今天观众的阶级视线。这样编造能够达到给观众一个新的历史视角吗，能够给观众一个正确的历史观点吗？如果说有这样的新的历史视角，那只是违背历史唯物主义的、没有历史事实根据的、违背艺术创作原则的所谓"历史新视角"。

电视剧《走向共和》号称历史正剧，反映了波澜壮阔的历史事件。包括中央电视台在内的新闻媒体都是这样宣传的。我的理解，历史正剧是以严肃的重大的历史题材为内容的剧本。严肃的重大的历史题材应以有根据的历史事实为依据。它是戏剧，是文艺作品，为了剧情的需要和人物情节的刻画，它可以在历史逻辑和生活逻辑的前提下，在某些故事情节上进行创作，在这一点上说，它当然不能等同于历史著作。但是创作的情节不能违背历史的本质，更不能撇开已有的历史事实另行创作。这种历史正剧是以人物形象来演绎历史故事，表达严肃的历史观点；既使观众受到文学作品的美学愉悦，又使观众得到历史知识的传授与教育。即使从美学愉悦的角度来说，也应该包括正确的历史知识对观众的熏陶，从而给观众正确的人生观、历史观。愉悦似乎不能理解为单纯的感官刺激、娱乐消遣。娱乐消遣不是历史正剧应该承担的主要任务。扩而言之，任何以历史为题材的戏剧创作，包括"戏说"作品在内，既然历史人物是真实的，就应该尊重大的历史背景，由于这样的作品可能影响观众的历史视角，因此就应该对受众负担一定的教化作用。

　　就《走向共和》这部电视剧而言，它试图反映清末民初重大的历史事件，刻画一系列处在当时政治高层的最主要的历史人物。为了这一点，我们首先应该把握这个时期的历史本质。这个时期的历史本质或者历史发展的总趋势，就是在帝国主义和封建主义统治下，人民中间积累起来的反对帝国主义侵略和反对封建专制主义的思想和力量逐渐增长，终于在甲午战败以后，迅速产生了两种改造中国社会的主张，一种是以康有为、梁启超为首的改良思潮以及在这种思潮指导下的政治行动，"公车上书"是其发端，戊戌变法的失败是其终结；另一种是以孙中山、黄兴为首的革命思潮以及在这种思潮指导下的政治行动，形成资产阶级政党（包括早期的兴中会、华兴会和光复会以及在此基础上产生的中国同盟会在内）为其发端，武昌起义、中华民国南京临时政府成立和清朝专制帝制结束为其结果。这两种政治思潮和政治行动几乎是同时起步，并先后登台演出起历史活剧的。清朝专制政府（包括慈禧太后、李鸿章、袁世凯等要人在内）对这两种政治思潮和政治行动是坚决反对的，是镇压的。这是这段历史的基本线索，也是这段历史的本质。表现这段历史的文艺作品可以有各种不同的创作思路和表现手法，既然以历史正剧相标榜，就不应该违背这个历史本质。如果从时间断限来说，应该从甲午战争失败写起，是否终结于袁世凯称帝或北伐成功，或者尚可以讨论。与这个理解相反，《走向共和》却从洋务运动写起。洋务运动起始于19世纪60年代，到甲午战争就宣告失败。对洋务运动的客观作用，近代史学界并无太多分歧，但对于洋务运动的性质是有分歧的，至今是否认识完全一致还很难说。有一点可以肯定，洋务运动从军事工业到民用工业，在客观上对发展近代中国的生产力起到了一定的积极作用，但洋务运动的主持者固守"官督商办"，阻碍了民族资本主义的发展。应该说，洋务运动很难直接与走向共和联系起来。《走向共和》从洋务运动开始，把它与"共和"这条主线联系在一起，是很难说通的。在洋务运动进行的过程中，特别到中法战争之后以至 90 年代初期，包括一些与洋务运动有过种种联系的早期改良派的思想家，已经对洋务运动有许多批评，指出它只强调"船坚炮利"，徒袭西艺之皮毛，而不注意变革社会制度，"遗其体而求其用"，提出"君民共治"的政治主张，对工商业发展则发出"官办不如商办"的呼吁，要求从变革社会制度的角度继续改革。改良派的这些主张是大大超过了洋务派的。随之而来的就是康梁发动的戊戌维新运动。

从反映历史本质来说，电视剧《走向共和》作为历史正剧是不成功的。任何历史著作或者文艺作品，不可能原样复原历史过程的每一个细节。我们可以做到的是根据经过鉴别的史料复原历史过程的本质特点。如果撇开历史过程的本质特点，去反映人的人性的一面，反映作为女人或者男人的一面，这对于后人认识历史、从历史经验中吸取有益的东西，有什么帮助呢？这个电视剧调动一切艺术手段，塑造慈禧、李鸿章、袁世凯人性的光辉的一面，反过来却揭露康有为、梁启超、孙中山人性的另一面，尤其对孙中山，把它刻画成一个小丑、疯子、骗子，完全与历史本质相违背，与我们对 20 世纪中国历史的三个伟大人物的认识相反。按照《走向共和》的字面看，主角应该是孙中山，实际上孙中山变成了丑角，主角让位于孙中山等革命派革命的对象。这种艺术形象的颠倒，已经引起了观众历史知识的错乱，使得一些观众怀疑历史教科书的准确性。有的网友评论"前度《河殇》今又来",似乎不是危言耸听。我的总的观感是:《走向共和》是为了表达某种历史观点的政论剧。因此,《走向共和》是编导者们心目中的近代史,而不是真实存在的近代史。说它是唯心史观影响下的产物,是不会委屈它的。

反帝反封建是近代中国历史的主题[*]

如何认识近代中国历史的主题，以及围绕这个主题发生的许多重大事件，不仅是中国近代史和现代化研究的重要课题，而且是关系到中国未来发展道路、关系到我们对青少年一代的教育的重大理论和实践问题。

中国青年报冰点栏目 1 月 11 日发表的《现代化与历史教科书》（以下简称《现》文），其矛头所向，是要否定新中国建立以来，我国学术界以马克思主义为指导研究中国近代史所取得的基本结论，对青少年产生严重的误导。作为中国近代史的研究者，不能不引起关注。

近代中国的主要任务

1842—1860 年间，通过两次鸦片战争，以《南京条约》和

———————

　＊　本文原载《中国青年报·冰点》，2006 年 3 月 1 日。台北《海峡评论》第 185 期转载，2006 年 5 月 1 日出版。收入冷溶主编《科学发展观与构建社会主义和谐社会》，社会科学文献出版社 2007 年版。

《北京条约》为标志，中国被迫签订了一系列不平等条约，形成了束缚中国发展进步的不平等条约体系。正是这个条约体系，使中国由一个独立的封建社会逐步"沉沦"为半殖民地半封建社会。1895 年的《马关条约》和 1901 年的《辛丑条约》，完全形成了中国的半殖民地半封建社会。

20 世纪 20—30 年代，当时的进步学者，特别是以马克思主义、唯物史观为指导的历史学家、经济学家和社会学家，从中国近代社会政治、经济各个层面论证了半殖民地半封建社会的性质。毛泽东在 1939 年的《中国革命和中国共产党》、1940 年的《新民主主义论》等一系列重要著作中，肯定并总结了对近代中国社会半殖民地半封建性质的分析，并据此制定了新民主主义革命的完整理论，在这个理论的指导下，中国共产党领导全国人民取得了新民主主义革命的胜利。可以说，在近代中国 109 年的历史进程中，由中国的革命政党推动的包括旧民主主义革命和新民主主义革命，组成了近代中国社会发展进步的主旋律。这个革命主要是反对帝国主义侵略，以谋求民族独立；反对封建主义专制，以谋求国家的民主进程。

反帝反封建，是近代中国历史发展的基本主题。在基本上完成了反帝反封建的任务后，在人民掌握了国家的主权后，国家的现代化事业才能够比较顺利地进行。

《现》文否定近代中国反帝反封建斗争的历史主题，最鲜明的是对待义和团反抗八国联军的侵略上。文章说义和团犯了反文明、反人类的错误，"这些罪恶行径给国家和人民带来莫大的灾难"，是中国人不能忘记的国耻。它强调："事件过后直至民国初年，朝野各界将这个组织定性为拳匪是有足够根据的。"

《现》文似乎找到了一个历史证据："义和团烧杀抢掠、敌视和肆意摧毁现代文明在前，八国联军进军在后，这个次序是历史事实，无法也不应修改。"这是完全违背历史事实的。

义和团开始广泛宣传拆毁铁路、电杆，正是在列强以战争胁迫清政府镇压义和团的时候，而采取大规模实际行动，则正是在清政府镇压期间和八国联军战争期间。有学者通过大量事实的举证，证明了这一点。据美国历史学家施达格研究，在"1900年5月31日之前，在整个义和团运动中，在中国的任何地方，没有一个外国人是死在拳民手上的；唯一的一个就是卜克思先生在山东的遇害"。[①] 1900年5月31日晚，英、俄、美、法、日、意六国士兵共356名自天津抵达北京。6月3日，还有一批德国兵和奥匈兵到达。据马士统计，总共到达北京的武装人员有451名，其中两名军官和41名卫兵保护西什库天主堂（即北堂），17名军官和391名卫兵保护使馆。士兵携有机关枪和大炮。德国驻华公使克林德在各国公使决定调兵的集会上说过"这些行动就是瓜分中国的开始"。洋兵入京，不仅在克林德看来是瓜分中国的开始，在拳民看来也是瓜分中国的开始。义和团在北京和各地杀传教士、焚毁教堂、破坏铁路和电线杆以及部分人的抢劫行为，都是在这批外国士兵进京以后发生的。攻打西什库教堂和使馆区也在这以后。洋兵入京是事变变得更加复杂和动乱的根源。据施达格研究，1900年5月29日至6月4日，发生在雄县附近义和团与京保铁路洋工程师倭松（Ossent）的冲突，是义和团与武装的欧洲人的第一次冲突，洋人先开枪，义和团从数百人聚集到万人，对洋人加以追击，"将洋人追击上岸，未知存亡"。[②] 从这里

---

① 施达格（George Nye Steiger）：《中国与西方：义和拳运动的起源和发展》，1927年英文版，第162页，转引自牟安世著《义和团抵抗列强瓜分史》，经济管理出版社1997年版，第286—287页。

② 廷杰、廷雍等：《致裕禄电》（1900年6月2日），见《义和团运动史料丛编》第2辑，第148页。

我们可以看见义和团杀教士、焚毁教堂、铁路等的具体原因。

义和团发生的长期原因，则与鸦片战争以来西方列强对中国的侵略有关，特别是《马关条约》以后帝国主义各国在中国掀起瓜分狂潮有关，与外国传教士长期以来在中国传教过程中的为非作歹有关。大量历史材料证明，义和团仇视洋人、洋教、洋物，都与仇视帝国主义瓜分中国的图谋有关。在洋兵进京以前，义和团破坏铁路，是出于与清兵作战的需要，为反抗西摩尔联军乘火车进京，大规模破坏铁路，完全是作战手段，以此攻击义和团摧毁现代文明，是什么反人类、反文明，完全是模仿西方侵略者的腔调。

围攻使馆和西什库教堂，是义和团被攻击的一大原因。真实的情况又如何呢？据记载，西什库教堂内有法国水兵30人，意大利水兵10人。① 义和团于6月15日围攻教堂，由于教堂防卫坚固，始终未能攻下来。6月12日，东交民巷一带已被西兵占据，不准中国人进入。试图靠近的拳民，往往被击毙。据美使康格6月15日的电报，"我们仅仅力图保卫我们自己直到增援部队到来之时，但是各使馆驻军早已枪杀了差不多一百个拳民"。② 使馆以为西摩尔联军很快就会赶到，有恃无恐，3天之内就枪杀了近百个拳民，这不是在义和团的仇外心情上火上加油吗？围攻使馆固然违反国际法，但也是使馆咎由自取。据记载，6月16日内阁奉上谕："所有各国使馆，理应认真保护。著荣禄速派武卫中军得力队伍，即日前往东交民巷一带，将各使馆实力保护，不得稍有疏虞。"③ 显然，清政府保护使馆的措施是明确的。

① 佐原笃介：《拳乱纪闻》，载《义和团》第1册，第168页。
② 引自施达格书，见牟安世著《义和团抵抗列强瓜分史》，第338页。
③ 见《义和团档案史料》上册，第144—145页。

必须指出，早在 5 月底，各国已在各自使馆驻扎重兵，把使馆变成设在北京城内的外国军事据点。这是完全违背国际法的。据当时欧洲的国际法学家的意见："使臣公署，不得据之屯兵"①，这是国际公法常识。大沽事件后，各国侵华战争宣告爆发，清军和义和团攻击使馆，实际上是对这个外国军事堡垒的进攻，从国际法角度看，不能说完全无理。外国教堂屯兵，更是违反国际法的。②

义和团的反帝斗争，具有独特的历史地位。八国联军出兵以前，列强瓜分中国之说甚嚣尘上；八国联军出兵引起义和团强烈抵抗之后，经过帝国主义各国之间的辩论，瓜分中国说为保全中国说所代替。在中国担任总税务司长达 45 年的英国人赫德在当时写的文章中分析道："中国如被瓜分，全国即将协同一致来反对参与瓜分的那几个外国统治者。"③ 义和团阻止列强瓜分中国的历史作用，西方人很快就看出来了，中国人也很快看出来了。最早看出这一点的中国人，是留日学生。1901 年在横滨出版的《开智录》上，有作者著文，对义和团给予了崇高的评价，说"义和团此举，实为中国民气之代表，排外之先声矣"，"有此数功，则我国民精神从此振刷矣"。④ 孙中山高度评价义和团的历

---

① 马尔顿（Martens）：《星轺指掌 Laguide diplomatique》第 2 卷，1876 年同文馆版，第 16 页。

② 我从前写过两篇文章，专门阐述如何看待义和团的排外主义及其历史地位，阐述义和团以及辛丑议和中的国际法问题，请读者参考《应当如何看待义和团的排外主义》、《试论辛丑议和中有关国际法的几个问题》，载张海鹏著《追求集——近代中国历史进程的探索》，社会科学文献出版社 1998 年版。

③ 吕浦、张振鹍等编译：《"黄祸论"历史资料选集》，中国社会科学出版社 1979 年版，第 152—153 页。

④ 《义和团有功于中国说》，载张枬、王忍之编《辛亥革命前十年间时论选集》第 1 卷，上册，生活·读书·新知三联书店 1960 年版，第 62 页。

史功绩。1924 年孙中山在广州演讲三民主义，说义和团"其勇
锐之气，殊不可当，真是令人惊奇佩服。所以经过那次血战之
后，外国人才知道，中国还有民族思想，这种民族是不可消灭
的"。①

国际无产阶级高度评价了中国的义和团运动。俄国革命领袖
列宁在 1900 年写道："那些到中国来只是为了大发横财的人，那
些利用自己的所谓文明来进行欺骗、掠夺和镇压的人，那些为了
取得贩卖毒害人民的鸦片的权利而同中国作战（1856 年英法对
华的战争）的人，那些用传教的鬼话来掩盖掠夺政策的人，中
国人难道不痛恨他们吗？欧洲各国资产阶级政府早就对中国实行
这种掠夺政策了。"② 德国工人阶级政党的报纸《前进报》1900
年 6 月 19 日发表题为《铁拳》的社论，说"如果说有所谓'神
圣的战争'，那么中国奋起抗击以主子姿态出现的外国剥削者的
战争，正是这样一个'神圣的'民族战争"。③

以农民为主体组成的松散组织义和团，其本身愚昧、落后，
有许多缺点，带有时代和阶级的局限性。但是必须指出，义和团
的笼统排外主义实质上是农民阶级有历史局限性的民族革命思
想，也是中国人民反抗帝国主义侵略的原始形式。它反映了中国
人民反帝斗争初期的共同特点，义和团运动不过是它的典型代表
和集中表现。因之，对义和团的排外主义，不应采取简单回避或
全盘否定的态度，而是需要进行科学的阶级分析和历史考察，对
它作出合情合理的解释。

鸦片战争以后 160 多年的中国近现代史，是侵略与反侵略同

---

① 《三民主义·民权主义》第五讲，《孙中山选集》下卷，第 724 页。
② 《中国的战争》，《列宁选集》第 1 卷，人民出版社 1960 年版，第 214 页。
③ 中国社会科学院近代史研究所《近代史资料》编辑组编：《义和团史料》上
册，中国社会科学出版社 1982 年版，第 27 页。

在，压迫与反抗同在，屈辱与辉煌同在。屈辱、觉醒、奋斗、牺牲、变革、进步，贯穿了整个中国近现代史。

总结 160 多年的历史进程，可以分为前 109 年和后 56 年。前 109 年，历史的大关节，基本上是帝国主义侵略中国和中国人民反对帝国主义侵略的历史，是封建统治者勾结帝国主义镇压人民起义和人民群众反帝反封建的历史，是中国要求追上世界资本主义的步伐、在中国发展资本主义而封建统治者和帝国主义反对中国发展资本主义的历史。所有政治的、经济的、军事的、思想文化的种种斗争，几乎无一例外地都是围绕这些历史的大关节进行的。经过社会先进人士无数次的社会改良，经过新的社会阶级、政党发动的屡次革命，在坚持长期反帝反封建斗争之后，在中国共产党的领导下，终于赢得了中华人民共和国即由人民掌握政权的新中国的诞生。后 56 年，历史发展虽然也很曲折，但其历史的大关节，基本上是在人民取得政权的基础上，探索国家现代化并且取得巨大成绩的历史，探索建设有中国特色社会主义并且成功地摸索出社会主义市场经济体制的历史。后 56 年内特别是前期的某些失误，也与这种探索有着密切的关系。换一个说法，前 109 年是争取国家独立的历史，后 56 年，是争取国家现代化和富强的历史。这样一个简单的历史过程，大多数人都是明了的，特别是最近 50 年，同时代人作为这一历史过程不同程度的参与者、见证者，都体验到了创造历史的艰辛与喜悦。

第二次鸦片战争的根本原因

第二次鸦片战争的根本原因只有一条，那就是资本主义侵略者的利益最大化未得到满足。

《南京条约》等一系列不平等条约签订后，西方列强虽然从中国取得了许多特权，但还要取得更多的特权。它们还要求在中国实现鸦片贸易合法化，要求在中国全境通商，要求在北京设立使馆。澳大利亚社会科学院院士黄宇和教授近年研究第二次鸦片战争，他的最新研究成果证明，英国之所以发动这场战争，很大程度是要强迫清政府把鸦片贸易合法化，以保障当时英国在华最大的经济利益——鸦片贸易。① 谋求在华的全面经济与政治利益，这是它们的根本利益所在。这个根本利益拿不到手，新的一场侵略战争迟早是要爆发的，问题只在发动战争的时机和借口而已。

《现》文说战争的原因，列举了两条。一是"让英国官员和商人可以自由进入广州城"（即外人入城问题），另一是修约问题。这是两条表面原因，如果认为是根本原因则是违背历史真实的。

外人入城问题是一个相当复杂的问题。

《南京条约》第二款："自今以后，大皇帝恩准英国人民带同所属家眷，寄居大清沿海之广州、福州、厦门、宁波、上海等五处港口，贸易通商无碍；且大英国君主派设领事、管事等官，驻该五处城邑。"这就是说，一般英国人可以居住在港口，外交官则可以住在城邑。中方认为，按中文字义，城邑不一定指城内，条约未给英国人入城的权利。《南京条约》英文本把中文本中的"港口"和"城邑"通通翻译成 Cities and Towns。英方认为 Cities and Towns 就可以指城内，因此，英国外交官和一般英国人都可以入城。中英双方在条约约文的理解上，发生了很大歧异。按照欧洲人的国际法，《南京条约》的两种文本（当时没有第三种文本）具有同等的法律效力。条约签字时未声明以哪种文本为准，在文本的解释发生歧义时，应允许各方各执己见。事

---

① 参见 J. Y. Wong, *Deadly Dreams*: *Opium*, *Imperialism*, *and the* '*Arrow*' *War* (1856—60) *in China*, Cambridge University Press, 1998。

实上，这两个文本都是英国提供的。这就造成了入城和反入城的
同一法律来源的不同解释。在中方看来，英人要求全面履行条约
的理由不充分。其实中国官方在英国的压力下，已经同意英国人
可以入城。但是广州城厢内外社团、士绅坚决不同意英国人入
城，甚至不惜开战，官方只得以"民情未协"为由，推迟入城
的时间。鸦片战争期间英军的暴行和鸦片战争后多起英人恃强作
恶的中外纠纷事件，是造成广州民众仇外情绪的一个基本原因。
从历史的角度看，广州民众的仇外情绪当时有其存在的合理性，
广州民众反入城斗争当时有其发生的条件。①

　　要求修约，则是西方列强企图从中国拿到更多权益的策略手
段。早在 1853 年，英国就利用最惠国待遇和中美《望厦条约》
第 34 款有关 12 年后贸易及海面各款稍可变更的规定向中方提出
修约要求。这年 5 月，英国政府训令驻华公使文翰提出修订
《南京条约》问题，要他向中方提出：中国应毫无保留地给英国
人开放全部城市和港口，英国人走遍全中国不受任何限制。文翰
接到训令时，太平军北伐部队已攻进天津附近，文翰感到太平军
与清政府之间谁胜谁负难料，就把训令搁置起来。7 月，美国向
清政府提出帮助镇压太平军作为诱饵，以修约扩大在华权益。清
政府怀疑美国的动机，没有接受。其实，研究帝国主义侵华历史
的学者早已指出，英国要求修订《南京条约》是没有任何根据
的，因为《南京条约》是一项政治条约，不是商约，没有修订
的规定；而修约本身不能包括在最惠国待遇之内。② 英国利用中
国当局不了解欧洲人的国际关系知识，加以蒙哄和欺诈，清政府

---

　　① 参看茅海建《近代的尺度——两次鸦片战争军事与外交》，第 114 页。
　　② 参考丁名楠、余绳武等著《帝国主义侵华史》第 1 卷，人民出版社 1961 年
版，第 118 页。

只有被牵着鼻子走了。

1854 年，英国、美国、法国都积极活动修约。但是对于英国来说，采取战争行动解决修约问题的时机没有成熟。最大的原因是，英、法联盟正与俄国为分割和奴役土耳其打着克里米亚战争，英国的军力布置在克里米亚战场上。所以英国政府训令包令在修约谈判中要严格避免使用武力，只要中国承认修约的原则，实际谈判不必马上进行。1855 年，美国任命传教士伯驾为驻华公使，给伯驾的任务，是要他从清政府取得公使驻京、无限制扩大贸易以及取消对个人自由的任何限制等三项主要权利。伯驾知道，《望厦条约》只规定了 12 年后作细小的修改，但他认为："为了达到各国政府的最大利益，不仅细小的修改，而且激烈的变更是必不可少的"，为此"必须采取强硬手段"。① 他在来华前，遍访了伦敦和巴黎外交部，取得了一致意见。1855 年 8 月，伯驾希望北上渤海湾，逼迫北京政府举行修约谈判。包令说："用孤单的行动而不伴以强大的军事压力，就没有希望从中国取得任何重要的让步。"② 因为各国军舰尚未调到远东来，没有军力支持，这次北上行动未能成行。这就是说，用战争手段，达到逼迫清政府同意修约的目的，这已经是既定决策。

1856 年 3 月，克里米亚战争结束，俄国战败。这时候，英、法、俄国都把眼光投向了中国，各国军舰都可以移师中国了。在克里米亚战场上厮杀的对手，在中国成为了合作的伙伴。利用战争手段已经决定，侵略者总要找一个冠冕堂皇的借口。

正在这时候，马神父事件发生了。尽管这是一个突发的个别的事件，对于法国来说就是一个好借口，但是，对于英国来说，

---

① W. C. Costin：*Great Britain and China* 1833—1860，p. 195.

② 马士：《中华帝国对外关系史》第 1 卷，英文本，第 687 页。

这个借口还不太有力。不久，亚罗号事件发生了。殖民主义者要寻找侵略中国的借口是不难的。20世纪初法国的研究者研究了资料后指出：包令"要向中国启衅，不愁找不到合法的借口；如果需要的话，他还有本领找到比劫持'亚罗'号更好的借口。"①

至此完全可以看出，第二次鸦片战争是一定要打起来的，并不因为中方的什么态度而转移。而要打这场战争的根本原因，是西方列强要越过条约特权在中国谋取更大的利益。

侵略者没有程序正义

众所周知，侵略者的本质就是掠夺。《现》文在评述马神父事件的时候，拿出了一个"杀手锏"，叫做程序正义优先。它写道：广西西林地方官员把马神父处死，"违反了应把拘捕的法国人解送领事的条约义务"，"按照程序正义优先的法学观点，中方无疑理亏"。这不仅否认了侵略者的本质，而且完全混淆了事实。

程序正义优先，颇为吓人。似乎当时来自欧洲的英国人、法国人最遵守程序正义优先的法学原则。实际上，这些貌似遵守程序正义优先的法学原则的殖民主义侵略者，来到中国从来没有遵守过程序正义优先的法学原则。

以马赖案子为例，马赖违法传教在先，而且在传教地区作恶多端，地方官员未能把违法的马赖解送领事而加以处死，违法在后。按照程序正义优先的法学原则，为什么不是马赖或者法国首

① H. Cordier：*L' Expedition de Chine de* 1857—1858，Paris，1905. 第51—52页。转引自中国近代史资料丛刊《第二次鸦片战争》第6册，第54页。

先理亏呢?

又以大沽之战为例。当法国人知道清政府已经在大沽口设防,仍然决定与英国公使乘炮舰从大沽口溯白河到天津。英国公使普鲁斯给英国政府报告说:"我们不得不在天津给予中国政府另一次教训……我一定要使清朝皇帝及其大臣相信:一旦我提出要求,就定要把它索取到手,如不顺从我的要求,我已准备凭借武力威胁来索取。"① 普鲁斯声称"定行接仗,不走北塘",坚持经大沽口溯白河进北京。② 英法联军在充分准备下(仅英国舰队就有战舰、巡洋舰、炮艇共 10 余艘,士兵 2000 人),1859 年 6 月 25 日下午向大沽炮台突然发动进攻。大沽守军进行了坚决回击,激战一昼夜,击沉击毁英法兵船 10 多只,毙伤英国士兵 464 人,法军 14 人,英国舰队司令也受了重伤,不得不狼狈撤走。英法军舰首先向大沽炮台开炮,大沽守军回击,完全是正义的。毋庸置疑,大沽事件的责任完全在侵略者一方。一贯同情被侵略国家的无产阶级革命领袖马克思在 1859 年 9 月 13 日评论道:"即使中国人应该让英国和平的公使前往北京,那么中国人抵抗英国人的武装远征队,毫无疑义地也是有道理的。中国人这种行动,并没有破坏条约,而只是挫败了英国人的入侵。"③

实际上,清政府已经同意在北京换约,并且安排了大臣到北塘迎接英法公使,安排了沿途招待照料,在北京城内安排了公使住处。清政府从安全出发,指定了公使进京的路线,规定可带随

<hr>

① Bruce to Malmesburg, June 1859. 见 *Correspondence with Mr. Bruce*, *Her Majiesty's Envoy Extraordinary and Minister Plenipotentiary in China*, 第9—10 页。转引自丁名楠、余绳武等著《帝国主义侵华史》第 1 卷,第 148 页。
② 参考中国社会科学院近代史研究所《中国近代史稿》第 1 卷,人民出版社 1978 年版,第 197 页。
③ 《新的对华战争》,《马克思恩格斯选集》第 2 卷,人民出版社 1972 年版,第 43 页。

从，不准带武器。这些安排完全合乎当时国际关系的准则。欧洲人制定的国际法没有规定可以携带武器到他国首都去交换条约批准书！这些安排完全符合所谓程序正义的要求。当大沽的消息传到伦敦，英国资产阶级的报纸反诬中国破坏条约，要求英国政府对中国实行"报复"。英国《每日电讯》甚至狂叫：大不列颠应攻打中国沿海各地并占领北京；英人应该成为中国的主人。马克思当时在评论大沽事件时写道："难道法国公使留住伦敦的权利就能赋予法国公使以率领法国远征队强行侵入泰晤士河的权利吗？""既然天津条约中并无条文赋予英国人和法国人以派遣舰队驶入白河的权利，那么非常明显，破坏条约的不是中国人而是英国人，而且，英国人预先就决意要在规定的交换批准书日期以前向中国寻衅了。""白河冲突并非偶然发生的，相反地，是由额尔金勋爵预先准备好的。"① 马克思是研究了英国公使和记者从中国发回的报道写下这些评论的。

帝国主义在侵略中国的过程中不遵守程序正义优先的法学原则，还可以举出很多例子。

中美《五口贸易章程：海关税则》（因在澳门望厦村签订，又名《望厦条约》），是中美之间缔结的一项商约。它的第 34 款规定："合约已经议定，两国各宜遵守，不得轻有更改；至各口情形不一，所有贸易及海面各款恐不无稍有变通之处，应俟十二年后，两国派员公平酌办。又和约既经批准后，两国官民人等均应恪遵，至合众国中各国均不得遣员到来，另有异议。"② 这里非常明确地规定了《望厦条约》"不得轻有更改"，中美两国

---

① 《新的对华战争》，《马克思恩格斯选集》第 2 卷，第 43、46 页。
② 见王铁崖编《中外旧约章汇编》第 1 编，生活·读书·新知三联书店 1957 年版，第 56 页。

"均应恪遵"，美利坚联邦各州（"至合众国中各国"）不得派人
前来对此另有异议。在什么情形下可以在 12 年后 "稍有变通"
呢？条件只是因为 "至各口情形不一"（《现》文引用时恰恰把
这几个字删掉），涉及贸易及海面各款时，可以稍加修订。这实
际上指的只是细小的修订。美国以及各国清楚这一点。中方也清
楚这一点。1855 年 5 月，美、英、法三国公使先后照会两广总
督叶名琛，要求在北京修订《望厦条约》，为此清政府指示说：
"各夷议定条约，虽有 12 年后公平酌办之说，原恐日久情形不
一，不过稍为变通，其大段断无更改"，① 清政府的认识是合理
合法的。按照所谓 "程序正义优先的法学原理"，英、法、美各
国都没有提出大段修改条约的权利；即使稍加修订，也需要通过
外交途径，与清政府商议，"公平酌办"。如果清政府不同意修订，
只好等待。以武力逼迫签订的条约是无效的。马克思曾经援引前
任香港首席检察官致伦敦《晨星报》的声明，那份声明说："无论
这个条约是怎样的，但既然英国政府及其官吏采取了强力行动，
它早已失去了效力，因而大不列颠王国至少已没有权力享受这个
条约所赋予它的优先权利和特权。"② 这就是程序正义优先。

　　但是，如前所述，英、法、美、俄各国哪一国遵守了这个
原则？

唯物史观不能动摇

　　研究和解读历史，是非常严肃的事情。把研究和解读所得用
通俗的文字介绍给广大读者，更应该对社会、对读者抱着非常负

---

① 《咸丰朝筹办夷务始末》第 13 卷，第 14 页。
② 转引自马克思《新的对华战争》，《马克思恩格斯选集》第 2 卷，第 4 页。

责的态度。历史过程、历史事实是怎么样就怎么样，并不能由人作任意的解释，这才是历史唯物主义的态度。同时，历史进程充满矛盾的运动，复杂的事件是有各种各样具体的事件组成的，我们在分析、研究历史事件时不能把握尽可能多的史料，不能把事物提到一定的历史范围内，不能抓住历史过程的本质方面，不能对历史现象做出阶级地、辩证地分析，我们就不能从纷纭的历史现象中理出头绪，把握历史过程的基本规律。如果不尊重历史事实，对历史事实、历史过程作任意的解释，那就是历史唯心主义。

流行一种说法：一切历史都是当代史。或者一切历史都是思想史，或者人人都是他自己的历史学家。如果说一切历史都是当代有思想的人写出的，上述说法有一定的意义。但我认为，当代人研究、撰写历史，还是要以唯物史观为指导，用历史主义的方法，观察历史现象，认清历史发展本质，指明历史发展的方向。如果写成人人心中的历史，则言人人殊，失去历史的本来面目，如果拿这种历史去教育青年，就会贻误青年。

历史不是可以任意打扮的姑娘。《现》文的不正确，在于完全抛弃了唯物史观，得出许多错误的观点。试举几例：

"如果照双方的协议办理，导致火烧圆明园的英法联军再一次入侵是有可能避免的。"这是想当然。列强侵略中国，什么时候都没有与中国"协议"过。历次不平等条约的签订，条约文本或者是侵略者提供的，或者是侵略者强加的，中国谈判代表哪里有资格置喙？

"如果不打，不是对中国更有利吗。"汪精卫在抗战初期组织低调俱乐部，讲的也是类似这样的话。汪精卫之不齿于历史，已经难以改写了。我们只能这样回答：中国人民对外来侵略如果不抵抗，不打，中国早就成为一个完全的殖民地了。中国还有今天吗？

"面对咄咄逼人的强敌，作为弱势的大清帝国一方，明智的选择是严格执行现有条约，避免与之正面冲突。"当代人俯视历史，可以看出资本主义列强是强势一方，封建的中国是弱势一方。但是，在鸦片战争的年代，有哪一个中国人认识到中国是弱势一方呢。即使认识到是弱势的一方，难道弱势的一方面临外敌侵略的时候，就不应该反抗吗？清政府被严格限制在不平等条约体系内，什么时候都是严格遵守条约的，不遵守、不满足原有条约特权的，一向就是外国侵略者。

"经过长期、复杂、反复的博弈过程，在国际关系中可以逐步建立比较合乎多数人和多数国家长远利益的'正义'秩序。"这句模棱两可的话，放在晚清，放在近代中国，完全是无的放矢。国家不独立，人民不掌握政权，没有强大的国力，靠清政府去博弈是可能的吗？就是在今天，中国综合国力相对比较强大的情况下，我们可以在国际上"博弈"了，可以争取建立相对平等、互惠的国际秩序了，但是建立合乎多数国家长远利益的"正义"秩序是可能的吗？

"后发展国家和地区（殖民地、半殖民地）改变不发达状况，改变被动局面的唯一道路，是向西方列强学习，实现社会生活的全面现代化。"近代中国的历史道路不是这样的。殖民地、半殖民地国家和地区，不改变殖民地、半殖民地状况，只是向西方列强学习，可以实现社会生活的全面现代化吗？在我们这个地球上，还找不到这样的先例。孙中山建立中国同盟会，一心想振兴中华，向英国、美国、法国学习，建立起像美、法那样的共和制度，却完全得不到当时美欧等西方国家的支持。可是当政权转移到袁世凯手里，就得到西方列强支持。孙中山经过几许磨难，终于明白这一点：西方国家是不支持在中国建立像它们那样的资本主义强国的。所以孙中山重新组建中国国民党，重新解释三民主义，决心联俄、联共、扶助农工，决心走非资本主义道路，并高举反对帝国主义的旗帜。

五四运动以后，中国人一波一波地发起反对帝国主义、反对封建专制的运动，组织共产党，学习马克思主义理论，抵抗帝国主义的侵略，掌握属于人民的武装，才能够有今天中国的结果。中国今天向全面小康社会的高速发展，中华民族今天能够跻身于世界民族之林，不是靠学习西方列强得来的。西方人的历史发展道路给了中国人以启迪，在比较中，中国人选择了马克思主义，选择了社会主义道路。坚定地反帝反封建，摆脱了殖民地半殖民地的状态，实现了国家的独立、民族的解放，我们才真正走上了现代化的道路。

《现》文所叙述的历史，不是建立在研究大量、扎实历史资料的基础上，而是按照自己的好恶，随意拈出几条史料，随心所欲地作出历史评论，这样的历史评论，脱离了史料基础，只是个人感想，它是无源之水、无本之木，乍看吓人，却是没有根基的，没有说服力的，经不起史料鉴证的。懂得历史，才能更好地建设今天。把鸦片战争以来真实的历史告诉我们的下一代，让他们明白真正的现代化道路在哪里，我们在中华民族伟大复兴的征程中会行进得更加坚实。

社会主义和谐社会与历史学研究

——以编纂大众历史读物的指导思想为例 *

六中全会通过的构建社会主义和谐社会的决定，是改革开放以来中央全会通过的最重要的决定之一，是中国特色社会主义建设发展到 21 世纪初最新的战略举措，是更好、更快地建设社会主义现代化强国的现实需要。同时，构建社会主义和谐社会，又不是一蹴而就的事，它是我国在社会主义初级阶段里长期奋斗的目标，是不断化解社会矛盾的持续过程，是贯穿中国特色社会主义事业全过程的长期历史任务，是长远的战略目标。

从历史学的角度研究社会主义和谐社会理论

社会主义和谐社会，是国家在从社会主义初级阶段走向社会主义更高阶段过程中的努力目标。我们要构建的和谐社会，其性质是社会主义的，不是中外历史上曾经出现过的某种相对和谐的

---

　* 本文原载《当代中国史研究》2007 年第 2 期。人大复印报刊资料《历史学》转载，2007 年第 9 期。

时期，它是建设中国特色社会主义的本质要求。社会主义和谐社会理论，是把中国社会的发展导向它的更高级的未来的，是探索中国特色社会主义道路的过程中科学社会主义理论的组成部分，是毛泽东思想在新形势下的发展。毛泽东早在半个世纪前就说过："我们的目标，是想造成一个又有集中又有民主，又有纪律又有自由，又有统一意志、又有个人心情舒畅、生动活泼，那样一种政治局面，以利于社会主义革命和社会主义建设，较易于克服困难，较快地建设我国的现代工业和现代农业，党和国家较为巩固，较为能够经受风险。总题目是正确地处理人民内部的矛盾和正确地处理敌我矛盾。"①《共产党宣言》说过：共产主义社会"将是这样一个联合体，在那里，每个人的自由发展是一切人的自由发展的条件"②。这实际上就是社会主义和谐社会的理论基础。在又有集中又有民主，又有纪律又有自由，又有统一意志、又有个人心情舒畅、生动活泼的那样一种政治局面下，从事社会主义建设，社会稳定，人心舒畅，现代化事业就能又好又快地发展，社会主义市场经济体制就能顺利建立和完善，社会主义的经济、物质基础就会越打越牢，向社会主义的更高级的阶段发展就具有了雄厚的物质基础和精神条件。

社会主义和谐社会不是无差别、无矛盾的社会，而是长期化解各种社会矛盾的持续过程。世界是由矛盾组成的。没有矛盾就没有世界。我们的任务，是要正确处理这些矛盾。社会主义社会的矛盾不是对抗性的，但是处理不好，也可能转化为对抗性矛盾。新中国建立将近 60 年，改革开放也将近 30 年，这方面的历

---

① 《一九五七年夏季的形势》，《毛泽东选集》第 5 卷，人民出版社 1977 年版，第 456—457 页。

② 《马克思恩格斯选集》第 1 卷，人民出版社 1995 年版，第 294 页。

史经验，我们已经经历到了、体会到了。苏联、东欧的教训更是我们亲眼看到的。我们今天实行公有制为主体、多种所有制经济共同发展的基本经济制度。这在社会主义市场经济体制下，是最好的最适应我们社会实际需要的经济制度。公有制经济和非公有制经济两种不同的经济模式，在所有制形式、管理方式、市场运作、市场占有、资源共享方面，既有互补作用，也会有矛盾。国有经济、集体经济、民营经济之间也会有矛盾。国家和单位、个人之间会有矛盾。国家的长远战略利益和近期利益之间会有矛盾。整体发展和局部发展之间有矛盾。东部沿海先发达地区与中部、西部晚发达地区有矛盾。城乡之间差距在扩大，收入两极分化在形成，也是巨大的社会矛盾。三农问题严重，上亿的农民工与所服务的工地、公司、单位等有矛盾。经济发展与环境存在着严重矛盾。人民群众日益增长的物质文化需求与生产力发展水平之间存在矛盾。上学难、看病难，社会保障体系很不完整，积累和分配、再分配之间有矛盾。社会主义市场经济体制，尽管是一个完整的体制，但是在社会主义性质与市场经济运作之间会有矛盾，市场的利益最大化与社会主义的公平、公正、公益有矛盾。在社会主义的政治体制下，执政党与参政党（即民主党派）之间在政治参与、社会发展理念之间或有不同认识，也是矛盾。干部中一小部分贪官污吏，一些行业存在着的腐败现象，与党和人民利益、国家利益、社会主义的整体利益之间存在着严重的矛盾。党的领导与人民代表大会制度和政治协商会议制度之间，在理论上也是存在矛盾的。汉民族与国内各少数民族之间在经济文化发展上也存在矛盾。宗教信仰与传播和主流社会之间也存在矛盾。由于历史的原因，国家实行"一国两制"，实行资本主义制度的香港和澳门，在政治、经济发展上与内地也存在着矛盾。台湾还没有与祖国统一，当然也存在着矛盾。在社会发展中，民主和集中的矛盾、纪律和自由的矛盾，部分和全体的矛盾，总是存在的。

在国际关系上，政治上的多极化与单极化的矛盾，无时无刻不存在；经济全球化丝毫没有减轻各国在经济利益上的冲突和矛盾，国际经济贸易中对市场的占有反占有、制裁反制裁无时无刻不存在；资本主义的世界体系与社会主义的体系之间的矛盾，无时无刻不存在。我们与西化、分化我国的国际敌对势力的矛盾将长期存在。中国成为发展中的大国，经济总量已进入世界前列，它与周边国家、与非洲、拉丁美洲国家之间，在开发问题、援助问题、资源问题、市场问题上也存在着程度不同的矛盾。

以上各种矛盾，是就经济、政治关系而言的。在思想文化领域，矛盾也普遍存在。主流意识形态、一元化的理论指导与思想文化的多元化趋向明显存在着矛盾。实际上这是目前的社会经济结构决定了的。决议指出：我国已进入改革发展的关键时期，经济体制深刻变革，社会结构深刻变动，利益格局深刻调整，思想观念深刻变化。这四个"深刻"是我们面临的社会现实。在这样的社会现实面前，如何保证主流意识形态在思想文化领域起主导作用，就像如何保证公有制经济在国家社会经济中起主导作用一样，是一个值得关注的问题。

在国家发展中逐步化解这些矛盾，将是一个长期的过程。旧的矛盾化解了，又会产生新的矛盾，又需要加以化解。化解这些矛盾，需要民主，需要法制，需要政治、经济、文化、法律的各种手段和办法，总之，需要运用正确处理人民内部矛盾的各种方法，化解这些矛盾，使国家社会生活健康、稳步、平和地发展。在国家统一、国际间斗争问题上，我们需要以和平、和谐相号召，努力在和平、和谐的环境里解决冲突和矛盾，但是不能忘记了在国际间还有阶级斗争的存在。

将近 60 年来，我们在经济制度上经历了计划经济和社会主义市场经济两个阶段，改革开放以来，经过了一个世代，在发展经济方面已经积累了比较丰富的经验。应该说，摸着石头过河的阶段已经过去了。社会主义市场经济体系业已初步建立起来。但是，在社会主义市场经济体系这个总的概念中，如何从制度上、法律上、价值观上把社会主义和市场经济这两个本来对立的概念，从内涵上结合起来，恐怕还需要积累经验，也需要及时在理论上加以总结。

在建设社会主义和谐社会的历史过程中，共产党人要把社会主义和谐社会与自己的理想信念结合起来，与共产主义长远目标结合起来。没有共产主义理想信念支撑的社会主义，不是科学的社会主义。马克思、恩格斯说过："共产党人为工人阶级的最近的目的和利益而斗争，但是他们在当前的运动中同时代表运动的未来。"① 我们为社会主义和谐社会而奋斗，我们的目的是建设共产主义。共产主义是建立在物质产品极为丰富、财富分配极为平等、社会生活极为民主和个人自由得到极大发挥的时代，那是真正和谐的时代，那是共产党人追求的目标。只知道眼前的和谐目标，忘记了共产主义真正和谐社会，是短视的表现。当然，共产主义的真正的和谐社会不是一蹴而就的。建设民主的、法治的、和谐的、现代化的社会主义强国，是走向共产主义的必经之路。为了保证这条道路的畅通，中国共产党的领导是一个关键所在。党中央正在推进的马克思主义理论研究与建设工程，是保证思想文化领域主流意识形态地位的重要举措，需要坚持进行。这项工程的积极成果，需要贯彻到社会生活中去，需要贯彻到大中

---

① 《共产党宣言》，《马克思恩格斯选集》第 1 卷，人民出版社 1995 年版，第 306 页。

小学教师的头脑中去，需要贯彻到主流新闻媒体的工作人员的思想中去。

史学工作者怎样看待构建社会主义
和谐社会与历史学的关系

应该说，正确的历史观，反映在对人类历史及其发展规律的认识上，它是形成社会主义核心价值体系重要组成部分之一。社会主义核心价值体系是建设和谐社会的最重要的思想保障。而形成社会主义核心价值体系，首先必须坚持马克思主义在意识形态领域的指导地位。六中全会关于构建社会主义和谐社会的决定指出：坚持正确导向，营造积极健康的思想舆论氛围。正确的思想舆论导向是促进社会和谐的重要因素。历史研究要遵循马克思主义的理论，遵循历史唯物主义指导，要努力研究人类历史的发展规律，研究生产力和生产关系的发展和演变，研究生产力和生产关系的矛盾运动，研究阶级社会的历史，还要注意研究阶级关系以至阶级斗争的状况，研究社会生活的演变，研究历史发展过程中人民群众的活动，研究社会精英的思想及其与人民群众的关系，研究统治阶级的活动，研究革命、改革和改良与历史前进的关系，等等。总之，影响历史前进的人类活动，都是历史研究的基本内容。就中国历史来说，研究中国五千年的文明史，研究近代中国及其与世界的关系，研究中国共产党的奋斗史，对于我们正确认识中国历史的走向，认识近代历史如何选择了中国共产党，如何选择了社会主义，对于我们判断今后中国历史的走向，都是大有益处的。也就是说，这种研究和对中国历史的正确认识，对于今天构建社会主义和谐社会，具有借鉴意义。

我在这里结合编纂大众历史读物所涉及的历史观，提出一点个人的想法。

编纂历史教科书必须以唯物史观为指导

历史知识的大众化，也就是历史知识的普及工作，是非常重要的工作，也是非常严肃的工作。就读者的阅读面来说，中学历史教科书也可归入大众历史读物。中学历史教科书的编著，对于青少年一代形成正确的历史观有着极其重要的作用。一般来说，各国历史教科书的编纂都是国家意志的体现。中国当然也不能例外。历史教科书要接受主流意识形态的指导，是不应该有疑义的。

某一个城市新编高中历史教科书，报载有关编者对记者发表谈话说，这是要"呈现一个有关中国过去更和谐的形象"，编这样的教科书，是要"推进更稳定、较少暴力的中国历史观的广泛努力的一部分"，这位编者认为，这是要服务于当前的经济和政治目标。编纂历史教科书，要服务于当前的政治、经济目标，主观动机是可以理解的。这里有两个问题：一个是，什么是当前的政治、经济目标，你判断准确了吗？再一个是，用阉割了历史内容的历史教科书，可以为当前的政治、经济目标服务吗？这显然是对历史和现实关系的不正确的理解。什么是更稳定、较少暴力的中国历史观？是不是把中国历史、世界历史描绘成为一部更稳定、较少暴力的历史，就是中国历史观？在这样的历史观指导下，新的历史教科书不再去描写历史上长期存在过的阶级与阶级斗争、战争与暴力，把历史写成更稳定、较少暴力的历史，就符合历史的真相吗？如果贯彻这样的指导思想，历史教科书就不是历史教科书，而是贯彻某种政治意图的政治读物了。这种所谓中国历史观，显然不是唯物史观。这种所谓中国历史观，是中国历史学界闻所未闻的。用这种历史观指导写出的历史书，不可能是真实的历史。不能因为今天建设和谐社会，就把中国历史和世界历史塑造成为一个"和谐的形象"。既然历史上的中国都是和谐的，还要革命干什么呢？还要中国共产党和全国人民的奋斗干什么呢？既然历史上就是和谐的，还要全党和全国人民集中全力来建设和谐社会干什么呢？这样的历史观，必然导致青少年思想的混乱，造成社会的不和谐，影响和谐社会的建设。

正确评价西方大国的发展经验

前不久，电视台播出了电视纪录片《大国崛起》，引起了观众广泛的评论，意见并不一致。《中国青年报》冰点周刊在2006年11月29日发表了记者采访记，《大国崛起》的总策划在采访中系统阐述了制作这部电视纪录片的指导思想。读过了这篇采访记，深感这位总策划的基本思想是大可置疑的。

概括一下，这位总策划制作电视片的指导思想是：

第一，让中国公众建立一种基础的人类现代社会的历史理性。这个历史理性就是，现代社会从哪里来，现代社会的起源和走向是什么。对这个事实的尊重，是我们今天面对改革的一个知识基础和理性基础。

第二，让公众理解"妥协"这两个字的社会价值和理性价值。西方这些现代国家的建立，其标志就是以理性的方式、妥协合作的方式，来探寻一种新制度，探寻社会利益分配的一种新形式。这部片子将来播放了以后，中国观众只能领会和学会两个字，我们就功德圆满了，那就是"妥协"。

第三，社会发展的方向是什么，这个方向不是你自己确定的，而是西方文明确定的。西方这种文明带来了工业革命，带来了以科学技术为背景的物质生活方式。这种生活方式会伴随着政治制度的要求，市场经济、民主化，它本质上是同一回事。当这个社会方向确定以后，我们用一个中性的词，叫做现代化。

第四，引领大众来看西方的历史。这些世界几百年来文化主体的代表性国家，它里面包含着我们今天面对的所有改革的经验和教训。所有开放性的对外观看，实际上都是为了反省自己。

第五，中国历史上最大的政治传统、政治惯性，就是一种社会转型为另一种社会时，只有一种方式，就是绝对冲突的、崩溃和再建的模式，从来没有说，转型是通过协商的、和平的、渐进的方式实现的。

这五点指导思想，算是什么呢？西方中心论？或者其他什么论？总之，不是马克思主义的历史唯物论。总策划的动机可能是好的，希望中国的发展，在中国共产党领导下，社会能够用协商的、和平的、渐进的方式前进。他希望用西方人发明的"妥协"理论、"妥协"行为启发具有绝对冲突的政治惯性历史经验的中国当代人。可惜，由于这位总策划受某种西方中心论影响太深，完全不懂得马克思主义的基本道理，不懂得历史的辩证法。在这样的指导思想下，即使是好的动机也是无法达到的。

我在这里作一点解析。首先需要指出，人类历史，不管东方还是西方，妥协与斗争，往往是历史场景中的两个面。绝对不是西方只有妥协，中国只有斗争。这就像革命与改良一样，人们往往称赞改良，不喜欢革命。其实，历史上，革命与改良，也往往是历史场景中的两个面。有人以为，革命是少数人煽动起来的，完全是误会。少数人的煽动是不可能制造出革命的。恩格斯说：如果不通过革命，就能达到无产阶级的目的，共产党人是最欢迎的。他说："革命不能故意地、随心所欲地制造，革命在任何地方和任何时候，都是完全不以单个政党和整个阶级的意志为转移的各种情况的必然结果。"① 这就是为什么痛恨、反对革命的阶级和政党可以延缓革命、不能阻止革命的发生的原因，也是欢迎革命的政党和阶级可以推动革命、不能随意制造革命的原因。

在人类历史上，不管西方还是东方，往往是斗争以后出现妥协，革命以后，会有大规模的改良。国际条约，往往是斗争以后的产物，或者是战争以后的产物。妥协与斗争甚至战争，是紧密相连的。斗争和妥协，革命和改良，都是推动历史前进的动力。难道西方只有妥协，没有斗争，只有改良，没有革命吗？现代国家的建立，除了"妥协合作的方式"就没有别的了吗？欧美国家内部的阶级斗争与革命，各国之间的战争，两次世界大战，殖民主义侵略与殖民主义体系的建立，都是血淋淋的历史。就是现今的世界，也是既有合作和妥协，也有不合作和不妥协。美国要打伊拉克，联合国反对，联合国斗不过美国，只好妥协。历史的面像，不止一面，往往是两面甚或多面，只说一面，是片面的。放弃了历史唯物主义指导，以偏概全，就说不出历史的真相。

以英国为例。人们总是津津乐道英国的和平变革。其实英国哪里只有光和平，没有斗争呢。说英国近代只有和平，没有斗争，说轻了，是对历史的无知；说重了，是有意掩盖历史真实。在英国"民族国家"建立的过程中，发生过 30 年战争，即所谓玫瑰战争。在"光荣革命"前，发生了 1640—1660 年的暴力革命，国王查理一世被送上断头台。斯图亚特王朝复辟以后，发生所谓"光荣革命"。"光荣革命"虽然是和平的变革，却起到了限制专制王权的作用。"光荣革命"虽是和平的，但它只是暴力以后的和平。没有暴力，哪来的和平。坚持王权的国王詹姆士二

---

① 恩格斯：《共产主义原理》，《马克思恩格斯选集》第 1 卷，人民出版社 1995 年版，第 239 页。

世用血腥手段镇压了辉格党的武装反叛；议会邀请荷兰执政的威廉率兵进入英国，詹姆士二世不得不出逃。威廉是詹姆士二世的女婿。詹姆士出逃后，威廉和他的妻子（詹姆士的女儿）共同登上王位。新国王不得不接受议会的条件。所谓"和平"是被斗争逼出来的。人们夸夸其谈英国的"光荣革命"、英国的和平，为什么看不到和平背后的暴力和斗争呢？说到英国革命，人们往往只讲1640年发生的英国资产阶级革命，实际上，从以上的事实看，从1640年查理一世挑起与议会的战争，到1649年杀掉查理一世的头，再到1688年詹姆士二世出逃的所谓"光荣革命"，都应该看作英国的资产阶级革命。此后，英国资产阶级的政治制度就转趋稳定地发展了。新的社会政治制度的建立①，为英国生产力的发展扫清了道路，过了一个多世纪，在英国血腥的资本主义原始积累的基础上，发生了影响世界历史进程的工业革命。

英国历史上的暴力不止于此。英国在走向资本主义道路的过程中，发生过有名的圈地运动。15—16世纪、18—19世纪，英国历史上的血腥的圈地运动，使农民陷于极端悲惨的境地②。16

---

① 马克思对英国资产阶级革命和法国革命的评价是一样的，马克思说："1848年革命和1879年革命，并不是英国的革命和法国的革命，这是欧洲范围的革命。……它们宣告了欧洲新社会的政治制度。……这两次革命不仅反映了它们发生的地区即英法两国的要求，而且在更大的程度上反映了当时整个世界的要求。"见马克思《资产阶级与反革命》，见《马克思恩格斯选集》第1卷，人民出版社1995年版，第318页。恩格斯也高度评价了英国的资产阶级革命，说，"17世纪英国革命恰恰是1789年法国革命的先声"，"英国的革命是社会革命，因此比其他任何一种革命都更广泛，更有深远影响"。见恩格斯《英国状况》，同上书，第17、21页。

② 钱乘旦在谈到圈地运动时写道，"圈地运动造成了不少农民的悲惨境遇，引起社会动荡"，使"租佃农和小自由农失去土地，成为以出卖劳动力卫生的自由劳动者，这为后来工业的发展准备了劳动后备军，虽然这个过程十分血腥"。参见齐世荣主编《15世纪以来世界九强的历史演变》，广东人民出版社2005年版，第70—71页。

世纪，英国多次爆发农民起义。19 世纪，英国资产阶级取得决定性胜利，议会通过立法，使圈地合法化，国家机器强迫农民服从圈地法案。马克思指出："自亨利七世以来，资本主义生产在世界任何地方都不曾这样无情地处置过传统的农业关系……从历史上遗留下来的一切关系，不仅村落的位置，而且村落本身，不仅农业人口的住所，而且农业人口本身，不仅原来的经济中心，而且这种经济本身，凡是同农业的资本主义生产条件相矛盾或不相适应的，都被毫不怜惜地一扫而光。"① 恩格斯在谈到英国 18 世纪的土地问题时写道："当法国的大地产被暴力分割时，英国的小块土地却被大地产侵占和吞并。"② 原来，英国的资本主义农业的发展，是建立在血腥的暴力基础上的。

以上所说的英国的暴力是发生在国内的。英国的暴力与不妥协，更典型地体现在海外殖民侵略与殖民战争中。英国在"光荣革命"以后的两个多世纪中，参与了全面的殖民战争和殖民掠夺，建立了庞大的殖民帝国——号称"日不落国"。虽然 18 世纪北美 13 个殖民地的独立，给了英国殖民体系以打击，但是英国丝毫也没有放松对世界各地殖民地的掠夺。我们仅以 1840 年英国发动对华侵略的鸦片战争以前的历史为例。在亚洲，17 世纪，英国东印度公司占领了印度的马德拉斯、孟买和加尔各答，18 世纪中叶英国出兵占领孟加拉，此后又数次发动对印度的殖民战争，到 19 世纪 30 年代，除中部、北部若干土邦外，整个印度成为英国的殖民地。印度从此成为英国侵略亚洲各国的后方基地。英国用来打开中国大门的特殊商品鸦片，主要的产地就

---

① 《马克思恩格斯全集》第 26 卷，第 263 页。

② 恩格斯：《英国状况》，《马克思恩格斯选集》第 1 卷，人民出版社 1995 年版，第 27 页。

是印度的孟加拉。1824 年，英国又把马来亚的槟榔屿、马六甲和新加坡合并为海峡殖民地。北美的加拿大和大洋洲的澳大利亚在 18 世纪就成了英国的殖民地。澳大利亚西南的新西兰，也在 1839 年接受了英国的统治。19 世纪初，英国还取得了西非洲的冈比亚、塞拉勒窝内和黄金海岸等地以及南非的开普殖民地。大略统计，19 世纪前期，英国拥有的殖民地领土为 200 多万平方公里，人口达 1 亿，掌握了资本主义世界的霸权。①

19 世纪中叶开始，英国或者独自，或者联合其他资本主义大国，多次对中国发动侵略战争，在中国取得广泛的利权和势力范围。他的东印度公司，它的鸦片走私，它的炮舰政策，中国人记得的还少吗？举第二次鸦片战争为例。研究远东国际关系的历史学家、苏联人纳罗奇尼茨基写道："还在 1850—1854 年，英国政府已在考虑对中国发动新的战争。1850 年 9 月 29 日，巴麦尊写道：很快就可以通过对扬子江下游重要据点的占领以及切断大运河的交通来对中国实行'新的打击'。他写道：'中国人在对唯一能使他们信服的论据——大棒论据退却以前，就不仅应该看到这根大棒，而且应该感到这根大棒确实打在自己的背上。' 1851 年 9 月，巴麦尊询问包令究竟在什么时候最宜切断对北京的大米供应，中止大运河和长江会合处的粮食运输。"② 1855 年 8 月，英国驻华公使包令说："用孤单的行动而不伴以强大的军事压力，就没有希望从中国取得任何重要的让步。"③ 这就是说，

<hr>

① 参见张海鹏编著《中国近代史稿地图集》，地图出版社 1984 年版，第 5—6 页《1840 年前的世界形势图》。

② 见 А. Л. Нарочницкий：Колониальная Понитика Капиташстических Держав на Дальнем Востоке 1860—1895，第 71 页，莫斯科，1956 年，转引自中国近代史资料丛刊《第二次鸦片战争》第 6 册，上海人民出版社 1979 年版，第 18 页。

③ 马士：《中华帝国对外关系史》第 1 卷，英文本，第 687 页。

用战争手段，逼迫清政府同意让出更多利权，这已经是既定决策。很快，英国借口所谓亚罗号事件，挑起了再次侵略中国的第二次鸦片战争。英国在对华侵略上是一点也不妥协的。

关于英国殖民主义者在印度强行输入资本主义生产方式以及对印度的掠夺，我们读一读马克思的《不列颠在印度的统治》、《不列颠在印度的统治的未来结果》，就很清楚了。在这两篇文章里，马克思第一次用唯物史观并联系无产阶级革命的前景考察了殖民主义问题，严厉鞭挞了英国殖民政策，深刻揭露了英国殖民者对印度的统治给印度人民带来的巨大灾难，揭穿了资产阶级文明的真面目。他指出，如果资产阶级文明"在故乡还装出一副体面的样子，而在殖民地他就丝毫不掩饰了"，它的"极端伪善和它的野蛮本性就赤裸裸地呈现在我们面前"①。对于北美殖民地要求独立，作为宗主国的英国也是绝不妥协、绝不让步的，以致北美独立战争从 1775 年打到 1781 年，打了 6 年，英军才被迫投降，到 1783 年，英国才痛苦地做出让步，承认了北美 13 个殖民地的独立。非洲的黑人贸易，中国的华工买卖，哪一桩不是血淋淋的暴力呢！国内的圈地运动，海外的殖民掠夺，建立起了英国资本主义的原始积累。为什么我们不指出英国资本主义的发展，英国资本主义制度的建立，与这些血腥的暴力的联系呢？电视片《大国崛起》中英国这一集，体现了总策划的这一思想，对英国资产阶级政治制度的建立，忽略了它的暴力与不和平的一面，对它的圈地运动和海外殖民只作了轻描淡写。这对于观众了解英国崛起的真实的历史，是一种误导。

第二，什么是人类现代社会的历史理性？总策划说，这个历

---

① 马克思：《不列颠在印度的统治的未来结果》，《马克思恩格斯选集》第 1 卷，人民出版社 1995 年版，第 772 页。

史理性就是，现代社会从哪里来，现代社会的起源和走向是什么。对这个事实的尊重，是我们今天面对改革的一个知识基础和理性基础。照马克思主义的历史唯物主义的理解，所谓人类社会的历史理性，是历史发展的客观规律。从资本主义社会，到社会主义，再到共产主义，这是人类现代社会的基本走向。中国历史经历了两千年的封建社会，到近代演变成为半殖民地半封建社会。又经历了旧民主主义革命和新民主主义革命，中国社会进入了社会主义社会。我们今天仍处在社会主义的初级阶段。我们在政治制度上实行的是人民代表大会制度和人民政治协商会议制度，这是不同于西方民主的一种新型的民主制度。我们在经济制度上实行的是社会主义市场经济，这是不同于资本主义市场经济的一种经济制度。在这种经济制度下，我们加入了经济全球化的进程，吸取了资本主义市场经济的技术手段和运作经验，这种市场经济不是绝对自由的，是要接受社会主义的约束的，是为提高全体人民的福祉服务的。建立社会主义的政治制度，建构社会主义市场经济体系，建设社会主义和谐社会，这些就是我们的社会发展方向。这些都是全党和全国人民的共识。

如果说历史理性，这是我们理解的历史理性。怎么可以说，我们社会发展的方向是西方文明确定的呢。资本主义生产方式，工业革命，以科学技术为背景的物质生活方式，等等，是人类社会的历史性创造。社会主义也应该继承这一历史性创造，并且在这一创造上加以发扬，以造福人类。邓小平说过，市场经济，资本主义可以用，社会主义也可以用。按照那位总策划的说法，市场经济、民主化，加上现代化，它本质上是同一回事。我们今天搞的现代化，不过是西方文明确定的。这种理解，把资本主义的现代化与社会主义的现代化完全混淆了。有中国特色的社会主义现代化，与西方文明的现代化不是一样的。今天在中国向人民大众解释现代化，如果把有中国特色的社会主义现代化解释成西方文明的现代化，那是大错特错的。

由以上分析，可以引出下面第三点，说西方几百年来文化主体的代表性国家，包含着我们今天面对的所有改革的经验和教训，是完全错误的。中国的社会主义现代化所走的路，与西方资本主义现代化所走的路根本不同。怎么可以说西方那些代表性国家有着我们今天所有改革的经验和教训呢？我们的政治制度，与西方完全不同。我们在中国共产党的领导下，团结、联合各民主党派，依靠广大人民群众，组成广泛的统一战线，在人民代表大会和政治协商会议制度下，为有中国特色的社会主义事业努力奋斗，这与西方大国的两党制完全不同。我们在政治改革方面的经验与教训，可以从西方大国中去寻找吗？我国在社会主义初级阶段，实行坚持公有制为主体、多种所有制经济共同发展的基本经济制度。国家不仅要巩固和发展公有制经济，而且鼓励、支持和引导非公有制经济的发展。这种经济制度，与西方大国的私有制为主体的经济制度是很不相同的。在这种基本的经济制度下，我们实行社会主义市场经济，这是西方任何国家未曾实行过的，也是苏联式的社会主义未曾实行过的，我们怎么可以从西方大国去寻找改革的经验与教训呢？我们的三农问题，城乡关系，可以从圈地运动中去寻找经验与教训吗？我们要用工业反哺农业、城市支援农村的办法缩小城乡差距；用免去农业税的办法减轻农民负担；用在农村彻底实现义务教育的办法，来提高农业劳动力的知识水平；用农业现代化示范的办法，吸引农民采用新的科学技术提高农产量；用发展经济、发展城市与乡镇的办法吸引农村劳动力，等等。这些与英国的圈地运动是完全不同的。我国人口众多，任何世界大国都无法比拟，我们实行什么样的劳动制度、医疗保障制度、社会保险制度，也只能立足于我国的国情，在我国的政治和经济制度下，探索我们自己的处理方式。我们积累资本的方式与西方各国完全不同，我们主要靠自己的国内市场积累资金，吸收外资是一种辅助手段，虽然是重要的辅助手段。我们完全不可能走西方大国靠掠夺殖民地来积累资本的道路。当然，我们在社会主义市场经济条件下，在生产经营、市场管理与营销、金融体制、公司制度、吸引外资、国际贸易、法律制度诸方面，尤其在技术层次上，极需要了解、吸收西方各国的经验与教训，这是不容讳言的。但是这与从根本制度上吸取西方各大国在发展过程中的什么经验、教训，完全是两码事。我们通过新闻媒体让观众了解西方世界的时候，不能不有这样清醒的头脑。引领大众片面来看西方的历史，只会与主持者的主观愿望相反。我们需要从开放性的对外观看中反省自己，但这决不是要把自己说得一无是处，使我们自己在前进的方向上发生动摇。

　　构建社会主义和谐社会，是引导社会向前的。研究历史经验，则是向后看的。向后看是为了给向前看提供正确的历史借鉴。历史是什么就是什么，要实事求是地研究历史，普及历史知识，才能对今天的社会现实提供有益的借鉴，否则，是会帮倒忙的。学习和研究社会主义和谐社会的理论，不能脱离历史唯物主义的指导；在观察社会历史的时候，尤其不能脱离历史唯物主义的指导，否则，我们的历史研究，我们的历史知识的普及工作，就会走偏方向。

（2007 年 1 月 31 日）

作者主要论著目录

著　作

《中国近代史稿》（3册），人民出版社1978、1984年版，合著。

《简明中国近代史图集》，文字60千字，图548幅，长城出版社1984年版。

《中国近代史稿地图集》，地图出版社1984年版；缩小本，中国地图出版社1987年版。

《中国军事史略》，自撰65千字，军事科学出版社1992年版，合著。

《〈历史不能忘记〉丛书：以史为鉴　面向未来——开篇语》，中国民主法制出版社1999年版，合著。

《20世纪的中国·政坛风云卷》，甘肃人民出版社1999年版，主笔。

《辛亥革命史话》，社会科学文献出版社2000年版，合著。

《国耻百谈》，中华书局2001年版，合著。

《二十世纪中国人文学科学术研究史丛书·中国近代史研究》，福建人民出版社2005年版，合著。

《中国近代通史》，十卷本，全书主编，其中第一卷独著；第五卷合著，第一作者，江苏人民出版社2006年版。

The Modern History of China, Edited by Roman Slawinski, Published by: Ksiegarnia Akademika, Krakow, Poland, 2006. 合著。

论文集

《追求集——近代中国历史进程的探索》，社会科学文献出版社1998年版。

《东厂论史录——中国近代史研究的评论与思考》，广东人民出版社2005年版。

主持编辑

《武昌起义档案资料选编》，1—3卷，湖北人民出版社1981—1983年版。

《中国近代爱国人物故事丛书》，共14册，福建教育出版社1993年版，与徐辉琪共同主编。

《中国近代史演义》，署名陆仁，福建少年儿童出版社1993年版，合编。

《第二届近百年中日关系史国际研讨会论文集》，中华书局1995年版。

《中华骄子》，卓越使者，龙门书局1995年版。

《人民警察必读丛书：中国近代史》（1840—1949），群众出版社1999年版。

《中葡关系史资料集》，上下卷，四川人民出版社1999年版。

《中国社会科学院学者文选·刘大年集》，中国社会科学出版社2000年版。

《百年中国史话》，四集，92册，社科文献出版社2000年版，与王忍之共同主编。

《中国二十世纪通鉴》（1901—2000），5册，线装书局2002年版，与龚育之、金冲及、郑惠共同主编。

《日本教科书问题评析》，社会科学文献出版社2002年版，与步平共同主编。

《从文明起源到现代化——中国历史25讲》，人民出版社2002年版，与林甘泉、任式楠共同主编。

《1979—2000年中国近代史论著目录》，上海人民出版社2005年版，主编。

论 文

1.《李秀成——修正主义和投降派的一面镜子》,《历史研究》1976 年第 1 期。

2.《应当如何看待义和团的排外主义》,《近代史研究》1981 年第 2 期,合著。

3.《中国近代史的"两个过程"及有关问题》,《历史研究》1984 年第 4 期。

4.《宝善里炸药爆发时间考实》,《近代史研究》1987 年第 1 期。

5.《也谈外国侵略与近代中国的"开关"》,《红旗》1987 年第 6 期。

6.《湖北军政府"谋略处"考异》,《历史研究》1987 年第 4 期。

7.《湘军在安庆战役中取胜原因探析》,《近代史研究》1988 年第 4 期。

8. *Peasant Wars in Modern China*: *A Comparative Study of the Couses of Their or Succes*, UNESCO Yearbook on Peace and Coflict Studies (1986), Greadwood, USA 1988.

9.《中国近代史研究的回顾》,《近代史研究》1989 年第 6 期。

10.《试论辛丑议和中有关国际法的几个问题》,《近代史研究》1990 年第 6 期。

11.《孙中山社会主义思想研究评说》,《历史研究》1991 年第 5 期。

12.《略论中国共产党与近代中国农民战争》,中国社会科学院科研局编《中国共产党与中国社会科学》,社科文献出版社 1991 年版。

13.《论黄兴对武昌首义的态度》,《历史研究》1993 年第 1 期。

14.《析黎庶昌〈敬陈管见折〉》,《贵州社会科学》1993 年第 1 期。

15.《孙中山"社会革命"说正义》,《近代史研究》1993 年第 3 期。

16.《论皖南事变之善后》,《近代史研究》1995 年第 5 期;《新华文摘》1995 年第 12 期。

17.《试论孙中山民生主义的真谛》,《中国社会科学院研究生院学报》1996 年第 5 期;又载《孙文研究》21 期(日本神户),1997 年 1 月。

18.《中国留日学生与祖国的历史命运》，《中国社会科学》1996年第6期；《东瀛求索》第8号，1996年8月；Social Sciences in China（Beijing）Vol.18，No.3，Autumn 1997.

19.《"告别革命"说错在哪里?》，《当代中国史研究》1996年第6期。

20.《近年来中国近代史研究中若干原则性争论》，《炎黄文化研究》1996年12月；《马克思主义研究》，1997年第3期。

21.《关于中国近代史的分期及"沉沦"与"上升"诸问题》，《近代史研究》1998年第2期。

22.《关于中国近代历史发展规律的认识和对若干史实的解说》，台北《历史月刊》1998年第121期。

23.《反省近百年中日关系的历史教训——在1997年11月东京第四届近百年中日关系史国际研讨会上的发言》，《抗日战争研究》1998年第1期。

24.《建国50年来中国近现代史の基本问题に关する检讨及び研究课题の概述》，近きに在りて（东京〈近邻〉），1999年12月，第36号。

25.《50年来中国近代史研究的理论与方法评析》，《近代史研究》1999年第5期；收入曾业英主编《五十年来的中国近代史研究》，上海书店出版社2000年版。

26.《居澳葡人"双重效忠"说平议》，《近代史研究》1999年第6期；收入《史学新书评》（1998—1999），社会科学文献出版社2001年版。

27.《刘大年》，中国社会科学院科研局编《中国社会科学院学术大师治学录》，中国社会科学出版社1999年版。

28.《战士型的学者　学者型的战士——追念刘大年先生的抗日战争史研究》，《抗日战争研究》2000年第1期。

29.《50年来中国大陆对孙中山的纪念与评价》，《党的文献》，2001年第5期；国父纪念馆编印：《第四届孙中山与现代中国学术讨论会论文集》，台北，2001年5月。

30.《50年来中国大陆对辛亥革命的纪念与评价》，《当代中国史研究》，2001年第6期；收入中国史学会编《辛亥革命与20世纪的中国》下册，中央文献出版社2002

年版。

31.《民國史研究的现狀与几个问题的讨论》,《近代史研究》,2002 年第 4 期;又载中国史学会、云南大学编《21 世纪中国历史学展望》,中国社会科学出版社 2003 年版。

32.《辛亥革命を纪念する政治・学術の意义》,孫文研究會编:《辛亥革命の多元構造》,日本汲古书院出版 2003 年版。

33.《试论当代中日关系中的历史认识问题——兼评中日接近和"外交革命"发表引起的"外交新思考"问题》,《抗日战争研究》2004 年第 1 期。

34.《试论毛泽东的历史观》,《中共党史研究》2004 年第 5 期。

35.《20 世纪中国近代史学科体系问题的探索》,《近代史研究》2005 年第 1 期;《新华文摘》2005 年第 7 期。

36.《关于台湾史研究中"国家认同"与主体性问题的思考》,中国社会科学院院报 2005 年版;《新华文摘》2005 年第 10 期。

37.《洋务活动及其现代的解释》,国家图书馆编:《部级领导干部历史文化讲座》,国家图书馆出版社 2005 年版。

38.《走向民族复兴的重要标志——论抗日战争胜利的历史意义》,《抗日战争研究》2005 年第 3 期。

39.《反帝反封建是近代中国的历史主题》,《中国青年报》,2006 年。

40.《社会主义和谐社会与历史学研究——以编纂大众历史读物的指导思想为例》,《当代中国史研究》2007 年第 2 期。

41.《近代中国历史发展的特点与转折》,韩国首尔大学东亚文化研究所《东亚文化》,第 45 辑,2007 年 12 月。

42.《试论胡绳的中国近代史研究》,《历史研究》2008 年第 2 期,合著。

文 章

1.《伟大的历史使命》,《北京日报》1978 年 5 月 13 日。

2. *An English Fighter in a Chinese Peasant War——A. F. Lindley in the Taiping Revolution*, China Reconstructs, 1980. 7.

3. 《**忠诚的友人　勇敢的战士——纪念吟唎参加太平军 120 周年**》,《历史知识》(成都)1981 年第 2 期。

4. 《**中国近代史上的伟大革命——辛亥革命**》,合著,《解放军报》1981 年 10 月 4 日。

5. 《**四川保路同志军的组织者龙鸣剑**》,《辛亥革命时期的历史人物》,中国青年出版社 1983 年版。

6. 《**照相机的传入和中国近代早期的照片**》,《解放军画报通讯》1984 年第 1 期。

7. 《**吟唎**》,《清代人物传》下编第 1 卷,辽宁人民出版社 1984 年版。

8. 《**掀开近代反帝斗争第一页**》,《团结报》1990 年 5 月 26 日。

9. 《**如何看待中国近代史发展的基本线索?——学习毛泽东有关论述笔记**》,《求是》1990 年第 3 期。

10. 《**通俗历史读物的社会责任——评〈中国历代名臣〉中两篇近代人物传记**》,署名薛适,《近代史研究》1990 年第 3 期。

11. 《**中国近代史的"两个过程"论及其指导意义**》,《高校社会科学》1990 年第 5 期。

12. 《**孙中山——二十世纪中国的一位历史伟人**》,《中华英才》1991 年第 18 期。

13. *The Revolution of 1911 and Sun Yat-sen*, BEIJING REVIEW, VOL. 34, No. 41, October, 1991.

14. 《**珍珠港参观随感**》,《真理的追求》1991 年第 12 期。

15. 《**余仲勉日记并说明**》,《辛亥革命史丛刊》第 8 辑,中华书局 1991 年版。

16. 《**记檀香山纪念辛亥革命 80 周年国际学术讨论会**》,《近代史研究》1992 年第 1 期。

17. 《**近代边疆研究与现实的关系**》,《中国边疆史地研究》1992 年第 2 期。

18. 《**记台北黄兴与近代中国学术讨论会**》,《近代史研究》1992 年第 5 期。

19. 《**历史和现实:"一国一制"和"一国两制"研究**》,《统一论坛》1993 年第 2 期;《海峡评论》(台北)1993 年第 2 期。

20. 《**探索中国近代资本主义发展特点的有益之作——杜恂诚新著〈中国传统伦理与中国近代资本主义〉读后记**》,《近代史研究》

1993 年第 4 期。

21.《中国历史将要良性运转——毛泽东与近代中国历史的随想》,《海峡评论》1993 年 12 期。

22.《记澳门"东西方文化交流"国际学术讨论会》,《近代史研究》1994 年第 1 期。

23.《一个蹩脚的文字游戏——与王晓波教授商榷"不完全继承的理论"》,《海峡评论》1994 年第 3 期。

24.《勿忘国家耻　励精图富强——甲午战争百年祭》,《海峡评论》1994 年第 8 期。

25.《论台海两岸暂时分离的由来——评台湾当局"台海两岸关系说明书"》,《光明日报》1994 年 9 月 28 日;国台办新闻局编《两岸关系与和平统一 1994 年重要谈话和文章选编》,九州图书出版社 1995 年版。

26.《中国的统一要靠中国人自己——书生议政:年终看两岸关系》,《海峡评论》1995 年第 1 期。

27.《台湾与祖国共患难——回顾〈马关条约〉割台百周年》,《海峡评论》1995 年第 4 期。

28.《警世甲午　醒世亦甲午——评电视历史纪实片〈警世甲午〉》,《人民日报》1995 年 5 月 20 日。

29.《回归前的思考——澳门史研究中的新观点》,《百科知识》1995 年第 5 期,总 190 期。

30.《一片揭露日本侵华罪证的报道——谈〈「虎头要塞」:日本法西斯的罪证〉》,《中国教育报》1995 年 6 月 4 日星期刊。

31.《牢记百年之耻　发奋振兴中华——论马关条约与近代中国的落后》,《台湾研究》1995 年第 3 期;《海峡评论》1995 年第 6 月号。

32.《正确认识近代中国社会的性质是研究中国近代史的出发点》,《高校理论战线》1995 年第 8 期。

33.《澳门史研究:前进和困难——国内澳门史研究的动向》,《中国社会科学院研究生院学报》1995 年第 5 期;澳门文化司署《文化杂志》,第 26、27 期,1996 年夏秋季号。

34.《前事不忘,后事之师——近代中日关系的历史回顾》,《海峡评论》1995 年 9 月号;《日本学刊》1995 年第 5 期;《侨报》(纽约)题目改为《近代中日关系的历史问题》，1995 年 9 月 14 日。

35.《近代中国丧失发展机遇的省思》，《北京日报》1995 年 10 月 19 日。

36.《从史料解禁看"一国两制"的历史根据》，《海峡评论》1995 年 11 月号；《侨报》1995 年 12 月 7 日。

37.《清除殖民文化心理　挺起中华民族脊梁》（三人谈），《光明日报》1996 年 2 月 27 日史林；《新华文摘》1996 年 4 月号。

38.《里斯本访史散记》，《澳门日报》1996 年 3 月 17、31，4 月 14 日。

39.《留学生与祖国同呼吸共命运》，《人民日报（海外版）》1996 年 6 月 19 日。

40.《不能否定中国人民的反帝斗争》，《高校理论战线》1996 年第 6 期。

41.《百年沧桑话香港》，《求是》1997 年第 6 期。

42.《香港地区是怎样被英国"割让"和"租借"的》，中华名人协会等编：《香港新纪元》，人民出版社 1997 年版。

43.《中国近代史的"沉沦"与"上升"》，天津《今晚报》

1997 年 7 月 1 日。

44.《黄炎培与近代史研究所的交往》，朱宗震等主编《黄炎培研究文集》，四川人民出版社 1997 年版。

45.《英国割让香港——旧中国屈辱的象征》，中组部《党建研究》1997 年第 7 期。

46.《香港回归的历史和现实意义》，武汉《改革纵横》1997 年 7 月号。

47.《评胡绳著新版〈从鸦片战争到五四运动〉》，《光明日报》1998 年 1 月 6 日。

48.《中共党史之前史的巨著——读再版的胡绳著〈从鸦片战争到五四运动〉》，《中共党史研究》1998 年第 1 期。

49.《中国近代史的分期问题》，《光明日报》1998 年 2 月 3 日；《新华文摘》1998 年第 4 期；韩国中国学研究中心《中国学志》1998 年第 4 期。

50.《当代日本人眼中的侵华史》，《北京日报》1998 年 11 月 1 日第四版；《新华文摘》1999 年 1 月号。

51.《20 年：中国近代史研究正在走向成熟》，《光明日报》1998

年 12 月 25 日。

52.《对"戊戌维新的再思考"的再思考》，天津《理论与现代化》1998 年增 1 期。

53.《范文澜和罗尔纲的治学精神》，《科学时报·社会科学版》1999 年 2 月 15 日。

54.《关于中国近代史研究的思考》，《光明日报》1999 年 3 月 12 日。

55.《五四运动的伟大历史意义，署名中国社会科学院邓小平理论研究中心》（与左玉河合作），《光明日报》1999 年 4 月 26 日。

56.《香港对于 21 世纪中国人的意义——评论与引言》，香港《亚洲研究》1999 年第 30 期。

57.《回归之际话澳门》，《求是》杂志 1999 年第 23 期。

58.《一个战士学者对中国历史学的贡献》，《人民日报》2000 年 5 月 9 日"纪念与回忆"版。

59.《继承光荣传统，追求发展创新——中国社会科学院近代史所建所五十年》，《光明日报》历史周刊，2000 年 5 月 26 日。

60.《读刘大年的〈如何评价张学良?〉》，《中国社会科学院院报》，2000 年 6 月 6 日；张友坤编

著:《张学良世纪风采》，华文出版社 2000 年版。

61.《开拓近代史研究的新局面》，《中国社会科学院院报》2000 年 6 月 8 日。

62.《发扬吕振羽用唯物史观探索中国历史进程的精神》，《中国社会科学院院报》2000 年 6 月 22 日；《中国史研究》2000 年第 3 期。

63.《二十世纪中国与世界关系的三个标志性年代》，《人民日报》2000 年 10 月 19 日。

64.《追思胡绳同志在建树中国近代史学科中的功绩》，《中国社会科学院院报》2000 年 11 月 23 日。

65.《编辑〈刘大年文选〉的回忆与思考》，《近代史研究》2000 年第 6 期。

66.《一个战士、学者对中国历史学的贡献——追怀马克思主义历史家刘大年》，《中国社会科学院院报》2000 年 12 月 19 日。

67.《战士型的学者 学者型的战士——记刘大年的学术生涯》，《刘大年集》，中国社会科学出版社 2000 年版。

68.《为建设一流研究所而努

力》,《中国社会科学院院报》2001年8月14日。

69.《"汀、贺大捷"与北伐战争的地位及作用》,《咸宁日报》2001年11月13日。

70.《胡绳与近代史研究所》,《近代史研究》,2002年第1期;郑惠、姚鸿编:《思慕集——怀念胡绳文集》,社科文献出版社2003年版。

71.《坚持百家争鸣　繁荣历史科学》,《光明日报》,理论周刊·历史,2002年8月27日。

72.《百家争鸣　促进历史学繁荣——在中华民国史国际学术讨论会上的开幕词》,(澳门)《市民日报》2002年9月30日。

73.《张海鹏与宇野重昭对话录:在共同历史认识的基础上走向东北亚的发展》,日本《山阴中央新报》2003年1月4日。

74.《透过莫理循的眼睛》,《光明日报》,第2版·书评·2003年5月22日。

75.《加强对外学术交流　为建设一流研究所服务》,《中国社会科学院院报》2003年4月3日。

76.《学习当人民代表》,《百年潮》2003年第4期。

77.《电视剧〈走向共和〉引起观众历史知识的错乱》,《中国社会科学院要报》2003年第40期(总2584期);中央政策研究室《政研内参》,6月5日。

78.《是一部历史政论剧,而不是历史正剧——关于历史剧〈走向共和〉的零星感想》,《高校理论战线》2003年第6期。

79.《历史电视剧〈走向共和〉宣扬什么历史观》,《马克思主义研究》2003年第5期。

80.《加强哲学社会科学研究必须坚持马克思主义指导》,《中国社会科学院院报》,2003年7月17日;《社会科学管理与评论》2003年第3期(总第19期)。

81.《弘扬民族精神是当前文化建设极为重要的任务》,《中国社会科学院院报》2003年9月23日。

82.《中国共产党是弘扬民族精神的楷模》,《中国社会科学院院报》2003年9月25日。

83.《纪念开罗宣言　捍卫中国领土主权不可分割》,《中国社会科学院要报:领导参阅》2003年第35期(总第296期),12月15日出版;《台湾研究》2003年第4期(总第64期);臺北,《世界論壇报》2003 年 12 月 31 日，2004 年 1 月 1 日。

84.《发扬马克思主义在史学领域的开拓精神——纪念范文澜先生诞辰 110 周年》，《中国社会科学院院报》2004 年 1 月 13 日。

85.《治所与治学肩挑双但论史与论政心忧天下》，《中国社会科学院院报》2005 年 7 月 29 日。

86.《从民族复兴的角度认识抗日战争胜利的历史意义》，《中国社会科学院院报》2005 年 8 月 11 日。

87.《走向民族复兴的重要标志——论中国人民抗日战争胜利的历史意义》，中国社会科学院邓小平理论和"三个代表"重要思想研究中心（执笔张海鹏），《光明日报》理论周刊·史学 2005 年 8 月 16 日。

88.《台湾人民的抗日斗争彪炳史册》（与杜继东合作），《台湾工作研究》2005 年第 9 期。

89.《抗日保台　心向祖国——评日据时期台湾人民的抗日斗争》（与杜继东合作），《光明日报》要闻 3 版，2005 年 10 月 24 日。

90.《正确处理历史认识问题，构筑亚洲和平发展的新局面》，《中国社会科学院院报》2005 年 11 月 3 日。

91.《略论中国抗日战争中的两个领导中心》，（台北）《海峡评论》，2006 年 1 月 1 日。

92.《深入研究"二二八事件"，正确判断"二二八事件"的性质》，中华全国台湾同胞联谊会研究室主编《台湾民情》2006 年第 2 期（总第 199 期）。

93.《我是怎样在中国近代史研究中坚持唯物史观的》，中国社会科学院直属机关党委主办《社科党建》，2006 年党的工作会议增刊。

94.《中国近代史研究的基本评价和方法论问题》，《中国社会科学院院报》·特稿，2006 年 12 月 14 日。

95.《社会主义和谐社会与历史学研究》，《人民日报》2007 年 1 月 17 日理论版。

96.《〈中国近代史纲要〉的学术价值与现实意义》，《高校理论战线》2007 年第 4 期。

97.《中国近代史的新写法、新史识、新论断》，《北京日报》，2007 年 5 月 28 日第 20 版理论周刊·读书。

98.《为马克思主义历史学与

中国实际相结合奋斗的一生》，中国社会科学院老专家协会编：《学问人生——中国社会科学院名家谈》（下），高等教育出版社2007年版。

99.《中国近代史研究应该为塑造社会主义现代公民服务》，《中国社会科学院院报》2007年6月26日。

100.《关于中国近代史若干热点问题的讨论》，何秉孟、高翔主编《理论热点：百家争鸣12题》，社会科学文献出版社2007年版。

讲　座

1.《中国近代史讲座》（共16期）《解放军画报》1982年第10期至1984年第1期。

2.《太平天国革命运动》，《中国近代史简明读本》，中国青年出版社1984年版。

3.《帝国主义侵略和中华民族抵抗侵略的斗争》，总政宣传部电视录像带，2001年4月。

作者年表

1939 年

5 月 8 日（旧历己卯年三月十九日），出生于湖北省汉川县马口镇张家大嘴。父母业农。张姓，谱名声彬，小名海鹏，塾师取名。以小名行世。

1946 年

入私塾发蒙。

1947 年

秋从私塾转入汉川县私立两铭小学校，读二年级。

1951 年

秋，小学毕业，考入湖北省立马口中学。

1954 年

7 月，毕业于湖北省立马口中学初中部。考取湖北省立孝感高级中学。恰遇 1954 年长江大水，为确保武汉安全，汉江堤防决口，汉川、汉阳、沔阳、天门等县一片汪洋，吾乡困于洪水之中。

9 月初，上学报名期已过，彼时年幼，家庭贫寒，又无川资，乃决心回家种田。

1955 年

5 月，作为民工，随乡人到沔阳县参加汉江分洪工程。在此地工棚里，有关方面传达了毛主席有关发展农业合作社的指示。乡人晚间讨论，一致赞成成立高级社。半月后回乡在原来三个互助组基础上组成新兴高级农业合作社，担任会计。

1956 年

9 月，考入湖北省立孝感高级中学。

1959 年

7 月，毕业于孝感高级中学。9 月，入武汉大学历史学系学习。

1964 年

7 月，毕业于武汉大学历史学系。时任校长李达，系主任吴于廑。毕业论文题为：《试论苏美建交 30 周年》。

8 月，到北京东厂胡同一号中国科学院近代史研究所报到。从此成为近代史研究所的工作人员。

1965 年

6 月，结束甘肃张掖县乌江公社贾家寨大队八个月的"四清"运动，随后到山东黄县（今龙口市）大吕家公社劳动锻炼。

11 月中旬，回到北京，被所里定为实习研究员。

1966 年

1 月，被分配到位于西颐宾馆中馆的"中国近代史讨论会"。进这个讨论会时，负责人是金应熙（中山大学历史系主任）、李龙牧（复旦大学新闻系主任）、余绳武（近代史所）。

6 月 3 日，因人民日报发表《夺回资产阶级霸占的史学阵地》社论，矛头直指近代史研究所，随之卷入近代史研究所的"文化大革命"运动。

1968 年

4 月，在孝感与认识 10 年的王玉清（菊英）结婚。

1969 年

10 月，被强制请进学习班。后转进到文联大楼（今商务印书馆）三层（或四层?），又转到美术馆，失去自由。

1970 年

5 月底，被工宣队押送去河南息县五七干校。

1971 年

夏，干校到达明港军营，专门开展清查"五一六"运动，接受审查。

1972 年

7 月中旬，随学部干校从河南明港回到了北京。

1974 年

12 月，军宣队、工宣队宣布审查结论，从此，结束了"五一六"审查阶段，不再处于被隔离状态。

1975 年

1 月，进近代史所翻译组。

5 月，被所党总支调出协助刘桂五先生，从事学术秘书工作。

9 月进入了近代史组。近代史组的负责人是刘桂五、钱宏、何重仁。

1976 年

2 月，黎澍先生重新主编的《历史研究》第 1 期发表了《李秀成——修正主义和投降派的一面镜子》。这是进入专门的研究机构——中国科学院近代史研究所 12 年后，也是"文化大革命"结束前发表的第一篇论文。

12 月，被吸收到刘大年先生主持的《中国近代史稿》课题组，协助刘大年做第一卷书稿的整理、校核注释、制作大事记和中外人名对照表、选配历史图片等事项。

1978 年

5 月 13 日，《北京日报》第三版发表《伟大的历史使命》一文，结合中国近代历史史实，宣讲闭幕不久的五届人大政府工作报告的精神。

5 月，编制《建国以来中国近代史学科主要著述编年录》、《建国以来中国近代史学科主要著述分类目录》（所内有铅印本）。

9 月，刘大年先生主持的《中国近代史稿》第一册在人民出版社出版，接受《中国近代史稿》第二、三册的辅助工作。同时接受了编绘《中国近代史稿地图集》的

工作。

1979 年

春夏间，在南京出席太平天国史国际学术讨论会。在会上担任简报组副组长。7 月，被近代史研究所学术委员会评定为助理研究员。参与了《近代史研究》的创办并任兼职编辑。

1980 年

7 月，在北京出版的英文刊物 China Reconstructs，7 月号上发表 An English Fighter in a Chinese Peasant War——A. F. Lindley in the Taiping Revolution。这是应《中国建设》主编爱泼斯坦建议撰写的。研究太平天国历史的英国学者柯文南教授提供了有关资料。

1981 年

10 月中旬，在武汉东湖宾馆出席纪念辛亥革命 70 周年国际学术讨论会，担任简报组副组长。

1982 年

9 月中旬，在山东威海市出席义和团研究会的学术讨论会。担任义和团研究会理事、常务秘书。丁名楠先生为会长。

10 月，应邀为《解放军画报》编辑中国近代史讲座（以图片形式），第一期在《解放军画报》第

10 期刊出。每月一期，共编发16 期。

1983 年

3 月，主持《武昌起义档案资料选编》三卷由湖北人民出版社出版。

8 月，代表国家大地图集历史地图卷编委余绳武去浙江德清县莫干山出席国家大地图集历史地图卷编委会。此项工作由中国社会科学院主持，复旦大学谭其骧教授主持了此次会议。

1984 年

6 月，参加工作的《中国近代史稿》第二、三册出版。

10 月，论文《中国近代史的"两个过程"及有关问题》在《历史研究》第四期发表。

12 月，《中国近代史稿地图集》在地图出版社出版，初版平装15000 册，精装 10000 册。本书出版后，承复旦大学谭其骧先生等来信谬许。

1985 年

10 月初，联合国教科文组织（UNESCO）在挪威首都奥斯陆主办 International Symposium on the Different Interpretations of the Causes and Consequences of Conflicts，这次国际学术讨论会只邀请了各国 11 位论文作者。所撰《近代中国农民战争成败原因的比较研究》（Peasant Wars in Modern China: A Comparative Study of the Causes of their Failure or Success）被会议安排为农民起义问题的第一个发言人。因不谙英语，未敢出席。本年，被聘任为副研究员。接受余绳武所长聘请，担任近代政治史研究室副主任。

1986 年

5 月，义和团研究会在天津改选理事，致函辞理事。

1987 年

3 月，《也谈外国侵略与近代中国的"开关"》一文在《红旗》杂志第 6 期发表。

8 月，《湖北军政府"谋略处"考异》一文在《历史研究》第 4 期发表。

1988 年

9 月，被任命为近代史研究所副所长。

1989 年

8 月，接待美国美中学术交流委员会驻北京办事处代理主任葛立仁（Robert B. Geyer）来访，驳斥其要从学术上制裁中国的谬论。

1990 年

3 月下旬，在厦门大学出席 1990 年全国史学理论研讨会，在开幕式上致辞。

3 月，在《求是》杂志第 3 期发表《如何看待中国近代史发展的基本线索？——学习毛泽东有关论述笔记》。

5 月，在中共中央党校文史部举办的中国近现代史研讨班讲中国近代史的基本线索的讨论，关于半殖民地半封建社会性质的争论。

8 月底—9 月初，纪念近代史研究所成立四十周年国际学术讨论会在北京龙泉宾馆举行。会议名为"近代中国与世界"。担任大会秘书长。

12 月，《近代史研究》第 6 期发表论文《试论辛丑议和中有关国际法的几个问题》。

1991 年

1 月，出席在人民大会堂举行的中国抗日战争史学会成立大会。刘大年主持大会。我替胡乔木起草了致成立大会的祝贺词，并在会上宣读。胡绳、周谷城、肖克、杨成武、吕正操、张爱萍、程思远、邓力群在成立大会上讲话。王忍之代表中共中央宣传部到会讲话，支持学会的成立。任副秘书长。刘大年任会长，白介夫任执行会长，胡乔木任顾问。

3 月上旬，与白介夫先生去沈阳召开"九一八事变"60 周年国际学术讨论会筹备会议，与辽宁省社会科学院副院长李光天、辽宁省副省长林升、辽宁省原省委书记李荒以及辽吉黑三省省委宣传部长座谈，就召开"九一八事变"60 周年国际学术讨论会事项达成共识。

8 月，在中央党校为中国历史唯物主义学会举办的中国近代史国情研讨班讲鸦片战争与中国贫穷落后的原因。

8 月底 9 月初，在美国檀香山东西方中心出席纪念辛亥革命 80 周年学术会议。9 月中旬，在沈阳出席"九一八事变"60 周年国际学术讨论会。担任大会的秘书长，组织策划和安排了大会的日程和具体事项。

9 月，《抗日战争研究》创刊号出版，担任主编。

10—11 月，在苏联访问半个月，连同火车行程共一个月。访问了远东研究所、东方研究所，与远东研究所签订了两所交流意向书。

在列宁格勒，与苏联科学院列宁格勒图书馆签订了合作编纂中俄关系历史书目的协议。

12月上中旬，出席中国社会科学院工作会议，在大会上就近代史所如何进行青年研究人员考绩工作作了发言。

12月中旬，在新万寿宾馆出席近代东西方关系国际学术讨论会，主持开幕式。本年被聘任为研究员。

1992 年

5月上中旬，出席台北政治大学历史研究所主办的"黄兴与近代中国学术讨论会"，任团长，尚明轩、韦杰廷同行。这是大陆学者第一次赴台参加学术会议，是中国社会科学院与台湾的学术交流从单向转到双向的标志。会后访问"中央研究院"近代史研究所和政治大学历史系。还访问了海基会（副秘书长陈荣杰接待）、阳明山党史会（李云汉主任委员、陈鹏仁副主任委员接待）、外双溪故宫（秦孝仪院长接待）、国史馆（瞿兑颖馆长接待）以及台湾师范大学三民主义研究所（赵玲玲所长接待）。到台中访问东海大学，文学院吕士

朋院长接待。在联合报大楼出席"两岸学术交流对研究中国近代史的影响"座谈会。

6月中旬，在北京香山饭店出席中国社会科学院近代史研究所与台湾师范大学三民主义研究所、台湾孙文学术思想研究交流基金会联合主办"孙逸仙思想与中国现代化"两岸学术座谈会，任中方秘书长。这是两岸学术单位第一次合作召开这样的学术会议。

8月上旬，在新世纪饭店出席全国台湾研究会召开的第二届海峡两岸关系研讨会，发表论文《历史和现实："一国一制"和"一国两制"研究》。

10月上旬，在贵阳出席黎庶昌国际学术研讨会。

1993 年

1月上旬，在北京举办第二届近百年中日关系史国际学术讨论会，任秘书长。

3月上旬，出席澳门基金会等召开的"东西方文化交流"国际学术研讨会。

11月上旬，出席福州举行的严复国际学术研讨会。在会上宣读了胡绳院长的贺函。下旬，在广州出席广东省与国家文物局联合主办的

论证会，论证港深珠高速公路是否妨碍虎门炮台。广东省副省长张高丽、国家文物局副局长张柏，国务院办公厅余昌祥在会上讲话，徐苹芳主持会议。

1994 年

1 月，被任命为所长。

1 月下旬，在杭州出席海峡两岸"孙逸仙与儒家人文精神"学术讨论会。担任中方主席。台湾孙逸仙学术思想研究交流基金会董事长、"国大"代表、国民党中央委员赵玲玲到任台方主席。

6 月上旬，随同王忍之率团访问朝鲜社会科学院。

9 月，光明日报发表《论台海两岸暂时分离的由来——评台湾当局"台海两岸关系说明书"》。此文下年收入国台办新闻局编《两岸关系与和平统一——1994 年重要谈话和文章选编》。

10 月上旬，在龙泉宾馆主持黄兴学术讨论会，美国黄兴基金会资助。

12 月中旬，出席南京大学中华民国史研究中心主办的第三届中华民国史国际研讨会，与中央研究院近代史研究所原所长张玉法院士在开幕式上先后致贺词。

1995 年

2 月中旬，赴澳门出席澳门大学主办的"澳门史教与学"国际研讨会。作了《澳门史研究：前进与困难——国内澳门史研究的动向》的报告。

4 月，出席全国政协台港澳联络局等单位主办的《马关条约》签订 100 周年暨台湾回归祖国 50 周年座谈会，作了发言。

6 月，在公安大学讲抗战胜利的意义与台湾回归问题。

6 月中旬，近代史所承办瞿秋白就义 60 周年纪念暨学术讨论会，任秘书长。社科院党委书记王忍之主持开幕式，胡绳院长发表讲话。中共中央政治局常委刘华清出席开幕式。

7 月，出席中日友协主办的"中日关系研讨会——前事之师，后事不忘"，作了发言。中国史学会和近代史所联合召开庆祝刘大年 80 华诞座谈会，在会上作祝词。

8 月下旬，在纽约哥伦比亚大学出席华人学术团体召开的纪念抗日战争胜利 50 周年国际学术讨论会，在会上发表论文《论皖南事变之善后》。

10 月中旬，在国家行政学院开办的澳门高级公务员培训班讲中国近现代史。

10 月下旬，出访葡萄牙，黄庆华作为翻译陪同，重点访问在葡萄牙外交部档案馆、国立托尔·多·东宝档案馆和王家图书馆。

12 月，在珠海主持香港史研究现状与前景学术研讨会。

1996 年

2 月，以李文海、龚书铎、张海鹏名义在光明日报史林版发表《清除殖民文化心理　挺起中华民族脊梁》一文（三人谈），《新华文摘》4 月号转载。

4、5 月间，应邀对日本作学术访问。在中国社会科学研究会举办的"留日学生在中国近代化过程中的作用"学术研讨会上，作了主题演讲：《中国留日学生与祖国的历史命运》。

7 月中旬，出席在山东曲阜"海峡两岸弘扬中华传统文化学术研讨会"。会议由中国社会科学院主办，台湾中流文教基金会协办。

7 月，主持中国近现代史学术研究座谈会，以本所和本院有中国特色社会主义理论研究中心名义主办。

9 月，在北京市教委礼堂讲近年来中国近代史研究领域若干原则

性问题的争论，听众为北京市各高校的党委副书记、宣传部长、社科部主任和革命史教研室主任，大约 150 人。

11 月上旬，在广东中山市翠亨村出席孙中山与中国近代化国际学术讨论会，在闭幕会上作了总结。

12 月，接待法国国家研究中心主任巴斯蒂夫人来访。应法国驻华大使之邀，出席法国大使为巴斯蒂夫人访华举行的宴会。

1997 年

2 月下旬，出席澳门大学举办的萨安东（ANTONIO SALDANHA）教授编著的《葡中关系史文献集》首发式，葡国总统帕罗约主持了首发式。还在葡澳总督府受到葡国总统的接见。

3 月应邀在院党办主持的学习马克思主义理论报告会上作近年来中国近代史研究中若干原则性问题的争论的报告。《百年沧桑话香港》一文在《求是》杂志第 6 期发表。

4 月，在廊坊航天部培训中心给中央国家机关党委宣传部学习班讲中国近代史研究学术动态问题。

5 月初，致函美国马萨诸塞大学 FRED W DRAKE 教授等祝贺美国华盛顿纪念塔纪念徐继畬仪式活

动的举办。

6 月中旬，应台湾中流文教基金会会长胡佛教授的邀请，随汝信副院长一行访问台湾。会见关中、邱创焕、梁肃戎、赵耀东、孙震、胡佛、魏萼、李远哲、杨国枢、秦孝仪等。

7 月上旬，出席在卢沟桥召开的纪念七七事变 60 周年国际学术讨论会。井上清、安藤彦太郎、李云汉等出席与会。出席中国社会科学院授予井上清名誉博士学位仪式，王忍之、刘大年、张香山讲话。陪同李岚清副总理以国务院学位委员会主任委员身份接见井上清教授。

7 月下旬，出席在青海西宁由中国社会科学院举办的"海峡两岸中国江河之源与中华民族发展学术研讨会"。

8 月，先在辽宁省东港市考察。东港市，即大东沟所在地，甲午海战就发生在大东沟海面。下旬，随中国社会科学院专家休假考察团赴新疆、甘肃考察。

9 月底，应邀在北京师范大学95 周年校庆文史哲学科学术报告会演讲，演讲主题是中国近代史上的"沉沦"与"上升"问题。

10 月底，出席第一历史档案馆与日本冲绳县教育委员会联合主办的"中国、琉球学术讨论会"。

11 月，主持王赓武教授演讲会。中下旬，访问日本，率团出席东京第四届近百年中日关系史国际研讨会。

12 月上旬，在香港大学出席"香港历史与近代中国"国际学术研讨会，在开幕式上致辞。出席南开大学历史系 75 周年系庆。

1998 年

2 月，在台北《历史月刊》第121 期发表《关于中国近代历史发展规律的认识和对若干史实的解说》。

3 月中下旬，参加中国社会科学院访日代表团，应邀访问日中友好会馆，何秉孟为团长，与日中友好会馆会谈协助日方研究中日关系历史事，达成协议。期间，拜访了我驻东京大使馆代办、公使武大伟、日本外务省亚洲局、日中友好会馆会长后藤田正晴。

4 月上旬，在广州出席邮电部文史研究中心主办的中国邮票史第二次编纂工作会议，就中国近代史的分期即"沉沦"、"上升"等宏观认识问题，作了演讲。《关于中国近代史的分期及"沉沦"与"上升"诸问题》全文在《近代史研究》第 2 期发表。

5 月中，接待俄罗斯科学院远东研究所库里克教授，谈及列宁墓及俄杜马选举事。复函列宁侄女支持维护红场上的列宁墓。此函的俄文译本发表在 1999 年 10 月 12—13 日的《真理报》上。

5 月下旬，中国社会科学院中日历史研究中心在社科宾馆宣布专家委员会正式成立。在新桥饭店出席中国社会学科学院中日历史中心与日中友好会馆备忘录签字仪式。

6 月底，出席天津社科联、南开大学、天津社科院以及天津市历史学会和天津河东区政府联合主办的戊戌变法 100 周年学术讨论会。

8 月底，代表中国史学会出席山东青岛召开的德占胶澳 100 周年学术讨论会，并致开幕词。

9 月中旬，出席在扬州召开的中国史学界第六次代表大会，当选中国史学会副会长。

9 月底，在北京宽沟招待所召开抗日战争时期的汪精卫与汪伪政权研究学术座谈会并致辞。

10 月中旬，陪同汝信副院长出席在香港中文大学文化研究所召开的"香港对 21 世纪中国人的意义：人文于社会的观察"学术讨论会。

10 月底—11 月初，访问四川大学历史文化学院。在川大历史文化学院和川师大对师生发表演讲。

11 月，随中国社会科学院中日历史研究中心专家委员会代表团访问日本。

12 月，澳门日报发表新华社记者陈斌华、李鲲：《正视历史 共迎回归——访中国社科院近代史所所长张海鹏》一文。论文集《追求集：近代中国历史进程的探索》在社会科学文献出版社出版，胡绳先生题签，刘大年先生作序。主持近代史所与中国社会科学杂志社联合主办"黎澍同志逝世十周年暨《黎澍自选集》出版座谈会"。

1999 年

4 月，光明日报第 1 版发表《五四运动的伟大历史意义》，以纪念五四运动 80 周年，这是第一次以中国社会科学院邓小平理论研究中心的名义发表文章，与左玉河共同执笔。

5 月中旬，随李慎明副院长访问香港科技大学。随后出席澳门基金会等单位主办的"澳门回归——回顾与展望"学术研讨会，在会上发表《居澳葡人"双重效忠"说平议》。

5月，主编《人民警察必读丛书：中国近代史（1840—1949）》，由群众出版社出版。

6月底，出席南京太平天国博物馆罗尔纲史学馆开馆暨罗尔纲铜像揭幕仪式。中共中央政治局委员、中国社会科学院院长李铁映出席，并发表了讲话。

8月中旬，出席中国史学会、北京史学会、北京市档案馆、北京市档案学会等多家单位联合发起的档案与北京史国际学术讨论会。会后接受《北京档案》记者采访，谈及历史学家与档案工作。

9月初至10月底，在日本庆应义塾大学作学术访问。

10月，就澳门回归接受中央电视台记者采访，新闻联播播出。

11月初，在武汉大学主持中国社会科学院中日历史研究中心专家委员会课题评审会。会后在武汉大学历史学院演讲。

12月，主编《中葡关系史资料集》（300万字）由四川人民出版社在澳门回归前正式出版，李铁映院长题写书名。同月，《求是》杂志第23期发表《回归之际话澳门》。

12月底至2000年1月初，主持中国社会科学院近代史研究所举办"1949年的中国"国际学术讨论会，致开幕词。

2000年

5月，人民日报发表《一个战士学者对中国历史学的贡献》，纪念刘大年先生。为纪念建所50周年，举办全所纪念大会。光明日报就中国社科院近代史研究所迎来50华诞作了新闻报道。光明日报历史周刊以《继承光荣传统，追求发展创新——中国社会科学院近代史所建所五十年》为题摘要刊出了所作报告。《中国社会科学院近代史研究所青年学术论坛》，由社会科学文献出版社出版。这是青年学术论坛的第一次会议论文集，撰写了序言。

9月，与王忍之共同主编的《百年中国史话》共四集92本，（920万字）在社会科学文献出版社出版。

9月中下旬，与徐辉琪、刘蜀永到英国进行了为期半个月的学术交流。

10月初，应法国人文之家基金邀请，访问了巴黎。

10月上中旬，访问了波兰科学院非欧洲国家研究中心。

2001 年

1月上旬，在台北国父纪念馆出席第四届孙中山与现代中国学术研讨会。

4月，应总政治部邀请在总政摄影棚录制《帝国主义侵略和中华民族抵抗侵略的斗争》，总政宣传部制成电视录像带在军内高级干部中发行。

5月底，在南京中国近现代史博物馆出席"太平天国起义150周年暨罗尔纲诞辰100周年纪念座谈会"，在开幕式上发言。

6月下旬，在敦煌研究院出席中国社会科学院"21世纪初中国面临的重大理论和对策问题"历史学学科选题研讨会。李铁映院长出席并主持会议。

9月中旬，在"'九一八'事变与近代中日关系"国际学术讨论会致开幕词。中国抗日战争史学会执行会长白介夫、中国史学会会长金冲及、台湾中正文教基金会董事长秦孝仪、日本早稻田大学名誉教授安藤彦太郎及海内外专家80多人出席了开幕式。

10月，在湖北省咸宁市主持北伐战争暨汀泗桥贺胜桥大捷75周年学术研讨会，致开幕词。出席在武汉东湖宾馆南山新村召开的纪念辛亥革命90周年国际学术讨论会。受李铁映院长委托向大会致贺词。

12月下旬，出席在神户举行的辛亥革命90周年国际学术讨论会。所作基调报告题为《辛亥革命纪念的政治与学术意义》。在东京国际文化会馆出席中国社会科学研究会与国际文化会馆主办的年会，作了中日关系历史回顾的报告。

2002 年

2月复函京都大学人文科学研究所东方学研究部森时彦教授。此信以《关于东方研究复京都大学人文科学研究所东方学研究部》题目，收入京都大学人文科学研究所：《廿一世纪の东方学》。

3月下旬，在深圳出席海峡两岸关系研究中心主办两岸关系论坛。发表论文《"一国两制"是和平统一祖国的根本方针》。

5月下旬，在昆明出席中国史学会与云南大学联合主办的"21世纪中国历史学展望学术讨论会"，作了《关于民国史研究的几个问题》的报告。

7月中旬，在中关村出席两岸

三院信息技术应用交流研讨会，在会上发表《中国社会科学院近代史研究所关于建设数字化研究所的基本设想和我们的困难》。

8月，光明日报发表《坚持百家争鸣，繁荣历史科学》。主持"中国民国史（1912—1949）国际学术讨论会"，致开幕词。中共中央致治局委员、中国社会科学院院长李铁映给会议发了贺函。

9月底，出席中国社会科学院台湾史研究中心成立大会，阐述台湾史研究中心的初步研究规划。

11月下旬至12月上旬，率中国社会科学院中日历史研究中心专家委员会代表团访问日本，任团长。

2003年

1月，日本《山阴中央新报》发表《张海鹏与宇野重昭对话录：在共同历史认识的基础上走向东北亚的发展》。为伊原则周著《从"笔谈外交"到"以史为鉴"——中日近代关系史探析》作序，该书由中华书局出版。

2月中旬，应欧亚基金会邀请，率中国社会科学院台湾史研究中心代表团一行七人访问台湾。

3月，出席第十届全国人民代表大会第一次会议，参加湖北代表团的工作。第40期《中国社会科学院要报》刊登所撰《电视剧〈走向共和〉引起观众历史知识的错乱》。

10月，《中国社会科学院近代史研究所专刊》在上海书店出版，做了总序。

12月初，出席纪念开罗宣言发表60周年学术座谈会，发言以《捍卫中国领土主权不可分割的原则》为题刊载于《中国社会科学院要报：领导参阅》第35期。

12月底，主持纪念范文澜诞辰110周年学术研讨会，作了《发扬马克思主义在史学领域的开拓精神——纪念范文澜先生诞辰110周年》的主旨发言。

2004年

1月上旬—2月中，访问日本岛根县立大学。出席宇野重昭校长主持的全校学术沙龙，在校长陪同下拜访了滨田市长。在岛根县立大学第10次东北亚学研究恳谈会上，作了《试论当代中日关系中的历史认识问题——兼评〈中日接近和"外交革命"〉发表引起的"外交新思考"问题》报告。还在东京中央大学人文科学研究所和旅日华人史学会主办的报告会上作了"中日关系中的历史与现实"的讲演，在早稻田大学平野健一郎教授主持的日中关系研究会上作了"东亚历史共同研究的现状与课题"的讲演。

4月，中国史学界第七次代表大会在西安举行，作了关于中国近代史分期问题的发言。会议选举产生了新一届中国史学会理事会。李文海当选会长，任常务副会长兼秘书长。

5月，在近代史研究所图书馆主持井上清文库揭幕仪式。出席国家清史编纂委员会第三次工作会议，国家清史编纂领导小组组长孙家正、副组长周和平、朱佳木到会。在文津街国图分馆部级历史文化讲座演讲洋务活动及其现代的解释。

7月14日，正式宣布退出所长职务。

8月底—9月初，出席京西宾馆召集的马克思主义理论研究和建设工程课题组成员会议。在山东大学历史文化学院举办公开讲座，讲演中日关系与历史认识。

12月，主持"海峡两岸台湾历史研究现状与未来趋势"学术研讨会。

2005 年

1月，在金马宾馆出席马克思主义理论研究与建设工程史学概论教材课题组会议。出席国务院学位委员会第21次会议。

2月，《20世纪中国近代史学科体系问题的探索》在《近代史研究》第1期发表。

3月，《关于台湾史研究中"国家认同"与主体性问题的思考》在中国社会科学院院报发表。出席"纪念黄遵宪逝世百周年"国际学术讨论会，在开幕式致词。

6月，与龚云同著的《二十世纪中国人文学科学术研究史丛书·史学专辑·中国近代史研究》在福建人民出版社出版。主编《中国近代史论著目录1979—2000》在上海人民出版社出版。

7月，率中国史学会代表团出席澳大利亚悉尼新南威尔士大学举办的第20届国际历史科学大会，在第三场专题讨论"近现代时期的中国与世界"上用英语作了发言。

8月，在光明日报发表《走向民族复兴的重要标志——论中国人民抗日战争胜利的历史意义》（以中国社会科学院邓小平理论和"三个代表"重要思想研究中心名义）。

在长沙举办纪念台湾光复 60 周年暨两岸关系学术研讨会，致开幕词。出席全国政协举行纪念林则徐诞辰 220 周年座谈会暨学术讨论会，作大会发言。

9 月，出席在银川召开的"中国历史上的西部大开发国际研讨会"，致开幕词。

10 月，出席纪念台湾光复 60 周年学术讨论会，作了发言。

11 月，出席纪念亚洲人民抗战胜利 60 周年学术座谈会，发表《正确处理历史认识问题，构筑亚洲和平发展的新局面》，中国社会科学院院报刊出。论文集《东厂论史录——中国近代史研究的评论与思考》在广东人民出版社出版。

12 月，参与波兰科学院学者施乐文主编的《中国近代史》波兰文本出版（Nowozytna historia Chin pod redakcja Romana Slawinskiego, Ksiegarnia Akademicka, Krakow 2005），英文本随后出版：The Modern History of China, Edited by Roman Slawinski, Published by: Ksiegarnia Akademika, Krakow, Poland, 2006.

2006 年

1 月中旬，列席湖北省第十届人民代表大会第四次会议，列席武汉代表团全体会议。出席国务院学位委员会第 22 次会议。下旬，出席人民大会堂宴会厅春节团拜会。

2 月，主持首都史学界迎春座谈会。在当代中国研究所出席中国社科院史学理论研究中心举办的迎春座谈会。

3 月，《反帝反封建是近代中国的历史主题》一文在中国青年报冰点周刊复刊号发表（《海峡评论》第 5 期转载）。出席黄山书社与本所联合举办黄庆华著《中葡关系史》发行座谈会，在会上介绍《中葡关系史》撰写情况。葡国大使卡洛斯等，以及法国远东学院柯楠、杜明出席。

3 月下旬—4 月，在美国胡佛研究所访问，出席胡佛研究所档案馆会议室举办的国民党档案和蒋氏父子日记揭幕仪式。在胡佛期间，看了张歆海档案、国民党改造委员会档案、蒋介石日记。抄写蒋日记约 30 万字。

5 月底在京西宾馆出席新闻出版总署召开的《中华大典》工作会议，正式承担《中华大典政治典》主编工作。

6 月，出席复旦历史系与胡佛研究所举办的复旦——胡佛近代中国论坛：宋子文与战时中国开幕式，在综合讨论中作了评论。《办好中国社会科学院关键在于抓好人才的培养和使用》在《社会科学管理与评论》第 2 期刊出。

7 月，在院机关党委党总支举行形势报告会上讲台湾政治现状与台湾历史。出席清史编纂通纪专题学术研讨会，就太平天国历史评价问题作了发言。

8 月，出席中国社会科学院学部成立大会，当选学部委员、文史哲学部副主任。在山东曲阜师范大学日照校区出席"近代中国、东亚与世界——东ア ジ ア知的空间の再発见と構築"学术讨论会，就中日关系的历史与前景作了发言。在厦门大学台湾研究院出席海峡两岸"二二八事件"学术研讨会，主持开幕式并作主旨发言。出席在苏州大学召开的"晚清国家与社会"学术讨论会，就建立晚清史学科问题发表讲话。出席中国社会科学院党的工作会议，就在研究工作中坚持唯物史观发言。《如何认识近代中国的反侵略问题》在台北《世界论坛报》连载。

9 月，在文津街国图分馆文津讲坛发表《谈谈如何认识近代中国的反侵略问题》演讲。访问河南南街村。在河南大学历史文化学院对研究生（约 70 人）发表近代中国的反侵略问题的演讲。在京西宾馆出席马克思主义理论研究与建设工程第二十次审议会，审议沙健孙主持的大学公共课教材《中国近现代史纲要》送审稿，在会议上发言。

10 月，在武昌华中师大科技楼出席中国史学会主办的第四届全国青年史学工作者学术讨论会，作了会议总结。出席浙江大学中国近代史研究所主办的中国近现代史学科建设高层论坛，在论坛发表了中国近代史研究的基本评价和方法论问题。

11 月，在中国社科杂志社出席《历史研究》编委会成立暨第一次工作会议，担任副主任。在中山市出席孙中山诞辰 140 周年学术讨论会，在闭幕式上作了会议学术总结。在河北师范大学历史文化学院讲近代中国的反侵略问题。在昌平中国政法大学出席历史研究所主办的历史文化节，讲题是中国近代史的学科使命和现代化问题。在教育部高校社科研究中心出席中国史学会与社科中心联合主办的"唯物史观与历史研究历史教育"，与会者结合上海历史教科书发表了意见。

12月，在兰州西北师范大学出席历史文化学院历史专业师生座谈会、西北师范大学学术会堂报告会。出席学部主席团主办的"学习六中全会决定，推进社会主义和谐社会理论研讨会"在教育部社科中心出席电视片《大国崛起》座谈会，与会者进行了评论和分析。主持中华大典政治典第一次编纂委员会工作会议。总编纂任继愈、大典共委会常务副会长于永湛、大典办副主任武杰出席讲话。

2007年

1月，应陈祖武所长邀请，在中国社会科学院历史研究所做了题为冰点事件与我对近代中国历史主题的认识的演讲。在人民大会堂北京厅出席中共中央台办主持的台湾文献史料出版工程汇报暨《馆藏民国台湾档案汇编》出版座谈会。政协主席贾庆林、国务委员唐家璇等与会。在人民大会堂出席全国人大常委办公厅组织的情况通报会。

2月，出席马克思主义理论研究与建设工程工作会议，这是该项工程举办的第二次工作会议。李长春、刘云山、陈至立、陈奎元出席，李长春作了报告。应邀在总后

勤部作题为《大国兴衰给中国提供了什么样的历史教训》演讲，出席听众包括将军、校官千余人。

3月，出席台盟中央在人民大会堂主办的纪念台湾二二八起义60周年会议，作了发言。在中央政治局常委李长春出席十届人大第五次会议湖北代表团全体会议上，就新闻媒体应改善意识形态领导问题作了发言。

6月，出席中国社科院文史哲学部在贵阳召开的历史学理论学术座谈会，并参加贵州大学人文学科学术论坛及联谊活动。

7月，出席中国社会科学院与凤凰出版集团联合主办《中国近代通史》出版座谈会。参加学部主席团组织学部委员赴呼伦贝尔进行学术调研活动。

8月，李细珠采访撰写的《张海鹏对中国近代史的不懈探索》收入中国社会科学院青年人文社会科学研究中心编《学问有道 学部委员访谈录》，方志出版社出版。

9月，代表中国史学会承办国际历史学会北京代表大会，并主持"中国历史学的现状及未来"国际学术讨论会，在会上发言介绍中国历史学现状。率中国社科院文史哲

学部学部委员考察组到郑州、洛阳、开封考察历史文化遗产保护，在河南大学教师节大会上致辞。

10月，在首尔大学东亚研究所就中国近代史分期问题发表演讲。

11月，在东京大学驹场出席日中关系史研究会主办的"清末民初日中关系史——协调与对立的时代"学术讨论会，作了主调发言。月底，应邀在当代中国研究所作《认识台湾历史的特点与对台工作的复杂性》演讲，中国社会科学院副院长兼当代中国研究所所长朱佳木主持。

12月，参加中国社会科学院学部主席团考察团到海南三亚市考察。

2008年

1月，在《北京日报》理论周刊发表《孙中山民生主义的现代意义》。在国家教育行政学院为教育部所属大学政治课教师讲中国近代史几个问题的讨论。出席国务院学位委员会第25次会议，陈至立主任委员做了五年工作的总结发言。

2月，主持中国社会科学院文史哲学部学术动态报告会。

3月1日，东京学界举办东京大学名誉教授卫藤沈吉先生盛大追悼会，我所写《祭卫藤沈吉先生》一文，在追悼大会上由东京大学石井明教授首先宣读。

4月，与赵庆云合撰的《试论胡绳的中国近代史研究》在《历史研究》第2期发表。

5月，七秩初度。弟子们举办纪念活动，出版《张海鹏先生七秩初度纪念文集》（社会科学文献出版社）。在杭州出席中国社会科学院第八次史学理论讨论会，此次会议是文史哲学部主办的第二次会议，主持了开幕式，在闭幕式上做了总结发言。

6月，出席新一届海峡两岸关系研究中心全体会议，与吴敬琏、厉以宁、许世铨一起被聘任为学术顾问。在首都师范大学历史学院讲中国近代史的分期问题和大国兴衰问题，并被授予历史学院讲座教授。出席中国社会科学院文史哲学部和院团委、院青年中心主办的"学问有道，名师论坛"，讲了第一讲，题为"学问有道——我的理想与追求"。

7月，出席复旦大学历史系、《历史研究》编辑部、胡佛研究所与近代史研究所联合主办的"近代中国历史的新视野：新史料与民国历史研究"学术座谈会,在会上发言,呼吁出版蒋介石日记。出席马克思主义理论研究与建设工程第三批重点编写教材启动工作会议,被聘任为中国近代史课题组首席专家,是第一责任人。